·杭州市上城区未来名师名校长培养工程理论研究成果

理趣

阅读教学的审美境界 与实践路径

汪玥·著

U0654644

九州出版社
JIUZHOUPRESS

有爱与梦想，才有理趣课堂

汪玥新书《理趣：阅读教学的审美境界与实践路径》即将出版，我比自己出书还要高兴。他迈出了重读自己，将小学语文教学改革的实践经验与理论收获熔炼一炉的重要一步，我很欣慰。我欣赏汪玥，当然和他的帅气、风度和涵养相关，更吸引我的是他对自己、对生活、对学生、对课堂的爱。

汪玥很懂自爱。他自信、自强，坚信只有努力付出，才会有成长。2006年，汪玥执教《跨越百年的美丽》获得上城区青年教师赛课一等奖，并获得代表上城区参加杭州市赛课的机会。他选择执教《老人与海鸥》。九次试教，总是出现意想不到的问题。他不相信有迈不过的坎，在教学战略和方法上与导师、伙伴碰撞研讨，努力读懂"儿童是有个性的，在课堂的不同瞬间、不同语境会激发不同的情绪兴奋点。教学要在抓住整体的基础上灵活处理个性化问题。"理清，天高气爽。我陪他赴平湖进行最后一次试教，获得与会专家、老师的好评。有学生甚至在课堂上潸然泪下。那顿中饭，我们吃得很开心，吃出了课的味道、年轻的滋味、幸福的气息。正是自信、自强，他执教《老人与海鸥》获得了杭州市青年教师赛课一等奖。

2008年，汪玥执教《伯牙绝弦》，参加杭州市小语会优质课评比决赛。如何在课堂上提升学生的语言能力，当时众说纷纭，专家观点火花四溅。他相信课标，相信学生真实的学习，相信导师和伙伴们的锦囊妙计，大赛前绝不胆怯，真实呈现过程，

落实切合的言语练习,课上得行云流水,荡气回肠。上完课,大名鼎鼎的评委杨一青校长面带微笑地走到他面前,紧紧握住他的手说:"小伙子课上得很好,好好努力,很有前途!"这充满肯定与鼓励的话和杨校长殷切希望的目光一直印刻在汪玥的脑海里,鼓舞他自信、自强。会后,他捧起金光闪闪的奖杯——杭州市小语会教学比赛一等奖。

汪玥很懂自爱。他自敛、自珍,不相信凭一己打天下,绝不把自己当作聪明人。他知道只有看重别人,才算真懂爱自己。2011年,为了准备《穷人》一课的教学,他备受煎熬。托尔斯泰的《穷人》,20世纪我上过,杨明明老师曾说:"阿万的《穷人》,那个顶天立地的'人'留下了难以忘怀的印象。"今天他该如何接? 他不怯场,反复磨砺,三个月的双休日,都在寻觅和磨砺中度过。那次试教,教室里坐满了著名的省特级教师,沈大安、滕春友、余琴、刘荣华、俞国娣、虞大明和我。汪玥珍惜过往,称"这是自己上过级别最高的试教课",从中汲取无穷的力量。同年5月,汪玥代表杭州市参加浙江省第九届小学语文青年教师阅读教学比赛,并抽到最后一个上课。三个月的艰辛终于换来令人欣喜的结果——精彩演绎了阅读教学的理趣韵味,赢得大赛一等奖,并获得了参加全国第九届青年教师教学比赛的资格。在掌声面前,他对我、对上城区参会的伙伴们坦诚表示:"我上出了现在自己的水平,但是这次上得更好、更有新意的是宁波王彧钊老师。"我特别欣赏这种大气自敛、实事求是、理性自珍。由此,他可以更上一层楼!

时隔一年,汪玥又沉浸在备战赛课中。我陪着他前往安徽合肥进行《一个特点鲜明的人》最后一次试教。录制比赛课的当天,余琴老师和大明老师全程陪同,录制过程非常完美。该课抓住现场学生一分钟"跳绳",强化学生观察,引入视频重温体验,富有创新的习作课获得了吴忠豪等评委的赞誉,摘得全国第九届青年教师赛课一等奖。

汪玥的自爱,不是远离生活的孤芳自赏。他愿意把青春才华融入中国梦日新月异的创造和追逐中。自爱的家国情怀才是时代的、永恒的。爱生活是具体的。汪玥不愿意放弃面临的最平常、最不起眼的机会。每个节庆、每回崇文春晚、每场师生同乐的足球赛,他都乐于参与。不论是台前神采奕奕的主持,还是夜灯下奋笔疾书的诗歌、小品的创作;不论是激情昂扬C位朗诵,还是

毫不起眼的"跑龙套",你都能发现他语言的幽默诙谐,表达的自然灵动,角度的创新多彩,配合的默契多元。他说:"我很看重这些看似分外实乃分内之事。这些事从表面上看跟语文教学无太大关联,但实际上,每次经历都是宝贵的人生财富,都会对我的语文教育发展以及自身成长带来莫大的帮助。对于像我这样的年轻人来说,忙,才是好事。"愿意用汗水心血给自己和大伙带来生活的丰满、喜乐的甜蜜。这才情和信念,我欣赏。

汪玥爱自己,爱生活,作为教师,"爱"最核心的标志是敬业精业,爱学生。

我特别喜欢和赞同汪玥传递爱的方式。爱不是唱高调,也不是糊弄人,是真实发生在课堂、操场、饭堂、厅堂,孩子们活动的每一个场所、每一个瞬间,是全方位朴实平和的爱。汪玥一直与孩子保持零距离。他会和孩子们满操场飞奔,享受踢足球的快乐;也会和孩子一起在毕业晚会上动情地高歌一曲;还会在班级学生获得接力赛冠军后,冲到跑道和孩子相拥。他是区"最受学生喜爱的老师"获得者,也是"感动崇文十佳教师"。他爱孩子,平等对待每一个学生。每教一个班,孩子们、家长们都会喜欢上他。他曾经每周写一篇教育随笔,刊登在班级小报《周末阅读吧》上,一坚持就写了100篇。他把这些文章结集,取名《为师悟语》。这本小集子成为学生和家长珍藏的礼物和记忆,还在《中国名师名校长论坛》名师专场活动中进行交流,与会专家与老师全都感受到汪玥对教育的爱、对学生的温暖。

我特别赞赏汪玥教育教学中传递爱的能力。17个春华秋实,汪玥成为上城区特级教师、浙江省教坛新秀、杭州市优秀教师。荣誉并不是最主要的,最重要的是他在教师生涯中磨亮了理念,磨砺了心智,磨炼了性情,让他站得更高,理解了教育真谛! 汪玥说过:只有充满理趣的课堂,才能为每个孩子的童年增添亮色;只有高质量的问题,才能驱动孩子的自主、合作与探究;只有真正关注了孩子,学习才能真正发生。

《理趣:阅读教学的审美境界与实践路径》就是一个证明。汪玥语文课堂"理趣"风格并非横空出世,而是他爱学生、爱语文课堂,长期实践探索后,从关注学生兴趣到研究课堂情趣,最后落实阅读理趣的顿悟。这既是17年教学的积累,更源于对课堂、学生、理论、自我,甚至整个生活的不断的、自觉的叩问与提炼。

这是本以"理趣"贯穿始终,专业理论与实践操作并重的好书。

围绕"理趣",全书各章划分恰当,各章节轻重合适,表达向心性强。理论说明和实践成功案例解说是融合的整体。全书紧贴统编本教材实践探索,引用的精彩案例都和统编本有关,清新而有时代特点。案例最为生动,不故步自封,涉及阅读教学方方面面的创造。这一定会激起读者的好奇与主动学习,理解深思与模仿创造的积极性,他成功的做法会自然而然地荡漾开去,长成一片绿色。

汪玥梳理自己执教的案例,既有省市赛课、获奖的阅读理趣的靓丽范例,如《穷人》《老人与海鸥》;也有链接课内外"群文阅读和一本书的阅读",例如从《刷子李》到《俗世奇人》到专题阅读课《走近鲁迅》,关注专题阅读中学生的个性和差异,关注阅读任务设计的个性化、层次化、差异性,关注阅读教学的创新;还有《吹肥皂泡》《穷人》《万年牢》《小英雄雨来》《凡卡》及古诗词专题教学中许多富有创造性的语文家常课。

说实话,"很多时候,文本所蕴含的人文意蕴是很难让学生领悟的。如果教师直接揭示人文意蕴,学生只是停留在'知道了'的层面,并没有内化为自己的感悟。""需要教师引导学生用'写'的方式去发现深层的理。把不同层次的理解和情感让学生表达出来,在这个过程中强化文本的人文意义。"汪玥的实践告诉我们:"理趣"阅读应该打破阅读的边界,需要把图像、视频和音乐阅读也纳入阅读教学中来,教会学生学会阅读图像,并在生活中加以运用。打破陈旧传统的阅读边界之说,本身就是时代、课标和统编本教材的期盼。汪玥让学生上电影课《中国机长》,编设融媒体的新闻供学生阅读,就是一种创新实践。

教师敬业精业是专业成长的需要,是提升教师传递"爱"的能力,亦是教师追求的人生终极幸福。成长是痛苦的,因为要付出更多的时间与汗水,经历更多的磨砺与评说,常常会有体无完肤的错觉;但成长终究是幸福的。有追求但不功利,明白"我是谁?我想做什么?我能做什么?"坚持教育的初心不改,深深扎根上城教育的沃土,紧紧拥抱学生、伙伴,从实践和理论两端汲取营养,努力融会贯通,我们一定能突破成长的瓶颈期,实现凤凰涅槃,幸福起飞。

张化万

2020年金秋于三宝斋

前　言

追求"理趣"的教学境界

　　我猜想,捧起这本书的读者,是对小学语文教学有着至深热爱的人,是对阅读教学有着丰富实践经验的一线老师们或研究者。笔者辛勤耕耘小学语文教学十七载,每天都在课堂上和学生们打交道。每当上完一堂令人身心愉悦的阅读课,学生们茅塞顿开的喜悦、积极思索的投入状态,还有课堂上因真情而流露的各种神色,总会成为一张张定格的照片,或是流动的影像,深深刻画在我的脑海里。当我们回看这些记忆中的照片和影像时,自然地激活了自己对阅读教学的深入思考。作为一名小学语文教师,我感到非常幸福。因为,我可以把自己理性的思考隐藏在每一天与孩子们互动的生动课堂里,去感受阅读给我们带来的快乐。

　　在阅读本书之前,就让我们一起走进笔者执教的《杨氏之子》和《白鹅》两个阅读教学片段。让我们一起从最熟悉的教学镜头开始,开启一场思考之旅。

镜头一:《杨氏之子》教学片段

　　师:同学们,通过刚才的学习,我们感受到杨氏之子是非常聪慧的。现在,再让我们来看一下文章中的"惠"字。在《说文解字》中,这个"惠"字还有一种意思,就是指"仁爱"。

　　(学生睁大眼睛,感到很好奇。)

　　师:现在,请同学们再次认真读一读课文,找一找,看看课文的什么地方体

现出了杨氏之子很有仁爱之心。

（学生认真默读，画找句子。）

师：同学们都圈画了一些词句，我们来交流一下！

生：我画的句子是"为设果，果有杨梅"。孔君平来拜访杨氏之子的父亲，父亲不在家，杨氏之子会细心周到地给客人准备水果，非常懂礼貌。

师：说得好！有仁爱之心的人才会如此细心周到，才会处处表现出礼仪。

生：我也关注了这句话。杨氏之子能为孔君平准备水果，可以看出他非常尊敬长辈。

师：尊敬长辈、温顺善良，这也是仁爱的表现啊！

生：我找的句子是"未闻孔雀是夫子家禽"。我从课文的注释中了解到"夫子"的意思是"古时对年长且有学问的男子的尊称"。杨氏之子称孔君平为"夫子"，可以看出他很有教养，彬彬有礼。

师：从你的娓娓道来中，我感觉你也是有教养的孩子，而且很聪慧。一处细小的称呼就能体现出杨氏之子很有仁爱，表现在行为上就很有教养。大家还有补充吗？

（学生静静沉默，似乎已经说完了自己的发现。）

师：汪老师这儿还有一句话，想请大家和刚才那句话对比着读一读，看看大家有什么发现？

（课件出示：①孔雀是夫子家禽。②未闻孔雀是夫子家禽。）

生：我感觉第一句少了"未闻"一词，好像语气特别强硬。第二句有了"未闻"，感觉语气很缓和。

生：读着第一句话，我感觉杨氏之子好像是要和孔君平针锋相对。因为孔君平说"此是君家果"。而课文中的这句话，杨氏之子是说"从没听说"，这就包含了言外之意。

师：什么"言外之意"？

生：就是"既然从没听说孔雀是夫子家的鸟，那么杨梅也就不会是我们家的水果"。

师:是啊!这就是有教养的孩子,没有咄咄逼人,没有针锋相对,而是巧妙地以言外之意来回应。这不是仁爱之心的表现吗?

(学生面露喜悦,茅塞顿开。)

师:说到"仁爱、教养",我们就不得不说这篇古文的出处——《世说新语》。

(课件出示:《世说新语》的简介)

师:这本书记录了汉末至晋代士族阶层的言谈逸事。古代的士族阶层非常重视人品道德,"仁爱"是最高的道德追求。所以,书中的很多儿童形象不仅聪慧,更表现出仁爱、有教养的一面。

(学生听得津津有味。)

师:现在,我们来进行一个情境表演,看看同学们是不是聪慧又有教养。老师会给"孔君平"改个姓,哪些同学来扮演杨氏之子,进行应对?

(学生跃跃欲试,教师请三位学生上台。)

师:(来到第一位学生旁,模仿老夫子的语气)我是柳君平。此是君家果。

生:未闻柳树是夫子家树。

师:(来到第二位学生旁,模仿老夫子的语气)我是黄君平。此时君家果。

生:(稍稍思考)未闻……黄鹂是夫子家禽。

(同学们热烈鼓掌)

师:(来到第三位学生旁,模仿老夫子的语气)我是李君平。此时君家果。

生:(应声回答)未闻李子是夫子家果。

师:你们真是太聪慧了,太有教养了,都称呼我"夫子"。我都被大家叫得"年长"了。

(学生会心一笑)

师:同学们,古文虽篇幅短小,但值得我们耐心咀嚼、品味每一个字,这样我们才能读出更深的含义,更能感受语言的独特魅力。课后,同学们可以自己读读《世说新语》,大家一定会很有收获!下课!

镜头二:《白鹅》教学片段

师:丰子恺对白鹅的步态进行了传神的描写。俄国的作家叶·诺索夫也写过一篇关于白鹅的文章,题目叫作《白公鹅》。这篇文章就在课文后面的阅读链接里。请同学快速浏览,找到作者描写白鹅步态的部分。

(学生快速浏览)

师:文章的第几自然段描写了白鹅的步态?

生:(齐声)第2自然段。

(课件出示:两位作家描写白鹅步态的片段)

师:现在,请大家把这两段描写对比着读一读,想一想:同样是写白鹅的步态,两位作者在写法上有什么相同点和不同点?

(学生认真默读,圈画批注。)

师:同学们读得很认真,有很多发现。我们先来说说写法上的相同点。

生:我觉得两位作家都是想表现白鹅步态的高傲。丰子恺在第一句话写到"鹅的步态,更是傲慢了";叶·诺索夫在最后一句话写道:"它总是高傲地、一动不动地挺着长长的脖子,好像头上顶着一罐水。"

师:是一个不错的发现!

生:我有补充。两位作家都发挥了自己的联想。叶·诺索夫从白鹅高傲的步态中联想到"好像头上顶着一罐水";丰子恺把白鹅走路的样子联想成"京剧里的净角出场"。

师:看来好的作家都擅长联想,写作没有联想,文章将会怎样?

(学生会心一笑)

师:我们来说说不同点。

生:丰子恺写得短,叶·诺索夫写得长。

(学生哈哈大笑)

师:这是一目了然的。为什么会这样呢?

生:因为丰子恺没有具体展开细节描写,而是将白鹅的步态与鸭子的步态

做了比较。叶·诺索夫的描写就细致多了,好像是在写白鹅步态的慢动作。而且作者还写了白鹅走泥泞的路和被狗追的两个情景。

师:这个不同点发现得好。我们来看看这个慢动作。

(课件出示:落步之前,它总是要先把脚掌往上抬抬,再合上掌蹼,就像收起张开的扇面一样;然后摆一会儿这个姿势,再不慌不忙地把脚掌放到地上)

师:请大家自己读读这段描写,一边读一边想象画面,等会儿请同学上来表演白鹅。

(学生非常兴奋地开始朗读,还在座位上做起了动作。)

师:刚才同学们读得很投入,谁愿意上来表演白鹅走路的样子?

(全班最擅长表演的男孩子上台)

师:没错,确实是白公鹅!

(学生捧腹大笑)

师:下面,我来读这段话。你来表演!记住,要把步态的高傲演出来!

(教师故意放慢节奏朗读,学生夸张地表演动作,引得台下学生哈哈大笑。)

师:好了,辛苦你了!表演得很棒!你们看,作者叶·诺索夫的细节描写能让我们读者产生画面,白鹅走路的样子就好像出现在我们眼前。同学们有没有看过京剧里净角出场的样子?

(学生纷纷摇头)

师:汪老师这儿有一段录像,让大家来看看净角出场的模样。

(播放录像,学生心领神会。)

师:是不是和刚才那位同学表演的步态很像?

生:(齐声)是的。

师:那么,丰子恺为什么要把白鹅和鸭子做比较呢?

生:鸭子我们比较常见,鹅比较少见。

师:是这样吗?我们现场统计一下。看见过鸭子的同学请举手。(全班举手)看见过白鹅的同学请举手。(三四个学生举手)谁能描述一下鸭子走路的

样子。

生:我奶奶家是在农村,我在那里看见过一大群鸭子。我用树枝一赶它们,它们就一摇一摆快速地跑了。

生:我在乡下外公家看见过鸭子和鹅走路。鸭子是走得很快的,你不太追得上;鹅走得真的很慢,真的很像刚才那个净角出场的样子。

师:我们不得不说丰子恺这位大作家的高明。寥寥几笔就把白鹅步态高傲的特点写得如此传神。其实,丰子恺还是一位大画家,我们来欣赏他的几幅作品。

(课件出示:三幅丰子恺的画作)

师:看了以后有什么感受?

生:我感觉他的画很简单,画人连五官也没有,但是画得很传神。

生:我感觉他的画很有趣味,简单几笔就把生活的场景给画了出来。

师:文风和画风相通啊! 简约、传神的艺术风格是丰子恺的艺术追求。天真质朴是丰子恺的人格境界。正因为这样,丰子恺总是能从身边最普通的事物中品味出独特的味道。

师:每位作家都有每位作家的特点,丰子恺是在简约凝神处见风趣;叶·诺索夫是在细致刻画处见幽默。这就是语言文字给我们带来的不同享受!

……

当你阅读完这两个教学片段后,相信你的眼前一定能浮现出课堂教学的真实情景。因为,其中的某一些环节你也是这么设计的,教学片段中的场景也曾出现在你的课堂中。但是,我相信,你也会发现很多新奇的地方,某些教学环节在你的意料之外,仔细一想却也在情理之中。

课堂教学场景所展现的是冰山浮出海面的部分,不同的老师会展现不同的教学形态。那么,隐藏在海面以下的冰山是什么? 我想,是老师所持有的教育观念、教学思想。这些根植在内心深处的教育教学价值追求决定了教学以何种形态展现,决定了你的学生以何种方式去学习阅读,并决定了他们能在阅读中获得什么。

一、学生在阅读学习中到底要获得什么?

这是一个值得我们去深入思考的问题,关系到阅读学习的目的。阅读学习是一件特别有趣的事,因为阅读学习的过程同时也是阅读的过程。也就是说,学生学习阅读是在阅读实践中发生的,离开阅读这个活动本身,自然就不存在阅读学习了。

人类的精神文明成果是通过文字传承的。我们要让孩子建立起社会主义核心价值观,就需要不断地用蕴含着核心价值观的文章去浸润他们。核心价值观是深深根植在中华传统文化中的精神追求。我想,学生在阅读学习中首先要获得的就是中华传统文化的道德滋养与人格浸润。老师们可以清楚地看到,在《杨氏之子》的教学中,我并没有把文本意蕴的挖掘停留在"聪慧"这个层面上,而是让学生在深入阅读中体会到"仁爱"这一道德层面的内涵。这个时代,聪慧的人很多,可是聪慧的人如果没有"仁爱",甚至还有"恶意",那我们培养这么多聪慧的人有何用? 在《白鹅》的教学中,老师们也可以感受到,我最后揭示了丰子恺简约凝神的创作风格。创作风格背后是作者的人格境界,没有旷达谦逊、天真仁爱的人格境界,丰子恺怎么会对一个普通的生灵产生如此幽默的感观?

阅读学习要充分感受、领悟人文意蕴,儿童要在形象化的阅读实践中实现道德、人格成长,成为一个正直、仁爱的人! 当然,阅读是没有国界的,在传承中华文化的同时,也有必要阅读优秀、经典的外国文学作品。真、善、美是一切文学的呼唤,是人类的共同祈愿。优秀的外国文学对健全人格和高尚灵魂的塑造同样也有引领和培植的价值。

阅读学习还要获得言语生命的滋养!"人文性与工具性的高度统一"是语文学科的学科性质,这已经成为不争的事实。阅读课当然不能上成道德与法治课,不能高举人文,忽视工具。语言是思维的外壳,是情感的外衣,更是道德与人格的外显。学生在获得人文意蕴的同时,自然要抓住"语言"这个外在的表象。我给自己立下一个标准,任何一节阅读课,都要抓住文本的一个语言点

进行语言的探究。《杨氏之子》中对"未闻""夫子"等词的反复品味;《白鹅》中对中外作家描写方法异同点的比较,都是想让学生抓住文本的"语言"去获得人文意蕴,感受语言本身所带有的审美趣味。同样的人文意蕴,用不同国家的语言去表现,审美感受是不一样的。叶·诺索夫再高明,也无法写出丰子恺的感觉。汉语有汉语的独特美感,对语言进行审美是我们的阅读教学比较缺乏的。

现在,对于"在阅读学习中获得什么"这个问题,我想已经有了答案。人文的滋养、言语生命的滋养是阅读学习的重中之重。发展人格、培育道德、发展语言是阅读教学的重要任务。

"文以载道。"道是抽象的,理是具象的,析理方能悟道。在阅读学习中,学生透过语言表达的"理"去感悟人文意蕴的"理",从而获得人文与语言的双重审美,获得精神层面的审美趣味。

趣因理而生,循理而发,在阅读教学的长期实践中,我逐渐产生了"理趣"的教学主张,并把它作为我阅读教学的价值追求。

二、学生怎么去获得需要获得的东西?

人文意蕴和言语生命是需要学生在阅读中获得的,但怎么去获得呢? 老师直接告诉,当然可以。我是20世纪80年代后期读的小学,我就是在老师的告诉中学习阅读的。可是,用告诉的方式,学生不能获得学习的快乐,对获得的东西恐怕也不会有太深刻的印象。从认知心理学看,要让学生刻骨铭心,一定要让学生自我发现。因为,自我发现是好奇心驱使下的主动探索。老师们要做的就是提出一个能足够激发学生探索兴趣的好问题。

在《杨氏之子》教学中,我提出的问题是:"在《说文解字》中,'惠'有仁爱之意。从课文的什么地方你能读出杨氏之子的仁爱呢?"这个问题是出乎学生意料的,因为他们压根儿不知道《说文解字》中的"惠"还有"仁爱"的意思。皮亚杰的认知发生理论明确指出,当外界信息与儿童认知结构产生不平衡时,才会促进儿童认知结构对外界信息的同化,重构认知结构。在这个问题的驱使下,学生就进一步发现文本的深层内涵,进而感悟到了"仁爱"的道德追求。在《白

鹅》的教学中,我提出的问题是:"丰子恺与叶·诺索夫同样是写白鹅的步态,有什么异同?"这个问题直击语言表达形式,引起了学生进一步探索语言奥妙的兴趣。从教学片段来看,学生的研究热情非常高涨,对语言表达形式的比较、分析也很有见解,最后既获得了两种各具特点的语言形象,又感悟到了丰子恺的艺术追求与人格境界。

用"自我发现"的方式去学习阅读,是我追求的教学境界。我喜欢让学生在阅读课上充分开动脑筋,深入文本肌理去读出更多内涵。有人说,语文是感性的,数学是理性的。我觉得语文也是理性的,也具有科学规律。阅读课上,老师需要引领学生理性分析文本,在充分思考中感悟人文意蕴,领悟言语奥妙。这个思考的过程是充满"理趣"的。

三、发现的路上应该看到怎样的风景?

儿童是形象化的,走在理性的发现之路上,风景未免单调。我们需要给孩子提供一条别有风光的发现之路,让他们在思考之路上看到更精彩的风景。

在我的阅读课上,我总喜欢给学生创造一个情境,让学生快乐地玩一玩。《杨氏之子》教学中,我扮演柳君平、黄君平、李君平,让学生扮演杨氏之子,玩起了穿越,回到了古代。《白鹅》的教学中,我让学生扮演白鹅,学着白鹅的样子走路,玩得笑声不断。

这里的"玩",可不是瞎玩,不是为了玩而玩。《杨氏之子》教学中的玩,是为了让学生模仿课文的语言表达形式说话,在一问一答中,培养了学生的思维。《白鹅》中的玩,是让语言表达可视化,进一步感受语言表达的传神,体会语言的独特魅力。

我追求的阅读教学是能激起儿童真实情感的教学,情感的阀门不打开,就无法与文本产生情感的共鸣,人文意蕴和言语生命的获得就是奢谈。阅读教学要努力打通文本与生活的界线,融通作者和读者的生活经验。当学生津津有味地说起自己在乡下看鸭子、白鹅走路的时候,他的情感就与文本建立了联系,心理结构处于开放状态,随时准备吸收文字的养分。我努力让阅读学习充

满趣味,当然趣味不只是用欢笑来表达,我的课堂也经常会有孩子流泪。

我想让学生在充满趣味的情境下去思考理性的问题,让他们看到成人看不到的风景,这又是一个关于"理趣"的注脚。

从无数个每天都会遇到的教学场景中,我产生了"理趣"的教学追求。"理趣"到底是什么?"理趣"怎么影响我的阅读教学形态? 三言两语似乎说不清、道不明。于是,我希望通过此书和大家一起探讨!

目 录

Contents

第一章

『理趣』的前世与今生：

『理趣』阅读教学观的形成与阐释

第 一 节

"理趣"的溯源与发展脉络

　　"理趣"是文学作品"趣味"的一种存在方式,是诗论中一个重要的审美概念。寻找"理趣说"的源头,梳理其发展脉络,需从诗论的历史视野入手。

　　"理"与"趣"的联结,最早出现在魏晋时期。"玄学诗"兴于魏晋,以老庄思想为基础,融通"儒"与"道",以哲学思辨为方法论,用诗化的方式阐明义理。

　　"理趣"在"玄学诗"中初显端倪有其历史发展的必然性。两汉崩塌后的长年战乱,逐渐把人们引向对人生意义的思考,哲理性的反思成为诗歌创作的主要特征。两汉"罢黜百家,独尊儒术",把"儒家"学说上升到"儒教"的高度,以"儒教"的道德规范约束人的一切行为。文学创作受"儒教"道德规范约束,经学盛行,重在繁复的教化。"玄学诗"崇尚儒道调和,将"义理"与"自然"融为一体,形成独特的艺术追求。最明显的是,魏晋文人以山水喻人,借山水阐发内涵深邃的哲思,在谈论山水中领悟"玄理",兴起"玄趣",抒发人格之美。可以说,"玄学诗"是对两汉经学以及道德束缚的一种突破和挣脱,把诗从"说教"渡向了"理趣",与宋代兴起的"理趣诗"形成了历史的呼应。

　　唐朝王昌龄将"理"与"趣"联系起来论诗。王昌龄第一个把"境"的概念引入诗论,倡导"纵横"思维,阐述"境思"理论,提出"意境"审美范畴。从"意象"入手,营造"意境",充分体现了"儒""道""佛"的融合。"儒"重"理"的阐述,"道"重虚静、遥游,"佛"重空灵、旷达。三者融合,在深远的意境中暗藏"理"之玄机,悟理的过程充满趣味。王昌龄所撰《诗格》中云:"理入景势者,诗不可一向把理,皆须入景语,始清味。理欲入景势,皆须引理语入一地及居处所在,便论之。其景与理不相惬,理通无味。"从王昌龄的论述中,可以清楚地看到,他主

张诗的"说理"要融入"景","理"与"景"相谐,诗才有味。"景"作为"意象"和"理"一起构成"意境",展现士大夫丰盈的人生哲思与人格追求,显现"意趣"的审美境界。

自宋朝始,"理趣诗"逐渐成为诗歌的一种体裁而存在,"理趣"诗作也呈井喷状态涌现,论文谈诗更是明确提出"理趣"一词,"理趣"成为宋朝文人推崇的审美追求。北宋文学家吕南公在《与王梦锡书》中评价王梦锡之文趣中寓理。袁燮和李涂极力推崇陶渊明的诗,评价陶诗理趣充蕴、浑然天成、深远悠长,更是推崇陶渊明淡泊宁静、襟怀高远的人格境界。包恢在《答曾子华论诗》中提出:"古人于诗不苟作,不多作。而或一诗之出,必极天下之至精,状理则理趣浑然,状事则事情昭然,状物则物态宛然。"包恢认为,诗中的"理"应该与"趣"融为一体,不可分割;事理的传达应该理中寓趣,使人们在领悟诗中之理时更加自由灵动、通透有趣。

"理趣诗"兴盛于宋朝,宋诗追求"理趣"的审美境界,很大程度是受宋朝"理学"和"禅学"的影响。从宋朝理学开山鼻祖周敦颐,到北宋理学奠基人程颢、程颐,再到南宋理学大家陆九渊与朱熹,理学的发展前后贯通,不断深入,成为两宋时期哲学思想主流。理学兴起一是与两宋政治、思想环境的相对宽松有关,文人的思辨得到充分发挥,个性得到充分张扬;二是与西北部游牧民族的侵犯有关。统治阶级面对游牧民族的壮大与来犯,保持高度的危机感,认识到虚无浮夸不利于社会发展。于是,统治阶级倡导"理性精神",鼓励读书,官学、私学极其发达,书院林立,文人不断追求理学精神,在哲学思考中寻找经世致用之学。理学的高度发展,将文人引向对自然、人生、社会、宇宙的哲思。同时,禅学的发展又让文人有了追求生机、妙趣的审美追求。"理趣诗"在"理学"与"禅学"的催化下发酵,成为宋朝独特的诗歌审美标识。

两宋"理趣诗"的诞生也可看作是两宋文人对唐诗的一次突围。唐诗是诗学史上的巅峰,名家名作群星璀璨。面对唐诗这座看似无法翻越的巨峰,宋朝文人以哲思另辟蹊径,将"理"融于"趣"中,由此诞生的"理趣诗"给人耳目一新的感觉。唐诗重"情韵",以丰腴为美,似花中牡丹;宋诗重"理趣",以平淡为奇,似花中之菊。《望庐山瀑布》和《题西林壁》两首诗同样写庐山,均为小学生必背古诗。李白的"日照香炉生紫烟,遥看瀑布挂前川。飞流直下三千尺,疑

是银河落九天"写得磅礴豪迈,情韵浩荡,极具浪漫主义色彩;苏轼的"横看成岭侧成峰,远近高低各不同。不识庐山真面目,只缘身在此山中"写得超逸脱俗,理趣盎然。前两句看似写景,其实是为后两句点出"当局者迷,旁观者清"的人生哲思埋下伏笔,哲理融于景物的两三笔描摹,不露痕迹,平淡却有味。正如钱锺书在《谈艺录》中所说:"理之在诗,如水中盐、蜜中花,体匿性存,无痕有味,现相无相,立说无说。所谓冥和圆显者也。"

　　明朝王阳明"心学"的出现将"理学"推向了主观唯心主义,"人格境界"是明朝理学家在诗歌创作中为"理趣"注入的新内涵。王阳明认为:"诗文,其精神心术之所寓。"由此可见,诗的内核是"人格境界",哲学思考是"人格境界"的外显。"人格境界"即为"道","哲学思考"即为"理"。"道"统摄"理","理"是"道"的具体演绎,"道"与"理"彼此彰显,生出审美意义上的"趣味"。"人格境界"是文人不断内省、反观的过程,也就是看"心"的过程。这种内省与反观不能单纯靠严密的逻辑推理来完成,而是通过借助物象、人事的类比与感知来实现的,需要情感的积极参与。李维桢在《郝公琰诗跋》中提出:"理之融浃也,趣呈其体";"趣得理而后超,得学而后发。"由此可见,"理"与"趣"相依而存,诗人通过"趣"的设置而生动地说"理",赏诗者则透过"趣"品味到"理"。对于明朝理学家而言,诗不仅在于对义理的阐发,更是反映境界涵养的载体。"理趣"的内涵在"理学"发展中日显丰富。

　　清朝初期,由于统治阶级推崇"程朱理学",对士大夫阶层的思想取向产生了很大影响。清朝的诗论家对"理趣"的认识有了进一步的深化与拓展。清朝诗人作诗多喜议论,长于对事物进行敏锐而深刻的观察。清朝议论"理趣"最多的沈德潜认为:"议论需带情韵以行。"提倡将"理趣"作为诗歌审美的基本准则,避免生硬的议论说理。他在评谢灵运《从游京口北固应诏》时认为:"理语入诗,而不觉其腐,全在骨高。"这里的"腐"即为"理障",沈德潜从"理趣"的对立面"理障"来丰富"理趣"的认识,是对"理趣"诗论的推进。清朝史震林则对"理趣"的"趣"予以概念的界定,认为"趣"一是指鲜活生动,二是指灵性与智慧。清朝何绍基在《与江菊士论诗》一文中提出:"诗贵有奇趣,却不是说怪话。正须得至理,理到至处,发以仄径,乃成奇趣。诗贵有闲情,不是懒散。心会不可言传,又意境到那里,不肯使人不知,又不肯使人遽知,故有此闲情。"何

绍基不仅重视作为诗歌内容的"理",还特别关注语言的表达形式,认为内容与形式的统一才能形成"趣"。而且,何绍基还提出了"理趣"的实现策略,即"不肯使人不知,又不肯使人遽知",说明诗人的拿捏要恰到好处。与两宋盛产"理趣诗"的不同是,清朝诗人特别倾向于从"理趣"这一审美范畴写诗论,对于"理趣"的内涵也有更加微观的认识。

从中国古典诗论转移到西方美学视角,也可发现"理趣"的审美追求,其中"玄学诗"表现得最为典型。在西方美学理论中,"wit"一词指"风趣、机智、才思",也被西方美学界引申为"理趣"。17世纪上半期,"玄学诗"在英国出现,并掀起一小股热潮。18世纪,英国批评家约翰森批评"玄学派"诗人都是"学者",把最不伦不类的思想观念勉强地束缚在一起,"玄学派"也因此得名。20世纪,"玄学派"卷土重来。1921年,艾略特明确提出"玄学诗"的特征是"理趣"与"反讽"。"玄学诗"能写出感性的思想,能在感情中重新创造思想。"玄学诗派"还提出"理趣语象"的概念,认为"玄学诗"的语言是富有哲理的、思辨的,在形式上又是富有韵律的。例如,作为"玄学派"代表人物的约翰·邓恩,他的诗歌就给人一种固有的戏剧性,展示了看上去零散多样的经历与观念,以及漫无边际的情感与心境。他的诗歌形式是动态的,语言别致精巧,意象栩栩如生,韵律生动活泼,让人在丰富的"理趣语象"中体悟思辨性的哲理。

追根溯源,纵观"理趣"审美思想的发展脉络,可以看出"理趣说"的以下几点发展特征:

其一,"理趣"审美思想的发展与历史时代特点紧密相关。首先,每个时代的政治、经济、思想环境直接影响着"理趣"审美思想的发展。两汉崩塌后长年战乱,使魏晋文人开始内省式的思辨,注重人生趣味的获得,"理趣说"在这一历史背景下萌芽。经过五代十国的分裂割据,宋朝的政治经济环境趋向开放,统治阶级重视"理性精神"的治国思想催生和助推了"理学"的诞生和发展,从而使"理趣"这一审美思想得到迅速发展。清朝初期,作为外族的统治阶级为了稳定建立不久的政权,推崇"程朱理学",试图以理性治学实现对士大夫阶层思想意识的控制,"理趣"审美思想得到进一步深化和拓展。西方玄学诗的产生也与社会发展息息相关。17世纪的英国社会动荡不安,玄学诗以信仰、情感、思索为主题,加以富有激情的语言、富有新意的结构,给人以独特的审美享

受。其次,中国古代哲学思想对"理趣"审美思想的形成与发展产生了较大影响。"儒道"是中国古代哲学的核心,也是文人士大夫阶层恪守的核心。当"道教""佛教"与"儒教"彼此融合后,道德思想的阐发便有了自然虚静、生机空灵的趣味。无论魏晋,还是唐宋明清,"理趣"审美思想的发展都是"儒""释""道"相互融合的过程。

其二,"理趣"内涵的发展符合事物发展的内在规律。任何事物的发展都有其特定的发展规律,"理趣"内涵的发展也是如此。"理趣"内涵的发展可以以宋朝为分野。由于理学的高度发展,以及宋朝文人突破唐朝文人的文化自觉,"理趣诗"的创作呈"井喷"状态。同时,关于"理趣"的诗论也大量涌现。实践出真理,真理越辩越明,宋朝文人对于"理趣"审美思想有了全面而系统的认识。自然之理、人生哲理、社会机理、佛教禅理,"理"的内涵逐渐丰盈。宋朝之前,虽有论及"理趣",但均是"理"与"趣"比较模糊的联系,诗作虽有"理趣"之味,但没有明确提出"理趣"的概念。"理"的所指似乎也不及宋朝丰盈,多停留在自然之理与人生哲理上。宋朝以后,王阳明心学的诞生与发展,为"理趣"注入了"人格境界"一说,进一步丰富了"理趣"的审美内涵。清朝,文人阶层又对"理趣"进行了更为微观的探讨,使"理趣"审美思想得到了深化与拓展。

从模糊到清晰,从单一到丰盈,从宏观到微观,"理趣"内涵的发展不是一蹴而就的,而是在漫长的时代更迭中逐渐成熟的。

其三,诗论推动"理趣"审美思想的发展。创作"理趣诗"的诗人大多是理学之士,宋朝以后尤甚。例如朱熹,是南宋著名的理学大家,其理学思想被理学之士奉为经典。朱熹所作《观书有感二首》理趣盎然,读之令人豁然开朗。"理趣诗"的形成与发展受两宋理学影响深远,因此,诗歌理论对于"理趣"审美思想的发展起到了巨大的推动作用。前文提到的吕南公、袁燮、李涂、包恢,其诗论对"理趣"这一审美概念进行了深入分析,才使"理趣"一词被明确提出。一个概念的形成与发展只凭具体的诗作是无法达成的,还需要经过文人阶层的"论述演绎"才能逐渐清晰。从魏晋发端,到清朝的深化与拓展,"理趣"这一审美思想不断被文人用传世佳作和诗论演绎着,这在中国古代诗歌史上也是极为罕见的。

第 二 节

"理趣"的审美诉求与特征

从魏晋发端,到清朝的深化、拓展,"理趣"这一审美概念的内涵不断丰富。纵观"理趣"审美思想的发展史,可以从众多"理趣"诗论中梳理出"理"与"趣"的内涵。

《说文解字》中对"理"字的表述为"治玉也。郑人谓玉之未理者为璞。是理为剖析也。玉虽至坚,而治之得其鰓理以成器不难。谓之理"。从这段表述中可以看出,"理"原意为"顺着玉的纹路治玉的过程",而后来扩展为"剖析世间万物规律"。"事物的规律"对应的就是"玉的纹路","剖析"既是"治玉"的过程和方法,也是"把握事物规律"的过程和方法。从历史发展的角度看,"理趣"中的"理"包含自然之理、人生之理、社会文化之理,即为宇宙天地万物存在、运行的规律。由此可见,"理趣"中"理"的审美诉求是极其宏大的。

"趣"字在《说文解字》中的表述为"趣,疾走"。在时代发展中,"趣"字的含义得到扩展,词性也发生较大改变。"理趣"中的"趣"包含两个层面的含义:其一,指情趣、风趣,是趋同于"趣味"的名词性解释;其二,指旨趣、志趣、意趣,偏向于人生格调、境界等精神层面的含义。由此可见,"理趣"中"趣"的审美诉求远远不止于引起人的兴趣、兴味,更要在人格境界的层面唤醒人的精神追求。

"理"与"趣"都有自身的审美诉求与特征,但"理趣"的审美诉求与特征绝对不是将"理"与"趣"简单相加,凑成一个审美思想。纵观"理趣"审美思想的发展史,历代文人对"理"与"趣"的关系均持辩证统一的看法。从诗论以及"理趣"诗作中,可以梳理出以下几点"理趣"的审美诉求与特征。

一、理趣相融,理隐趣显

理是抽象的,诗人若是就理说理,诗就失去了应有的文学兴味,说理就成了空洞、枯燥、机械的说教。理入诗中,必须说出趣味,才符合诗歌这一文学体裁的审美特征。宋朝包恢认为"状理"好的诗,必定是"理趣浑然"。李涂在《文章精义》中评论陶渊明的诗"自理趣中流出,故浑然天成,无斧凿痕"。浑然、天然是"理"与"趣"最完美的关系呈现。理趣相融,彼此胶合,道不明是理是趣,却又明理得趣,是"理趣"最高的审美境界。这种境界就是钱钟书先生在《谈艺录》中所说的"无痕有味,现相无相,立说无说。所谓冥合圆显者也"。

南宋理学大家朱熹善作理趣诗,以理入诗,诗化抽象之理,往往给人带来理趣横生的审美愉悦。《观书有感二首》是朱熹非常经典的两首理趣诗,在读书之理、文艺创作之理上给人深刻的启发。

观书有感二首·其一

【宋】朱熹

半亩方塘一鉴开,天光云影共徘徊。

问渠那得清如许?为有源头活水来。

观书有感二首·其二

【宋】朱熹

昨夜江边春水生,蒙冲巨舰一毛轻。

向来枉费推移力,此日中流自在行。

这两首诗题为《观书有感》,即读书后有感受、体会要发表,可是纵观全诗,没有关于"读书"的字眼,若不看诗题根本不会想到朱熹是在议论读书之理。第一首诗告诉大家的道理是"只有不断地读书,才能让人产生源源不断的思想认识以及艺术创作的灵感,达到豁然开朗的境界。正如源头活水能让半亩方塘像明镜一样,辉映天光云影"。第二首诗想传递的思想是"人生境界的提升,需要日积月累的储备,就像春水生成的过程。有朝一日,厚积薄发,从量变到

质变,自己的所思所想或艺术创作就能水到渠成,自由驰骋。正如艨艟巨舰不费吹灰之力也能自由放逐"。

从这两首理趣诗的创作思想来看,朱熹都是"言此而意彼","彼"为"理",隐藏在所言之"此"中。"趣味"就在诗的暗喻中,在诗人巧设的机关中,在读者从描写身边事物的文字中读出深层哲理的过程中。理趣相融,理隐趣显是"理趣"审美思想非常显著的审美追求与特征。

二、理象相照,观象得趣

诗是形象化的文学体裁,总是通过艺术化的意象来表现主题思想。黑格尔在《美学》(第二卷)中认为"诗人是用形象来思考的。它不证明真理,却显示真理"。"理趣诗"的核心自然是"理",诗人在说"理"时不能脱离形象化的意象,而是将"理"融于物、景、事来表达。没有意象,诗就没有趣味,变成了直白的阐理。

陶渊明的诗理趣浑然、意境高远,其风格与境界独立于魏晋,被众多诗论家推崇。陶渊明曾作《饮酒》二十首,生动别致的意象折射出清新高远、质朴脱俗的人生哲思与独立人格。其中《饮酒(其五)》更是理趣横生的典范之作,被人津津乐道。

饮酒·其五

【魏晋】陶渊明

结庐在人境,而无车马喧。

问君何能尔?心远地自偏。

采菊东篱下,悠然见南山。

山气日夕佳,飞鸟相与还。

此中有真意,欲辨已忘言。

这首诗看似平淡无奇,却是理趣浑然。陶渊明曾经胸怀抱负,以才学济世,实现士大夫崇高的理想。但是,当他身入官场,却发现腐败横行,利益纠结,尔虞我诈,离自己的理想相去甚远。于是,陶渊明选择退隐,回归田园。这

种退隐,并非逃避现实,没有勇气面对生活,而是在人生哲思上的一种豁然开朗。一个人活在世界上不只是面对和处理人与人、人与社会之间的关系,最重要的是人要面对、认识和自然的关系。当陶渊明"结庐人境""心远地偏",便体悟到了人生应当返璞归真,让自己的心灵与自然对话,进而与自己对话。这是何等高深的生命哲学、自然哲学! 然而,整首诗歌并不让人觉得高深莫测,给人以生硬说理之感。相反,读来感觉清新自然,意境幽远。回到字里行间,我们可以发现,陶渊明是将"理"融于"意象"来言说。"东篱采菊""悠然见南山"这些事与景自然而然地揭示出诗人的心境。"菊"表"清高","山"表"高远",两个意象就反映出诗人独立的人格追求。"夕阳""山气""飞鸟归巢",几个意象的叠加营造出平淡质朴的韵味,从自然规律中道出了返璞归真,归隐田园的生命哲思。

要做到理趣浑然,就要为"理"的阐发找到合适的"象",将抽象化为形象,理象相照才能诗趣生动。读者读诗应从观象入手,透过"意象"反复品味诗人的"象外之意"。"此中有真意,欲辨已忘言"这不正是"观象得趣、得意忘象"的审美趣味吗?

三、情理相映,共情悟趣

"理趣诗"中的"理"不是纯客观之理、教条之理,而是经过诗人主体情感化后的生动之理。情感体验过的"理"脱去了严肃的外衣,成为一种灵动、机智的存在。诗人不会整天静坐书房,苦思冥想而得出哲理。哲理的获得需要充分的人生实践,诗人需要看过、听过、体验过、思考过,才能悟出自然之理、人生之理、社会之理、文化之理。情理相映,客观之理只有经过诗人主体情感的浸润、渗透,才能显出生动的趣味。

历史中形形色色的读者,都有自己独特的实践体验。每一次实践体验都会伴随情感的发生。送别朋友,体验到的是依依不舍之情;投身创业,体验到的是壮志豪迈之情。读者读诗、品诗时,自身的实践经验阀门就会自然打开,读者主体会在情感的支配与调适下与诗作、诗人进行对话。当诗人所写的某种经历、某种情感恰恰是读者所体验过的,读者就会与诗人产生共情。共情是悟趣的妙法,或者说是基础。试想,读者在欣赏诗作时,不能产生诗人所表现

的情感,诗中的每一个文字对读者来说就是毫无意义的,更别说能感悟到其中的趣味了。趣味的获得不是必然,而是由情入理的过程。《酬乐天扬州初逢席上见赠》是中唐刘禹锡所写的一首著名的酬赠诗,该诗哲理的表达就体现出了强烈的主体情感性。

酬乐天扬州初逢席上见赠

【唐】刘禹锡

巴山楚水凄凉地,二十三年弃置身。

怀旧空吟闻笛赋,到乡翻似烂柯人。

沉舟侧畔千帆过,病树前头万木春。

今日听君歌一曲,暂凭杯酒长精神。

刘禹锡这首酬赠诗是写给白居易的。白居易在赠诗中感叹命运对刘禹锡的不公,二十三年的漂泊是非常不幸的人生遭遇。白居易的赠诗中还写到"举眼风光长寂寞,满朝官职独蹉跎",意思是说同辈的人都升迁了,只有你在荒凉的地方寂寞地虚度了年华,颇为刘禹锡抱不平。面对友人的同情与不平,刘禹锡却在人生最低处见出了不一般的人生哲理。"沉舟侧畔千帆过,病树前头万木春"是该诗点睛之笔。刘禹锡以"沉舟""病树"自喻,虽是简单两个词,却把二十三年谪居巴山楚水凄凉地身心苦闷、惆怅的情感都浓缩其中。之后,诗人笔锋一转,沉舟侧畔,却有千帆竞发;病树前头,却正万木皆春。刘禹锡表达出了"虽然人生多舛不济,但也要达观面对"的人生哲思。这两句诗,作者把深刻的哲思化为生动的情感,让读者有怦然心动之感。人生无常是常态,人总会遇到挫折的实践,苦闷、惆怅的情感体验是每个人都会经历的。当读者读到这两句诗时,就会不自觉地唤醒自己的实践,从而与诗人产生情感的共鸣,对于情中包含的哲思也就心领神会了。经过无数人的解读,这两句诗已被赋予了新的意义,说明新事物必将取代旧事物。哲理指向的象征化,足以证明诗句写出了人之常情,写出了宇宙天地亘古不变的规律。

四、理境相生，入境成趣

诗之"理趣"不仅在于"义理""哲思"的阐发，更重要的是展现诗人的精神修炼与人格境界。"理趣"中的"理"之所以给人以"趣"的感觉，很大程度上是因为诗中之理摆脱了现实的功利性。诗人站在更高的人格层面借天地万物表达澄澈的心境。读者对诗歌的鉴赏也应该是摆脱功利性的，以"心性"观"心性"，在人格境界层面感悟诗之趣味。

"与天地参"是人格境界的至高状态，明朝理学家受王阳明"心学"影响，将主体放置于天地乾坤中，在诗中表达对道体的感悟，表现高尚的人格追求，也就是所谓的"心之理"。理学诗人还极力消除物我的界限，形成物我一体的境界。若要在诗中读出"理趣"，必须先入诗人营造的"意境"，然后由意境品味出诗人至高的人格境界，此谓"入境方能成趣"。

王阳明曾在年过半百之时回余姚老家陪年迈的父亲过中秋节，所作《中秋》一诗就体现出物我一体的人格境界。

中 秋

【明】王阳明

去年中秋阴复晴，今年中秋阴复阴。

百年好景不多遇，况乃白发相侵寻。

吾心自有光明月，千古团圆永无缺。

山河大地拥清辉，赏心何必中秋节。

这首诗文字平常，却蕴藏着无限"理趣"。前四句写中秋节因为天气原因看不见月亮，并感叹随着人的老去，看见明月的机会就越来越少了。只看前四句，觉得很平常，只是一种感慨的抒发。然而，诗的后四句突然一转，道出了自然之理，道出了物我一体的人格境界。"吾心自有光明月，千古团圆永无缺"，"月有阴晴圆缺"是自然之理，是不可改变的规律。但是，人心却可以修炼，消除自己与月亮之间的界限，将明月永远装在心里，又何必在乎天上有没有月亮呢？王阳明的"心学"主张摒除、拭去心上的蒙蔽，就能豁然开朗，达到"与天地参"的人格境界。这首诗虽是写中秋月,但推及开去,人不要为"物"牵绊、蒙蔽,就能实现人格境界的达观。士大夫心中的"理"是饱含心性的"理",是在至高人格境界观照下产生的"理",是归于天地宇宙"与道同机"的"理"。"理由境生",趣味才显高格。

五、理思相发,循思探趣

"理趣"是诗论中提出的审美思想,也是作为审美主体——读者的审美目的。审美活动可分为两个层面进行:第一,审美主体对审美对象进行形象化的体验与感知,主要发生于初见审美对象之时;第二,审美主体对审美对象进行理性的思考,进而对审美对象产生深层次的审美体验与感受,主要发生于反复体味审美对象之后。

比较审美活动的两个层面,我们可以发现:审美活动随着理性思维的加入而逐渐走向深入,由审美对象浅层的形象化体验逐渐上升到对审美对象内蕴的把握。比如,游人攀登黄山,看见立于悬崖绝壁上的奇松,自然而然会发出赞叹。此时的审美是停留在表层的,是奇松的形象给人以直观的审美感受。游人驻足欣赏,反复体味眼前的奇松,展开充分的联想,就能感受到奇松从悬崖绝壁上的石缝中长出是一种顽强不屈的生命力。奇松枝干遒劲,针叶苍翠,任凭风起云涌、狂风骤雨,都静立于黄山的朝朝暮暮,这就体会到了天地之间的大美,感悟到了人格的独立与清高。万事万物中都有"理",理性思维的参与是审美主体"审"出"理"的重要基础。在普通事物上见出深奥的理,才能真正体会到审美的乐趣。

《游山西村》是陆游的名作,初看似乎是一首游记诗,深看则体味出丰盈的"理趣"。

游山西村

【宋】陆游

莫笑农家腊酒浑,丰年留客足鸡豚。

山重水复疑无路,柳暗花明又一村。

箫鼓追随春社近,衣冠简朴古风存。

从今若许闲乘月,拄杖无时夜叩门。

　　品读此诗若只停留在诗人赞美家乡村民淳朴好客的层面就流于形象的表面了。深层次的审美应关注"山重水复疑无路,柳暗花明又一村"这两句诗。"山重水复""柳暗花明"均为行走在乡村时所见的景色,就像登黄山的游客所看见的形象化、直观化的奇松。陆游的高妙表现在从日常的村景中看出了"身处困境,看似无路可走时,突然迎来转机"。这种人生哲理的获得与当时陆游被罢官以后所处的境地相观照,是审美主体——陆游理性思考的顿悟。作为读者,在体味这两句哲理深刻的诗句时,也应反复体味,在理性思考的参与下感受审美对象的内蕴。从形象化的审美开始,到完成对审美对象内蕴的挖掘与玩味,理性思维是感受"理趣"的关键。

　　综上所述,"理趣"的审美诉求与特征是理与趣的相融,彼此观照,不分你我。理寓象中、理寓境中、理寓情中,观象方能入境,入境方能共情,读者在感性思维与理性思维的共同参与下实现"理趣"的审美愉悦!

第 三 节

从"诗论"到"教学观"：阅读教学的"理趣"主张

"理趣"阅读教学观的提出源于诗论。"理趣"是诗论中一个重要的审美概念，萌发于魏晋，兴于两宋，深化于明清。诗论中的"理趣"能被阅读教学借鉴，并上升到阅读教学观的层面，有以下几点理由：

其一，诗论的评价对象是诗歌，从主旨、情感、表达、意境等各个方面对诗歌进行全面的评价。诗歌是文学体裁的一种，是众多文学体裁的源头。阅读教学是依托文本的教学，是以文本为凭借展开对话的过程。入选小学语文教材的文本体裁非常广泛，诗词、散文、小说、科普文等体裁给学生打开了丰富多彩的阅读天地。文学作品都可以从主旨、情感、表达、意境等各方面进行评价与欣赏，诗论中"理趣"的概念自然可以延伸运用到众多文学体裁上。

其二，作为诗论的"理趣"一方面强调诗歌对自然之理、人生之理、社会之理及人格境界的阐发，另一方面又强调"理"的阐发要融于趣味的表达，说理不能直白、机械。这和语文学科人文性与工具性高度统一的性质是一致的。阅读教学既要引导学生理解、感悟文本中所传递的人文思想，又要引导学生关注表达方式。人文思想融于表达方式，正如"理"融于"趣"。因此，在方法论层面，诗论可为阅读教学观所借鉴。

其三，目前，小学语文阅读教学的问题是审美趣味不足，缺少对人文思想、人文底蕴的理解与感悟。"理趣"是诗论中重要的审美概念，也是审美思想。"理趣"的审美诉求和特征可以为阅读教学打开审美视角，从而在一定程度上解决审美趣味不足的问题。

一、阅读教学的现状与问题

随着小学语文教育教学改革的深化,小学语文课堂发生了令人惊喜的变化。与"内容分析式"的阅读教学说再见;进一步明确语文学科工具性与人文性统一的学科性质;以讲授为主的传统教学方式逐渐变革为提倡合作学习、探究学习的教学方式……这些变化给语文教学注入了全新的活力。但是,事物的整体并不全是由积极的一面组成,小学语文教学同样存在一些问题。我国语文教材编排体系以"阅读教学"为主,最新版的统编小学语文教科书也是将在"人文主题"与"语文要素"两个方面有内在逻辑关系的阅读文本编制成单元进行教学。因此,小学语文教学存在的一些问题在阅读教学中最为集中与突出。这些问题有些是由于教师群体认识不足而导致,有些则是因为时代发展而逐渐显现时代的不适应性。

(一)偏重能力,忽视审美趣味

目前的阅读教学,教师较为偏重学生阅读能力的培养,阅读教学过程往往是由能力训练推进的。一上课,教师先要求学生读准字音,理解难理解的词,训练的是识记能力;接着,教师要求学生初读课文,引导学生试着概括课文主要内容,训练的是概括能力;再接着,教师会聚焦一两个比较重要或者比较难理解的段落,引导学生反复读,尝试理解文意、体验情感,训练的是理解能力、感受能力;最后,教师会引导学生关注文本语言表达上有特点的部分,让学生模仿语言表达形式进行表达迁移,训练的是评价能力与表达能力。一堂阅读课,对学生进行阅读能力训练是有必要的,是必须进行的。但是,如果把阅读教学等同于阅读能力训练,认为学生掌握了一个个阅读能力就等于会阅读了,那就窄化了"阅读素养"的内涵。

"阅读素养"的内涵比"阅读能力"更为广阔,是"集合"与"子集"的关系。"阅读素养"还包括阅读兴趣、志趣、意志、习惯等非认知能力,计划、监控、反思等元认知能力。"阅读素养"是认知能力、非认知能力与元认知能力三种能力的集合。偏重认知能力发展的阅读教学能有效培养学生阅读认知能力,在以书面考试为主的阅读评价中更容易被检测、评估。至于阅读兴趣、志趣这些不太看得清的非认知能力,以及运用阅读策略等元认知能力,用传统的纸笔测试是

很难评价的,于是很容易被教师忽略。

"审美趣味"是中国学生核心素养中提到的关键素养,是语文教学,尤其是阅读教学中需要教师着力培养学生的素养。"审美趣味"由历史中的人创造,是人们对自然、社会、人生、人格、文化通透的认识。一切认识均以文字的方式流传,阅读的过程其实就是理解"审美趣味",同构出属于自己"审美趣味"的过程。小学语文教材的选文文质兼美,统编小学语文教材更是强化了传统文化的传承,优秀古诗文的比例大幅度提升。同时,文学作品的数量也有所增加,并且尽可能地保留原文的原汁原味。蕴藏传统文化的中华经典古诗文和反映中外优秀人类文化的文学作品,均饱含了丰富的人生哲思、社会文化心理,高尚的人格境界,教材编排的特点非常明确地传递出通过经典作品培养学生"审美趣味"的重要性。

康德认为:"审美具有的'无概念''非功利''非目的性'而为人类'共有'。"李泽厚在《美学四讲》中提出:"审美理解因素是更为内在和深层的。它指的是渗透在感知、想象、情感诸因素并与它们融为一体的某种非确定性的认识。它往往如此朦胧多义,以致很难甚至不能用确定的一般概念语言去限定、规范或解释。"[①]由此可见,"审美趣味"是"非功利"的,很难用概念去界定,是与人的感知、想象、情感高度融合的。因为"审美趣味"很难讲清楚,所以阅读教学基本不讲,训练实实在在、讲得清楚的能力才比较可靠。这就是阅读教学偏重能力、忽视审美趣味的症结所在。

《伯牙鼓琴》是统编小学语文教材六上册第七单元的一篇课文,选自《吕氏春秋·本味》。

伯牙鼓琴

伯牙鼓琴,钟子期听之。方鼓琴而志在太山,钟子期曰:"善哉乎鼓琴,巍巍乎若太山。"少选之间而志在流水,钟子期又曰:"善哉乎鼓琴,汤汤乎若流水。"钟子期死,伯牙破琴绝弦,终身不复鼓琴,以为世无足复为鼓琴者。

---

① 李泽厚.华夏美学·美学四讲[M].北京:生活·读书·新知三联书店,2008:331.

　　这篇古文在人教版小学语文教材中也出现过,是传统名篇。老师们教古文,首先是让学生根据注释读懂全文,并能把断句读准确。然后,老师们会引导学生理解全文,"伯牙为什么再也不鼓琴了?""因为钟子期死了。""为什么子期死了,伯牙就永远不弹琴了呢?""因为伯牙认为没有人能听懂他的琴声了。""从课文什么地方看出子期能听懂伯牙的琴声呢?"……学生在教师引导下,步步为营,理解"知音"内涵。最后,教师则用煽情的语言,引导学生再次深情朗读。不可否认,这样的阅读教学确实是比较扎实的,该训练的能力都训练了,该讲的知识点都讲明白了,作业、考试应该是没有问题了。但是,这样的阅读课缺少"审美趣味",学生不是文学作品的审美主体,而是被训练的机器。

　　这篇古文中有两个非常重要的"意象"——"太山"和"流水"。在古代,高山是江山社稷的象征,尤其是泰山,更是天下的象征;流水是百姓的象征,"水能载舟,亦能覆舟"便是最佳印证。高山和流水暗藏着士大夫阶层心怀江山社稷、民间百姓的人格追求。伯牙之所以如此钟爱子期,是因为子期能读懂伯牙的人格境界。还有,子期是谁? 是深山里砍柴的。一个砍柴之人为何会听懂士大夫的心声。这里就藏着"审美趣味"! 古代士大夫往往寄情山水,山水往往能投射出最朴素的哲理,山水意象是极富审美趣味的。还有一些老师在结课时让学生讨论伯牙有没有必要"破琴绝弦"? 有的学生说"值得,因为知音难求!"有的学生说"不值得,一个知音死了,以后还会遇到知音!"老师让学生讨论是好的,可是对答案不置可否,甚至还肯定后者,那就将这篇古文的审美形象与意境破坏了。这篇古文的"美"就美在伯牙的"绝","一个知音死了,以后还会遇到"这是功利性的态度,但伯牙的"破琴绝弦"是非功利的,具有精神的审美性。我们的阅读课,很少让学生透过意象去感受美,去探寻深层次的审美趣味从而获得精神上的滋养。

（二）忽视表达,语文味道不浓

　　与"内容分析式"的阅读教学告别之后,语文学科性质中的"工具性"功能逐渐受到重视,从以往重"人文"、轻"工具"的教学形态逐渐转变为"人文""工具"并重的教学形态。这种教学形态的观照下,老师们开始注重阅读教学中关于表达方式的教学。但是,在阅读课上教表达,还是存在以下两方面问题:

1. **语言表达本体性知识相对缺位。**

语言表达的内涵极为丰富,语言的节奏、音韵、修辞、形象都属于语言表达本体性知识的范畴。但是,在阅读教学中,一些老师比较关注的是比喻、拟人、排比等比较常见的修辞方法,对语言节奏、音韵、形象以及修辞中的隐喻、暗喻、象征等却比较忽视,表现出本性性知识相对缺乏的问题。

比如,在冯骥才《花的勇气》一文中,作者对初见维也纳的花进行了描写:

我用手拨开草一看,原来青草下边藏着满满一层小花,白的、黄的、紫的;纯洁、娇小、鲜亮;这么多、这么密、这么辽阔!它们比青草只矮几厘米,躲在草下边,好像只要一使劲儿,就会齐刷刷地冒出来……

这段描写虽然只有寥寥几笔,却让小花美丽动人的形象跃然纸上。这段描写的语言是很有节奏的。描写花的颜色没有修辞,只是叠加了三个颜色的词语;描写花的形态,用了“纯洁”“娇小”“鲜亮”,三个非常简单的词语就把花朵的形态、色泽写了出来;多、密、辽阔,则层层递进,把满眼生机的状态表现得淋漓尽致。对于如此富有语言美的表达,一些老师是比较忽视的,或者虽然觉得写得不错,但不是比喻、拟人等显而易见的修辞方法,所以在教学中就快速扫过。这是非常可惜的,如果在课堂上能引导学生发现语言表达的节奏,再让学生反复朗读揣摩,语文的味道就会更浓。

2. **领悟语言表达的过程不够展开。**

富有特点的语言表达是作者匠心的体现,小到一个字的使用都关系到主题、情感、意境的表现。王安石《泊船瓜洲》“春风又绿江南岸”的“绿”;贾岛《题李凝幽居》“鸟宿池边树,僧敲月下门”的“敲”,都是作者反复斟酌词句的创作佳话。

作者用心设计语言表达,绝非一蹴而就,是百般凝思的过程。但是,在阅读教学过程中,一些老师发现了语言表达的奥妙,却没有给予学生充分的时间展开领悟的过程,只是简单地引起学生关注或是直白地告诉,缺少像作者一样反复斟酌的过程,没有真正让学生理解作者的语言表达奥妙。

比如,《秦兵马俑》这篇课文中有这样一段描写:

每个兵马俑都是极为精美的艺术珍品。仔细端详,神态各异:有的领首低眉,若有所思,好像在考虑如何相互配合,战胜敌人;有的目光炯炯,神态庄重,

好像在暗下决心,誓为秦国统一天下作殊死拼搏;有的紧握双拳,好像在听候号角,待命出征;有的凝视远方,好像在思念家乡的亲人……走近它们的身旁,似乎能感受到轻微的呼吸声。

细心研读这段文字之后,老师们不难发现这段描写运用了大量联想的写法。这种表达方式把兵马俑的艺术性写活了,有利于读者跟着文字想象,更容易把读者置身于历史的画面中。在阅读教学中,老师们会引导学生发现这段描写的语言表达特点,事实上学生也不难发现。当学生发现表达特点后,老师们可能让学生朗读感受一下,或是让学生看看图片印证一下作者写得像不像。这样的教学显然不够展开,不能够很好地让学生在语言形式探究中感受语言表达之美。如果仔细研读,可以发现这段话中的联想是有独特匠心的,四个"有的"后的联想内容是不能更换的。"有的紧握双拳"不能联想成"好像在思念家乡的亲人";"有的凝视远方"不能联想成"好像在听候号角,待命出征"。联想是所见、所闻后的想象,是有内在逻辑的想象。在阅读教学中,如果先引起学生对"联想"表达方式的初步关注;再通过"联想"部分的互换让学生体会表达是否准确;最后让学生欣赏其他兵马俑神态、动作的图片,模仿作者的写法把"联想"写准确、写形象。这样的教学过程就能让学生在语言表达的深层结构里"打滚",能更深刻地体会到语言表达的科学性与艺术性,感受到语言的形式美。

以上两个问题,一个属于本体性知识范畴,一个属于教学论范畴。本体性知识的模糊,教学过程的简单化,导致阅读教学缺少浓浓的语文味。

(三)缺少创造,理性思维缺位

从解释学理论看,阅读主要有作者理论、文本理论、读者理论三种站位。作者理论是一种作者崇拜的阅读站位,读者把作者奉为"上帝",阅读的过程被看作是全盘接收作者的过程。这种阅读站位非常在乎作者是一个什么样的人,作者在什么背景下进行表达,作者表达的主旨是什么。于是,在阅读前,了解作者生平及时代背景就成了非常重要的功课。文本理论是一种文本崇拜的阅读站位,注重对文本语言的解析,尽可能通过文字线索读出作者所表达的一切。读者理论是接受美学的核心价值取向,认为文本的意义是读者与作者共同完成的,读者不是被动接受作者、文本意义的一方,而是参与文本建构的主

体。读者理论下的阅读是创造性的阅读,读者不仅要理解作者、文本说了什么,还要学会在作者、文本未说明白处进行创造阅读,文本因为读者与作者的对话而丰满。

从解释学三种阅读理论反观当前的阅读教学,我们可以发现,老师们大都采用的是作者理论与文本理论站位。教师在备课时反复细读文本,同时参阅教学指导用书以领会编者的意图,参阅大量关于作者生平的介绍和作者所处的时代背景。通过反复分析、关联、提炼,教师最终形成对所教课文的理解与感受。接下来的阅读教学过程,学生更多的是在教师划定的理解范围展开阅读实践活动。当然,随着小学语文教学改革的深化,老师们已经很少会用直接灌输的方式来开展阅读教学,会更多采用启发式教学。但是,启发式教学的终点还是设定在教师对文本理解和感受的高度。阅读教学最终导向的是学生对教师理解的理解,对教师感悟的感受。学生的阅读过程更像是被教师精心设计好的,从文本的哪里读出什么,是教师精心预设的,学生只要顺着教师设定好的轨道往前走就可以了。在一些公开课上,我们无奈地看到一些老师激情慷慨地发表着自己的理解,抒发着自己的感受,学生不得不努力配合着老师的发挥,回答问题的逻辑起点变成了"老师这么问,到底想要什么答案"。创造力的缺乏是中国学生的通病,这个病的症结不在学生,在于教师缺少"读者理论"的站位,没有看到阅读是创造的过程,没有看到阅读需要学生理性思维的参与,形成自己的阅读理解与感受。

列夫·托尔斯泰的《穷人》是短篇小说名篇,被众多版本的小学语文教材收录。在统编小学语文教材中,《穷人》被收录在六年级上册第四单元,这个单元为小说阅读主题单元。

对于《穷人》这样的名篇,教师能搜索到大量相关资料,作者介绍、时代背景、文本解读、经典课例,这些资料能帮助教师迅速定位教学目标。于是,《穷人》的教学就有了相对固定的程式:首先,学生初读课文,尝试概括小说的主要内容,熟悉小说的主要情节;接着,学生在教师的引导下感受桑娜和渔夫的人物形象,尤其是抓住桑娜的心理描写和渔夫的神态、动作描写进行体会;再接着,教师引导学生关注环境描写,深入体会人物品质;最后,教师揭示小说出乎意料的结尾,并引导学生想象渔夫一家今后的生活。当然,在整个阅读教学过

程中,教师还会适时出现作者的生平介绍和俄国当时的时代背景,以便学生更好地理解小说主旨。

这样的教法似乎也没有什么大问题,毕竟在作者理论和文本理论的支撑下,学生还是能比较全面地理解小说所表现的主题思想、人物形象和创作特点。那么,与读者理论相比,这样的教学显然缺少了阅读的创造性,缺少了学生对文本"未定点"和"空白处"的创造性阅读。比如,按照教学经验,桑娜和渔夫是被关注的重点,但对于西蒙的关注却远远不够。小说有这样一段描写:

屋子里没有生炉子,又潮湿又阴冷。桑娜举起马灯,想看看病人在什么地方。首先投入眼帘的是对着门放着的一张床,床上仰面躺着她的女邻居。她一动不动,只有死人才是这副模样。桑娜把马灯举得更近一些,不错,是西蒙。她头往后仰着,冰冷发青的脸上显出死的宁静,一只苍白僵硬的手像要抓住什么似的,从稻草铺上垂下来。就在这死去的母亲旁边,睡着两个很小的孩子,都是卷头发,圆脸蛋,身上盖着旧衣服,蜷缩着身子,两个浅黄头发的小脑袋紧紧地靠在一起。显然,母亲在临死的时候,拿自己的衣服盖在他们身上,还用旧头巾包住他们的小脚。孩子的呼吸均匀而平静,他们睡得正香甜。

这段描写以桑娜的行动为推进,对西蒙死去时的家庭环境、神态动作、孩子熟睡时的样子进行了刻画。这段描写存在很多耐人寻味,值得读者想象创造的地方。如,西蒙死去时"苍白僵硬的手像要抓住什么似的",她想要抓住什么呢?西蒙在死去前看着孩子会有什么想法?西蒙的丈夫是怎么死的呢,与暴风雨有关吗?文学阅读的最大乐趣在于创造性的阅读,在理性思维的支撑下想象、共情、思辨、质疑。以上列举的问题能最大程度激发学生阅读的创造乐趣,答案肯定是多样的,是高度个性化的,但是又同时指向对穷人生活的怜悯,对黑暗社会的批判,对伟大母爱的崇敬。

笔者曾经对学生进行过调查,很多学生对关于西蒙的这段描写非常感兴趣,但是教师的教学却因为经验主义,把关注点引向"经验的所指"。缺少创造性的阅读,以教师理解为纲,最终会将学生导向"主体的丧失",理性思维的培养更无从谈起。

(四)过于严肃,缺少儿童趣味

充满好奇心、探索欲,具有游戏精神是儿童的特征。阅读教学应该尊重儿

童认知特征发展规律,千方百计激发儿童阅读兴趣和学习阅读的欲望。然而,当下许多阅读课,教师的教学似乎比较严肃,把儿童当成高中生对待,课堂少有妙趣横生的时候。

一是训练式课堂。一些教师把学生当作操练的机器,一堂阅读课,学生不停地练习。阅读能力可能是被训练上去了,但学得没有趣味,对阅读也就谈不上喜欢。

二是问答式课堂。一些教师事先设计大大小小十几个问题,阅读教学变成了老师问,学生答的过程,所有一切都在教师预设范围之内,学生感受不到现场生成的思维乐趣。

三是严重割裂文本与儿童生活经验。皮亚杰认为:"图式是动作的结构或组织,它们在相同或类似的环境中,会由于重复而引起迁移或概括。所谓同化,就是个体将环境因素纳入已有的图式之中,以加强和丰富主体的动作;所谓顺应,就是个体改变自己的动作以适应客观变化。个体就是不断地通过同化与顺应两种方式,来达到自身与客观环境的平衡的。"[①]从皮亚杰的认知理论引申开去,儿童在阅读一个文本前自身会有一个心理图式,可以看作是海德格尔解释学理论中的"前理解"。这种"前理解"既包括背景知识,也包括生活经验。儿童对文本理解的过程实际上就是"同化""顺应"的过程,教师应该努力让文本与儿童的"前理解"发生关系,以便儿童更有趣味地接受文本意义。然而,现实是教师往往比较关注文本意义的揭示,而忽视儿童生活经验的激活,导致阅读教学儿童趣味不足。

《搭石》是刘章写的一篇散文,通过描写故乡人走搭石的生活场景表现家乡人美好的情感。这篇课文文质兼美、趣味横生,被收录在统编版小学语文教材五年级上册第二单元中。《搭石》中有这样一段描写:

家乡有一句"紧走搭石慢过桥"的俗语。搭石,原本就是天然石块,踩上去难免会活动,走得快才容易保持平衡。人们走搭石不能抢路,也不能突然止步。如果前面的人突然停住,后边的人没处落脚,就会掉进水里。每当上工、下工,一行人走搭石的时候,动作是那么协调有序!前面的抬起脚来,后面的

---

① M.P.德里斯科尔.学习心理学[M].王小明等,译.上海:华东师范大学出版社,2007:168.

紧跟上去,踏踏的声音,像轻快的音乐;清波漾漾,人影绰绰,给人画一般的美感。

这段描写家乡人走搭石的片段语言轻快、格调清新,把人们走搭石时协调有序的特点写得淋漓尽致,形成一幅美丽的画面。教师在教学这段描写时,往往会问学生:"为什么要紧走搭石慢过桥啊?"学生于是顺着文字快速找到答案,几乎没有什么难点。然后,教师又会问:"这幅走搭石的画面到底美在哪里呢?"学生可能需要稍稍动动脑筋,美体现在人与景的和谐,体现在人们心灵的默契。这种教学方法能让学生理解这段话的主旨,但是却丝毫没有趣味可言。学生对文本人文意蕴的理解是生硬的、浅层的,是没有被情感格式化的。

笔者在执教《搭石》时,首先是唤醒儿童的生活经验,让学生先说说自己有没有走溪中搭石的经历。有些学生确实有过这样的经历,他们会说:"走的时候脚下的石块会摇晃,走得快才能保持平衡。""走的时候听见溪水流动的声音,感觉特别舒畅。""走的时候心里会担心,怕自己掉到水里。"有的学生确实有掉到水里的经历。如此一来,儿童的生活经验被充分激活,经验都能在文本中得到印证,文本自然而然就被"同化"到儿童的心理图式中去了。但这样做还不够,因为学生平时走搭石大多数情况是一个人走或是两三个人间隔一定距离走,与文本中描写的一行人走有很大不同。此时,教师就需要给学生创造获得生活经验的机会。笔者在教学时,让五六个学生到教室前面,用粉笔在地下画七八个圈,用来表示搭石。第一次让学生一个接一个顺利地走,第二次在走的过程中教师喊"停",第一个学生立刻停下脚步,后面的就撞了上去,一个个都落"水"了。这个教学场景至今还印刻在笔者脑海里,当时学生个个笑得前仰后合。笑过之后,学生再次回到文本中去理解"协调有序",就变得水到渠成。一行人走搭石的生活经验学生不曾有,但教师可以在教学中进行巧妙创设,让学生在具备实践体验后再研读文本,文本的意义就能更好地被学生已有的实践经验"顺应"。

在矫正语文学科人文性过强,重新重视语文学科工具性的当下,阅读教学多了一些严肃,少了一些儿童趣味。学生在阅读课上眉头紧锁、苦思冥想的时间多了,开怀大笑、怦然心动的时间少了。这值得从事儿童教育教学的人们警醒、反思。

综上所述,阅读教学目前面临的问题是:教师缺少在审美趣味层面引导学生感悟文本深藏的人文意蕴;缺少对语言表达形式之美的引导;阅读教学缺少"读者意识",学生缺少理性创造文本意义的机会;学生阅读学习的过程缺少趣味,对阅读学习的兴趣不浓。

二、"理趣"阅读教学观的内涵及意义

"理趣"阅读教学观针对阅读教学面临的四个主要问题而提出,其内涵主要有以下四个方面:

(一)人文意蕴视角下的"理趣"

"理趣"作为诗论中的审美概念,其中的"理"不仅仅指客观存在之理,还指被高度情感化、人格化的理。"理"的产生都是人们不断实践,不断用情感体验的过程,最终形成普世价值,成为人们的共识。"理趣"阅读教学观中的"理"可以从人文意蕴的角度来定义,指的是人生哲思、社会文化心理、人格境界、宇宙万物运行的道,这些"理"都是被人们普遍认同的,具有高度的人文思想性。因为这些"理"都是人们经过实践而得来的,所以当读者在文本中透过文字看到这些"理"时,就会产生情感共鸣,甚至会在无功利的审美过程中达到人格精神层面的契合,这就是"趣"的产生。"理趣"阅读教学观中的"趣"实际上是读者自身实践经验与文本所阐发之"理"相互契合的产物。

《司马光》是统编版小学语文教材三年级上册第八单元的一篇课文,是小学阶段第一次出现古文,原文如下:

司 马 光

群儿戏于庭,一儿登瓮,足跌没水中。众皆弃去,光持石击瓮破之,水迸,儿得活。

司马光的这个故事家喻户晓。虽然是教材中第一次出现古文,但因为这个故事的白话文版学生都有所了解,内容并不难理解。老师们上这篇古文,首先肯定是让学生结合注释疏通文义,这是学习古文不可缺少的环节。接着,老师们会让学生思考"司马光到底是一个什么样的孩子?"这部分教学会引导学生关注朋友落水时其他小朋友的反应。老师们还会激发学生对"众皆弃去"的

想象,其他小朋友都干什么去啦? 学生可能会说"去找大人帮忙了!"最后,老师们会揭示人物形象,司马光是一个聪慧、沉着的孩子,发生事情后他没有慌张而是急中生智想出了一个好办法。按照这种上法,只看到了这篇古文所传递的表象,没有把深层次的人文意蕴揭示出来,没有达到"理趣"的审美境界。

细读文章,我们可以发现,"众皆弃去"的"弃"在古文中的意思是指抛弃、舍弃,如《六国论》中说"举以予人,如弃草芥"。当朋友掉入瓮中后,大家都因为惊吓,只管自己跑了,把这个落水的朋友抛弃、舍弃了,而唯独司马光留下来了。这里当然反映出司马光的沉着冷静,但更重要的是司马光具有崇高的道德感,对待朋友不离不弃,想办法救人于危难之中。这篇古文的原文在开头还有两句话"光生七岁,凛然如成人,闻讲《左氏春秋》,爱之,退为家人讲,既了其大指。自是手不释书,至不知饥渴寒暑"。这两句之所以没有选入课文,可能是出于学生第一次学习古文,不宜过难。但是,这两句话非常重要,表明了司马光的道德感其实是从读书中培养成的,只有接受儒家文化的熏陶,才能在实践中做出具有道德感的反应。这样一看,这篇古文的人文意蕴就深刻了,所蕴含的"理"就不仅仅停留在遇事要沉着,要赶快想办法的表层之"理",而是一个人从小要养成儒家所倡导的道德感,面对危险要承担起自己的责任,不能一走了之。这就是所谓的社会文化心理,人格境界中的"道"。

苏格拉底提出过"美善同一说",认为"美和善不是截然不同的两回事,美就是善,善就是美"。中国又有"美善同侪""以美储德"的说法。这篇古文所表现的"善"和"德"就是"美",如果教师能让学生在阅读中体会到为人善良,为人有德就是"美",让学生结合自己生活中曾经有过的道德实践产生美的共鸣,审美趣味就在人文意蕴中产生了。

(二)语言表达视角下的"理趣"

"寓理于象""以象造境"是"理趣"诗的审美诉求与特征。"理"是诗的内容,一味说理,不注重说理的语言形式,诗趣就荡然无存。"理趣"诗说理需要借助象,然后由象营造意境。明月、青松、江水、清风,自然界的一切景物皆可成象入境。读者要领悟诗中"理趣",就必须反复涵泳、揣摩诗句的形式,由形式触摸到内容。另一方面诗句的形式也是富有审美趣味的对象,许多"象"由于其审美特征已经成为"意象",比如,明月的意象表示思念的情感。

阅读教学是依托文本而展开的,只要有文本在,就有语言表达的形式。英国两位著名的形式主义美学家克莱夫·贝尔和罗杰·佛莱认为:"有一种特殊的审美感情,它们是对对象的形式——色彩、线条、音响,即所谓'有意味的形式'的反应。只有在这种纯形式的欣赏中才能获得审美感情,其他涉及内容(如故事、情节、人物)的情感、感受或认识都不能算作审美。审美感情与日常经验、感受没有关系,它只是对象'有意味的形式'所引起的特殊的心理对应感受而已。"①两位形式主义美学家把形式的审美价值推到了极致,否定了内容的审美价值,这是比较偏激的看法,并不可取。但是,他们提出的"有意味的形式"很有价值,充分肯定了形式具有高度的审美趣味。

语言表达视角下"理趣"的"理"指的是语言表达的客观规律,也就是语言表达审美性下所暗含的科学性。语言表达是精深的学问,语言的节奏、音韵、修辞都是影响语言表达效果的要素。同样一个意思,不同的语言表达方式就会产生不一样的效果。有时候我们说一个作者语言很有表现力,就是表示这位作者的语言表达形式具有很强的审美性。通过长期的写作实践,不同的作家还会形成自己独特的语言风格,如老舍朴素幽默、鲁迅犀利尖锐、丰子恺凝练聚神。语言表达视角下"理趣"的"趣"就是指学生阅读文本,能领悟语言表达之妙,体会语言表达的美感,从语言看出作者的人生经验与境界。

《慈母情深》是梁晓声的作品,收录在统编版小学语文教材五年级上册第六单元。《慈母情深》中有这样一段描写:

背直起来了,我的母亲。转过身来了,我的母亲。褐色的口罩上方,一对眼神疲惫的眼睛吃惊地望着我,我的母亲的眼睛……

这段描写的语言表达形式非常有特点:一是,三次出现"我的母亲",并且以倒置的形式出现。正常的表述是"我母亲的背直起来了,我母亲转过身来了"。二是,作者已经来到母亲身边,为什么还要三次点明眼前的是母亲?其实,联系这篇文章的上文,我们就能理解作者为什么这么写。

七八十台破缝纫机一行行排列着,七八十个都不算年轻的女人忙碌在自己的缝纫机旁。因为光线阴暗,每个女人的头上方都吊着一只灯泡。正是酷

---

① 李泽厚.华夏美学·美学四讲[M].北京:生活·读书·新知三联书店,2008:337.

暑炎夏,窗不能开,七八十个女人的身体和七八十只灯泡所散发的热量,使我感到犹如身在蒸笼。

这段文字也是非常有特色的,一连出现了四个"七十八个"。从全文看,作者是第一次来到母亲上班的地方,艰苦的工作环境是作者不曾想象到的。"七十八个"重复出现,作者就是想要表达对母亲艰苦工作环境的震撼。当作者来到母亲身边时,心情是极其复杂的,心疼母亲如此操劳,愧疚自己要向母亲索要来之不易的钱。三次出现"我的母亲",并且放在每个句子的后面进行表达,目的就是强调内心复杂的情感。

在阅读教学中,教师不仅要"就文论言",引导学生思考特殊的语言表达形式要表达什么特殊的情感;还要"揭示言理",引导学生理解语言表达的规律。在《慈母情深》的教学中,教师就可以引导学生理解:重复三次出现一个内容可以表示强调,把重复的内容后置可以起到增强"强调"效果的作用。

著名美学家李泽厚在《美学四讲》中写道:"如果有种种生活经验、感受或情感,而没有被纳入、剪裁和熔铸在一个审美心理结构中,那这些材料不过是一堆大杂烩,不可能产生'审美感情'。"[①]李泽厚所讲的"审美心理结构",在文学范畴中指的就是语言表达形式。当学生从语言形式中解构出生活经验、感受或情感时,就感受到了语言形式的构造之理,感受到了解构形式的乐趣。

(三)思维发展视角下的"理趣"

思维发展视角下的"理趣"指的是:阅读活动需要理性思维的参与,在文本的"空白点"和"未定处"形成创造性的阅读见解,从而把阅读文本所阐释之理纳入自己的心理结构中。创造性的阅读解放了学生的理性思维禁锢,因此,阅读的过程是充满乐趣的。

"理趣"的审美诉求和特征告诉我们,诗人所写之"理"都是隐藏在诗的"意象"之下,正所谓"现相无相,立说无说"。读者读诗,如果没有理性思维的参与,就无法从表面的"意象"直达"理"的本质。

读诗如此,读其他文学体裁也是如此。审美是人类理解世界的一种特殊形式,是人与世界形成一种无功利的、形象的和情感的关系状态。审美是在理

---

① 李泽厚.华夏美学·美学四讲[M].北京:生活·读书·新知三联书店,2008:339.

智与情感、主观与客观上认识、理解、感知和评判世界上的存在。当读者阅读一个文本时,审美活动就随之产生。读者初次阅读文本时,首先启动的是情感系统,被跌宕起伏的情节、真实丰满的人物形象所吸引,人物命运牵动着读者的内心世界。比如,初次阅读《卖火柴的小女孩》,读者首先感受到的是这个小女孩好可怜,这么冷的天还要在街上卖火柴。即使是阅读科普说明文,读者也首先是从情感体验开始的。比如,初读《新型玻璃》,读者首先会被多种多样的新型玻璃所吸引,感叹科技的力量是如此巨大。阅读文本、文学作品是形象化的,读者的阅读自然而然是从形象化的感知开始的。但是,如果仅仅将审美活动停留在感知层面是远远不够,缺少理性思维的进一步参与,审美活动只能陷入"形象化"的空洞。

语言是思维的表现,阅读活动必定需要思维的参与,阅读教学就是要让学生的思维去触摸作者的思维,从而形成深层次的审美享受。中国学生核心素养中,理性精神也是被作为重要素养提出的。中国学生普遍缺乏创造性,在阅读活动中常常被牵着鼻子读,没有表达个性化思考的机会。创造的核心是什么?当然是理性思维。没有独立的理性思考,人云亦云,用别人的阅读感受来取代自己的阅读感受,何谈创造?理性思考的缺乏和阅读教学选择作者崇拜和文本崇拜的站位有关,这两种阅读站位忽视读者的存在。而主张读者站位的接受美学理论则给学生理性思维和创造性思维的发展提供了可能。

"接受美学"这一概念是20世纪60年代末德国康茨坦斯大学文艺学教授姚斯提出来的,后经姚斯和伊塞尔的共同发展,成为20世纪七八十年代影响深远的一个美学流派——接受美学流派。它的核心是从读者接受出发研究文学作品,认为读者不是被动的接收者而是主动的创造者,文学作品的价值最终是由读者完成的,读者成为文学史发展的最终仲裁人。

伊塞尔继承了英迦登现象学概念,提出了文学作品的"召唤结构",认为作品的意义是读者从本文中发掘出来的,作品在没阅读之前只是一个图式化的结构,里面充满着许多"未定点"和"空白点",等待着读者运用自己的情感和想象对其加以"具体化"或"重构",这样作品的审美价值才会得以实现。读者的接受活动是一个积极主动的创造活动,而不是一个被动的接受活动。所谓"空白"就是本文中未写出来的或未明确指出的部分,它们是本文以实写出来的部

分向读者所暗示或提示的东西。

《桂花雨》是琦君写的一篇散文,语言清新自然,意境深远。该文章被收录在统编版小学语文教材五年级上册第一单元。课文中有这样一处描写,很耐人寻味:

我念中学的时候,全家到了杭州。杭州有一处小山,全是桂花树,花开的时候香飘十里。秋天,我常到那儿去赏桂花。回家时,总要捧一大袋桂花给母亲。可是母亲说:"这里的桂花再香,也比不上家乡院子里的桂花。"

初看课文,学生会感叹于浓郁的桂花香,会觉得摇桂花非常快乐,这是感知层面的审美愉悦。深层次的审美愉悦需要理性思维的参与才能完成,教师要在文本中挖掘出能触发学生理性思维的点,让学生在理性思维的支撑下完成创造性的阅读。这段文字的最后一句话写得耐人寻味:"这里的桂花再香,也比不上家乡院子里的桂花。"桂花是杭州的市花,每年秋天也是香飘十里,可为什么还比不上家乡的桂花呢? 借助这个问题,让学生回到文本中进行仔细阅读、用心揣摩。有的学生说:"小时候的记忆是最深刻的,所以闻到的桂花香永远是最香的。"有的学生说:"童年的时候一起摇桂花是非常快乐的,桂花树蕴藏着童年的快乐,长大后再也不会去摇桂花树了!"有的学生说:"妈妈做桂花糕、桂花茶与邻居们分享,内心感到很快乐。现在的邻居大多互不往来,缺少了分享的快乐。"还有的学生说:"其实作者思念的是故乡,觉得故乡什么东西都是最好的。就像'月是故乡明'一样。月亮全世界只有一个,可因为爱故乡,就觉得在故乡看到的月亮特别亮。"

按照接受美学家伊塞尔的理论,"这里的桂花再香,也比不上家乡院子里的桂花"这句话就是文学作品的"空白点""未定处"。作者没有明确说理由,但理由都暗藏在作品的字里行间,需要学生在理性思维的参与下把理由挖掘出来。理性思考的过程是极其自由的,是富有创造性的,学生可以结合自身的实践经验来思考。比如,有个学生的心理结构中存在"月是故乡明"的经验认识,就可以进行经验的迁移。虽然学生都是从某个维度去理解"未定点"的内涵,但是这些理解都是学生通过理性思考得到的,是富有创造性的阅读,比起教师直接告诉含义要生动得多。学生审美活动的乐趣也正是来自创造性的阅读。

(四)教学方法视角下的"理趣"

教学方法视角下的"理趣"非常关注阅读教学的对象——儿童。"理"指的是阅读教学要符合儿童心理发展特征和儿童学习规律,"趣"指的是阅读教学要注重形式上的趣味,寓教于乐,充分激发儿童学习阅读的兴趣。

首先,作为普通读者的儿童,阅读过程必定要遵循阅读双向心理,即从整体到局部,再从局部回到整体的过程。其次,儿童的思维是形象性的,即使到了第三学段,学生抽象思维得到发展,但是主体还是形象思维。针对儿童的阅读教学,应该做到形象先于抽象,感性先于理性,感受先于概念。阅读教学要避免条分缕析的解构,要避免枯燥乏味的训练,要避免生硬的概念讲解。教师要创新教学形式,千方百计地激活学生阅读的兴趣点、好奇心、探索欲,让学生在轻松快乐的氛围下学习阅读。笔者曾执教过冰心的散文《肥皂泡》,这是统编版小学语文教材三年级下册第六单元的一篇课文。这篇散文情感真切、意蕴深远、描写细腻,对于三年级的学生来讲,无论从内容上,还是表达方式上都比较难理解。以下这段话是课文的第三自然段,作者描写吹泡泡的场景:

方法是把用剩的碎肥皂放在一只小木碗里,加上点儿水,和弄和弄,使它溶化,然后用一支竹笔套管,蘸上那黏稠的肥皂水,慢慢地吹起,吹成一个轻圆的网球大小的泡儿,再轻轻地一提,那轻圆的球儿便从管上落了下来,软悠悠地在空中飘游。若用扇子在下面轻轻地扇送,有时能飞得很高很高。

这段描写极具冰心的写作风格,语言细腻、准确、传神,寥寥几笔就把吹泡泡的情景写得出神入化。一是,这段描写条理很清晰,和弄、蘸、吹、提、扇送,前后连贯,一气呵成,毫无赘言;二是,用词精妙,"慢慢吹""轻轻提""轻轻扇送"把动作写得准确而传神,"网球大小""轻圆""落""软悠悠""飘游"把泡泡的形态、质感、动态表现得淋漓尽致。这些语言上的精妙如何让学生自然无痕、轻松愉悦、形象化地感受到呢? 以下是笔者关于这段描写的教学实录:

《肥皂泡》教学实录(节选)

师:同学们,读了这段话,你们知道这段话在写什么吗?

生:写了制作肥皂水和吹泡泡的过程。

师:很好! 看来内容你们是读懂了!

(稍稍停顿)

师:你们吹过肥皂泡吗?

生:(七嘴八舌)吹过,吹过!

师:能和大家分享吹泡泡的经历吗?

生1:爸爸妈妈带我去迪士尼玩,在乐园里给我买了吹泡泡的玩具。一个个椭圆形的洞眼连成一串,把塑料棒放进泡泡液,再抽出来一吹,就会有好多好多泡泡。

生2:上次我参加学校科技节的吹泡泡比赛,我自己做了泡泡液,把铁丝圈浸到泡泡液里,然后在空中一挥,一个大泡泡就诞生了!

师:你不是吹泡泡,是挥泡泡。

(学生兴趣盎然,纷纷举手想分享吹泡泡的经历)

师:好了,好了! 你们这样说下去,三天三夜也说不完。你们想不想现场吹一吹?

(学生听说现场吹泡泡显得更加兴奋,教师请一位学生走到教室前面)

师:现在你来吹泡泡,看看能不能吹出来。

(学生尝试,泡泡还没离开管子就破了)

师:你不要小看吹泡泡,再给你一次挑战的机会。

(学生鼓起腮帮吹,还是失败了)

师:同学们,我觉得冰心奶奶是不是在骗我们啊? 根本吹不起来啊!

(学生被教师一问,立刻陷入沉思)

师:这样,我建议大家再回到这段描写中去,看看冰心奶奶小时候是怎么吹的,跟我们有什么不一样!

(学生认真读课文,边读边圈画)

师:同学们读得很认真! 你们发现秘密了吗?

生1:我找到了"慢慢地吹"这处描写,她是小心翼翼的,刚才那位同学吹得太快了,用力太猛了!

生2:我找到了"轻轻地提"。刚才那位同学第一次是吹起来了,可是最后是用力一拉,泡泡就破掉了。

生3:我还发现一个"轻轻地扇送",如果用力扇,泡泡也会破掉。

师:同学们太会读书了,要把泡泡吹起来,不仅要按照步骤,还要注意动作是"慢慢地吹""轻轻地提""轻轻地扇送"。谁再来试一试! 我这儿有把扇子,还要请一位同学来扇送。

(学生情绪越来越兴奋,争先恐后地想试试)

师:好! 开始吹!

(学生按照课文描写的方法吹,一个泡泡吹成功了! 在另一位同学的扇送下飘游起来。座位上的同学激动得站了起来,一起看向泡泡。教师则让学生继续吹,教室里顿时多了许多泡泡。)

师:你们看到了怎样的泡泡?

生1:我看到了又圆又轻的泡泡。(师板书:又圆又轻)

生2:我觉得泡泡轻飘飘的,透明的。(师板书:轻飘飘、透明)

生3:我觉得泡泡大小不一。

师:大的像?

生3:网球。

师:小的像?

生3:乒乓球。(师板书:网球、乒乓球)

师:好,谢谢吹泡泡的同学,辛苦了! 同学们,吹泡泡真的很好玩,黑板上的这些词是你们对泡泡的形容。那冰心奶奶是怎么形容泡泡的呢? 你们能快速找到吗?

生:我找到了"轻圆"和"网球大小",这是形容泡泡形状的。

师:网球大小,同学们也是这样认为的。冰心奶奶用的是"轻圆",我们用的是"又轻又圆",你们觉得哪个更好?

生:"轻圆"更好,语言更加简练。

师:是啊!"轻圆"这两个字就把泡泡的形态写得很传神!

生:我关注的是"软悠悠",这个词好在把泡泡晃晃悠悠飘游的样子写出来了,感觉好像一不小心就会破。

师:你学会品味作者的表达了,确实"轻飘飘"也不错,但"软悠悠"更形象。

生:我找到了"落",这个字既写出了作者动作的轻柔,也写出了泡泡的轻。

师:你们真的很会读书! 学到这儿,你们对冰心奶奶的写作有什么评价?

生1：我觉得冰心奶奶用词非常贴切、很形象，仿佛让人看见了眼前的画面。

生2：我觉得冰心奶奶写得很逼真，刚才同学吹的泡泡就是给人这样的感觉。

生3：我觉得冰心奶奶的写作很简练，字字传神。

师：多美的描写啊！多高明的描写啊！让我们伴着音乐一起轻轻地读读这段话，感受冰心奶奶那迷人的文字！

（学生一下子恢复了平静，美美地读起了课文）

每次回忆这段教学经历，笔者的眼前总能浮现出学生上课时兴奋、灵动的画面，每个学生的脸上都洋溢着幸福的笑。这个教学环节设计了让学生吹泡泡的活动，以形象入手，让学生先有实践体验，充分激活了学生的学习兴趣。在学生吹泡泡失败时，教师抓住时机，顺势而教，让学生到文本中寻找失败的原因。这个教学动作目的就是引导学生关注冰心的用词，体会语言表达的精妙、传神。学生成功以后，又让学生自己先形容泡泡，然后对比作者的描写，进一步感受作者的语言魅力。整个教学过程，教师没有概念化、抽象化、说教化的教学行为，像一个主持人一样推进着学生的自主探究。教师是情境的创设者，是语言学习的组织者，所有对语言的感悟都是学生自己领悟出来的。这个教学环节很好地演绎了"理趣"阅读教学观，教学符合儿童心理特征，教学形式充满童趣，教学氛围其乐融融。这就是"理趣"阅读教学观所追求的审美意境。

综合以上四点，我们可以得出：

"理趣"阅读教学观中"理"的内涵是：人文意蕴、语言表达规律、理性思维和儿童心理发展规律。"趣"的内涵是：在理性思维的参与下，在充满童趣的情境中，透过富有特点的语言表达形式，与阅读文本中的人文意蕴相共情、相契合而获得的精神享受与审美愉悦。

第 四 节

"理趣"课堂的价值取向

"理趣"阅读教学观具有四个维度的内涵,内涵的界定需要一定的价值取向。价值取向是具有顶层设计意义的价值态度与价值立场,对行为具有高度的指导性。"理趣"课堂的价值取向直面当下小学语文教学出现的问题,以四个维度的"理趣"阅读教学观内涵为基础,提出阅读课堂教学的价值追求。

一、提升审美情趣

提升学生审美情趣是语文课程的重要目标与任务,也是"理趣"课堂重要的价值取向。

《义务教育语文课程标准(2011年版)》第二部分总体目标与内容的第一条指出:"在语文学习过程中,培养爱国主义、集体主义、社会主义思想道德和健康的审美情趣,发展个性,培养创新精神和合作精神,逐步形成积极的人生态度和正确的世界观、价值观。"

在中国学生发展核心素养中,明确提到"人文积淀、人文情怀、审美情趣"是构成文化基础人文底蕴素养的重要内容。

在国家层面具有顶层设计性质的纲领中均提到"审美情趣",可见,培养"审美情趣"的重要性和迫切性,这种诉求也是针对目前语文教学重认知、重能力、轻审美的现状而提出的。

那么,到底什么是"审美情趣"呢?"审美情趣"也称"审美趣味",指人们根据自己的审美观点,对自然界和社会生活的各种现象和事物以及艺术作品的审美价值所做的直接的富有情感的审美评价和所取的审美态度。"审美情趣 "

与个人的社会实践经验高度相关,具有个性倾向性。同时,"审美情趣"也具有社会性、时代性和民族性。"审美情趣"也有层次之分,这主要取决于个体审美知觉力、感受力、想象力、判断力、创造力等综合因素。语文课程重要的目标和任务之一就是提升学生的审美能力,培养学生高尚、健康的审美情趣。

语文学科是培养学生高尚、健康审美情趣最重要的学科,阅读教学是实现审美情趣提升的最重要途径。阅读教材内容是由一篇篇立意高远、主题深刻、文辞优美的选文构成的,每一篇课文都具有极高的审美价值。从"理趣"阅读教学观的内涵来看,课文蕴含着自然之理、社会之理、人生哲理和人格境界。这些"理"揭示了万事万物运行和发展的客观规律,又体现了高度情感化、人格化的精神追求。"理趣"课堂就是要引导学生透过课文文字感悟到这些"理"。感悟"理"的过程既是激活学生已有实践经验,与"理"产生情感共鸣和精神契合的过程;也是用"理"不断丰富学生认知和体验的过程。

我们常说"真善美",也常说"以美启真""以美储善"。可见,"求真""从善"就是获得高尚、健康审美情趣的过程。获得"审美情趣"的过程也是获得"真"和"善"的过程。"真"是事物运行和发展的客观规律,"善"是崇高的道德感和精神追求,两者恰恰是"理趣"阅读教学观下"理"的内涵。因此,"理趣"课堂就是提升学生审美情趣的课堂。从《青山不老》中,学生感受到"自然发展的规律和人保护自然的精神追求";从《花的勇气》中,学生明白了"生命需要勇气";从《落花生》中,学生领悟到"做人要做实实在在,对社会有用的人"。学生在一篇篇课文的学习中,逐渐形象化地认知"真"和"善",从而最终形成健康向上的世界观、人生观、价值观,形成高尚的审美情趣。高尚的审美情趣会直接投射到人的实践行为,只有对每个个体进行审美情趣的培养,才能让整个民族、国家、社会充满真善美。从这个意义上讲,"理趣"课堂是实现立德树人目标的重要途径。

二、丰富言语生命

语文课程是学生学习运用祖国语言文字的课程,学习资源和实践机会非常丰富,蕴藏在生命中每一个时间和空间里。当生命孕育在母体中时,语言就以声波的形式刺激着胎儿的大脑皮层,这是某些人热衷于胎教的原因;当婴儿

呱呱坠地时,语言的声调、节奏就会被婴儿所感知;当孩子渐渐长大,语言已经不只是停留在语音层面,而是向语义层面过渡。可以说,语言的发展伴随着生命的成长,言语能力的发展就是言语生命的成长。

作为阅读教学教材的文本,是由主题内容与语言表达形式构成的。在"理趣"阅读教学观下,主题内容所阐释之"理"与语言表达形式之间的关系,就像"盐溶于水",两者相互交融、难辨你我。因此,在"理趣"课堂中,教师要引导学生发现、感悟课文所阐释的"理",就必须关注语言表达的"形"。

卡西尔曾在《语言与艺术》一书中说道:"情感力量或仅是情感力量外溢不能创造出诗来。自我情感的丰富充沛仅是诗的一个要素和契机,并不构成诗的本质。丰富的情感必须由另外的力量,由形式力量控制和支配。每一言语活动都包含着形式力量,都是它的直接证据。"美学家朱光潜认为:"艺术家把应表现的思想和情趣表现在音调和节奏里,听众就从这音调节奏中体验或感染到那种思想与情趣,从而引起同情共鸣。只有在品读的基础上反复诵读,才能体味出其中的情感的变化。"[①]

这两段表述充分说明文本的主题思想和情感蕴藏于语言这一形式力量中,只有反复品读语言才能触摸到文本"理"的存在。同时,这两段表述也充分说明作为形式力量的语言本身也具有美感。在"理趣"阅读教学观下,教师不仅要引导学生"由形悟理",还要学会欣赏言语的美,丰富学生言语生命是"理趣"课堂的重要价值取向。

"理趣"课堂下学生言语生命的成长首先需要丰富的言语体验。阅读教学中存在两种语言:一种是儿童已有语言,即儿童在阅读学习前心理结构中已有的语言结构;一种是课文的语言,即儿童阅读学习的目标语言。儿童已有语言结构向文本目标语言的靠近和达成是阅读教学非常重要的教学目标。"理趣"课堂主张充分挖掘课文具有新鲜感、陌生感的言语表达,引导学生感知、理解言语背后的意义,留下深刻的"语言形象"。

比如,《少年闰土》的第一自然段:"深蓝的天空中挂着一轮金黄的圆月,下面是海边的沙地,都种着一望无际的碧绿的西瓜。其间有一个十一二岁的少

---

① 朱光潜.朱光潜谈美[M].昆明:云南人民出版社,2017:131.

年,项带银圈,手捏一柄钢叉,向一匹猹尽力地刺去。那猹却将身一扭,反从他的胯下逃走了。"这段描写对于学生来说是很具新鲜感和陌生感的,整段话没有概念化的描写,通过闰土外貌、动作和周围环境的描写,表现出了闰土的生活背景和机智勇敢的农村少年形象。在学生已有的语言结构中,写一个人更多用到的是概念化的描写,很少有形象化的描写。"理趣"课堂就是要引导学生获得全新的言语体验,除了留下人物形象、故事形象,更要留下言语形象。

言语体验是言语学习的基础,言语创造则是言语学习的纵深。言语体验是语言表达形式输入心理结构的过程,但如果缺少言语创造的过程,语言表达形式只是停留在心理结构的表层,没有经过心理结构的内化。"理趣"课堂非常重视学生对课文目标语言的迁移和运用,让学生模仿作者的语言表达写一写、试一试,让学生已有的语言结构发生渐进性的质变。冯骥才的《刷子李》语言干脆利落,幽默风趣,学生可以尝试用这样的语言表达方式写一写身边的小伙伴,如《毽子刘》《泥人王》。虽然学生的模仿会比较生硬或稚拙,但是学生言语生命的成长正是在无数次言语实践中从稚拙走向成熟的。

三、培养智慧读者

通过理性思考获得阅读创造的审美愉悦感是"理趣"阅读教学观的内涵之一,将学生培养成善于理性思考、善于积极创造文本意义的智慧读者是"理趣"课堂的价值取向。

把学生培养成智慧的读者,首先要让学生掌握一定的阅读策略。倪文锦、欧阳汝颖在《语文教育展望》一书中说:"阅读策略指读者用来理解各种文章的有意识的可灵活调整的认知活动计划。阅读策略教学是指通过阅读教学提高学生对学习要求的意识,掌握和运用恰当的策略来完成学习任务,从而形成监控策略运用的能力。"两位学者在书中还援引哈里斯和普雷斯利的观点:"好的策略教学不是死记硬背,学生不是仅仅记住策略操作的步骤和机械地执行这些步骤,策略教学更不是简单反复的操练。好的策略教学应使学生认识到运用策略的目的,策略怎样和为什么起作用,何时何地可以运用策略。在教学情景中指导学生充分练习直至掌握。而且,要引导学生积极参与对策略的评价、调控和整合,使之成为学习的主动者。这样,师生在教学中对策略形成了新的认识。这就是策略教学的建构模式。"①

传统阅读教学以技能训练为主,认为阅读能力是由一系列阅读技能先后组合而成的,只要学生将一个个技能掌握,也就具备了阅读能力。这种阅读教学观下的教学将学生作为被动接受训练的客体,教学多采用单向灌输、反复训练方式,学生缺少理性思考的机会。学生只能成为阅读技能的操练者,不可能成为智慧的读者。而着眼于阅读策略教学的"理趣"课堂把学生作为主动建构文本意义的主体,主张学生通过调动自己心理结构中的原有知识和新的信息整合起来,并在建构新信息的过程中灵活地运用阅读策略去促进、监控、调整和维持理解。统编版小学语文教材就力求充分体现阅读策略学习的重要性,从三年级开始,教材都会安排一个阅读策略单元对学生实施阅读策略教学。比如,三年级上册第四单元要求学生掌握的是"预测"策略。教材通过《总也倒不了的老屋》《胡萝卜先生的长胡子》《不会叫的狗》三篇课文教授适合学生阅读需求的"预测"策略。找到一本书或一篇文章时,首先从题目预测大致内容,再决定要不要看这本书或这篇文章,或是决定阅读这本书或这篇文章的时间投入;在阅读的过程中,一边读,一边根据已读部分的细节预测后面的内容,可以帮助读者更好地理解文章的意思;预测文章的未写明部分,体验创造性阅读的快乐,同时与文章实际内容比较,发现想象创造的合理性。这些预测策略的获得是学生在阅读实践中反复体会而得到的,能帮助学生在更广泛的阅读实践中更好地选择文本、建构文本意义。俗话说:"授人以鱼,不如授人以渔。"这里的"渔"就是指阅读策略,只有把阅读策略教给学生,才能让学生学会用理性思考读出文本的"理",体会思考过程带来的审美愉悦。

培养智慧的读者,还要以接受美学理论为支撑,鼓励学生对阅读文本进行创造性的阅读。接受美学理论认为,只是从作者理论、文本理论出发进行阅读是对读者主体的忽视与束缚。阅读过程是读者与作者、文本充分互动对话的过程,读者也会参与文本意义的建构。英国著名文艺理论家、诗人、语言学家瑞恰兹在分析华兹华斯的作品时说道:"科学的趋势必须是使其用语稳定,把

---

① 倪文锦,欧阳汝颖.语文教育展望[M].上海:华东师范大学出版社,2002:295.

它们冻结在严格的外延之中；诗人的趋势恰好相反，是破坏性的，他用的词不断地在相互修饰，从而互相破坏彼此的词典意义，即产生诸多联想意义。所以，要运用各种联想和想象，联系自己的阅读、生活经历，推测出作者未写出甚至未想出的东西，这叫创造性阅读。"有智慧的读者，不仅要用阅读策略读出作者已经写明的部分，还要在未写明处读出富有个人洞见的观点。"尊重学生独特的个性体验"既是语文课程标准的要求，也是"理趣"课堂的价值取向。

培养智慧的读者，发展学生理性思考能力，还要鼓励学生学会质疑。"尽信书，不如无书。""大疑则大进，小疑则小进。"质疑是智慧读者非常重要的认知能力。笔者在教学《两个铁球同时着地》这篇课文时，有学生提出了这样的质疑："伽利略在比萨斜塔上做实验，比萨斜塔是倾斜的，塔的每个地方与地面形成的角度不同。有没有可能因为角度的原因，导致铁球到地面的距离不同，而造成同时落地的情况呢？""围观者不可能非常准确地看到两个铁球同时着地，有可能会相差 0.000001 秒，但在科学中，就算是一丁点儿误差，也是有差别的。"这就是会质疑的学生，这就是智慧的读者，不是一味地相信课文所描述的，而是用自己的理性思维在积极思考。思考的过程是最有意义、最有价值的，也是最富创造力的。钱学森曾有过"培养创新人才"之惑，创新人才的重要素养就是善于质疑，并探索质疑。"理趣"课堂就是要培养智慧的读者，培养祖国的创新人才。

四、尊重儿童主体

著名认知心理学家皮亚杰提出的认知发展阶段性理论，具有非常广泛和深远的影响。他认为，儿童认知形成的过程是先出现一些凭直觉产生的概念（并非最简单的概念），这些原始概念构成思维的基础，在此基础上经过综合加工形成新概念，建构新结构，这种过程不断进行，这就是儿童认知结构形成的主要方法。

皮亚杰把儿童认知结构称为"图式"。他认为儿童整个发展阶段要经历四种"图式"，每一种新图式的出现，都标志着儿童认知发展进入了一个新的阶段。第一阶段是感知运动阶段（从出生到2岁左右）。此时语言还未形成，主要通过感知觉来与外界取得平衡，处理主、客观的关系；第二阶段是前运算阶

段(2到7岁)。语言的出现与发展使儿童能用表象、言语以及符号来表征内心世界和外在世界。但其思维还是直觉性的、非逻辑性的,且具有明显的自我中心特征;第三阶段是具体运算阶段(7到11岁)。思维具有明显的符号性和逻辑性,能进行简单的逻辑推演。但在很大程度上局限于具体的事物以及过去的经验,缺乏抽象性;第四阶段是形式运算阶段(11到15岁)。能够把思维的形式与内容相分离,能够设定和检验假设,监控和内省自己的思维活动,思维已经进入了抽象的逻辑思维阶段。

小学语文学科的教学对象是年龄处于6周岁到11周岁的儿童,对照皮亚杰提出的儿童发展四阶段理论,这个年龄段的儿童处于前运算阶段末期和整个具体运算阶段。这个阶段的儿童思维局限于具体事物以及过去已有的生活经验。"理趣"课堂是对皮亚杰儿童发展四阶段理论的正确反映,充分尊重儿童发展的客观规律,尊重儿童在阅读实践活动中的主体地位,教师努力创设情境,让学生在生动形象、充满情趣的具体活动情境中领悟阅读文本阐述的"理",体会言语表达形式所表现的规律,感受在情境中进行理性思考的愉悦感。

同样是认知心理学家的维果斯基在说明教学与发展的关系时,提出了"最近发展区"理论。他认为教学必须要考虑儿童已达到的水平并要走在儿童发展的前面。儿童已有发展水平和儿童目标发展水平之间的落差就是"最近发展区"。"最近发展区"不能过大,否则儿童很难达到目标水平;也不能过小,让儿童轻而易举地达到目标水平。"理趣"课堂阅读教学目标的设定、教学过程的实施都将充分尊重儿童发展水平,力求循序渐进"板块式"推进学生发展。"跳一跳,摘桃子",只有建立合理的"最近发展区",学生才能获得阅读学习的成功感,拥有成功感的学习活动才有趣味可言。

第 五 节

"理趣"阅读教学的主要特征

"理趣"阅读教学的主要特征是在"理趣"课堂价值取向的基础上提出的，充分反映提升审美情趣、丰富言语生命、培养智慧读者、尊重儿童主体的四大价值取向，呈现开放性、对话性、思辨性、工具性、情境化的特征。

一、视野开放

"提升审美情趣"和"丰富言语生命"是"理趣"课堂两大重要的价值取向。高尚、健康的"审美情趣"建立，需要学生能在阅读实践活动中领悟阅读文本所表现的自然之理、社会之理、人生哲理、人格境界。这些"理"内涵深刻，意蕴悠远，并且在阅读文本，尤其是文学作品中广泛存在。因此，教师在引导学生领悟文本之"理"时，不能窄化视野，只是就课文论课文，而是要开放阅读内容和阅读形态，引导学生在开放的视野下作开放性的思考。"阅读内容"和"阅读形态"的开放还有利于学生在课内外接触更多阅读文本，以便让学生获得更多言语体验，从而促进学生言语创造力的发展，丰富学生的言语生命。

（一）阅读内容的开放

一篇一篇教课文，一堂课教好一篇课文是目前小学语文阅读教学的常态。一堂课引导学生阅读一篇课文当然有其可取之处，如：字词教学很扎实，学生对课文内容和主题的熟悉程度会比较深。但是，只让学生读一篇课文，不利于学生在广阔的视角下对课文阐释之"理"进行深入、理性的思考，不利于学生将"理"纳入自己的心理结构中，从而丧失"理趣"的审美愉悦。诠释学代表人物加达默尔认为："阅读理解活动是个人视野与历史视野的融合。""个人视野"指的是读者阅读之前所具有的"前结构","历史视野"指的是历史的读者对文本及文本相关信息的理解。"个人视野"与"历史视野"不断融合,才有利于读者理解文本的意蕴。从诠释学和接受美学的理论视野看,只有充分开放阅读内容,将课文内容与其他相关阅读内容进行联结,提供给学生更广阔的阅读背景,学生才能在联结中找到更多探索文本之"理"的线索,从而更深刻地领悟文本之"理",也获得"探理"的审美趣味。

例如,在教学《万年牢》这篇课文时,老师们都会非常关注文中父亲因拒绝大字号掌柜在冰糖葫芦里掺假的做法而辞去工作,变回原来的提篮叫卖。在教师的指导下,学生能理解父亲宁可丢掉工作,也不愿放弃自己良心买卖的原则,做人实实在在。可是,这种层面的理解还是比较浅显的,或者说没有真正触动学生的内心世界。笔者在教学《万年牢》时,先让学生根据课文说一说对父亲形象的认识;然后,在屏幕上呈现新凤霞另外一篇回忆父亲的文章。这篇文章写到父亲要养活七个孩子,母亲常常因为父亲赚不到钱而责骂他;父亲冒雪去卖冰糖葫芦,最后一直累到吐血。学生看完文章后,面色立刻变得凝重。这时候,笔者顺势而导,让学生谈一谈看了这篇文章后,又会如何评价父亲辞职的事。有的学生说:"父亲的生活极其贫苦,钱对他来说很重要。可是,他没有出卖自己良心去赚钱。"有的学生说:"辞职对于父亲来说不只是换一种卖糖葫芦的方式,他的生活会重新回到贫困的状态。辞职对于父亲来说是个两难的问题,但是父亲最终选择了良心。"在这个学习环节中,学生完全是阅读学习的主体。补充的文本拓宽了学生阅读视野,触发了学生的理性思考,让学生对"做人就要实实在在,做事就要认认真真"的人生哲理和人格境界有了刻骨铭心的感悟。阅读内容的开放并非"漫谈",不是简单的"拿来主义",为了拓展而拓展。阅读内容的开放是以教材为基础,为学生深刻感悟人文意蕴提供理性思考的途径,目的是让学生获得理趣。

(二)阅读形态的开放

"理趣"阅读教学观下课堂阅读教学的形态是多样化的。除了在一篇课文的教学中联结更多文本,还有专题式阅读、从一篇课文到一本书的阅读、读写联动的阅读、非平面文字阅读等多种形态。

阅读形态不只是课堂阅读教学模式的表层性改变,而是"理趣"课堂价值

取向的体现。专题式阅读在充分利用教材的基础上创造性地重构教材,从阅读策略、人文主题、作家视角三个方面重新组合教材,开展专题式的阅读学习。从一篇课文到一本书的阅读打通课内阅读与课外阅读,阅读教学与自主阅读的界限,建立一篇课文与一本书的联系,鼓励学生学以致用。读写联动的阅读立足单元系统,贯通阅读与习作教学,把阅读看作言语输入和言语创造的过程;非平面文字阅读将学生的阅读视野发散到影像、图画、音乐、生活中非连续性文本的阅读,进一步拓展阅读的内涵。

这些丰富的阅读形态鼓励学生多进行联结性的阅读,在开放的阅读视野中提升审美情趣、丰富言语生命;鼓励学生在整体化、联动化、系统化的阅读实践活动中发展理性思考能力,成为智慧的读者。同时,丰富的阅读形态也能充分激发学生的阅读兴趣,让阅读教学变得生动有趣。

二、充分对话

充分对话是"理趣"课堂的重要特征。学生与文本、教师与学生、学生与学生、学生与自我,"理趣"课堂的对话存在多种样态。

(一)学生与文本的对话

"理趣"的最高审美境界就是将所言之"理"无痕地蕴藏于文本语言表达之"形"中。因此,学生要读出文本的"理"就必须反复研读文本,与文本展开充分对话。

诠释学代表人物海德格尔提出过"前理解"的概念:"人们之所以将某事解释为某事,其解释基点建立在先有、先见与先概念之上,解释绝不是一种对显现于我们面前事物的、没有先觉因素的领悟。人们的理解活动要受到我们'预先有的文化习惯''预先有的概念系统''预先有的假设'三个方面组成的'前理解'的制约。"

在海德格尔的基础上,接受美学理论学家姚斯提出了"期待视野"的概念:"阅读作品时,读者的文学阅读经验构成的思维定向或现在结构,是读者在阅读理解之前对作品显现方式的定向性期待,这种期待有一个相对确定的界域,此界域圈定了理解之可能的限度。"[①]

① 张心科.接受美学与中学文学教育[M].上海:华东师范大学出版社,2018:30.

当学生初读文本时,由于"期待视野"的限度与定向性,只能选择性地感知和理解文本所包含的意义。教师所要做的,就是不断引导学生与文本展开对话,尤其是要对文本具有陌生化的表达进行反复研读、推敲。教师还要适时提供文本作者的信息或与文本有高度相关性的阅读材料,以便学生在更为广阔的视角下与文本展开对话,从而领悟文本蕴含的深层次意义。阅读教学的过程实际上就是不断提升学生"期待视野"的过程,"期待视野"的提升有助于学生更智慧地看清文本的深层肌理。比如,巴金《鸟的天堂》的教学过程就很好地体现了教师是如何引导学生与文本展开对话,并进一步提升学生的"期待视野"的。

鸟的天堂(节选)

巴 金

第二天,我们划着船到一个朋友的家乡去。那是个有山有塔的地方。从学校出发,我们又经过那"鸟的天堂"。

这一次是在早晨。阳光照耀在水面,在树梢,一切都显得更加光明了。我们又把船在树下泊了片刻。

起初周围是静寂的。后来忽然起了一声鸟叫。我们把手一拍,便看见一只大鸟飞了起来。接着又看见第二只,第三只。我们继续拍掌,树上就变得热闹了,到处都是鸟声,到处都是鸟影。大的,小的,花的,黑的,有的站在树枝上叫,有的飞起来,有的在扑翅膀。

我注意地看着,眼睛应接不暇,看清楚了这只,又错过了那只,看见了那只,另一只又飞起来了。一只画眉鸟飞了出来,被我们的掌声一吓,又飞进了叶丛,站在一根小枝上兴奋地叫着,那歌声真好听。

当小船向着高塔下面的乡村划去的时候,我回头看那被抛在后面的茂盛的榕树。我感到一点儿留恋。昨天是我的眼睛骗了我,那"鸟的天堂"的确是鸟的天堂啊!

《鸟的天堂》教学实录(片段)

师:同学们,刚才我们自由朗读了巴金描写第二次经过大榕树所看到的情

景。那你们知道,巴金为什么说大榕树就是"鸟的天堂"呢?

生1:因为大榕树里的鸟非常多,我从"到处都是鸟声,到处都是鸟影"看出来的。

师:是啊! 两个"到处都是"确实写出了鸟的数量很多。(板书:数量多)"鸟的天堂"当然应该有很多鸟啊!

生2:我从"大的、小的、花的、黑的"看出鸟的种类多。

师:你也很会发现!(板书:种类多)

生3:我是从"应接不暇"这个词看出鸟的数量非常多。

师:这个词发现得好! 那,除了数量多、种类多之外,还有别的理由说明大榕树是鸟的天堂吗? 难道人们说杭州是"人间天堂"就是因为杭州人很多吗?

(学生陷入沉默,没有人再举手)

师:没关系,让我们再次拿起笔,认认真真地默读这部分课文,尤其要关注刚才大家没提到的语句。当你有发现的时候,可以把关键词句圈画下来。

(学生潜心默读,边读边圈画)

师:同学们读得很认真,我们来交流一下自己的想法。

生1:我画的句子是"有的站在树枝上叫,有的飞起来,有的在扑翅膀"。我感觉鸟儿们生活得非常快乐,想干什么就干什么。

生2:我从这里还看出鸟儿们很自由。

生3:我从"一只画眉鸟飞了出来,被我们的掌声一吓,又飞进了叶丛,站在一根小枝上兴奋地叫着,那歌声真好听"这句话看出鸟儿生活得很幸福,同时也很安全,听到声响就能立刻躲到大榕树里去。

生4:我还关注到了课文的前面写到人们会保护鸟儿,不能去捉鸟,所以鸟儿生活得安全。

生5:我画的句子是"阳光照耀在水面,在树梢,一切都显得更加光明了"。这句话让我感受到鸟儿的生活环境非常舒适。

师:同学们,你们真的很会读书! 现在你们明白为什么巴金会说大榕树是"鸟的天堂"了吗?

生:(老师点着板书上的词)因为鸟儿们生活得快乐自由、安全舒适、非常幸福。

师:是啊！那你们知道杭州为什么会被称为"人间天堂"了吗?

生1:因为杭州环境优美,有美丽的西湖。

生2:杭州人生活得特别幸福自由、安全舒适。

师:是啊！我们常用"天堂"来形容给人或给动物以幸福快乐、安全舒适感觉的地方。

从这个教学实录的片段可以清楚地看到,由于学生受"前理解"的局限,对文本的"期待视野"只停留在鸟的数量多和种类多上。很显然,这样的理解是远远不够的,根本没有触及文本的深层肌理。此时,教师并没有急于告诉学生答案,而是抛出一个问题"杭州被称为'人间天堂',就是因为杭州人很多吗?"然后,在问题的驱动下,引导学生再次与文本展开对话。这一回合的对话由于有问题的驱动,是在文本深层肌理上进行的。而且,教师在学生与文本对话前,提醒学生关注之前没有交流过的语句,这样的教学行为其实就是把学生的"期待视野"引向文本的深层肌理。学生后面的理解之所以如此精彩,是因为与文本展开过充分对话。教师最后不忘回应"人间天堂"的问题,并提炼出"天堂"的深层含义,对学生今后阅读类似文章有极其重要的意义。文本蕴藏在深层肌理中的"理"——天堂是幸福自由的守望,在学生与文本的充分对话中浮出水面。

(二)教师与学生的对话

"理趣"课堂所表现的教学形态不是教师对学生的耳提面命,不是教师对学生的强行灌输,更不是教师环环相扣的阅读技能训练。在"理趣"课堂中,教师与学生呈现民主、平等的对话关系,教师是学生阅读活动的组织者、启发者,教师和学生通过对话一起建构文本的意义,实现创造性的阅读。

潘新和教授在《语文:表现与存在》论著中认为:"教师居于'被动地位',就是努力使教师'退隐'和'无为',让学生唱主角,使教师在教学中只具有'辅助性',而非'主导性'的功能。教师不明确表达自己的意见,只是创造一种问题情境,制造一种'悬念',将学生置于'不确定性'之中,留给他们广阔的思考和想象的空间,让他们自己去探索、去寻求答案。"[①]

---

① 潘新和.语文:表现与存在[M].福州:福建人民出版社,2004:1252.

下面这则《刷子李》教学实录的片段就充分体现了教师与学生之间的对话关系。

《刷子李》教学实录（片段）

师：同学们，刚才我们从刷子李刷墙动作、效果的描写中感受到了刷子李的刷墙技艺非常高超。那课文后半部分在写什么？

生1：在写曹小三关注师傅身上有没有白点的事。

生2：写了曹小三内心的起伏，一会儿发现白点，一会儿没发现白点。

师：是啊！课文的后半部分在写曹小三的心理变化。同学们，你们当初第一遍阅读这篇课文的时候，心理是怎么变化的？

生1：我一开始也和曹小三一样，发现师傅身上没有白点，就感觉刷子李真的是名不虚传。

生2：我看到曹小三发现师傅身上有白点的时候，就觉得刷子李也没这么厉害。

生3：我有补充。看到曹小三发现刷子李身上有白点时，我觉得课文后面一定有转折，否则刷子李就不会那么神奇了。但是，我没有猜对原来是刷子李的裤子破了一个洞，里面的白色衬裤露了出来。

师：看到课文最后，你是什么感觉？

生3：我感觉刷子李真的是太绝了！

师：你们很会读书啊！如果我们来画一画曹小三或是自己阅读时的心理走势图，你们会怎么画？你们说，老师在黑板上画。

生：（手一起往上扬）一开始内心充满崇拜。

师：后来呢？

（学生一齐把手快速地往下坠）

师：为什么这样画？

生：因为师傅的形象轰然倒下。

师：最后呢？

生：一直往上画。

（教师故意做出一直往上画，超出黑板的感觉。）

师:黑板不够大,要不然还得往上画。

(学生哈哈大笑)

师:同学们,心理图也画完了,那你们知道作者冯骥才为什么要花这么多笔墨来写曹小三的心理变化呢?

生1:我觉得这样写更好看,文章有起伏。

生2:我认为这样写让我们更加觉得刷子李太绝了。

师:说得多好啊! 你们一定听说过一个词语,叫"一波三折"!

(教师指向黑板上的图,学生恍然大悟)

师:这是一篇小说,出自《俗世奇人》。小说的情节要一波三折才好看,才能深深吸引读者。这本书里还写了许多奇人,情节都非常好看,大家课后可以去读读。

从上面这段教学实录,我们可以清楚地看到,教师是在和学生进行对话,而非强行灌输。在整个教学过程中,教师努力做到"退隐"和"无为",尽可能把思考和言说的机会让给学生,所以教师的语言相对较少,学生的言说相对较多。同时,教师也不忘自己是阅读教学的组织者、启发者,适时地用对话方式引发学生的思考。"你们第一次读这篇课文时心理是怎么变化的?""作者为什么花这么多笔墨写曹小三的心理变化?"对于这些问题,教师心里很明白,但是故意装作不明白,用自己的"弱势"来实现学生的"强势",整个对话过程自然推进,毫无做作之感。学生在与教师的对话之中,逐渐发现作者言语表达的秘妙,深刻感受到刷子李技艺的奇绝,深入领悟了"小人物也能创造奇迹"的人生哲理,这一切都是在学生理性思考下获得的。

(三)学生与学生的对话

在"理趣"课堂中,没有所谓的权威,作者不是权威、文本不是权威、教师不是权威,无论是教师还是学生,都拥有建构文本意义和创造文本的权利。接受美学理论认为:"从欣赏的角度看,作品的空白和未定之处处于一种潜在的和可能的状态,因而审美活动就需要把作品的空白之处加以填补,使其由潜在的状态转为现实状态,这就是所谓作品的具体化过程。"建构主义认知理论认为:"学习的过程实际上是学习者在原有心理图式的基础上,与新信息不断进行同化和顺应的过程,从而发展自己的心理图式。"

无论是作品的具体化过程,还是心理图式同化和顺应的过程,都要以学生已有的实践经验和生活经历为基础。由于实践经验和生活经历的不同,不同学生对阅读文本的建构和创造性阅读就会呈现不同的方式与内容。"不同"恰恰是对话的基础,对话是双向输出和输入的过程,既要表达自己的想法,也要倾听他人的想法,以达到"视野融合"的目的。

实现学生与学生之间对话的最好方式,就是开展小组合作学习。在学生独立思考的基础上,先进行小组成员之间的对话,然后形成小组内综合的认识。接着,小组代表进行全班层面的交流,形成班级学生综合的认识。在学生展开小组合作的过程中,教师也会作为参与者加入小组成员的对话。在全班交流的过程中,教师会适时点拨,以对话的方式推进学生的理性思考。当然,要使学生之间的对话具有一定质量,充满对话的愿望,教师必须精心设计对话主题。比如,教学日本作家椋鸠十《金色的脚印》时,教师让学生讨论"正太郎要不要直接放走小狐狸?"这个主题的设计非常开放,一下子激发了学生的对话愿望。学生先进行小组对话,然后进行全班对话。有的小组认为"正太郎发现老狐狸来救小狐狸时,已经被狐狸一家的亲情所感动了,就应该立刻放走小狐狸,让狐狸一家团圆";有的小组认为"正太郎是被狐狸一家的亲情感动了,也很喜欢小狐狸,他是想让老狐狸用自己的努力救出小狐狸,让小狐狸更好地感受亲情";还有的小组认为"作者之所以不写正太郎直接放走小狐狸,是为后文正太郎为了找回小狐狸而摔倒在雪地里,被老狐狸营救的故事做铺垫。这样小说的故事情节才好看"。从这些观点来看,学生的思考角度确实不一样,有的是从情感上分析,有的是从理性思考的角度分析,有的从小说写法的角度分析。通过对话,学生进行了充分而全面的思想交流,对一个问题有了多种角度的思考。如果没有对话,学生只是在自己原有的实践经验和生活经历基础上进行认知,思考就会片面。"真理越辩越明",在"理趣"课堂中,文本所蕴含的"理"和"趣"是在生生对话中逐渐揭示的。

(四)学生与自我的对话

"理趣"这一审美概念中的"理"不是纯客观的"理",而是经过作者高度情感化和人格化的"理"。作为读者的学生,要在阅读活动中领悟文本之"理",就需要激活自己的生活经验,与作者产生共情。只有当学生与作者形成相同或

相类似的情感共鸣时，"理"才会被纳入学生的心理结构中，从而使学生获得审美愉悦。否则，学生与作者没有情感的交集，文本对于学生来说就是一串毫无意义的符号。

激活生活经验，产生共情的过程，实际上就是学生与自我展开对话的过程。这里的"自我"主要有三个层面：历史的自我、当下的自我、未来的自我。

比如，在阅读《老人与海鸥》这篇课文时，学生会关注"老人用地方话亲切呼唤海鸥"的描写。为了让学生与自我展开对话，教师启发学生"生活中，你的亲人有没有用地方话召唤你的时候？"学生回忆说自己的奶奶是萧山人，每次快吃饭了，奶奶就用萧山话召唤自己。在现场，学生还学奶奶用萧山话喊了几句。课堂里的所有人都笑得前仰后合。奶奶喊自己吃饭是学生曾经的生活经验，在阅读过程中，学生与历史的自我展开了对话，唤醒了自己的生活记忆。由于产生了情感共鸣，学生就很容易理解老人与海鸥亲人般的关系了。与历史自我的对话，实际上就是激活学生生活经验。

在上文提到的学习《金色的脚印》的过程中，学生之间的对话丰富了每个自我的认知。比如，原本只是从老狐狸和小狐狸亲情角度看问题的学生，在听了"小说情节特色"的观点后，会反观自己的想法，从而认识到自己看问题的片面性。这个过程就是和"当下的自我"对话的过程。

学生在学完《刷子李》一课后，领悟了"小人物也能创造奇迹"的人生哲理。于是，学生会对自己也提出今后努力的方向。比如，认真学习书法，争取能写出优秀的作品，成为"小王羲之"。这就是学生与未来的自我进行对话，是文本对学生精神层面的影响。

在"理趣"课堂中，阅读不只是接受和输入信息和意义的过程，也是建构和创造文本意义的过程。这个过程需要理性思考的参与，需要学生与自我展开对话，使"自我"这个隐藏的读者发挥创造作用。

三、注重思辨

培养智慧的读者是"理趣"课堂的价值取向，智慧的读者必定是善于思辨的读者。阅读文本所阐释的"理"是一种隐性存在，学生阅读的初级阶段无法感知或领悟，只有经过反复思辨，才能更接近文本阐释的"理"。从"理趣"课堂

丰富言语生命这一价值取向来看,富有特点的言语表达,对于学生来说往往是陌生化的表达方式。如果要让学生对言语方式形成体验或是进一步创造言语表达形式,对言语表达进行反复思辨,理清言语所表现的意义,理解言语本身所具有的美感就显得非常重要。

安德森对认知目标进行过分类,回忆、理解、应用属于低阶思维,分析、评价、创造属于高阶思维。长期以来,阅读教学比较多的是在低阶思维层面展开的。教师通过一连串的提问,让学生去理解课文并做出解释。阅读技能的训练实际上就是应用思维的培养。低阶思维是高阶思维产生的基础,但是低阶思维更多的是在教师主导下完成的,学生缺少主体建构。高阶思维中的分析、评价、创造都是鼓励学生进行主体建构的思维层次。在文本基本意义的基础上,分析、评价、创造需要学生进行思辨,从而产生富有个性化的认知和感受。没有思辨的过程,学生的阅读活动只能更多地停留在低阶思维层次。

《"精彩极了"和"糟糕透了"》是统编版小学语文教材五年级上册"父母之爱"主题单元的一篇课文,主要讲了作者小时候写了一首诗,母亲认为"精彩极了",父亲却认为"糟糕透了",随着年龄的增长,作者终于领悟了父爱与母爱的良苦用心。课文最后一段是这样写的:

这些年来,我少年时代听到的这两种声音一直交织在我的耳际:"精彩极了","糟糕透了";"精彩极了","糟糕透了"……它们像两股风不断地向我吹来。我谨慎地把握住我生活的小船,使它不被哪一股风刮倒。我从心底里知道,"精彩极了"也好,"糟糕透了"也好,这两个极端的断言有一个共同的出发点——那就是爱。在爱的鼓舞下,我努力地向前驶去。

这段含义深刻的描写对于五年级上的学生来说是比较难理解的,但这恰恰是引导学生进行思辨、建构文本阐释之"理"的机会。教师可以先引导学生结合自己的生活经历谈谈对两种爱的形式的体会与感受。激活学生已有的生活经验能使思辨更具有现实意义,避免纸上谈兵。教师重点需要放大学生被父母批评时的感受,因为在批评中感受到爱是很难理解的。引导学生理解两种爱的形式对成长都很重要是阅读教学的重要目标,但是仅仅停留在这个层面是远远不够的。教师需要将学生引向对课文人物的评价。这个思辨性的命题非常重要,学生需要综合全文进行分析,并且形成自己的创造性观点。有学

生认为"父亲过于严肃,在第一次看到巴迪写的诗时,应该先予以鼓励,再提出一些建议,毕竟这是巴迪的第一首诗";有学生认为"母亲的爱更让人感到温暖,对一个孩子来说,欣赏是最重要的";还有学生认为"父母的爱确实不一样,但关键是作者在长大以后能够体会到两种爱的形式,并能很好地调整自己。父母教育培养孩子的方式要根据孩子的性格来定,不能一概而论"。这就是"理趣"课堂的思辨特征与魅力,学生的思维是无限敞开的,不是一味地接受课文的观点,而是富有创造性、理性地审视观点。充满思辨的"理趣"课堂不只在乎学生对课文的理解,更在乎学生能通过分析、评价、创造等高阶思维的参与,获得超越文本的理性思想。文本阐释的"理"只有被学生情感化、结构化以后,才能成为学生的价值观、人生观,成为学生的审美情趣倾向。阅读趣味也是在反复思辨的过程中,在主体的充分参与中实现的。

四、表达迁移

在"理趣"课堂中,言语形式本身也是审美对象,言语形式的体验与学习能够给学生带来美的享受。

表达迁移是"理趣"课堂的主要特征之一,直接指向丰富学生言语生命的价值取向。首先,表达迁移练习往往被安排在言语体验之后进行。言语体验给学生提供了生动的言语形象,也在一定程度上激发了学生言语模仿的冲动;其次,表达迁移练习要以"就近原则"开展,让学生在类似情境下进行言语模仿,从而增强学生的言语学习兴趣;另外,表达迁移要注重分层性和选择性,针对不同发展水平的学生应采用不同的要求,让学生在自身原有水平上有所提升。表达迁移充分体现了阅读与习作的联动,充分挖掘了阅读文本对言语建构的积极作用。统编版小学语文教材从三年级开始在每册教材中都设置了专门的习作单元,阅读与习作高度呼应,反映了阅读在丰富言语生命价值取向上的意义。

《金色的草地》一文是统编版小学语文教材三年级上册习作单元中的一篇课文。该单元的习作主题是"我眼中的缤纷世界",要求学生细致地、多感官地观察缤纷世界中的事物,并认真观察事物发生的变化,把观察到的写清楚。《金色的草地》一文在单元编排时,充分呼应习作要求,言语表达形式充分表现出

习作要求中所描述的特征。

　　我来到草地上，仔细观察，发现蒲公英的花瓣是合拢的。原来，蒲公英的花就像我们的手掌，可以张开、合上。花朵张开时，它是金色的，草地也是金色的；花朵合拢时，金色的花瓣被包住，草地就变成绿色的了。

　　这段描写体现出观察的细致，从蒲公英的形态、颜色进行了细致准确的描写；还描写出了观察中的变化，非常清楚地写出了花朵张开与合拢时的情况。从言语建构的角度来看，这段描写很有迁移的价值，对习作学习有极大的促进作用。教师可以让学生在课堂上现场观察含羞草，因为当人用手指触碰含羞草时，含羞草会将叶片合拢，与蒲公英的状态比较相似。学生细心观察后，可以引导学生模仿课文写蒲公英的句子，用"手指没触碰含羞草时……手指轻轻触碰含羞草时……"的句式把对含羞草的观察写清楚。表达迁移的目标可以体现分层性，学生只要有细致的观察就要充分肯定。如，有学生写道："手指没触碰含羞草时，它细小的叶片向两边展开；手指轻轻触碰含羞草时，它的叶片从最前面到最后面慢慢合拢，茎也跟着下垂了。"有的学生会一边观察一边想象"手指没触碰含羞草时，它的叶片向两边舒展；手指轻轻触碰含羞草时，叶片就会轻轻合拢，像个害羞的小姑娘慢慢闭上了眼睛"。教师要大力表扬这样的学生，并组织学生欣赏、评价这样的描写，用足优秀学生的资源。在"理趣"课堂中学习言语表达，是形象化的感知过程，是不断向目标语言攀登的过程，充满言语生命成长的喜悦。

五、情境体验

　　儿童的思维是直观形象的，儿童对于阅读文本的深层理解需要实践体验去支撑，没有相关的体验，儿童很难真正进入文本。

　　所谓情境体验，就是教师根据阅读文本的内容或表达形式在课堂上创设模拟的情境，让学生在情境中体验，产生与文本呼应的情感共振，从而更深刻地领悟文本所传递的主题，更深刻地体会文本富有特色的表达形式。

　　"理趣"课堂中的情境体验，教师类似于"导演"的身份，学生像"演员"的身份。教师创设并描述情境，学生则用心体验。

　　笔者曾给学生上过《画杨桃》一课。这篇课文讲的是老师把杨桃摆在讲台

上,让学生把杨桃画下来。其中有一位学生把杨桃画成了"五角星",结果引来了同学们的哄堂大笑。后来,老师让其余同学坐到这位同学的位置上观察杨桃,同学们都感到羞愧。因为从那位同学的角度看杨桃,杨桃真的很像五角星。这篇课文所蕴含的"理"非常深刻,告诉人们看事物的角度不同就会有不同结果,要全面认识某种事物就要多角度去看,要抱着实事求是的态度去看。

对于学生来说,杨桃是一种相对冷门的水果,很少有学生仔细观察过。如果没有情境体验,学生通过文字也能理解其中的道理,但这种理解会因为缺少体验的支撑而显得单薄。同时,课堂教学也会显得过于理性。在教学这篇课文时,笔者买了两个杨桃走进教室,并且先藏了起来。等到学生初步感知、理解课文所表达的意思后,笔者拿出了两个杨桃,放在桌子上。笔者让学生以小组为单位变换座位,从不同角度观察杨桃。这个情境就是模仿课文所描绘的情景创设的。当学生从不同角度看出杨桃的不同形状后,都不自觉地发出感叹。等到全部观察完后,学生立刻表达了自己的想法。结果不言而喻,学生的理解比之前更深,言说思考的积极性也更高了。最后,笔者还把杨桃横向切片,一颗颗漂亮的"五角星"就出现了,学生还亲口品尝了杨桃。这堂阅读课给学生留下了挥之不去的印象,多年以后,当学生回忆小学生活时,还津津有味地谈到了看杨桃、吃杨桃的经历。

学生为什么会对这样的课记忆犹新,关键就是这堂课给了学生生动的情境体验。在情境体验中,教师和学生处于游戏的生命状态,内心世界是极度开放的,心情是极度愉悦的。"理趣"课堂的情境创设不只是让学生获得游戏般的体验,更重要的是无痕渗透阅读教学目的。让学生现场观察杨桃,根本的目的在于让学生对课文蕴含的人生哲理有更深刻的领悟,或是对课文独具特色的表达形式有所感悟。情境体验是充满趣味的,激趣的目的是与"理"形成共振,达到"理趣"相谐的境界。

第二章

「理趣」课堂的目标制定与过程设计

第 一 节

阅读教学目标制定与过程设计的主要问题

一、阅读教学目标制定的主要问题

教学目标是关于教学将使学生发生何种变化的明确表述，是指在教学活动中所期待得到的学生的学习结果。在教学过程中，教学目标起着十分重要的作用。教学目标是教学活动的导向，教学活动始终围绕着实现教学目标而进行。

阅读教学目标作为阅读教学活动的导向，体现了阅读教学"教什么"和"怎么教"的问题，也从整体上反映了"为什么教"这一阅读教学价值观的问题。科学合理地制定阅读教学目标是顺利开展阅读教学的基础，也是有效提升学生阅读素养的基础。然而，由于老师们对"为什么教"这一阅读教学价值观问题缺少理性思考，对阅读教学"教什么"和"怎么教"存在认识上的模糊性，阅读教学目标的制定还是存在不少问题。

下面，以《穷人》一课的阅读教学目标为例，来具体分析目标制定上出现的问题。

《穷人》教学目标

1. 学会本课12个生字，结合上下文理解新词。
2. 默读课文，理解课文内容，感受穷人关心他人、奉献爱心的美好心灵。
3. 学习作者通过环境和人物对话、心理的描写，表现人物品质的写法。

以上《穷人》一课的教学目标有其值得肯定的地方。比如，从认读、识记到

内容理解、主题感知,再到学习表达方式,目标设计体现了一定的层次递进性,符合学生阅读活动的认知规律。但是,从"理趣"课堂的视角审视,这份教学目标制定还存在一些问题:

(一)认知目标相对低阶

认知目标的达成是阅读教学的重要任务。安德森的认知目标分类学将认知目标分为六大类:回忆、理解、运用,属于低阶思维;分析、评价、创造,属于高阶思维。从阅读活动的规律来看,低阶思维是高阶思维发生的基础,低阶思维向高阶思维的发展就是阅读活动不断深入的过程。

从上述《穷人》一课的三条教学目标来看,教学目标主要集中在低阶思维层次,比较注重回忆、理解,略带语言表达形式的理解和运用。分析、评价、创造,思维层次的目标,没有涉及。我们知道,分析、评价、创造作为认知领域的高阶思维,更注重学生主体作用的发挥。尤其是评价和创造层面,只能由学生自己完成,如果被教师取代,也就不能称为评价和创造了。所以,从学生主体参与的角度看,该教学目标的制定没有充分尊重儿童主体,没有给予儿童充分的创造空间。

培养智慧读者是"理趣"课堂的价值取向,注重思辨是"理趣"课堂的主要特征。思辨体现了阅读学习的过程,需要学生具备必要的阅读策略,思辨是伴随着阅读策略的运用而推进的。但是,《穷人》一课的教学目标没有表明获得情感、学习表达形式的过程与方法,更没有体现阅读策略的作用。"理趣"课堂非常强调通过有策略地研读课文的关键处,领悟课文所阐释的"理",提升审美趣味。阅读策略在阅读教学目标表述中的缺位,也反映出学生阅读主体地位的缺失。

(二)情感目标相对单一

情感态度、价值观是语文课程标准阅读教学三维目标中的一个维度。情感是形成态度的基础,态度是影响价值观的关键。在"理趣"课堂中,人文意蕴和高尚审美趣味的获得就是价值观形成的过程。而情感的共鸣恰恰决定了学生能否可以顺利感知、领悟文本所传递的人文意蕴和审美趣味。因此,情感目标的达成是"理趣"课堂成败的关键。没有情感这根纽带,学生与文本就是两根永远无法相交的平行线。

"感受穷人关心他人、奉献爱心的美好心灵。"这是《穷人》一课的情感目标,也是非常重要的情感体验。从整个故事来看,桑娜与渔夫不怕生活艰难,收养邻居家的两个孤儿,体现了关心他人、奉献爱心的美好心灵。但是,只是让学生体验这一种情感是远远不够的。《穷人》是文学作品,文学作品的魅力就在于具有许多未定点、空白点,这些不确定的地方恰恰给予作品无限的想象空间。作为读者的学生在阅读文学作品时,应该拥有丰富的情感体验,而非情感的单一预设与指向。比如,读到西蒙死去的情景时,学生会产生怜悯、同情的情感;读到西蒙在临死前保护好自己孩子的描写时,学生会产生对母亲肃然起敬的情感;读到渔夫冒险出海的文字时,学生会产生担心的情感;了解作品的时代背景后,学生会产生对沙皇统治黑暗社会的不满……这些情感体验的获得是学生深入理解文学作品所蕴含之"理"的基础,是学生结合实践经验的创造性活动。单一的情感目标预设从实质上讲,是读者意识的缺失,用教师的经验将学生导向情感的窄巷。

(三)审美目标相对忽视

审美的意思是"感受、领会事物或艺术品的美"。《穷人》是一篇小说,从小说的体裁特征来看,这篇小说的美就体现在小说的"三要素"——人物、情节、环境上。桑娜、渔夫的心灵美,西蒙的母性美;情节矛盾交织,结尾出乎意料的结构美;环境描写的象征、暗喻之美。这些美构成了小说《穷人》的审美趣味。

从例子中的教学目标来看,主要涉及了桑娜、渔夫的心灵美,初步涉及了人物细节刻画和环境描写的表达特点。阅读一篇小说,如果忽略情节的结构美,忽略除主角以外的人物美是比较可惜的。同时,在表述学习言语表达的目标中,缺少文本的具体指向,缺少表达迁移、言语生命创造的具体要求,使审美目标过于空洞。审美目标的相对忽视是阅读教学在目标制定上的突出问题,这与缺少文体意识有关。诗歌、小说、散文、童话、科普文,不同的文体具有不同的审美特征。不管文体,都从认知角度的低阶思维层次来定教学目标,才会导致阅读教学审美趣味的缺失。

二、阅读教学过程设计的主要问题

教学过程是指师生在共同实现教学任务中的活动状态变换及其时间流

程,由相互依存的教和学两方面构成。教学过程是在教学目标的基础上而产生的,有什么样的教学目标就会产生什么样的教学过程。不同的阅读教学观会在阅读教学过程的实施中得到充分体现。

上文所呈现的《穷人》一课的教学目标基本决定了《穷人》的教学过程:

1.教师出示课题,介绍作者列夫·托尔斯泰的生平和写作背景;

2.教师出示难读字词,检查学生预习课文情况;

3.教师引导学生找出课文中的主要人物,尝试说一说课文讲了一件什么事情;

4.引导学生关注课文描写桑娜心理活动的段落,理解"忐忑不安"的意思,通过有感情地朗读感受桑娜善良的心灵;

5.引导学生关注课文描写桑娜和渔夫对话的部分,以及描写渔夫神态、动作的段落,感受渔夫善良的心灵;

6.引导学生关注环境描写,体会环境描写的作用;

7.引导学生阅读课文的结尾,让学生发挥想象续写故事;

8.教师总结:引导学生体会穷人虽然人穷,但是心灵很美。

以上呈现的教学过程不是某一位老师的具体教学行为,而是对普遍采取的教学行为的一种提炼,是教学《穷人》的一般模式。对比《穷人》的阅读教学目标,我们可以发现,教学过程的推进与教学目标是高度一致的。这样的教学过程设计有一定的可取之处。比如,教学过程比较注重学生抓住心理描写、对话描写、动作神态描写来理解课文,感受桑娜和渔夫心地善良的品质;关注到了对环境描写作用的揭示;结尾处续写故事,能够使学生发挥想象,形成美好的情感。但是,由于教学目标制定的问题,这篇课文的一般教学过程设计还是存在比较大的缺陷。

(一)教学线性化

《穷人》的一般教学过程设计存在教学线性化的问题。教师带领学生先研究桑娜抱回孩子的心理活动,再研究桑娜和渔夫的对话,最后研究渔夫的动作、神态。

阅读教学按照文脉顺序开展,一个部分接着一个部分往下学,按部就班。线性化的阅读教学,从实质上讲,就是教师为主导的教学。教师在教学前已经

对文本有了深入理解,教学时,教师逐段逐句进行解构分析,让学生的理解到达教师理解的高度。整个教学过程教师牵着学生的鼻子走,学生不太有积极思辨的机会。阅读教学线性化是目前阅读教学存在的主要问题,不少教师还在以"学习第一自然段""学习第二自然段"的思维方式进行环节设计,实施阅读教学过程。教学线性化必将造成学生阅读思维的线性化,使学生缺少统观全局、理性思考的能力。

(二)教学预设化

教学线性化导致教学高度预设化。教学预设是必要的,学生通过课堂学习能学到什么,需要教师有比较明确的指向。但是,教学预设不等于教学预设化。预设化意味着教学过程没有学生创造和生成的空间,全部机械地指向教师的预设。通过桑娜的心理活动、渔夫的动作神态描写感受穷人的心灵美,这些教学过程全在教师的预设之中。从"文字"到"品质",学生的思维过程基本是一个模式,没有"意外",阅读过程就是学生领悟教师预设的过程。

阅读教学目标制定和阅读教学过程设计所存在的问题,归根到底是阅读教学观的问题。只有从"阅读教学观"这一根本问题入手,才能解决问题,使阅读教学真正提升学生的阅读素养。

第 二 节

素养指向:"理趣"课堂的阅读教学目标制定

"核心素养"概念的提出是育人目标的认识升级。语文学科素养并非是无源之水,凭空创造出的新概念,而是在语文教学改革发展中逐渐明晰的。2011年颁布的《义务教育语文课程标准》在总体目标与内容中指出:"课程目标从知识与能力、过程与方法、情感态度与价值观三个方面设计。三者相互渗透,融为一体。目标的设计着眼于语文素养的整体提高。"可以说,语文学科素养是对语文教学三维目标的全面升级。最大的不同在于,在明确"立德树人"这个教育根本任务的背景下,语文学科的核心素养会更加关注学生必备品格和价值观念的培育。

"理趣"阅读教学观是在"素养论"提出的背景下生发的,与中国学生发展核心素养是高度融合的。"理趣"阅读教学不仅关注阅读的关键能力,更关注以阅读教学培养学生良好道德与健全人格,培养学生高尚的审美趣味,形成向善向美的价值观。这些价值取向高度体现素养指向,与"立德树人"的育人目标高度契合。

"理趣"课堂阅读教学目标的制定以核心素养培育为指向,继承和发扬三维目标的功能价值,结合"理趣"阅读教学观的价值追求,形成了"认知目标""情感目标""审美目标"三位一体的基本架构。所谓"三位"是指在教学目标的制定过程中,为了理性分析学生阅读学习的不同学习结果,教师会从"认知""情感""审美"三个维度对教学目标加以研究;所谓"一体"是指,三个维度的目标并非独立存在,而是相辅相成、高度融合的。比如,教师要引导学生对文本蕴含的人文意蕴或语言形式展开审美活动,必须先打开学生情感的阀门,引起

学生与文本之间的情感共鸣。然而,要使学生产生情感共鸣,必须建立在学生已经深入理解文本内容的基础上。同样,当学生能感受、欣赏到文本各个层面的美时,对文本的理解又会更加深入。这种"你中有我,我中有你"的状态就是"一体"。"三位一体"既不是对整体的简单拆分,也不是对局部的简单相加,而是整体思维观照下的分析与综合。

一、认知目标

陈英和在《认知发展心理学》一书中对"认知"的概念界定是:"'认知'具体是指那些能使主体获得知识和解决问题的操作和能力。认知是人类个体内在心理活动的产物。虽然,我们不能直接看到主体内在的认知过程,但可以通过观察、分析主体认知活动的外在行为来推断在其大脑内部进行的认知活动本身。"[1]

对于学生来说,阅读学习的过程就是认知活动和发展的过程。在阅读学习过程中,作为主体的学生不仅获得与阅读相关的知识与能力,还获得操作层面的策略性知识。阅读学习过程中学生的认知过程是隐性的,通过回忆、理解、运用、分析、评价、创造等外显行为反映认知活动本身。所以,在认知维度目标的表述中,要充分体现阅读策略,并清晰、具体地描述学生应该达成的认知外显行为。

(一)凸显阅读策略

有策略地阅读是智慧读者的表现,有助于学生更好地感悟文本蕴含的"理",更好地领悟文本具有美感的言语表达形式,更好地实现学生的阅读主体地位。倪文锦、欧阳汝颖在《语文教育展望》中说:"以策略教学为目的的教学,不但要引导学生理解文章的内容,并且更重视引导学生掌握理解文章内容的思维操作过程,即既要教给学生陈述知识(理解阅读内容是什么),还要教给学生程序知识(掌握理解文章的思维操作过程)和条件知识(知道在什么条件下运用这一思维操作过程效果最好)。使学生通过教学既获得了知识,又发展了阅读能力,并形成元认知能力——对自己的思维活动的自我意识和自我监控

---

[1] 陈英和.认知发展心理学[M].杭州:浙江人民出版社,1996:3.

能力。"①阅读策略的教学就好像给学生一把钥匙,这把钥匙既能打开文本这扇大门,也打开了自我这扇大门。"理趣"课堂认知维度目标表述更加凸显阅读策略,并清楚地描述出通过何种阅读策略达成何种认知行为。

《珍珠鸟》是冯骥才的散文名篇,是国家统编小学语文教科书五年级上册第一单元中的一篇课文。课文的最后一句话是:"信赖,往往创造出美好的境界。"这句话含义深刻,表达隐晦而微妙,耐人寻味。要丰富、全面而深入地理解这句话,就需要启动"推理信息策略"。所谓"推理信息策略"就是指读者在具体的语言环境中,运用自己的原有知识和文章提供的信息创造出新的语义信息。首先,读者要从文章整体信息中寻找出"信赖"的表现。很显然,从整篇文章来看,珍珠鸟对作者的信赖产生于作者从不惊扰并且善待它们,而作者对珍珠鸟的信赖体现在不阻止珍珠鸟的自由行为。其次,读者要理解"美好的境界"指的是什么。从文章看,"美好的境界"指的是珍珠鸟在作者肩头熟睡,享受梦乡的美好情景。当读者将理解整合后,就能创造出这句话的新的语义信息"彼此尊重、善待、信任就能友好相处、互相依靠,产生和谐的画面"。当然,在推理过程中,学生还可以结合自身的生活经验对这句话予以更生动的注解。

通过对推理信息策略运用过程的分析,教师可以将本课认知维度目标制定为:

运用推理信息策略,从课文描写作者善待、信任珍珠鸟和珍珠鸟逐渐变得胆大的句子中进行推理,理解"信赖,往往创造出美好的境界"的深刻含义。并且,结合自己的生活,举例印证这句话的内涵。

这条阅读教学目标的制定凸显了阅读策略的运用,并提示了阅读策略运用的操作路线,让阅读策略教学变得有抓手。同时,从认知行为来看,也明确描述了行为,即理解句子深刻含义和运用生活事例来印证观点。

(二)凸显高阶思维

"理趣"课堂追求学生与文本进行深度对话,在文本人文意蕴的影响下形成高尚的审美趣味;追求学生在感性体验和理性思考下对文本形成创造性的阅读,提出自己独特的阅读感受;追求学生领悟言语表达方式,建构丰富的言

---

① 倪文锦,欧阳汝颖.语文教育展望[M].上海:华东师范大学出版社,2002:303.

语生命。所有这一切,都需要认知高阶思维的参与。

布卢姆在认知领域提出了一个分类方法,至今仍被广泛使用。布卢姆将认知结果分为"知识""理解""运用""分析""综合""评价"六大类。安德森在布卢姆认知结果分类的基础上提出了思维的六个层次,即记忆、理解、运用、分析、评价、创造。安德森还进一步阐述了思维层次与知识类型的关系,发展了布卢姆的认知分类理论。记忆关注的是事实性知识,理解关注的是概念性知识,运用则对应程序性知识,分析、评价、创造则属于高阶思维,是对所有知识类型的综合运用,并可以促进记忆、理解、运用。

从安德森提出的思维层次看,"理趣"阅读教学在制定认知目标时,要在关注记忆、理解、运用的基础上,更多指向学生对文本的分析、评价和创造,充分发挥学生在阅读中综合运用知识类型的能力,发挥主观能动性。

作为小学语文学科教学的纲领,《义务教育语文课程标准(2011年版)》在分学段阅读教学目标中对高阶思维的发展都有明确要求。比如,第一学段提到"对感兴趣的人物和事件有自己的感受和想法,并乐于与人交流";第二学段提到"能对课文中不理解的地方提出疑问"和"关心作品中人物的命运和喜怒哀乐,与他人交流自己的阅读感受";第三学段提到"在交流和讨论中,敢于提出看法,作出自己的判断""说出自己的喜爱、憎恶、崇敬、向往、同情等感受"和"大体把握诗意,想象诗歌描述的情境"。这些具体目标均指向学生对文本的分析、评价和创造,更具个性化诉求。

"理趣"课堂凸显高阶思维发展的认知目标可以从以下角度制定:

1.分析文本的局部特征,认识整体与局部的关系,解决文本的核心问题或主要矛盾;

2.对文本中人物和事件进行评价,形成自己的感受与观点;

3.评价文本形式的优缺点;

4.对文本进行质疑,能提出自己独到的见解;

5.运用联想、想象,联系自己的阅读、生活经历,丰富文本未定点与空白点。

下面以统编小学语文教科书四年级上册第四单元课文《普罗米修斯》为例,进一步说明"理趣"课堂凸显高阶思维发展的认知目标制定。

《普罗米修斯》认知目标制定：

1. 分析

尝试运用确定重要内容的阅读策略,认真阅读课文描写普罗米修斯被锁在高加索山上承受痛苦的段落,联系上下文分析普罗米修斯的精神动力来自为人类造福的信念。

2. 评价

(1)反复研读描写宙斯、火神赫淮斯托斯、普罗米修斯、大力神赫拉克勒斯行动和语言的句子,说出对这些人物憎恶、崇敬、同情的感受。

(2)画找课文中想象神奇的描写,评价神话的语言表达风格。

3. 创造

联系自己的阅读经历,想象大力神解救普罗米修斯之后故事的走向。

从以上《普罗米修斯》一课认知目标的制定来看,"理趣"课堂充分尊重学生的读者主体地位,给学生的阅读提供了广阔的空间和极大的自由度,许多目标都不是指向唯一的预设,而是鼓励学生在文本既定框架下提出自己的看法和见解。目标的制定也反映出充分的思辨性与对话性,让学生能够在理性思考下体会审美的趣味。

二、情感目标

"情动而辞发",不论作者要表达什么"理",都需要先点燃情感才能有喷吐的欲望。所以,文本中所蕴藏的"理"必定是经过作者高度情感化的"理"。从言语表达的角度看,富有特色的言语表达与情感化的"理"是高度统一的,情感化的"理"需要情感化的言语表达来承载。读者要感悟情感化的"理",必须充分开启自己的情感系统,与文本、作者产生情感共振。没有情感的激发,文本的意义就无法被纳入读者的心理结构。因此,"理趣"课堂非常注重情感目标的制定,情感也是趣味产生的触发点。

"理趣"课堂情感目标不仅仅指向感受与情绪,更重视指向价值倾向与品格形成。因为,"理趣"阅读教学注重核心素养培育,尤其注重必备品格和价值观念的引领,从而落实"立德树人"的教育任务。目前,阅读教学比较注重感受和情绪的激发,对于价值倾向与品格形成比较忽视。这就窄化了情感目标的

范围,忽视了情感在价值观和品格形成方面的作用。

(一)感受、情绪层目标

感受、情绪是阅读文本后所形成的初步情感体验,是比较直观的、感性的。就像游客看到黄山上的松树后,立刻会感受到松树的形态美,从而产生愉悦的情绪。获得感受,产生情绪反应是进一步深入文本肌理的基础,为价值倾向与品格形成创造可能。感受和情绪就像是情感的开关,只有先把开关打开,心理结构的深层建构才能顺利进行。

比如,《刷子李》一课感受、情绪层目标可以这样制定:

1.认真品读课文描写刷子李刷墙的段落和曹小三观察刷子李身上有无白点一波三折的描写,感受刷子李刷墙技艺的高超。

2.从课文曹小三心理活动的描写中,体会小说情节起伏的美,津味语言的美,愿意模仿小说的写法,尝试描写身边的小伙伴。

3.感受刷子李这一人物的"奇",产生进一步阅读《俗世奇人》的强烈愿望。

从以上三则情感目标来看,第一则是基础性的情感目标,是对小说主要人物的情感感知。第二则和第三则教学目标更加关注学生阅读动机和兴趣的激发,比如,愿意模仿写作方法和愿意阅读原著。后两则教学目标是老师们常常忽略,或者说是缺少关注的,而这恰恰是"理趣"课堂非常重视的。"理趣"课堂具有视野开放的特征,课文的学习不是终点,而是打开更广泛阅读的起点。在"理趣"课堂中,阅读与习作是相通的,课文学习和课外阅读是相通的,只有充分激发起学生的动机水平和阅读兴趣才能培养出智慧的读者,发展学生的言语生命和理性精神。

(二)价值、品格层目标

学生的认知能力是逐步建构的价值观和品格也是逐步建构的。一个人不可能突然拥有一种价值观,具有一种品格。价值观和品格一定是在长期实践活动中不断发生建构而最终形成的。语文课程标准之所以强调学生要在阅读中吸取优秀的民族文化,积淀中国传统文化。统编教材之所以要强化古诗文的学习,目的就是要将中华民族的传统美德根植到学生的价值观和品格中去。立德树人,"立"的就是拥有健康、崇高的价值观;"树"的就是具有高尚人格的人。"理趣"课堂把提升审美情趣作为价值取向之一,主张学生通过阅读实

践活动获得文本所传递的"理",与"立德树人"的育人目标是高度一致的。

情感目标中价值、品格层的目标是目前阅读教学比较忽视的,却是"理趣"课堂高度关注的。下面仍旧以《刷子李》一课为例,来具体说明"理趣"课堂情感目标在价值、品格层的制定。

《刷子李》价值、品格层目标制定:

1.价值

阅读课文,对刷子李这一小人物产生崇敬,对"小人物也能创造奇迹"的观点产生认同。

2.品格

(1)结合自己的生活经历,对刷子李精益求精的做法进行积极评价。

(2)愿意学习刷子李精益求精的匠心品质,提升自己的特长水平。

从以上几则教学目标的表述看,价值、品格层的情感目标是指向学生深层心理结构的。文本的"理"内涵极其深刻,需要撬动深层心理结构才能进行建构。蕴藏于文本深层肌理的"理"只有与学生的生活实践经验产生关联与共振,才能让学生体会到"理"中蕴含的"趣"。而这个"趣"就是学生对文本传递的真善美有深刻的感悟,从而获得审美愉悦,进而发展出自己高尚的审美趣味。

"理趣"课堂情感教学目标的制定不只是表层的情感体验,更是触及学生深层心理结构的价值观和品格建构。"理趣"课堂是想用丰富、积极的情感培育出具有崇高价值观和道德感的人。

三、审美目标

"美"是能使人感到愉悦的事物,包括客观和主观存在。"审"是人对事物美丑做出评判的过程。因此审美是人们根据自身对某事物的感受、领会、评价的过程。

作为阅读文本,尤其是文学作品,美主要体现在内容与形式上。文学作品的内容往往承载了一定的审美趣味,而形式也会体现出语言学和文章学的美感。比如,冯骥才的《刷子李》一文,通过描写刷子李的绝活来反映老天津码头的风土人情,表现了浓厚的地域文化;其语言形式又颇具津味特征,干脆利落、

幽默诙谐。读者阅读这篇小说时,不仅感受了刷子李的人物形象,更能体会到独特的地域风情,从而在陌生感和新奇感中体会审美趣味。然而,在阅读教学中,教师往往只讲刷子李,不讲刷子李所生活的土壤,不讲作者冯骥才用心营造的津味风情。

李泽厚在《美学四讲》中提出:"审美感受不是某种单一或单纯的感知反映而已,它是一种积极的心理活动过程,其中包括了感知、想象、理解、情感多种因素的交错融合。也就是说,审美愉快之所以产生,是由于各种心理功能相互活动、交错融合的结果。""感知作为审美的出发点,理解作为审美的认识性因素,其中介、载体或展现形态,则是想象。感知在生理上,理解在逻辑程序中都是常数,正是想象才使它们成了变数。"①想象是审美活动的关键要素,丰富的想象能让学生拓展与文本之间的对话,形成具有创造性的见解。所以,在"理趣"课堂审美目标的制定中,想象是获得审美愉悦的重要手段,阅读文本所传递的文化、人格和富有特色的语言形式则是审美的对象。下面还是以《刷子李》为例来说明审美目标的制定,以便与情感目标进行区分。

《刷子李》审美目标制定:

1.能了解小说的基本特征,通过想象曹小三的心理活动,感受小说一波三折的情节美感。

2.想象刷子李一身黑衣刷白墙的艺术形象,通过拓展阅读《苏七块》《泥人张》《蓝眼》片段,体会津味语言的艺术魅力,感受天津老码头独特的风土人情。

第一则审美目标关注了小说情节的"一波三折"。英国著名小说家和批评家E.M.福斯特在《小说面面观》里认为:"一部结构高度严密的小说,其中描写的事件往往必然是相互关联、互为因果的,理想的观察者决不会妄想瞬间将它们一览无余,他知道要等到最后,等他登高望远时才能总揽全局,理清所有的脉络。这种意外或者说神秘的因素——经常被粗率地称为侦探因素——在情节中意义重大。"②学生阅读《刷子李》的时候,心理状态与福斯特描绘的很相像。学生一定会形成最初的感觉,觉得《刷子李》这篇小说很好看,看得心潮起伏。这就是审美的感性层面,感觉很美,但说不出美在何处。"理趣"阅读教学

① 李泽厚.华夏美学·美学四讲[M].北京:生活·读书·新知三联书店,2008:325.
② E.M.福斯特.小说面面观[M].北京:人民文学出版社,2009:75.

的审美目标就是要引导学生去发现小说情节为什么会给读者带来美的感受。教师引导学生通过想象曹小三心理活动,将"一波三折"的情节设置可视化、形象化,从而让学生深刻体会到小说情节设置的奥秘。当学生有过情节审美的经验后,在阅读小说时就会唤醒这种经验,更能从小说的情节中获得阅读趣味。

第二则审美目标则将学生引向更广阔的时空背景,进一步感受文化的独特性,体会地方语言的美感。语言是小说作者的修炼,不同题材的小说需要用不同风格的语言来写。学生感受小说语言的同时,更能感受到文化基因,进一步丰富了学生的审美视野。

在两则审美目标的表述中,想象始终是重要手段。也就是说,学生不是被教师强行灌输对文学作品美感的理解,而是在丰富的实践和独具个性化的理解中,创造性地建构文学作品的意义。

认知目标、情感目标、审美目标并不是彼此独立的,而是"三维度"一体化的目标体系。将三个维度的目标分别进行细分和阐释,目的是理清三个维度目标的内涵。在具体实施过程中,三个维度目标的阐释并不复杂,有时一个目标的表述中会出现两三个维度的目标,这些目标前后贯穿,形成互动。另外,小学语文阅读教学的对象是小学生,在具体目标的表述中会避免出现过于概念化的表达,而以儿童能够接受的表达方式为宜。

第 三 节

"三层次"阅读法:"理趣"课堂的阅读教学过程设计

"理趣"课堂充分尊重儿童阅读学习规律,主张儿童是阅读学习的主体,在与文本充分交互的过程中获得审美情趣,建构言语生命,发展理性思维,感受课堂乐趣。"三层次"阅读法是"理趣"课堂阅读教学过程的主要模式,感知层阅读、思辨层阅读、运用层阅读,三个层次的阅读活动着眼文本整体,以学生阅读学习心理发展规律为基础,由浅入深、由表及里、有点及面,提升学生的阅读素养。

一、感知层阅读

在阅读课堂教学刚刚开始的时候,学生以普通读者的身份出现。学生会在教学行为没有介入时,对文本产生整体的感知。感知,即意识对内外界信息的觉察、感觉、注意、知觉的一系列过程。感知分为感觉过程和知觉过程。感觉过程中被感觉的信息包括有机体内部的生理状态、心理活动,也包含外部环境的存在以及存在关系信息。知觉过程中对感觉信息进行有组织的处理,对事物存在形式进行理解认识。

阅读文本就是学生阅读活动的外界信息,学生通过阅读活动会对阅读文本中语言的语音、语义进行初步感知。并且,因为学生存在一定的心理图式结构,在初步阅读的过程中,学生会凭借已具备的心理图式尝试对文本进行理解。虽然,学生在感知层的阅读并不成熟,但是对于整体感知文本却有重要意义。

(一)了解内容结构

作者用语言文字构筑文本,文本创作需要遵循一定的表达规律,这就构成了文本的结构。语言文字的前后连贯则编织出文本的内容与意义。感知层阅读首先是从了解内容结构开始的,学生初步接触文本时,需要先了解文本讲了什么,是用什么结构来讲的。

如果从读者的阅读双向心理过程来分析,阅读都是从整体先入手,然后走向局部的过程。在感知层阅读中,教师可以依托学生对文本的初步感知顺势而导,引导学生理清文本结构,明确整体与局部的关系,了解主要内容,以便学生深层次阅读活动的开展。

(二)获得情感体验

文本的内容与语言表达决定了文本所传递的情感。读者阅读《卖火柴的小女孩》,内心一定充满了对小女孩的同情与怜悯,不可能产生愉悦的心情;阅读《鸟的天堂》,内心一定充满对大自然的热爱与赞美,不可能产生悲伤的心情。当学生初步感知文本时,内容就会自然而然地激发起学生的情感体验,这种情感体验是基于学生生活经验而产生的。饥饿和寒冷是学生的生活体验,当学生读到卖火柴的小女孩独自走在大年夜寒冷的街头时,生活体验就与文本内容产生了共鸣,情感也就开始生成了。

文本由字词句构成,句子的长短,词语的感情色彩会让语句产生不同的表达效果。当学生阅读文本,尤其是放声朗读文本时,语言自身所具有的音律、节奏、所指和能指就给学生一定的情感指向。比如,学生阅读微型小说《桥》,就会被作者频繁更换自然段,一个句子成为一个自然段的语言表达方式所吸引,从而产生紧张、局促的情感体验。可是,当学生读到琦君的散文《桂花雨》时,就会从作者娓娓道来、清新细腻的语言表达中体验到思乡之情和旷远的意境。获得初步的情感体验,不需要教师过多指引,文本内容与语言表达形式会自然而然地触发学生的生活经验与言语经验。

下面以《祖父的园子》教学实录片段为例,进一步说明感知层阅读的课堂实际操作。

《祖父的园子》教学实录(片段)

师:同学们,今天我们来学习萧红写的一篇散文《祖父的园子》。昨天已经预习过课文了,现在请同学打开课本,再次快速默读这篇课文。想一想,在这篇课文中,作者写了自己小时候在祖父的园子里做了哪几件事?

(学生认真默读,边读边圈关键词)

师:同学们读得很认真。现在谁来说一说?

生:我关注的是第四自然段,作者写了栽花、拔草两件事情。

师:这位同学很会阅读,找到了两个关键词。这个自然段还写了一件事,发现了吗?

生:种菜。

师:是啊,种的是小白菜。三件事情出现在一个自然段,说明了什么?

生:说明这三件事情是略写的。

师:不错! 这三件事情作者并没有展开描写。我们继续"找事儿"!

生:我找到的是作者和祖父一起铲地。

师:我们把"铲地"这个词圈下来。这件事情是详写还是略写?

生:详写。作者还写了搞不清狗尾草和谷穗的经历。

师:你很会分析! 我们继续说。

生:接下来写了摘黄瓜、追蜻蜓、采倭瓜花、捉蚂蚱。这些事都是略写的。

师:很棒! 很会发现!

生:还写了浇水的事。

师:与其说是浇水,不如说是玩水!

(生哈哈大笑)

生:我觉得最后还写了睡觉。

师:真不错! 在园子里睡觉和在床上睡觉感觉肯定不一样!

(生又会心一笑)

师:同学们,现在再看看课文。作者写的事都被你们圈了下来,你们有什么发现吗?

生1:我感觉这些事情都分布在课文的不同段落。

生2:我发现有些事情是一口气写的,都是一笔带过。有些事情稍稍详细一些。

师:你们真会读书!这就是散文的特点,写许多事情,为了表达一种情感。不像写小说,往往是把一件事情写得很详细。

(生微微点头,有所领悟)

师:既然散文表达的是一种情感,那么,你们在读这篇散文的时候,体会到了什么情感呢?大家可以自由说说!

生1:我体会到了在祖父的园子里生活非常自由,想干什么就干什么。

生2:我感觉到作者的童年非常快乐,可以在园子里尽情地玩耍。

生3:我体会到作者小时候的生活无忧无虑,充满乐趣。摘黄瓜、捉蚂蚱、在园子里睡觉,这些生活是我们生活在城市里的孩子体验不到的。

生4:我感觉作者很喜欢园子里的生活,因为作者把园子写得很漂亮,写的事情也充满乐趣。

师:同学们,刚才说到的这些就是你们初步阅读课文后产生的情感和感受,是很珍贵的。这些情感确实也是作者萧红想通过文字告诉读者的。那么,萧红还想告诉我们什么呢?我们还能从文字中读出什么呢?我们先来关注作者写得比较详细的几件事。

从以上教学实录可以看出,感知层阅读主要关注文本的内容结构与情感体验。感知层阅读以学生初步感知文本为主,充分发挥学生的主体作用,弱化教师的指导作用,将学生还原成普通的读者,让学生产生最直观、最朴素的阅读感知。

感知层阅读是"理趣"课堂纵向深入的基础。首先,感知层阅读让学生对文本有了从内容结构到语言表达,再到情感的整体感知。案例中,学生找到了作者写到的几件事情,并从事情的整体分布和详略安排中,初步感受到了散文的主要特点。同时,学生对文本也有了整体的情感体验。这些整体感知都是在形象化的文本中获得的,不生硬,不孤立,为后续深入学习打下基础。其次,感知层阅读充分激发了学生阅读的积极性。试想,如果一上阅读课,教师就以自己的意志去控制学生的阅读,或是先从局部入手做细致的分析,忽视学生的主体地位,忽视学生的阅读学习心理规律,学生怎么还有兴趣阅读呢?案例

中,学生完全唱主角,教师鼓励学生多说,说出自己真实的发现与感受,建立了学生的阅读自信。再者,感知层阅读有利于教师迅速判断学生的"期待视野",为后续扩展学生的"期待视野"提供了依据。案例中,在描述自己的情感体验时,学生很显然更倾向于对园子生活的评价和感受,个别学生会说到童年的感受。但是,没有学生体会到作者对祖父的情感。这是学生的"期待视野"决定的,在学生的生活经历中,更多的体验来自对自我的关注。比如,自由自在地玩带来的是快乐的感受。这些感受就是"前理解",能与作者所描写的情景产生共鸣。但是,与亲人之间的情感却是学生比较容易忽略的。因为,亲人日日相伴,亲情日常化,很难被学生感知。学生没有"亲情"的"前理解",所以在感知作者与祖父浓浓情感时就出现了"视野缺失"。但是,这恰恰是阅读教学的增长点,也是教师发挥指导作用的机会。在接下来的教学中,教师就可以在学生"视野缺失"处着力,引导学生体会祖父对作者的爱与包容,作者对祖父的怀念与感恩,努力达成学生的"视野期待"与文本的"视野期待"相融合,即"视野融合"。

感知层阅读看似平常,实则意义重大。这个层面的阅读决定了后续阅读教学的走向,是"三层面"阅读法的基础。

二、思辨层阅读

文本蕴含的"理趣"并非作者偶然所得、一蹴而就的,而是经过反复的生活体验,反复揣摩而获得的,是被高度情感化、人格化、实践化的。同时,作者的语言表达也并非随意写就,而是细费心思、饱含匠心之作。人文意蕴的深刻和语言表达的匠心独运,需要读者反复体味文字,展开充分的思辨,才能从文本的深层肌理中获得"理趣"。

感知层阅读是学生对文本的初步感知,强调对整体的把握,教师的指导相对弱化,主要突出学生的感知经验。思辨层阅读是学生对文本的深入探索,教师着眼文本"理趣点",对学生进行适度、适时的思维指导,让学生充分思辨,从而使学生吃透文本,领悟"理趣"。思辨层阅读是"理趣"课堂的核心,是获得"理趣"的关键。

(一)着眼理趣,提出问题

好的阅读教学从提出好的思辨问题开始。"理趣"课堂重在"理趣"的感悟,教师要着眼文本富有理趣的地方进行设问,让学生的思辨围绕问题展开,层层深入接近理趣。"理趣"课堂的提问可以从以下三个方面进行设计:

1.矛盾点。

作者传递的"理趣"本身就具有很强的思辨性,往往是在矛盾中形成对事物的认识。比如,在作者眼中,孤独是美丽的,破碎是美丽的,这些命题初看都是矛盾的。但是,这恰恰是作者独具思辨的高明之处。《青山不老》中的老人独自一人守着一座山,用自己的生命植树造林,坚守深爱的土地。老人孤独吗?当然孤独!但老人是美丽的,他把生命献给了这片土地,他用执着创造自然的美。《生命、生命》的作者杏林子是残疾人,从一般眼光看,她的生命是破碎的。但是,她没有自暴自弃,而是从自己有力的心跳中感受到了生命的力量,产生了珍爱生命,用自己有限的生命创造无限价值的人生哲理。杏林子的身体是残缺,但是她的心灵却是美丽的。"理趣"正是在矛盾的思辨中而产生的,要引导学生感悟理趣,教师就要善于在文本矛盾点处设问。

列夫·托尔斯泰的《穷人》是短篇小说名篇,被收录在统编小学语文教科书六年级上册第四单元中。课文里写到桑娜在暴风雨的夜晚抱回了邻居西蒙家的两个孤儿。从这个举动感受到桑娜的善良,对于六年级学生来说并不难。可是,在这篇小说中,作者对桑娜抱回两个孩子后忐忑不安心理的描写却是充满矛盾的。

桑娜脸色苍白,神情激动。她忐忑不安地想:"他会说什么呢?这是闹着玩的吗?自己的五个孩子已经够他受的了……是他来啦?……不,还没来!……为什么把他们抱过来啊?……他会揍我的!那也活该,我自作自受……嗯,揍我一顿也好!"

门吱嘎一声,仿佛有人进来了。桑娜一惊,从椅子上站起来。

"不,没有人!天啊,我为什么要这样做?……如今叫我怎么对他说呢?……"桑娜沉思着,久久地坐在床前。

托尔斯泰被称为心理描写大师,对人物心理刻画极其细腻、深刻。这段心理描写把桑娜抱回两个孩子后等待丈夫回家时内心的矛盾写得淋漓尽致。担

心、害怕、后悔、犹豫、坚定,多种情感彼此交错。这处描写就是小说的矛盾点,桑娜是善良的,为什么还会对收养孤儿的行为产生复杂的情绪呢? 不是应该义无反顾、坚定不移吗? 教师可以把这两个问题抛给学生去思辨。因为充满矛盾的问题会对学生造成强烈的认知冲突,会激起学生强烈的探索欲望。

当学生带着问题再次深入文本,展开思辨层阅读,就会对文本进行理性思考。桑娜抱回孩子的那一刹那什么也没想,这是善良的本能。但回到家冷静下来后,才发现自己的生活已经不堪重负,多养两个孩子是雪上加霜。所以,桑娜心里充满了对未来生活的担心,对丈夫的担忧,害怕丈夫不会同意。但是,善良的本能又告诉桑娜应该这样做。现实的残酷与内心的善良形成了矛盾,写出了真实的人性。在这种情况下,最后桑娜还是下定决心要收养孩子,更加表现出桑娜人性中的光辉。矛盾挣扎将桑娜推向道德的两难,在两难下选择不顾自己方显善的本质。

如果学生能在教师的指导下,从矛盾中读出文本深藏的意蕴,才是"理趣"课堂培养的真正的智慧读者。

2. 陌生点。

文本的陌生点往往是作者的匠心处,"理"需要"形"作为载体,"形"的独具匠心往往蕴藏"理"的深刻。学生阅读的"期待视野"受已有阅读经验的限制,陌生化的表达方式实际上向学生暗示了"文本视野"。当学生在感知层阅读后,会对陌生化的表达方式产生新奇感、探索欲。教师需要善于在文本陌生化的语言表达形式上设问,引导学生从陌生化的表达入手,探寻文本的"理趣",从而促进学生阅读的"期待视野"与文本的"期待视野"互相融合。

比如,统编小学语文教科书五年级上册第一单元中的《白鹭》,是郭沫若写的一篇非常优美的散文。这篇散文的开头和结尾是这样写的:

白鹭是一首精巧的诗。

……

白鹭实在是一首诗,一首韵在骨子的散文诗。

这两句话把白鹭比作诗,这种表达对于学生来说是很陌生的。因为,白鹭是动物,而诗是文学形式,动物怎么像文学呢? 教师可以针对这处陌生化的表达提出问题:"为什么作者把白鹭比作一首散文诗呢?"这个问题可谓牵一发而

动全身,学生需要带着思辨意识再次深入阅读文本。在思辨层的阅读中,学生对文本的一切发现都是指向中心问题的。

这篇散文还有许多陌生化的语言表达,如:那雪白的蓑毛,那全身的流线型结构,那铁色的长喙,那青色的脚,增之一分则嫌长,减之一分则嫌短,素之一忽则嫌白,黛之一忽则嫌黑。

这处描写如诗一般优美,增、减、素、黛的表达整齐中富有变化,又富有韵味。教师可以在问题的主导下增加陌生化语言之间的联系,使学生认识到诗的精致、韵味与白鹭的精致、韵味是一致的。这样,学生也就逐渐领悟了作者把白鹭比作散文诗的意蕴与趣味。

3.含蓄点。

"含蓄"是文学的特点。"理趣"的审美特征就是理趣相融,理蕴象中。作者写文章,是"立象寓理"的过程,读者读文章,是"入象探理"的过程。文学作品之所以让读者感到含蓄,是因为文学作品写的是"象",并不直接写"理"。从儿童心理发展规律和阅读学习规律来看,学生要读懂含蓄处,透过"象"看清"理"是存在难度的。此时,学生表面看到的"象"已经突破了"所指"的意义,而是具有丰富的"能指"意义。

《月迹》是贾平凹创作的一篇散文,是统编小学语文教科书五年级上册第七单元的一篇课文。这篇散文的结尾处是这样写的:

我们坐在沙滩上,掬着沙,瞧那光辉……正像奶奶说的那样:它是属于我们的,每个人的。我们又仰起头来看那天上的月亮,月亮白光光的,在天空上。我突然觉得,我们有了月亮,那无边无际的天空也是我们的了。

这处结尾写得很含蓄。奶奶为什么说"月亮是属于我们的,每个人的?""我"又为什么觉得"我们有了月亮,那无边无际的天空也是我们的了?"这两处作者并没有做明确的描写,给读者留下了很广阔的创造空间。含蓄的表达出现在文章的结尾处,是对文章所表达内容与情感的一种总结和提炼。教师在含蓄处设问,把这两个问题抛给学生,就能启动学生对文本整体和局部的再次阅读。通过思辨,学生就会发现月亮把光辉洒向人间,无论在什么地方都能找到月亮,它的存在是宇宙运行的规律,所以月亮是每个人的。无论一个人是富有,还是贫穷,都有权利享受自然的恩惠。再往深处思辨,天空也是永恒的存

在,自然也是每个人的。最重要的是,在作者眼里,月亮已经不只是一个物体的所指,月亮还是心中对儿时生活的怀念,是一种历史意象的存在。当然,含蓄处意味着文本的"空白处",其"召唤结构"需要学生根据自己的生活经历产生创造性的阅读。在含蓄处提出问题,不仅将学生引向对文本的深度思辨,还给学生创造性阅读提供了可能。"理趣"的审美情趣正是在读者与作者共同建构文本意义的过程中实现的。

(二)紧扣理趣,深度对话

着眼文本"理趣"进行设问,就像给"理趣"课堂思辨层阅读确定了一个圆心。这个圆心是在学生感知层阅读基础上产生的,后续的阅读教学将围绕这个圆心展开,通过多层面、多维度的深度对话,层层扩大学生对文本的意义建构。

1.促进交互。

"理趣"课堂中的交互主要指"人际交互"。思辨层阅读重在理性思辨,充分的人际交互有利于阅读主体之间进行"视野融合",从而对指向"理趣"的设问有更多角度的观察。

人际交互的前提是每个学生都能与文本进行充分的对话,所以,在人际交互之前,教师首先会给予学生充分的自主阅读时间。学生通过圈画批注,在文本中留下思考的痕迹,为人际交互打下基础。人际交互先在小组内实现,再在班级里实现,是对"理趣"设问认识逐步深入、聚焦的过程。每一次更高层面的人际交互都是在前一次人际交互之后发生的,这就使学生具有了"思辨外化"的时间,也就是学生有充分的时间进行思辨过程的言说,这将进一步推动学生思维的发展。当然,在人际交互中,教师要紧扣"理趣"设问来组织讨论,引导思辨。

前文提到的《白鹭》一课,教师提出的"理趣"设问是"作者为什么把白鹭比作一首散文诗?"有的学生在汇报时说:"因为白鹭的色素、身段不能增减一分,不能素黛一忽。这就像诗一样,字字都要推敲,语言要拿捏得恰到好处。"应该说,学生有如此深刻的理解已经非常难能可贵了,教师要给予充分的肯定与鼓励。但是,教师不能只停留在听众的身份上,要牢记自己也是人际互动中的一员。教师可以追问学生:"王昌龄写过很多边塞诗,能用来比喻白鹭吗?"这个

追问就以对话的方式推进了学生的认识,学生就会到文本中寻找白鹭悠然生活的意境,从而深刻理解"散文诗"的含义了。

2.加强联结。

思辨层阅读是对"理趣"设问的整体认识,对事物的整体认识往往发生在事物整体的观察中。比如"盲人摸象",每个盲人摸到的只是大象的一个部分,所以认为大象的样子长得就跟自己摸到的一样。盲人之所以不能准确认识大象的整体,根本原因就在于盲人没有从整体观察中去认识大象。

编者将文本,尤其是文学作品选入教材时,往往会对文本进行适度的改动。其中的原因有原文篇幅过长、原文部分内容比较难懂,或是编者只想取文本最有教学价值的部分。无论何种原因,教师可以在学生思辨层阅读中,适时联结课文与原文,或是联结对"理趣"设问理解有帮助的材料,以便让学生在整体视角下展开全面而深入的思辨。

其实,统编小学语文教科书在编写时已经关注到加强文本联结的问题。比如,编者在《桂花雨》课文后,选择了琦君《留予他年说梦痕》的两个片段作为课文的阅读链接:

每回写到我的家人与师友,我都禁不住热泪盈眶。我忘不了他们对我的关爱,我也珍惜自己对他们的这一份情。像树木花草似的,谁能没有一个根呢?我常常想,我若能忘掉亲人师友,忘掉童年,忘掉故乡,我若能不再哭,我宁愿搁下笔,此生永不再写,然而,这怎么可能呢?

……

面对着姹紫嫣红的春日,或月凉似水的秋夜,我想念的是故乡矮墙外碧绿的稻田,与庭院中淡雅的木樨花香。我相信,心灵如此敏感的,该不止我一个人吧!

——琦君《留予他年说梦痕》

针对《桂花雨》这篇课文,教师提出的"理趣"设问是"为什么作者的母亲认为杭州的桂花再香,也比不上家乡院子里的桂花?"要理解这个问题,感悟到文本所蕴含的"理趣",对于学生来说是有一定难度的。当学生深入研读文本之后,教师适时引导学生阅读"阅读链接"里的内容,再呈现事先收集的关于琦君一生漂泊的踪迹,学生就能深入理解"花是故乡香,月是故乡明"的意蕴。

再比如丰子恺所写的《白鹅》一文,教师在阅读教学中都会引导学生领悟"明贬实褒"的语言表达方式。可是,说实话,仅从课文呈现的内容来看,读者并不能很好地判断丰子恺是喜欢这只白鹅的。教师的教学存在经验主义,大家都这么教,我也这么教。如果阅读《白鹅》的原文,就能非常明确地理解丰子恺对白鹅的喜爱。《白鹅》的原文有这样几处描写:

抗战胜利后八个月零十天,我卖脱了三年前在重庆沙坪坝庙湾地方自建的小屋,迁居城中去等候归舟。

除了托庇三年的情感以外,我对这小屋实在毫无留恋。因为这屋太简陋了,这环境太荒凉了;我去屋如弃敝屣。倒是屋里养的一只白鹅,使我念念不忘。

……

如今在抗战期,在荒村里,这幸福就伴着一种苦闷——岑寂。为避免这苦闷,我便在读书、作画之余,在院子里种豆,种菜,养鸽,养鹅。而鹅给我的印象最深。因为它有那么庞大的身体,那么雪白的颜色,那么雄壮的叫声,那么轩昂的态度,那么高傲的脾气和那么可笑的行为。在这荒凉岑寂的环境中,这鹅竟成了一个焦点。凄风苦雨之日,手酸意倦之时,推窗一望,死气沉沉,惟有这伟大的雪白的东西,高擎着琥珀色的喙,在雨中昂然独步,好像一个武装的守卫,使得这小屋有了保障,这院子有了主宰,这环境有了生气。

在这几处描写中,丰子恺诉说了战争给他带来的苦闷,白鹅给岑寂带来了无限生机。教师如果能在学生思辨层阅读中联结这几处原文,学生自然而然就能理解作者"明贬实褒"的言语表达趣味,而且还能进一步感受丰子恺身处困境却能豁达乐观的人格境界。加强联结,不仅让学生获得了整体视角,还扩展了学生课堂阅读量,让学生充分体会思辨的乐趣。

3. 创设情境。

"理""情""趣"是构成"理趣"阅读教学的三个要素。三者之中,"情"是"理"与"趣"之间的转换点。作者写作的过程,是用"情"柔化"理",使"理"的存在不那么枯燥乏味,给人以趣味感;读者阅读的过程,就是用"情"体验"理",从而获得体验与顿悟的乐趣。

思辨层阅读以"思辨"为核心展开,"情境"的创设既能推动学生对"理趣"

设问的思辨,又能点燃学生情感,活跃课堂气氛,调和思辨的理性。

思辨层阅读中,教师创设情境主要有两类:一类是唤醒学生经历过的生活情境;另一类是现场进行情境体验,让学生在活动中进行思辨。

文本"理趣"审美的获得很大程度取决于教师唤醒学生生活经历的程度。皮亚杰揭示,儿童学习的过程是心理图式对外界新信息同化和顺应的过程。学生阅读时的思辨以已有的心理图式为基础,激活心理图式,点燃同化和顺应的欲望正是唤醒生活情境的目的。仍以《桂花雨》为例,教师可以让学生说说自己感受桂花雨的经历。学生可能很少有机会摇桂花,但是会有坐在桂花树下休息,会看见过雨水把桂花打落在地上的情景。这些生活情境的激活,能让学生更好地感受桂花雨营造的优美意境,提升审美情趣。

思辨层阅读中的现场情境创设,不仅是尊重儿童游戏精神的体现,更具有将思辨"形象化"的作用。"理"是深刻、隐含的,儿童的学习却需要形象化,情境创设就是用形象化的方式引导学生思辨。比如,教学老舍的《母鸡》一课时,教师要引导学生体会母鸡和母亲一样,对孩子的呵护万般艰辛,却无怨无悔。以下这处描写正是说明文本之理的。

它教鸡雏们啄食,掘地,用土洗澡,一天不知教多少次。它还半蹲着,让它们挤在它的翅下、胸下,得一点儿温暖。它若伏在地上,鸡雏们有的便爬到它的背上,啄它的头或别的地方,它一声也不哼。

学生在生活中是孩子的角色,从来没有从母亲的角度体验过艰辛,要深刻领悟文本所传递的"理",必须建立在学生换位体验的基础上。教师可以现场创设情境,让学生半蹲并坚持住。可以想象,半蹲是很累的,没过一会儿,学生就双腿发抖,呼吸急促。此时,学生在情境体验中获得了为人母亲的辛苦。情境体验是紧扣"理趣"设问进行的,体验之后,学生就明白了"老舍为什么转变了对母鸡的看法?"这一着眼"理趣"揭示的问题。

思辨层阅读是感知层阅读的纵深,是发生在阅读文本深层结构中的。在思辨层的阅读中,教师以"理趣"设问为圆心,层层推进学生的思辨过程。同时,教师并不剥夺学生的学习主体,以加强联结、创设情境等教学手段对学生进行启发,使学生以自己的力量领悟"理趣"。

(三)揭示理趣,提炼扩展

教学的意义在于揭示真理。在感知层阅读中,学生对阅读文本进行初步感知,对文本"理趣"会有朦胧的认识,是一种"只可意会不可言传"的状态。在思辨层阅读中,随着思辨的深入、情感的唤醒,学生对"理趣"的认识就会从"模糊"走向"清晰"。但是,在思辨层阅读中,学生对"理趣"的认识是逐步发展,逐步由局部认识拼接成整体认识的。因此,教师还需要用精练的语言对"理趣"进行明确揭示,并适当进行提炼扩展,形成学生更高层次的"期待视野"。

1.人文意蕴的揭示。

无论是人教版小学语文教材,还是统编版小学语文教材,在进行单元编排时,都充分考虑了人文意蕴的同质性。比如,统编小学语文教科书五年级上册第一单元的人文主题是"一花一鸟总关情"。这句话虽极其简短,但饱含"理趣",意思是"人间的万事万物都能寄托人的感情"。在教学这个单元的课文,尤其是精读课文时,教师需要在思辨层阅读的最后进行必要的人文意蕴揭示与提炼。对于《白鹭》一课,教师可以说:"白鹭是一种很平常的鸟,然而对于会发现美的人来说,美就蕴藏在平常中。热爱生活的人才善于发现平常中的美。"教师的这种表达其实就是将"平常的美"从"白鹭的美"中揭示出来,并进行了提炼扩展。这为学生后续学好这个单元中的《落花生》《桂花雨》《珍珠鸟》三篇课文构建了"期待视野"。因为"落花生""桂花""珍珠鸟"都是平常事物,作者也都是在平常事物中领悟了做人的道理,感受到了思乡之情,体会到了信赖的力量。由于学生在学习《白鹭》时,教师已经揭示、提炼出"平常的美"这一人文意蕴,提升了学生的"期待视野",所以,学生在阅读后续三篇课文时,就会有意识地从平常的事物中尝试寻找所蕴含的意义。

2.阅读策略的揭示。

倪文锦、欧阳汝颖在《语文教育展望》一书中将阅读策略教学模式概括为三个阶段:首先,要明确解释和示范该阅读策略的操作过程;然后,指导学生练习运用该策略去理解文章;最后指导学生把该策略迁移到课外阅读或学习其他学科上去。这种概括方式遵循了学习的一般规律,即从"明了"到"练习运用",再到"迁移"。

但是,对于处于小学阶段的儿童来说,学习是从形象认知开始的。因此,

教师的教学不能从概念入手，要从文本的语言形象入手，引导学生在实际运用阅读策略的过程中学习阅读策略。思辨层阅读是围绕"理趣"设问，以"思辨"为核心与文本展开对话。"思辨"的过程实际上就是阅读策略教学的过程。联系上下文推理、唤醒原有知识经验、进行预测，这些阅读策略都需要理性思维的参与。在阅读过程中，学生是顺着理性思维这根"藤"逐渐触摸到"理趣"这个"瓜"。在思辨层阅读的最后环节，教师需要对阅读策略进行揭示，将学生"顺藤摸瓜"的过程再次呈现给学生看。这样，既能让学生清楚地回顾自己的思维过程，感受理性思考的乐趣；又能明确阅读策略，以便在后续阅读中迁移运用。

3. 表达方式的揭示。

"理趣"中的"理"也指语言表达的一般规律。学生通过文本独特的、富有新鲜感的语言表达，能够更深刻地体会文本传递的意蕴与内涵，这就是语言表达方式给读者带来的审美趣味。思辨层阅读围绕"理趣"设问展开，"理趣"设问又是来自文本的矛盾点、陌生点、含蓄点，这些"点"恰恰是文本中最有语言表达特色的地方，是儿童语言发展与提升的目标语言。

文本的人文意蕴与语言表达形式是高度统一、彼此融合的。"理趣"课堂中，思辨层阅读又是紧扣文本而展开的。因此，思辨的过程也是对文本语言表达形式不断咀嚼和体味的过程。教师需要在思辨层阅读的最后，对语言表达形式的特点进行揭示与提炼，以提升学生对同类语言表达形式的敏感性。人文意蕴的揭示提升的是学生人文视野，而表达方式的揭示提升的是学生言语表达视野，两者相辅相成、互为表里。

《跑进家来的松鼠》是俄罗斯作家斯克列比茨基创作的少儿科普文学作品。文章表现了人与动物亲密、和谐相处，人类尊重动物天性的人文意蕴。文章有许多描写都表现了这一主题，其中有一处描写最为突出："有时，松鼠跳到我的肩上，用小嘴蹭我的脸，还轻轻咬我的耳朵，我想它是又想吃糖了。"这个句子中的"蹭"是表现人与动物亲密关系最有代表性、最有特点的语言表达方式。在思辨层阅读中，学生会捕捉到这个句子，对人与动物亲密关系这一人文意蕴进行探寻与感悟。在学生对这句话进行充分思辨后，教师需要从语言表达方式的角度进行"理趣"的揭示。笔者在执教本课时，就充分聚焦"蹭"字，引导学生感受表达方式中蕴藏的"理趣"。

《跑进家来的松鼠》教学实录(节选)

师:这句话中的"蹭"是什么意思?

生1:"蹭"的意思是"轻轻触碰"。

生2:是"很轻地接触"。

师:谁愿意当松鼠,来"蹭"一下老师!

(学生兴趣盎然。教师选择其中一名男生上台)

师:接下来老师说哪个字,你就表演哪个动作。

生:好!

(教师分别说了"蹭""碰""撞",学生非常投入地表演,其他学生笑得前仰后合)

师:通过刚才的表演,大家对"蹭"有什么样的体会?

生1:我感觉"蹭"体现了松鼠与人之间的关系是很亲密的,没有距离。

生2:"蹭"让人感觉松鼠对人很友好,这也是因为人对松鼠很友善。

师:是啊!"蹭"就是轻轻摩擦。动物不会说话,但能通过动作表达情感。这个字在表现人与动物亲密关系,或是动物之间亲密关系的文章中可是一个高频词。不信,请看屏幕!

(教师依次出现三段含有"蹭"字的描写。学生进行屏幕阅读)

片段一:它要是高兴,能比谁都温柔可亲:用身子蹭你的腿,把脖子伸出来让你给它抓痒,或是在你写作的时候,跳上桌来,在稿纸上踩印几朵小梅花。

——老舍《猫》

片段二:小狐狸一见老狐狸,就不停地哼叫着,用鼻子蹭着老狐狸的身子。

——椋鸠十《金色的脚印》

片段三:最后,它回到我的身边,神情有点忧郁,用脖颈在我的腿上轻轻蹭动,嘴里"呜噜呜噜",发出一串奇怪的声音。

——沈石溪《虎女蒲公英》

师:我们今后在看动物小说,看描写人与动物亲密关系的文章时,就要充分关注这个"蹭"字。这个字是很有情感色彩的!

(学生会意点头)

从上面这则教学实录片段中可以发现,教师站在"理趣"视角,对文本的语言表达方式进行了揭示。教师通过情境创设,引导学生对"蹭"字形成形象化的认知,并明确点明这个字在表现动物情感方面的普遍意义。教师还出示课内外学生已学或未读的片段,引导学生在拓展阅读中进一步感受"蹭"字在表现人文意蕴方面的作用,把这个字深深扎进学生的语言心理结构中。这样一来,今后学生在阅读相关主题作品时,就能快速抓住这个字去感受蕴藏在文本深层肌理中的人文意蕴。

无论是人文意蕴、语言形式,还是阅读策略参与下的理性思考,都是"理趣"课堂的内涵指向。揭示理趣,不仅是对学生思辨层阅读所做的总结与提升,还是对学生运用层阅读所做的铺垫。

三、运用层阅读

学习迁移是指一种学习对另一种学习的影响,或习得的经验对完成其他活动的影响。《义务教育语文课程标准(2011年版)》中也明确指出:"语文课程是学生学习运用祖国语言文字的课程。"在"理趣"阅读教学中,感知层阅读和思辨层阅读都是学生以文本为依托,展开理性思考过程,感受人文意蕴,领悟表达方法的过程。这两个层面的阅读活动虽有创造性阅读的参与,但总体是在文本中"学习"的过程。运用层阅读着眼的是"学习迁移",是教师引导学生将在感知层阅读和思辨层阅读中感受到的人文意蕴,实施过的阅读策略,领悟到的语言表达形式在新的阅读活动中进行尝试迁移的过程。感知层阅读和思辨层阅读侧重"理趣"的认知与感悟,运用层阅读侧重"理趣"的拓展与强化。

(一)人文视角运用

语文学科具有很强的人文性,教材中的选文体现出明显的人文主题类型化特征。这也是教材采用人文主题进行编排的重要原因。19世纪末20世纪初,桑代克和伍德沃斯提出了"共同要素说"。共同要素说认为,一学习之所以有助于另一学习是因为两种学习具有相同因素的原因。若两种情境含有共同因素,不管学习者是否觉察到这种因素的共同性,总有迁移现象发生。"理趣"课堂指向某种人文意蕴的揭示,在学生学习完教材课文之后,教师可以提供具有相同人文意蕴的文本让学生阅读。由于课文与拓展文本之间存在相同的人

文意蕴,按照桑代克和伍德沃斯提出的"共同要素说"理论,学生对人文意蕴的挖掘与理解就更容易在迁移中发生。

比如,学生对《刷子李》这篇课文进行过感知层阅读与思辨层阅读之后,已经感悟到了"小人物也能创造奇迹",初步感受到了晚清时期,天津卫五方杂居,水咸土盐,人物性格刚烈,风俗习惯强悍的社会风土人情。如果阅读教学止步于此,学生的阅读视野就不够开阔,只是就课文学课文。同时,人文意蕴对学生认知结构的冲击力也不够强烈。教师可以在课堂教学中,补充《泥人张》《苏七块》这两篇文章,让学生通过快速阅读,加深对"小人物也能创造奇迹"这一人文意蕴的理解,进一步感受天津卫的社会风土人情。课堂教学后,教师还可以组织学生阅读《俗世奇人》整本书,对人文意蕴作更深入的探寻。在运用层阅读里,人文视角迁移采用的是"一主多辅"的形式。"一主"指课文,"多辅"指教师提供的与课文人文意蕴相同或相似的片段或文章。"一主"与"多辅"打的是一套组合拳,让学生在丰富的拓展阅读活动中加深对人文意蕴的理解与感受。

(二)阅读策略运用

思辨层阅读往往是伴随着阅读策略的指导而展开的。在"理趣"设问的牵引下,教师会在学生与文本的深度对话中渗透阅读策略的教学。阅读策略的学习属于程序性知识的学习,这就需要教师向学生提供新的情境,让学生尝试进行迁移,最终熟练运用阅读策略。"理趣"课堂的教学对象是小学生,理性思维不是小学生思维的主要特征。因此,在运用层阅读中,教师应该提供与课文情境相似的文本让学生进行阅读策略迁移运用。

比如,执教《跑进家来的松鼠》一课,学生在完成感知层阅读和思辨层阅读之后,教师明确揭示阅读策略——阅读表现人与动物友好和谐相处的文章时,要学会快速抓住描写人对动物做出反应的句子,从这些句子中就能感受到人对动物所怀有的情感。"找描写人对动物做出反应的句子"就是能帮助学生感悟人文意蕴,领悟表达方式的阅读策略。明确阅读策略后,教师立刻出示原著《树林的回声》中的一些片段,让学生采用刚才揭示的阅读策略进行尝试迁移。其中有一个片段是这样的:

有一天,我想乘雪橇从小山上往下滑,在院里没有找到同伴,便决定带"小

毛球儿"去玩。我往一只小木箱里铺了点儿稻草,把小刺猬放在里面,上头也用稻草盖上,好让它暖和一些。我把小木箱放在雪橇上,拖着向池塘边跑去。我们常在那儿的坡上滑雪橇玩。

——《树林的回声》

文中的"我"对小刺猬到底怀有什么样的情感?如果没有明确的阅读策略,学生很难快速感知。因为在学生进行拓展阅读前,教师已经明确阅读策略,即"找描写人对动物做出反应的句子"。学生就能很快地从一大段文字中聚焦关键句:"我往一只小木箱里铺了点儿稻草,把小刺猬放在里面,上头也用稻草盖上,好让它暖和一些。"抓住了这句话,学生就能很深刻地感受到文中的"我"对小刺猬是非常关爱、体贴的,会给小刺猬垫上、盖上稻草,让小刺猬暖和一些。

阅读文本的时候,选择重点关注哪些内容,是非常重要的阅读策略。对于阅读策略的学习,课文就像一个例子。如果要熟练运用阅读策略,就需要学生在运用层阅读中进行更多情境的迁移运用。能够在迁移中熟练掌握阅读策略,无疑给学生更好地感悟文本"理趣"打下了基础。

(三)表达方式运用

要将儿童语言水平提升到文本目标语言水平,教师需要给学生提供尝试模仿文本目标语言进行言语创造的机会。感知层阅读是学生初步感知文本语言表达方式的阅读,一般来说,文本语言只是以整体形象出现在学生面前,不会引起学生表达方式层面的关注。就好像读一篇散文,读者觉得写得很美,读起来是一种享受。但是,读者说不出到底哪里写得好。思辨层阅读是学生深入感知文本语言表达方式的阅读。学生的阅读活动是从切入文本开始的,都是在吃透文本语言文字后才能获得理解,感悟人文意蕴的。在这个层面的阅读中,学生能识别文本最有特点的表达方式,并从中感受到形式所蕴含的"理趣"。运用层阅读中,由于学生要对文本表达方式进行模仿、迁移,就需要对文本最有特点的表达方式进行反复揣摩。只有充分把握表达方式的特征后,才能结合自身已有的生活经验和言语结构进行创造性的迁移。学生揣摩语言表达方式的过程是高度内化的,教师可以从学生的言语创作中判断学生对文本语言表达方式的理解程度。

统编小学语文教科书从三年级开始,每册教材中都安排了一个习作单元。该单元中阅读文本与习作具有很强的相关性。可以说,单元中的每一篇课文都是教师指导学生进行习作的最佳范文。从统编教材设置专门的习作单元来看,在阅读教学中加强语言表达的训练与提升已经达成共识。《金色的草地》是三年级上册习作单元的一篇课文。这篇课文中作者对蒲公英花朵张开、合拢时,草地发生的变化做了清晰细致、生动形象的描写:

原来蒲公英的花就像我们的手掌,可以张开、合上。花朵张开时,花瓣是金色的,草地也是金色的;花朵合拢时,金色的花瓣被包住了,草地也就变成绿色的了。

在感知层阅读中,学生通过这段文字感知到的是草地颜色的变化。在思辨层阅读中,学生进一步理清了花朵张开、合拢与草地颜色变化的关系,并感受到了妙趣横生的自然之理。在运用层阅读中,教师要引导学生再次关注这处描写,发现将蒲公英的花比作手掌这种写法的妙处,并充分理解这处描写是总分关系,花朵张开、合拢是相对的状态。运用层阅读既发生在学生对语言表达方式进行迁移的准备阶段,也发生在学生尝试言语创造的阶段,也就是学生写的过程也是阅读的过程,阅读不只是指言语接受过程,也指言语输出过程。

笔者在教学该课时,现场让学生观察含羞草,引导学生观察含羞草打开叶片和合拢叶片时不同的形态,还启发学生想象可以把含羞草比作什么。学生先进行小组观察,一边观察一边模仿课文语言进行练说,最后模仿作者将含羞草叶片张开、合拢的形态写清楚。比如,有学生是这样写的:

含羞草的叶片就像姑娘的眼睛,可以张开、合拢。手指不碰叶片时,叶片向两侧有力地展开;手指轻轻碰一下叶面,叶片就渐渐合拢,叶尖轻轻下垂,好像姑娘害羞地闭上了眼睛。

如果学生没有很好地揣摩课文的表达方式,就不可能将含羞草的变化写得如此清楚、形象。从学生的言语输出来看,学生对这处描写的阅读是非常深入的。运用层阅读是关注语言表达方式深层肌理的阅读,是领悟语言表达方式客观规律的阅读,是学生实现言语创造,将语言内化再外化的过程。

"三层次"阅读法是"理趣"阅读教学的核心教学模式,是基本的教学过程设计。"三层次"阅读法层层递进、环环相扣,以文本为圆心,逐步深化、扩展对

文本"理趣"的认识与感受。"三层次"阅读法改变了阅读教学的线性结构,杜绝了一段一段教课文的问题。"三层次"阅读法中,每一层次的阅读都以文本的整体阅读为基础,对文本形成整体的观照。"三层次"阅读法既强调学生的自我感知,又强调教师的适当引导;既强调学生对文本"理趣"的感性认知,又强调学生理性思考的参与;既强调文本人文意蕴的感悟,又强调对文本语言表达方式的领悟。

"三层次"阅读法着眼"理趣"的丰富内涵,是"理趣"课堂的方法论。以"三层次"阅读法为主干,教师可以创造多种实践路径,形成丰富的阅读教学形态,让"理趣"课堂焕发生命活力,为学生阅读素养、人文素养的提升助力!

第 四 节

"三层次"阅读法教学案例举隅

"三层次"阅读法是以文本"理趣"为指向,以思辨为核心,在多维度对话中实现学生认知、情感、审美发展的阅读教学方法。本节将以《穷人》一课的教学设计为例,进一步说明"理趣"课堂"三层次"阅读法的设计理念与实施过程。

一、文本简析

《穷人》是俄国作家列夫·托尔斯泰创作的一篇短篇小说。小说主要讲了在一个暴风雨的夜晚,渔夫冒着生命危险出海打鱼。桑娜发现邻居西蒙死了,留下两个很小的孤儿。桑娜毅然将孤儿抱回家,却因为担心今后更为窘迫的生活,担心增加丈夫的负担而忐忑不安。令人意想不到的是,当桑娜把西蒙的情况告诉打鱼回来的渔夫时,渔夫也做出了收留两个孤儿的决定。

小说最具"理趣"意味的就是作者描写桑娜抱回孤儿后忐忑不安的心理描写。从"理趣"课堂的内涵来看,这处心理描写在语言表达方式上很有特色,运用了大量省略号、问号、感叹号,与一般的心理活动描写有很大不同。更重要的是,这处心理描写表现出了穷人美好、善良的心灵,也揭示出深刻的人文意蕴"心灵的美好是超越一切物质的宝贵财富"。桑娜忐忑不安的心理描写是文本的"形式",美好的心灵是最有价值的财富,是文本的"人文意蕴",在"形式"与"人文意蕴"之间并不是通过直接感知就能获得联结的,而是需要学生展开充分思辨才能从形式中获得人文意蕴,获得审美愉悦感。

除了心理描写之外,小说的环境描写、对话描写也很精彩。暴风雨夜晚恶劣的天气与小屋内温暖舒适的环境形成对比,反映出桑娜的勤劳、善良,也营

造出宁静祥和的美感。桑娜与渔夫的对话进一步推动了情节的发展,体现出人物的精神品质。

整篇小说情节起伏,充满矛盾冲突,人物细节描写细腻,主题深刻,充满文学的丰富性和美感。小说的教学可以紧扣桑娜心理活动这一"理趣"点,以点画圆,逐步深入文本深层肌理,从而使学生感悟小说所蕴含的人文意蕴,领悟小说独具匠心的表达方式。

二、素养指向目标

(一)认知目标

1.根据小说人物出场顺序及主要情节推进概括小说的主要内容。

2.运用联系上下文的阅读策略,分析桑娜抱回两个孤儿后内心忐忑不安的具体原因。

3.反复研读描写桑娜、渔夫、西蒙心理、语言、动作、神态的句子,说出对这些人物的评价。

4.结合小说意犹未尽的结尾,想象故事的走向。

(二)情感目标

1.认真品读桑娜、渔夫、西蒙的细节描写,感受穷人内心的美好与善良,对桑娜和渔夫的做法产生认同。

2.从桑娜忐忑不安的心理活动描写中,体会作者刻画心理的细腻笔法,愿意模仿作者的写法,尝试描写桑娜抱走孩子前的心理活动。

(三)审美目标

1.认真研读小说的环境描写,从大海与小屋环境的对比中,感受小说的象征意义及营造的温暖意境。

2.想象描写桑娜抱走两个孤儿前的心理活动,并与原文进行对比,感受小说的真实美。

三、课堂重现

《穷人》教学实录
第一课时

(一)感知层阅读

师:同学们,今天我们一起来学习一篇小说,题目是《穷人》。这篇小说里有几个主要人物?

生:这篇小说中有三个主要人物,分别是桑娜、渔夫、西蒙。

(教师在黑板上写下三个主要人物)

师:看来预习得很不错。现在,请同学们快速默读一下课文,想一想在这三个主要人物之间到底发生了一个什么故事?

(学生认真默读后尝试概括小说的主要内容,但是说得要么过于简单,漏掉了重要情节,要么过于烦琐)

师:同学们总体上说得不错,但是有的会漏掉一些重要情节,有的太啰唆。有什么好办法呢?大家看,办法就藏在黑板上这三个主要人物中。这三个人物是有出场顺序的,小说中人物的出现其实是推动情节发展的。如果能按照出场顺序来概括主要内容,就不会把重要情节漏掉了。另外,这篇小说的主角是谁?

生:桑娜和渔夫。

师:对,在概括主要内容的时候,西蒙这个非主角就可以一笔带过,不用细说,这样就能把主要内容概括得更加简洁一些。同学再试试看!

(学生在明确策略后,很有信心地进行了再次尝试)

师:同学们练习得很认真,谁来试一试?

生1:一个暴风雨的夜晚,渔夫外出打鱼。桑娜发现邻居家西蒙死了,留下了两个很小的孤儿。桑娜把两个孩子抱回了家,心里却忐忑不安,害怕渔夫回来责怪自己。渔夫回来后,桑娜把西蒙死去的情况告诉了渔夫。渔夫让桑娜把两个孤儿抱回家。桑娜拉开帐子,告诉渔夫自己已经把孩子抱了回来。

师:进步真大!

生2:老师,我有补充,应该再加一句:"桑娜出门等待丈夫,因为担心西蒙,便去西蒙家探望。"否则,渔夫外出打鱼,桑娜怎么会发现西蒙死了呢?

师:说得很有道理,那你连起来再说一遍。

生2:在一个暴风雨的夜晚,渔夫外出打鱼。桑娜出门等待丈夫,因为担心邻居西蒙,便去她家探望,结果发现西蒙死了,留下了两个很小的孤儿。桑娜把两个孩子抱回了家,心里却忐忑不安,害怕渔夫回来责怪自己。渔夫回来后,桑娜把西蒙死去的情况告诉了渔夫。没想到,渔夫也同意将两个孤儿抱回来抚养。

师:真不错! 你们看,按照人物的出场顺序,就能既完整又简洁地把小说的主要内容给概括清楚了。那么,读了这篇小说,你有什么初步感受呢?

生1:我觉得穷人的生活很艰难,暴风雨的夜晚还要出去打鱼,而且还一无所获。

生2:我感受到桑娜和渔夫很有爱心,自己的日子已经过得很苦了,还要把西蒙的两个孤儿抱回来抚养。

生3:我觉得西蒙很可怜,死了也没人管,要不是桑娜去看一看,可能就没人知道了。如果是这样,那两个孤儿也可能会被饿死。

师:同学们,你们很会阅读,刚才说的这些初步感受是很宝贵的,是这篇小说给你们带来的最原始的感受。

(二)思辨层阅读

师:刚才在概括主要内容的时候,大家都提到桑娜抱回西蒙的两个孩子后,心里感到忐忑不安。课文的哪些自然段在描写桑娜忐忑不安的心理活动?

生:9~11自然段。

师:这就奇怪了,桑娜明明是做了一件好事,而且刚才大家说到桑娜是很善良的,那为什么抱回孩子后心里却忐忑不安呢? 请同学们认真默读课文的9~11自然段,联系上下文,想一想其中的原因。

(学生认真默读,圈画词句,做批注)

师:下面,我们在小组中进行讨论交流,最后形成小组的几条理由。

(学生进行小组合作学习)

师:同学们讨论得很热烈,现在我们来交流一下讨论的成果。

生：我们觉得桑娜心中充满了担心。因为第9自然段里写到"自己的五个孩子已经够他受的了"，说明桑娜一家过得很艰难了，如果再多养两个孩子负担就太重了。

师：他们认为桑娜因为贫穷而产生了担心，从全文看，桑娜一家真的不能再负担两个孩子了吗？

生：大家看第2自然段，这里写到"丈夫冒着寒冷和风暴出去打鱼，她自己也从早到晚地干活，还只能勉强填饱肚子"，已经这么辛苦了，还只能勉强填饱肚子。要是再多养两个孩子，肯定就吃不饱肚子了。

生：我联系后文发现，渔夫如此辛苦地冒着生命危险去打鱼，最后什么也没有打到。说明打鱼是很难的，如果再加两个孩子，那自己的孩子就更加吃不饱了。

师：你们能联系上下文来理解特别好！

生：我们觉得桑娜也很担心丈夫。因为负担加重后，需要渔夫更多地出海打鱼，这样渔夫就有生命危险了。

生：我们认为，桑娜的心里还有害怕，她害怕丈夫回来打她，因为第9自然段中写到"他会揍我的！"

师：是啊！在俄国，男人是一家之主，是绝对的权威，有时候是会打妻子！

生：我们觉得桑娜也有点后悔和自责，抱回孩子后负担就重了，也没经过渔夫同意。

生：我们觉得桑娜心情是很乱的，她一会儿担心、害怕生活难以继续，一会儿又觉得必须要这样做，否则良心过不去。

师：如果是你来到西蒙家，看到死去的西蒙身旁躺着两个小孤儿，你会怎么做？请大家读一读第7自然段，想象一下当时的情景。

生：我也会把孩子抱回家，因为这两个孩子太可爱了，这里写到"两个孩子都是卷头发、圆脸蛋，身上盖着旧衣服，蜷缩着身子，两个浅黄头发的小脑袋紧紧地靠在一起"。

师：你们生活中有没有看见过熟睡的孩子？

生：我关注到了这句话"孩子呼吸均匀而平静，睡得正香甜"。这让我想到了，我的表妹刚出生的时候，我去看望她。她很安静地躺在摇篮里，睡得很

香甜。

生:我在小区散步时,有时会遇见躺在婴儿车里的小婴儿。他们平静地躺着,脸圆圆的,很可爱。

师:是啊!面对这么可爱的生命,没有人会忍心抛弃他们。第7自然段还写到了西蒙,谁关注到了对西蒙的描写?

生:我觉得西蒙很悲惨,她的脸冰冷发青,手苍白僵硬。

生:我觉得西蒙是很善良的母亲,她在临死前还不忘把孩子安顿好,用衣服盖住孩子的身子,用旧头巾包住孩子的小脚。我感受到了母爱。所以,要是我也会抱走孩子,好让西蒙这个母亲安心。

师:说得多好!这里写到"一只苍白僵硬的手像要抓住什么似的,从稻草铺上垂下来",你们觉得西蒙想要抓住什么?

生:西蒙放心不下孩子,想抓住他们。

生:西蒙想要抓住生的希望,可是当时黑暗的社会让她绝望。

生:她可能想用最后的力气起床去寻找桑娜的帮助,但是却起不来。

师:是啊!在当时俄国黑暗的社会环境下,穷人的命运是悲惨。你们和桑娜一样,都选择把孩子抱回家,但是却因为生活的窘迫而陷入矛盾的挣扎。

生:老师,我们在9~11自然段里发现了许多省略号,表示桑娜心里很乱!她的思绪是不断跳跃的。

师:这个小组的同学真会发现,他们从标点符号中体会到了桑娜的心情。你们发现还有什么标点符号也出现了很多次?

生:问号,感叹号。

师:说明什么?

生:说明桑娜在不断自问,心里担惊受怕!

生:有的感叹号表示坚定自己的想法,比如"嗯,揍我一顿也好!"

师:通过刚才的交流,大家体会到什么叫"忐忑不安"了吗?

生:忐忑不安的意思就是心里七上八下的。

生:就是心里不安。

师:是啊!你们刚才联系上下文,深入分析了桑娜忐忑不安的原因。你们从忐忑不安的心理描写中看到了一个怎样的桑娜呢?

生:我看到了善良的桑娜,因为她虽然有很多担忧,还是决定要抱回孩子,连挨揍也不怕。

生:我觉得桑娜很善良、很体贴丈夫,总是为丈夫考虑。

师:列夫·托尔斯泰不愧是心理描写的大师啊! 用了大量的省略号、问号、感叹号,把桑娜忐忑不安的内心世界表现得淋漓尽致。你们能读出忐忑的感觉吗? 遇到省略号怎么读?

生:可以停顿。

(学生自由练读后,个别学生展示,教师范读)

师:这处心理描写真是绝妙至极,通过特殊标点符号的大量使用,写出了桑娜忐忑不安的心情,表现出了桑娜善良的心灵。我们通过联系上下文,结合了自己的生活经验,把桑娜的心理活动读透了。

(三)运用层阅读

师:如此善良的桑娜在发现西蒙两个孤儿时,她当时的心理活动是怎样的? 请大家模仿作者的写法写一写桑娜的心理活动,也尝试用一用省略号、问号、感叹号。

(学生认真描写,教师巡视指导)

师:同学们写得很投入,我们来交流一下自己写的内容。

生1:西蒙真是太可怜了,我要把这两个孩子抱回去……不,不行! ……我们的生活已经很苦了! ……可是,这两个孩子怎么办呢? 会饿死的! ……不管了,先抱回去再说!

生2:多可爱的两个孩子啊! ……我得收留他们! ……他会骂我的,他已经够累了! ……不,我绝对不能把两个孩子留在这儿! ……对,得把他们抱走! ……可是,我们怎么活下去呢? ……别想那么多了! 抱回去再说!

(还有两到三位学生分享了自己的心理描写)

师:我很佩服大家! 能模仿大文豪写心理活动,写得如此精彩! 不过我有些疑问,托尔斯泰是心理描写大师,肯定比我们会写。可是,在课文里,桑娜抱走孩子时,为什么作者对桑娜的心理活动一个字也不写?

(学生议论纷纷)

生1:我觉得桑娜当时什么也没想,就觉得应该抱回两个孩子。因为第8

自然段中写到"她的心跳得厉害,自己也不知道为什么这样做,但是觉得非这样做不可"。

生2:我认为当时桑娜根本没时间想,下意识地就做了决定。

师:是啊!这就是把善良刻进骨子里的桑娜,在抱回孩子的一刹那根本不会多想,不会犹豫。而回家后,她又想起生活的种种不幸,于是忐忑不安,但仍旧下定决心收留孩子。这就是人性的真实,托尔斯泰不写,恰恰把桑娜的善良写得很大。

第二课时

(一)感知层阅读

师:上一节课,我们通过对桑娜心理活动的深入研究,感受到了桑娜美好善良的心灵,领悟到了作者运用大量特殊的标点符号来表现人物矛盾挣扎内心世界的写作手法。在这篇小说中,还有一个人物,那就是渔夫。对这个人物,同学们有什么看法和认识?

生1:我觉得渔夫是个有责任心的父亲,也很勇敢,在暴风雨的夜晚孤身一人出海打鱼,为的就是能让孩子们吃到鱼。

生2:渔夫很有爱心,当他听到西蒙死去留下两个孩子的消息后,立刻就让桑娜去抱回两个孩子。

生3:渔夫很强壮,就像家里的顶梁柱。因为课文里写到渔夫是"魁梧黧黑"的,很有安全感。

师:同学们很会读书!对渔夫的评价很全面。

(二)思辨层阅读

师:有一个问题始终萦绕在我的脑海里,渔夫回家后,桑娜为什么不直接告诉自己把西蒙的两个孩子抱回家了呢?而要和渔夫展开这么长一段对话。请同学们先自己独立思考,然后进行小组讨论交流、分享观点。

(学生默读,进行独立思考;然后进行小组交流)

师:刚才围绕老师提出的问题,同学们展开了充分讨论,现在我们来分享一下形成的想法。

生:我们认为,前文提到桑娜很担心多养两个孩子会增加丈夫的负担,害

怕丈夫责怪自己,所以不敢直接告诉。

师:你们联系前文,是从桑娜的角度来看的。

生:我们觉得,这样写小说才好看。从下文渔夫也表示愿意收养两个孩子可以推断,即使桑娜直接告诉渔夫,善良的渔夫也会答应。但是,这样写小说就没有悬念了。

生:我们要补充。课文最后写到"'你瞧,他们在这里啦。'桑娜拉开了帐子"。这个结尾读起来很有味道,让人产生很多想象。如果直接告诉,就缺少了桑娜与渔夫心灵相同的感觉。

师:你们是从小说情节的角度来看的,很棒!对于渔夫来说,做出收养两个孩子的决定容易吗?

生:不容易!

师:从哪些地方能看出来?

生1:我从"渔夫皱起眉,他的脸变得严肃、忧虑"看出。他肯定想到收养两个孩子会增加家庭的负担,所以和桑娜一样内心充满了忧愁。

生2:我发现了"熬"字。"熬"表示痛苦地煎熬,说明收留两个孩子会增加生活的负担。但是渔夫还是下定决心,说明他也很善良。

生3:我发现渔夫的语言描写和桑娜的心理描写有相似的地方,出现了问号、感叹号,说明渔夫做决定的时候内心也是有矛盾的。

师:是啊!作者之所以不直接写桑娜告诉渔夫已经抱回了两个孩子,就是要把这个两难的问题抛给渔夫,展现出渔夫内心的挣扎,更表现出渔夫的美好心灵。你们真会读,能把上节课学到的本领运用到这节课的阅读中来。小说除了对人物进行细节刻画,对环境也会展开描写。你们找到环境描写了吗?

(学生快速默读,画出环境描写)

师:你们找到哪些环境描写?从这些环境描写中你们感受到了什么?

生1:我关注到了第1自然段。"屋外寒风呼啸,汹涌澎湃的海浪拍击着海岸,溅起一阵阵浪花。"这处环境描写表现了当时天气非常恶劣,从侧面感受到渔夫一家生活很艰辛,天气如此恶劣还要出去打鱼。

生2:我找到了"波涛的轰鸣和狂风的怒吼",这处环境描写反映出桑娜内心的不安。

生3:我从暴风雨中的描写感受到了当时社会的黑暗,穷人丝毫没有获得幸福的可能。西蒙死在暴风雨之夜,渔夫又随时会在暴风雨中丧生。

师:你的理解很深刻。这暴风雨确实是对俄国沙皇统治下黑暗社会的象征。

生4:我找到的是:"渔家的小屋里却温暖舒适。地扫得干干净净,炉子里的火还没有熄,食具在搁板上闪闪发亮。挂着白色帐子的床上,五个孩子正在海风呼啸声中安静地睡着。"这处环境描写与暴风雨形成了对比,感受到桑娜非常勤劳、善良,把家收拾得很干净,把孩子照看得很好!

师:是啊! 读到这处环境描写,你们内心是什么感觉?

生1:感觉很温暖! 孩子熟睡的样子很美好!

生2:感觉内心特别宁静,眼前的画面很美。

师:不同的环境会带来不同的内心感受。你们生活中有过类似的经历吗?

生1:有一次我心情不好,恰巧那天天阴沉沉的,还下着蒙蒙细雨。我的心情就更糟糕了。

生2:我读一、二年级的时候,妈妈会陪我在书房里读书,当时点着一盏小灯,感觉特别温馨。

师:小说中环境描写不仅能渲染出气氛,还能表现人物形象。暴风雨和小屋环境描写的对比,一方面写出了桑娜一家生活的艰辛,一方面写出了桑娜和渔夫勤劳、善良的美好心灵。环境描写会给人带来文学美的享受。

(三)运用层阅读

师:学了就得用! 在运用的过程中才能对小说的表达方式有更深刻的认识。大家看这篇小说的结尾,可以说是意犹未尽。你们能不能借助课文的插图,发挥想象,通过环境描写,续写故事的结尾。

(学生认真写话,教师巡视指导)

师:同学们写得很认真,我们来交流一下!

生1:渔夫把马灯稍稍凑近熟睡中的孩子。柔和的灯光下,两个浅黄头发的小脑袋紧紧挨着自己的孩子。桑娜神情有些忧虑地说:"今后你要更辛苦地打鱼了!"渔夫凝视着七个孩子说:"多可爱的孩子! 我们一定会把他们养大!"屋外的风渐渐小了,海浪声也渐渐轻了下去,桑娜和渔夫也累得睡着了。

生2:桑娜坐在床沿边,凝视着灯光映照下的孩子们的脸庞,两个金黄色的小脑袋显得格外闪亮。风刮得门板吱吱响,透过门缝钻进屋里,轻轻吹动白色的帐子。渔夫连忙把帐子拉上,面色平静地说:"等这鬼天气变好了,我就去打鱼!"桑娜面露微笑,继续缝补衣服:"我得抓紧时间,两个孩子还小,得赶快给他们缝好衣服。"风继续刮着,灯继续亮着,孩子们静静地睡着……

(学生陆续朗读自己的作品,积极性很高)

师:你们写得真棒!用环境描写营造了宁静安详的气氛,在这种气氛下让人感受到桑娜和渔夫善良美好的心灵,感受到善良能创造幸福的生活。小说意犹未尽的结尾给了我们充分的想象空间,这就是小说的文学魅力。

四、案例评析

在"理趣"阅读教学观下,"理趣"的内涵分别指向人文意蕴、语言表达、理性思维、课堂趣味。无论是"理趣"课堂"三维目标"的制定,还是"三层次"阅读法的设计,都应该指向"理趣"的四层内涵。

(一)瞄准理趣,层层递进

感悟人文意蕴,领悟语言表达,是语文教学的重要任务,也是"理趣"课堂的重要教学内容。人文意蕴隐藏在语言表达的背后,要感悟人文意蕴就必须嚼透文本的语言文字,只有深入文本语言文字的深层肌理,才能与文本的人文意蕴产生精神层面的契合,获得审美愉悦。

"理趣"课堂尊重儿童阅读学习的规律,不搞满堂灌输,不搞生拉硬拽,而是给学生提供"三层次"的阅读机会,让学生由浅入深、由表及里,逐步感悟人文意蕴,领悟语言表达。在《穷人》一课的教学中,教师总是先引导学生了解文本的主要内容,让学生说说自己初步阅读课文后的认识与感受;然后,教师再引导学生走向深入阅读,两个课时分别围绕"桑娜做了好事,为什么忐忑不安?"和"桑娜为什么不直接告诉渔夫,自己已经把两个孩子抱回了家?"这两个充满"理趣"的设问展开思辨;最后,教师引导学生尝试模仿作者的语言表达方式,用省略号、问号、感叹号来表现人物忐忑不安的心理,用环境描写来营造小屋里温暖舒适的气氛,表现桑娜和渔夫善良美好的心灵。

从初步感知,到深入思辨,再到迁移运用,教师瞄准理趣,给学生充分的阅

读实践机会,让学生真正在与文本对话,与教师对话,与伙伴对话中感悟到"善良美好的心灵才是最珍贵的财富"这一深刻的人生哲理和人文意蕴。

《穷人》一课的教学反映出"理趣"课堂中学生对文本"理趣"的获得是逐步发展的,是在对话、思辨、体验、迁移中逐步建构的过程。

(二)立足理趣,充分思辨

"理趣"课堂注重学生的理性思辨。教师着眼文本"理趣"点进行"理趣"设问,引导学生运用阅读策略,深入文本,对"理趣"设问进行理解、分析、评价、创造。为了促进学生思辨,教师努力唤醒学生生活经验,进行文本多维度联结,让学生由情入理,探理得趣。

《穷人》第一课时教学,教师引导学生关注描写桑娜忐忑不安心理活动的部分,这是整篇小说在语言表达上最有特色、最有理趣韵味的部分。教师充分激发学生的认知冲突,提出"桑娜做的是一件好事,为什么还感到忐忑不安呢?"这一"理趣"设问。在学生与文本对话的过程中,教师有意识地将学生的阅读视野扩展到小说全文这个整体,努力促使学生联系上下文对桑娜忐忑不安的心理活动做出分析。从教学实录来看,学生的分析很有理性色彩,有的联系前文描写桑娜一家生活艰辛的句子来分析,有的联系后文描写渔夫一无所获的句子来分析,学生的理性思维始终保持激活状态。教师还适时唤醒学生已有的生活经验,让学生回忆生活中所见过的婴儿睡觉时的样子,并把学生置于桑娜的角度,建立学生与桑娜之间的行为认同,产生情感共鸣。教师还抓住文本的"空白点",鼓励学生想象"西蒙下垂的手到底想要抓住什么?"这个教学动作的目的是要将学生置换到西蒙的位置,体验西蒙在死去之前的内心情感,让学生产生同情心。同时,让学生抓住文学作品的"空白点",也有利于培养学生的创造性思维。从接受美学的角度看,学生的创造性阅读也是完成文本意义建构的重要部分。有了情感的支撑,学生就很容易进入小说所描写的情境,对桑娜的人物形象就有了非常深刻的感受。

《穷人》第二课时教学,教师提出了"桑娜为什么不直接把抱回两个孩子的事情告诉丈夫?"这一"理趣"设问。从第一课时的感知层阅读来看,学生对小说情节设置的特点缺少"前理解",也就是说对小说情节特点的关注并不是学生阅读这篇文章的"期待视野"。因此,教师的"理趣"设问直击小说情节设置

这一"理趣"点。从课堂的实际教学来看,这个问题充分激活了学生的高阶思维,有的从桑娜害怕、忧虑的角度来分析,有的从故事情节起伏的角度来分析,思考精彩纷呈。在领悟环境描写的作用时,教师再一次唤醒学生的生活经验,让学生结合自己的生活谈谈环境与心情之间的关系,从而进一步体会暴风雨表现出了人物内心的惊慌与不安,小屋温暖舒适的环境表现出了人物勤劳善良的品质,并在强烈对比中深刻感悟文本的人文意蕴。

纵观《穷人》两课时的教学,都是以学生思辨为核心而展开的。"理趣"课堂的内涵之一就是让学生在充分的理性思考下获得领会文本意义的乐趣。

(三)着眼理趣,课堂激趣

无论是文本的人文意蕴,还是文本的语言表达形式,其中蕴含的"理趣"就是"理趣"课堂所要引导学生去发现的。在"理趣"课堂中,"理趣"的发现过程本身就是充满趣味的过程。"趣味"在《现代汉语词典》中的释义为"使人感到愉快、有意思、有吸引力的特性"。在"理趣"课堂中,充满趣味并不只是指笑声阵阵的课堂,而是指学生经过自我实践发现文本在人文意蕴、语言表达等方面具有吸引力的地方,整个发现的过程是充满审美愉悦感的。

在《穷人》的第一课时教学中,教师完全可以在学生深入分析桑娜忐忑不安的心理活动后,进行人文意蕴和语言表达特点的揭示,告诉学生作者用特殊的标点符号刻画了细腻的心理活动,而桑娜内心的挣扎恰恰反映了她内心的善良。这种"告诉式"的教学虽然能揭示文本的意义,但是却失去了课堂的趣味性,使学生失去了获得审美愉悦的机会。在实际教学中,教师先让学生模仿作者描写人物心理活动的方法,尝试用特殊的标点符号写一写桑娜在抱回两个孤儿前矛盾的内心。从教学实录看,学生迁移得非常好,通过省略号、问号、感叹号,将桑娜矛盾的心理写了出来。接着,教师突然抛出疑问:"列夫·托尔斯泰是大文豪,是心理描写的大师,肯定比同学们会写,可是为什么作者没有写桑娜抱回孩子前的心理活动呢?"这个问题造成了学生强烈的认知冲突,将学生的思辨引向最深处。经过与文本的再次深层对话,学生明白了桑娜在抱回孩子前是不会有任何想法的,心里只想到孩子,这是一种人类内心深处与生俱来的善良本质,是一位母亲的本能反应。但是,当桑娜把孩子带回家后,因为内心充满了对丈夫、对未来生活的担心,内心就充满了忐忑不安。托尔斯泰

将心理活动的细腻刻画放在抱回孩子后,写出了人性的真实,将桑娜美好善良的心灵写得更饱满了。当学生通过自己的阅读实践发现作者独具匠心的语言表达奥秘,发现语言表达背后所蕴藏的深刻人性后,这种快乐感和幸福感是不可替代的。

《穷人》第二课时的教学中,教师在学生已经领会环境描写能够营造气氛、表现人物品质后,让学生尝试用环境描写给故事意犹未尽的结尾进行续写。学生的创作是很精彩的,用马灯射出的灯光营造温暖舒适的氛围,象征爱与善良能创造美;用暴风雨的渐渐平息象征内心归于平静,爱与善良终究会迎来光明。学生通过续写故事结尾的语言实践,不仅体会到了环境描写的象征作用,还进一步体会到了小说结尾耐人寻味、意蕴深长的特点,产生对小说形式的审美愉悦。

"理趣"课堂的核心是思辨,思辨的意义是让学生自己去发现。在"理趣"课堂里,阅读文本的审美主体不是教师,而是学生本人。要让学生获得审美愉悦,教师就必须把阅读实践还给学生,让学生经历阅读学习的整个过程。审美愉悦的获得、课堂趣味的产生正是来自于思辨中的顿悟。

第五节

"理趣"课堂的实践路径

目前阅读教学的普遍实施模式是单篇课文教学,精读课文教两课时,略读课文教一课时。虽然,教师在教学过程中会根据文本进行适度拓展,但整体结构还是围绕一篇课文展开较为充分的教学。近几年来,"群文阅读"的实践探索对单篇课文教学的传统模式进行了突破,几篇课文一起教在学生高阶思维的培养上起到了一定作用。但是,从阅读教学的整体情况来看,还是出现了文体意识不强、综合性不足、课堂教学与课外阅读联结不够、阅读教学与习作教学相对割裂等问题。"理趣"课堂正是从这些问题入手,以"理趣"的四个层面内涵为着眼点来构建实践路径。

一、着眼理趣,构建阅读教学内容

阅读文本是阅读教学不可或缺的重要依托,也是决定阅读教学内容的重要因素。在"理趣"课堂中,阅读文本的呈现方式是多样化的。不同的阅读文本呈现方式反映出不同的阅读教学目标诉求和阅读教学内容选择。

(一)纵深型文本构建

纵深型文本构建方式是以文体意识教学为立足点,将课文作为阅读教学的核心,再搭配相同文体类型的文本,以段群或篇章的形式出现,使学生的阅读实践活动呈逐步纵深的趋势。比如,学生在学完《刷子李》一文后,教师立即补充《泥人张》《苏七块》这两篇同类型文章,形成"理趣"课堂"一主二辅"的文本构建方式。

纵深型文本构建方式有利于促进学生的低位迁移,学生在课文中习得的

阅读策略,获得的人文意蕴感悟,领悟到的语言表达方式,产生的阅读兴趣与愿望,都将在拓展文本的阅读中得到巩固与迁移。

(二)子母型文本构建

教材中的选文大多都有原著出处。原著就像"母亲",选文就像"孩子"。"孩子"的生命来源于"母亲",因此,"孩子"与"母亲"就具有相同的基因。相同的基因体现在选文与原著之间具有相同的人文意蕴,具有相同的语言表达方式。在"理趣"课堂中,教师可以把教材中的一篇课文与原著进行组合,形成"理趣"课堂"一篇带一本"的文本构建方式,充分挖掘文本基因。

子母型文本构建方式着眼于课内与课外阅读的联通,将课外阅读的指导引到课堂内。学生在学习课文之后,就能将所学知识、技能,所获得的情感和审美愉悦运用到整本书的阅读中,拓宽自己的阅读视野,丰富自己的"理趣"经验。

(三)博览型文本构建

语文学科属于人文学科,具有很强的综合性。"理趣"本是应用于文艺作品审美的重要概念。在"理趣"课堂中,阅读文本不应只局限于文学文本,还应该拓展到艺术领域,影像、音乐、书法、图画都可以被看作阅读文本。倪文锦、欧阳汝颖在《语文教育展望》一书中比较中国、德国、法国、英国、美国、日本六国语文科阅读教学目标时说:"各国阅读教学都比较注重读物类型和品种的广泛性;相比之下,在我国语文课程中,对于电影、电视、音像视听、多媒体等大众传播媒介的作用还注意不够。"

"理趣"课堂中,教师可以将某一"理趣"点设置为阅读活动中心,围绕这个中心进行阅读文本博览式构建。比如,在教学《蒙娜丽莎之约》一文时,传统的上法是就课论课,就课赏画。但是,在"理趣"课堂博览式文本构建方式下,教师将"人物画的魅力"作为"理趣"专题,将课文《蒙娜丽莎之约》、顾恺之人物画、丰子恺人物画、中国美院专家讲解中西方人物画区别的视频、历史上对于蒙娜丽莎画作的评论组合成一个"文本群"。这样的阅读教学把学生的阅读视野从一篇课文引向了一个人文专题,从不同维度深入认识人物画的魅力,把阅读作为学习的手段和方式。

(四)交互型文本构建

交互型文本构建方式着眼于阅读与习作之间的关联。在传统的阅读教学中,文本只是阅读活动的依托和媒介,即使在阅读学习过程中,教师会安排读写结合训练,但主体还是为阅读服务。我国的小学语文教材均是以阅读为体系进行编排的,阅读教学占绝对主导地位,习作教学则相对弱势。

在"理趣"课堂中,教师可以先确立习作教学目标,然后根据习作教学需要寻找阅读文本。这种做法实际上是将习作作为主体,将阅读教学作为习作教学的一部分,充分实现阅读与习作的交互。在统编小学语文教科书中设立专门的习作单元,其实已经反映出编者对阅读与习作教学形成互动的诉求。比如,统编小学语文教材六年级上册第四单元的习作是要学生创编虚构故事。这对学生来说是很有难度的。教师可以将"创编虚构故事"作为目标,将《穷人》《桥》《在柏林》三篇小说作为"文本群"与习作目标进行全方位交互,让学生在阅读小说中学写虚构故事。

二、凸显理趣,创新阅读教学模式

文本建构方式的改变必将带来阅读教学模式的改变。单篇课文的阅读教学往往用一到两个课时完成,教学模式的特点是教师针对一篇课文展开精细化教学。"理趣"课堂中,阅读教学会突破传统课时界限,突破文本界限,突破学科界限,给学生创造变化丰富、视野开阔的阅读实践活动

(一)文体式

"理趣"课堂中的"文体"是指"文学体裁",在小学阶段,主要包括小说、散文、诗歌。文学作品因其丰富的人文内涵、文学化的表达方式而有别于教材中的一般文章体式。从接受美学理论看,文学作品具有许多"未定性"和"空白处"。这些"未定性"和"空白处"恰恰是学生以读者身份进行创造性阅读的生成点。文学作品所具有的特性决定了以文学作品为教学内容的阅读教学具有高度的人文性、策略性和个性化。

文学作品的教学通常以两个课时为单位进行。但是,与教学一般文章体式课文不同的是,文学作品的教学更注重人文意蕴与表达形式的揭示,更注重作家观点与意图的探索,更注重学生对文本的分析、评价与创造。文学作品的

教学以"理趣"课堂的"三层次"阅读法为核心展开,让学生在感知、思辨、迁移中深入文学作品。其中,在思辨层的阅读中,教师会充分鼓励学生发挥个性,对文学作品进行无固定结构的探究,注重学生对作品的体验。倪文锦、欧阳汝颖主编的《语文教育展望》一书中,将这一种无固定结构的探究定义为"衍生结构"。路易斯·罗森布拉特对"衍生结构"的教育学意义进行了揭示:"教学是通过阅读课文来引导学生进行自我评价,以提高其个人从课文激发思维能力的过程。思维发展的起点在于必须依靠每个人自己的努力,发挥自己的才智,针对课文的刺激组织相应的反应。教师的任务就是促使形成良好的相互作用,或更确切地说,是引导具体阅读者对具体作品产生交流。"

文学作品的阅读教学还呈现出"一主多辅"的特点,是建立在纵深型文本建构方式上的一种阅读教学模式。文学作品无论是人文内涵,还是语言形象都体现出丰富性,值得学生反复咀嚼体味。文体式阅读教学模式注重挖掘文学作品最具教学价值的"理趣"点,以"理趣"点为指向,展开"文本群"纵深阅读,以促进学生对文学作品所蕴藏"理趣"的深入学习。

(二)专题式

专题式阅读教学模式是基于博览型文本建构方式而提出的。首先,专题式阅读教学模式打破了原有阅读教学的课时模式,以五到六个课时为单位引导学生展开专题学习;其次,专题式阅读教学模式打破了学科边界,以"大人文"为视野设计学习专题;第三,专题式阅读教学模式打破了"教"与"学"的边界,师生共同完成对专题的探索,是专题阅读的参与者、创造者。

专题式阅读教学模式在专题内容的选择上充分凸显"理趣"倾向,以"理趣"的四层内涵为着眼点,从人文意蕴、语言表达、理性思考、趣味课堂四个方面进行专题设计,让学生经历"课时群"的学习过程。实际上,专题式学习是浸润式的阅读学习,学生获得的是对"理趣"的全面认识。

(三)拓展式

阅读,作为一种学习方式,本无课内与课外之分。课堂学习,是教师以课文为例子教学生阅读方法;课外阅读,则是学生把习得的阅读方法进行更广范围的运用。将课内与课外进行分割是目前阅读教学比较突出的问题。

在"理趣"课堂中,教师在引导学生学完课文后,会将学生立即引向更广阔

的自主阅读空间。从课时的安排看,拓展式阅读教学模式一般以两课时为基础进行架构,让学生从一篇课文的学习引向一本书的阅读。拓展式阅读教学模式着眼于课内阅读学习与课外阅读运用,因此,课堂教学只是某一个"理趣"点的衔接,学生更充分的阅读实践往往发生在课堂之外,也就是学生自主阅读的时间里。

(四)联动式

在"理趣"课堂中,习作教学与阅读教学是高度联动的。联动式阅读教学模式最大的特点是站位的变化。一般的阅读教学模式,站位均是"阅读主体"。但是,在联动式阅读教学模式中,站位是"习作主体"。也就是说,习作是"牵一发而动全身"的"一发",而阅读则是"全身",阅读随习作教学的诉求而产生灵活的变动。

联动式阅读教学模式所采用的也是"课时群"架构方式。教师先确定习作教学目标,再根据习作教学目标分解教学过程,每一个教学过程的实施都以阅读教学的联动而展开。吴忠豪教授在《外国小学语文教学研究》一书中提到,日本以"三领域一事项"为主要思路进行教材编排。"三领域"之一便是"习作"领域。在教材呈现上,"习作"领域单元就打破了选文编排形式,而是以习作训练要素为单位进行教材编写。联动式阅读教学模式关注"理趣"内涵中的语言表达,注重语言表达趣味的探索与发现。

三、生成理趣,改变阅读学习方式

"理趣"课堂不仅关注人文意蕴与语言表达方式的感悟与领会,更注重在充分展开的"理趣"思维过程中体验发现与探索的趣味。对于学生来说,"理趣"课堂就是让学生用"理趣"的方式获得"理趣",整个阅读课堂洋溢着"理趣"思辨的乐趣。

(一)强调自主

文本意义是作为读者的学生与文本、伙伴进行深入对话而产生的,任何形式的灌输都不可能让学生产生阅读学习的乐趣。"理趣"课堂充分鼓励学生进行自主学习,将学生作为建构文本意义,获得文本"理趣"的主体。在"理趣"课堂中,学生阅读学习的自主性主要体现在阅读学习的三个阶段。

第一个阶段处于课堂教学前,是学生初次接触文本,形成初步感知的阶段。从"三层次"阅读法的视角看,这个阶段处于感知层阅读阶段。教师根据"理趣"阅读教学的目标与内容,事先提供给学生一些具有热身性质的学习材料,让学生先进行自主学习,对所学内容有一个大概了解。比如,在"文学与艺术"专题阅读学习中,教师将其中一个教学目标制定为"关注课文中联想与想象的描写,感受音乐艺术与绘画艺术的无穷魅力。懂得在欣赏文学与艺术作品时要进行联想与想象,深入感受文艺作品的审美情趣"。这个教学目标实施的主体部分一定是在课堂教学阶段,但是,教师可以让学生在课前有意识地对课文进行针对性感知,先画找出《月光曲》和《蒙娜丽莎之约》中关于联想与想象的部分,并尝试先自主欣赏《月光曲》和《蒙娜丽莎》,体验作者的联想与想象,形成初步的文本和艺术印象。

第二个阶段处于课堂教学中,是学生在教师引导下进行的阅读活动。"理趣"课堂从学生的初步感知入手,以中心任务来引发学生自主思考与实践,有别于教师问、学生答的阅读教学形式。以"文学与艺术"专题阅读学习为例,学生在感知层阅读中已经对课文的联想与想象进行了关注,在课堂教学中,教师直接将研究任务定位在对"联想与想象"的分析、评价与创造上。教师让学生在充分阅读《月光曲》和《蒙娜丽莎之约》联想与想象部分的基础上,分析联想与想象产生的基础,评价艺术作品的审美趣味,同时模仿课文联想与想象的表达方式对拓展欣赏的乐曲与画作进行审美评价,将语言表达迁移与艺术欣赏有机融合。整个学习过程都是学生与学习材料深度对话的过程,学生在充分自主的学习氛围下,深刻体会阅读的乐趣。

第三个阶段处于课堂教学后,也就是学生进行迁移性阅读和拓展性阅读的阶段。例如,学生在"从《刷子李》到《俗世奇人》"的阅读学习后,教师引导学生深入阅读《俗世奇人》一书,将"理趣"课堂所感悟到的人文意蕴、领悟到的语言表达方式、体会到的审美趣味在更广阔的课外阅读中加以深化、巩固、迁移。语文课程标准充分强调学生要阅读整本书,整本书的拓展性阅读主体是学生,应该充分发挥学生阅读的自主性。对于课外阅读,教师重在阅读前的指导,而在阅读过程中,教师就要尽可能减少干扰,让学生处于自主可控、趣味横生的阅读状态中。"理趣"课堂的教学价值,就是要培养学生自主获得文本"理

趣"的本领与习惯,把学生渡向善读的彼岸。

(二)注重建构

自主是建构的前提,学生只有在阅读主体地位充分保证的前提下,才能真正实现建构。"建构"是认知心理学的重要概念。认知心理学家将建构分成两个主要过程。第一是基本过程,它是在受到外部事件或内部经验刺激时马上发生的。这个阶段只是粗略地转换信息,以便根据贮存信息形成想法,这一阶段基本上是自动发生的。第二是二级过程,它涉及有意识的控制,是比较精致地转换和建构观念和映象。相比之下,这一过程受贮存信息、个体的意图和期望的影响程度较大些。认知信息加工学说认为,思维有一种类似于计算机执行程序一样的执行控制机制。认知建构过程中二级过程的认知运演是习得的,尽管它们部分地受遗传影响。其中记忆的内容,以及转换和重建内容的策略也是习得的。

"理趣"课堂中,学生的初步阅读就是建构的基本过程。这个过程是阅读文本与学生自身经验瞬间接触后所产生的感知,是对阅读文本比较粗浅的认知。在学生初步感知的基础上,教师会进一步引导学生与阅读文本展开深层对话。"理趣"课堂的阅读教学模式突破了原有单篇课文教学模式,采用"课时群"进行阅读教学,即在一个相对系统的课时安排中进行阅读学习。因此,学生的阅读学习过程会呈现出比较完整的建构过程。比如,在习作与阅读联动式的阅读教学中,教师将习作目标前置在阅读学习之前。之后的阅读学习过程就是分课时、分步骤达成习作的总目标。在整个学习过程中,学生的言语水平不断向文本目标言语水平靠近,言语是在逐步建构中完成的。

在"理趣"阅读教学观下,阅读学习不只是局限在一两堂阅读课中,而是贯穿在阅读教学的始终,尤其注重向课堂教学之前和之后延伸。

(三)凸显综合

"理趣"课堂的主要特征之一就是"视野开放"。从"理趣"的人文层面和言语层面来看,"理趣"并不是某一篇文本的独有个性,而是具有普遍意义的个性。比如,《桂花雨》中的桂花是琦君思乡的寄托,是生命的依托。但是,以物寄情,以意象表现情感,展现审美情趣并非只是桂花的专属。从"理趣"角度讲,一切物质都可以成为人寄托情感的中介。明月如此、杨柳如此、繁星如此

……所以，引导学生探究"理趣"不能只停留在狭窄的视野内，而要积极引导学生看到更深层面的"理趣"。

从"理趣"的理性思维内涵来看，思维的过程不应只局限在教材所呈现的有限文本上，而是要提供给学生更广阔的探究视域，提供给学生与教材相关的阅读学习资料，以便学生从整体上把握"理趣"设问。比如，在专题式阅读教学中，教师就会给学生提供"大人文"的研究视角。在"从一篇到一本"阅读教学中，教师会将阅读引向原著，乃至与原著具有高度相关的作品中。在"理趣"课堂中，学生解决"理趣"设问的过程也呈现出综合性特点，不是就文本论问题，而是从文本所涉及的各个方面对文本进行分析、评价，甚至是创造。

"理趣"课堂的实践路径是极其丰富的，是以"素养指向"目标和"三层次"阅读法为基础进行形式衍生的。但是，无论形式如何，指向"理趣"内涵的目标是永恒不变的。

第三章

『理趣』视角下的文学阅读教学

第 一 节

"理趣"视角下文学阅读教学的价值

　　小学语文教材是文选型教材,其中文学作品占较大比例。统编小学语文教科书进一步增加了文学作品在教材中的数量,同时更注重保留文学作品的原汁原味,让文学作品有原生态的呈现。"理趣"发端于诗歌评论,而诗歌又是整个文学的发端。因此,文学作品与"理趣"课堂有着天生的联系。从文学体裁分类角度看,文学作品主要指诗歌、小说、散文、戏剧四类。在小学阶段,学生接触的主要是诗歌、小说和散文。在"理趣"课堂中,教师要充分把握文学体裁的主要特征,并充分挖掘教学价值,在多维对话中生成"理趣"。

　　文学作品进入教材后,就成了一种客观存在。教师作为教学的实施者,从何种视角去解读文学作品,如何定位阅读教学目标决定了文学作品在何种程度上被打开。"理趣"课堂自然是在"理趣"视角下去挖掘文学阅读教学的价值,让文学作品的特质充分发挥教育功能,以阅读活动为介质让学生感受理趣、体验理趣。

一、唤醒生命意识

　　文学是人学。文学作品是由人创作的,文字背后都隐藏着一个人、一群人或一代人。一个人指的是作者,作者"情动辞发",在作品的文字中寄存自己的情感,暗藏自己的哲思,读者阅读文学作品就是在跟作者进行情感和思想的交流。文学作品中,作者往往从自己的视角去写广阔的生活和生命经验,描写的是一群人或是一个时代的人。正因为文学作品不是作者自私的表达,而是关注社会与时代,时间与空间,揭示的是普遍的意义,所以才会获得读者的共

鸣。文学作品由人创作,读文学作品就是在读人。

王荣生在论著《语文教学内容重构》中认为:"语文课程与人的生命活动、精神活动有着天然的联系,在语文课中学习大量的经典作品,就是走近先哲和时贤,用他们健康高尚的心灵世界去影响和优化学生的心理结构。就阅读本身来说,它也是一种生命存在形态。现代读解理论告诉我们,阅读是读者与文本作者的平等对话,是一种生命运动。"①从这段论述中,我们可以发现,阅读文学作品是读文学背后的人,但根本目的是借文学作品唤醒读者自身的生命意识,发展自己的生命认识。生命意识的唤醒不会发生在枯燥乏味的灌输中,不会发生在牵强附会的牵引中,而是发生在学生阅读一个个文学作品,与作品中的人产生情感的共鸣和思想的契合中,产生在阅读文学作品时对自己的反观中。学生在张继"月落乌啼霜满天,江枫渔火对愁眠"中感受到了金榜落第的人生遗憾;在苏轼"人有悲欢离合,月有阴晴圆缺"中明白了人生无常却是有常的人生哲理;在《小英雄雨来》中与抗日战争产生历史交汇,理解英雄的真正意义;在《桂花雨》飘落的芳香阵阵的桂花雨中,理解了思乡的意味,感受了童年的快乐。如果没有这些文学作品,教师如何跟学生去谈这些情这些理,如何去联结时空? 一个人的生命意识就是在文学作品的阅读中逐渐被唤醒的,这是一个润物无声的自然发酵过程。王荣生教授在《语文教学内容重构》一书中还说道:"阅读活动实际上是通过与作者的对话达到对作者与自我的双重'发现',最终达到知识的传递与精神的升华,使自己内在的生命本质获得一种更高层次的新的形式。——阅读,从根本上说,就是这样一种生命运动。"②由此可见,生命意识的唤醒是发生在文学作品阅读这一生命运动中的。

"理趣"课堂的本质在于揭示文本所蕴藏的自然之理、社会之理、人生哲理、人格境界,这些恰恰是文学作品的承载。文学作品的创作过程是作者将"理趣"藏于文字的过程,而阅读文学作品是读者透过文字发现、感悟"理趣"的过程。在"理趣"课堂中,阅读文学作品的过程正是生命运动的过程,发现"理趣"的过程正是唤醒生命意识的过程。

《父爱之舟》是吴冠中回忆父亲的一篇散文,收录在统编小学语文教材五

---

① 王荣生.语文教学内容重构[M].上海:上海教育出版社,2007:198.
② 王荣生.语文教学内容重构[M].上海:上海教育出版社,2007:198.

年级上册第六单元。这篇散文描写了父亲摇船送作者上学、给作者做万花筒、省吃俭用供作者上学、给作者缝补棉被的场景,表现了浓浓的父爱。在"理趣"课堂中,教师可以引导学生充分关注作者以"舟"为串联的描写,唤醒学生生命意识中对父爱的认知。

比如:"他同姑爹一起摇船送我。带了米在船上做饭,晚上就睡在船上,这样可以节省饭钱和旅店钱。""虽然不可能花钱买玩意儿,但父亲很理解我那恋恋不舍的心思,回家后他用几片玻璃和彩色纸屑等糊了一个万花筒,这便是我童年唯一的也是最珍贵的玩具了。""时值暑天,为避免炎热,夜晚便开船,父亲和姑爹轮换摇橹,让我在小舱里睡觉。""不过父亲不摇橹的时候,便抓紧时间为我缝补棉被,因我那长期卧病的母亲未能给我备齐行装。我从舱里往外看,父亲那弯腰低头缝补的背影挡住了我的视线,但这个船舱里的背影也就分外明显,永难磨灭了!"

教师可以引导学生抓住这些描写深刻感受父亲对孩子的爱。在这篇散文的阅读过程中,感受父爱是一个方面,另一个方面是同时能唤醒自己生命意识中存在的父亲,感受生活中父亲爱着自己的情景。在学生的生命中,父亲虽不是用船来送自己上学,但都有自己独特的方式送孩子上学或放学,都会在四季不同的情境下陪伴孩子。这些蕴藏在生命潜意识中的情感,经过文学作品的点燃与唤醒,就成了能被生命深刻感知的情感,同时,感知情感的过程也成了体验文学趣味的过程。

对生命的理解与态度,构成了生命的意识。生命的意识不是凭空产生的,而是在"理趣"课堂中不断阅读文学作品,感受文学作品背后一个个鲜活生命的状态而逐步建构起来的。

二、培育思想道德

"立德树人"是教育的根本目的,国无德不兴,人无德不立。文学作品人文意蕴深刻,体现人世间的真善美,或是直接表达生命的幸福与乐趣,或是体现生命的价值与意义,或是批判一切戕害生命的思想制度行为。《语文课程标准(2011年版)》在总体目标与内容中指出:"在语文学习过程中,培养爱国主义、集体主义、社会主义思想道德和健康的审美情趣,发展个性,培养创新精神和

合作精神,逐步形成积极的人生态度和正确的世界观、价值观。"这段论述表明,道德的学习是在语文学习过程中发生的,具体到阅读教学,道德的认知与体验,建构与发展是在阅读优秀文学作品中发生的。

"文以载道",道德之理是蕴藏在文章形式与文字表达之中的。文学作品尤其注重审美趣味,思想道德与语言表达形式的融合会更加完美。比如,刘章的散文《搭石》,整篇散文没有道德的直接表达,而是通过日常的温馨画面来体现道德的美感。

人们走搭石不能抢路,也不能突然止步。如果前面的人突然停住,后边的人没处落脚,就会掉进水里。每当上工、下工,一行人走搭石的时候,动作是那么协调有序!前面的抬起脚来,后面的紧跟上去。踏踏的声音,像轻快的音乐;清波漾漾,人影绰绰,给人画一般的美感。

经常到山里的人,大概都见过这样的情景:如果有两个人面对面同时走到溪边,总会在第一块搭石前止步,招手示意,让对方先走;等对方过了河,两人再说上几句家常话,才相背而行。假如遇上老人来走搭石,年轻人总要伏下身子背老人过去,人们把这看成理所当然的事。

这两段描写出自《搭石》。我们可以发现,作者对道德的宣扬是暗藏在文字背后的。互相谦让、尊敬老人、彼此关心、为人着想,这些中华民族的传统美德蕴藏在作者所描写的画面之中。如果教师直接对学生讲这些道德是非常空洞乏味的,但是在文学作品的阅读中通过生动形象的画面引导学生去感悟道德,道德学习的过程就充满了趣味。作品中所描写的画面会勾连出学生生活中的类似经历,以便学生更好地在文本与生活的联结中理解道德的内涵。从某种角度来讲,对于小学生来说,道德的意义就在于行动之中,而生活恰恰是行动的应用。

"理趣"课堂的价值取向就是要让儿童在充满趣味的学习中感悟人文意蕴,提升道德修养。文学作品在道德培养方面的先天优势与重要功能,是"理趣"课堂建构的基础。

三、渗透文化基因

语言文字是文化的载体,如果没有语言文字,文化就很难被固定下来并实

现传承。语文课程标准对文化传承有非常详细而明确的目标论述:认识中华文化的丰厚博大,汲取民族文化智慧。关心当代文化生活,尊重多样文化,吸收人类优秀文化的营养,提高文化品位。关于文化学习的总体目标凸显了中华文化,这是母语学习的根本。学习"中华文化"为本,同时尊重多样文化,多样文化的理解是建立在中华文化这个根本上的。同时,在文化学习的过程中,还要注重传统文化与当代文化的关系,只有充分处理好两者关系,才能实现文化传承。

课程论专家钟启泉在《外语教材评价》中强调"语言就是文化","语文教学的作用就是引导学生欣赏优秀的文化遗产,帮助学生用批判的眼光审视他们所处的世界和文化环境"。钱中文在《文学发展论》中论道:文学是一种独特的文化现象,它随着整个文化的大循环而运动、发展。各种文化因素的变化,都会反映到文学中来。由此可见,文学作品是夹带着文化基因的,文学作品的阅读教学就是向学生渗透文化基因的过程。

在各个时期的小学语文教材编写中,编者都非常注重阅读教学的文化传承功能。最新出版的统编小学语文教材更是将传承中华传统文化作为重点。在教材选文的选择上更多地体现了文化传承要素。比如,统编小学语文教材三年级下册第三单元的主题就是"深厚的传统文化,中国人的根"。其中《古诗三首》一课呈现了三首反映传统文化的诗歌。

元 日

【宋】王安石

爆竹声中一岁除,
春风送暖入屠苏。
千门万户瞳瞳日,
总把新桃换旧符。

清　明

【唐】杜牧

清明时节雨纷纷，
路上行人欲断魂。
借问酒家何处有？
牧童遥指杏花村。

九月九日忆山东兄弟

【唐】王维

独在异乡为异客，
每逢佳节倍思亲。
遥知兄弟登高处，
遍插茱萸少一人。

这三首诗分别表现的是春节、清明节、重阳节的传统节日文化。作为文学体裁的诗歌并不是直言文化，而是将文化基因蕴藏在诗歌所表现的习俗上。"放爆竹""换新符"反映了人们对新年的美好祈盼；"扫墓""踏青"反映了人们对逝去亲人的思念；"登高""插茱萸"反映出诗人每逢佳节加倍思念亲人的情意。"理趣"课堂的根本在于教师要引导学生透过文学作品的"象"去感受文化，同时要让学生认识到文化不是空洞的范畴，而是与人的情感紧密相关的。文化的创造者是"人"，因此，阅读文学作品不只是感受文化，更是将自己也作为文化的传播者、传承者。"理趣"课堂就是要将文学作品的文化基因深深嵌入学生的心理结构，在学生的内心深处植入中华传统文化的基因。多少年来，儿童正是在这些诗歌中对中国传统文化产生懵懂意识的。这些埋藏在儿童生命深处的文化基因，会在生命发展的某一天，因为具体情境而被激活，产生生命的妙悟。

四、唤醒言语生命

语文学科是学习语言文字运用的学科,教材中的课文其实就是语言学习的范例。从"理趣"视角看,文学作品是用精妙而生动的语言来表现深刻的人文内涵。文学作品是思想与语言的"双重奏",不仅思想深刻,语言本身就具有极强的审美趣味。

语文课教授语言需要语言的形象,优秀的文学作品就是值得学生去学习的语言形象。对于"理趣"课堂来说,文学作品的阅读就是唤醒学生言语生命的最佳方式。"理趣"课堂对学生言语生命的唤醒不是一味地让学生模仿文化的语言,而是让学生在体味文学化语言的过程中,不断积累语感,让文学化的语言在潜移默化中影响学生的言语生命。王荣生在《语文教学内容重构》一书中认为:"大量阅读优秀读物,是提高语文素养的一种基本途径。只要能进入'审美自失'的阅读状态,不断地感悟到读物中的'美'之所在,并不要求读者非要说出这'美'是什么,只要不断有所感悟,有所积累,语文素养就可能提高。"①文学阅读教学呈现给学生的是一个个富有语言表达特点的文本形象,教师若能有意识地引导学生关注文学作品的语言形象并进行适度赏析,鼓励学生积累,学生的言语生命就能从量变引起质变。时间长了,学生就能提高对文学化语言的敏感性,形成言语建构的良性循环。

谈歌的《桥》是一篇微型小说,其文学化的语言极富特色。整篇小说以短句成段,语言节奏明快。如描写暴雨和山洪的语句:"黎明的时候,雨突然大了、像泼。像倒。山洪咆哮着,像一群受惊的野马,从山谷里狂奔而来,势不可当。"如描写老汉指挥的语句:"老汉沙哑地喊话:'桥窄! 排成一队,不要挤! 党员排在后边!'"这些描写充分表现出山洪暴发时的危急情况,同时又刻画出党支部书记老汉临危不惧、舍己为人、身先士卒的人物形象。"理趣"课堂追求学生言语生命的不断丰富,教师在教学时可以引导学生充分感受小说独特的语言表达形式,在反复朗读的过程中,将这种特殊的语言形象纳入学生的言语心理结构,为课外阅读感悟语言形象打下基础。比如,海明威的著名小说《老

---

① 王荣生.语文教学内容重构[M].上海:上海教育出版社,2007:202.

人与海》，作者就是特意用短小有力的语言表达形式表现老人与大海抗争的激烈性，从而凸显老人勇敢抗争的人物形象。每一堂文学阅读课，都是一次唤醒儿童言语生命的机会，教师要用好文学作品，让文学作品成为学生言语生命的源泉。

五、发展思维品质

"理趣"课堂注重学生思维品质的提升与发展，文学作品因其深刻的人文思想性、独特的语言表达形式，为思维品质的提升与发展提供了契机。文学作品不是读者一眼能看到底的，其自身所具有的丰富性需要读者反复揣摩，与文本产生深度对话才能领会、感悟。

在学生初读文学作品时，学生立刻会感觉文学作品很美，会产生一种审美愉悦感。这是感知层阅读所带来的感性认识。但是，这种感性认识是比较模糊和粗浅的，学生需要在教师的引导下深入文本，对文学作品中具有"理趣"意味的地方反复研读，才能从作品深处读出审美趣味。从感性认识到理性认识的过程需要思维的参与，同时也是发展思维品质的过程。也就是说，思维品质的培育是在思维实践中进行的。

《少年闰土》是鲁迅先生的名篇，选自小说《故乡》。其中有一段描写，大家一定耳熟能详。

啊！闰土的心里有无穷无尽的稀奇的事，都是我往常的朋友所不知道的。他们不知道一些事，闰土在海边时，他们都和我一样只看见院子里高墙上的四角天空。

这段话是极富内涵的描写，"只看见院子里高墙上的四角天空"到底有何深刻含义，值得学生进入文本深处细细研读。从全文来看，无论是作者对闰土外貌的描写，还是对闰土雪地捕鸟、海边拾贝、瓜地刺猹、看跳鱼儿等生活事件的描写，都是在极力与作者自身的形象与生活经历做对比，以闰土的广阔对比出自身的狭窄，以闰土的鲜活对比出自身的僵化。这就是鲁迅作品最有人文魅力与理性哲思的地方。"理趣"课堂中，教师在学生初步感受闰土生活丰富多彩之后，就应该引导学生紧紧围绕"为什么鲁迅说自己只看到院子里高墙上的四角天空"这一理趣问题，进行全文思辨层的阅读，从而在上下文的分析中提

升和发展学生思维品质。

文学作品的"未定点"与"空白处"给学生提供了充分想象的空间。阅读文学作品是发展学生想象力思维的最佳途径之一。阅读文学作品的快乐就在于学生能够根据自身的生活经验建构属于自己的文本意义。比如,在教学小说《凡卡》时,教师可以引导学生想象凡卡写的信是否能成功送到爷爷手中。由于小说并未揭示最后结局,这一"未定点"和"空白点"能够给学生提供充分的想象空间。能否收到的观点无对错之分,关键是学生能通过想象提出自己的想法与见解,这才是阅读文学作品的乐趣与意义所在。文学作品的阅读是要解放读者,在"多元有界"的基础上充分发挥个性,实现对文学作品的创造性阅读。

六、提升审美能力

张心科教授在《接受美学与中学文学教育》一书中指出:"文学是运用语言媒介加以表现的审美意识形态。作家以审美的眼光观察自然和社会,按照美的原则来创作作品。读者就可以通过阅读作品,把握其内容所涉及的人、事、物、景、情、志的美和形式包含的言辞、结构、技艺等方面的美,获得审美愉悦,提高审美能力。"①由此可见,文学阅读教学在很大程度需要提升学生审美能力,引导学生去感受审美趣味,这和"理趣"课堂提升审美趣味的价值取向是一致的。

审美趣味的获得关键在于激发学生的情感,把学生的生活经验调动到文学作品的阅读中来。审美的主体是学生,审美的对象是文学作品,如果审美主体不能调动其生活经验,不能产生与审美对象的情感共鸣,审美趣味就不可能在阅读中发生。比如,在教学琦君的散文《桂花雨》时,教师如果只将关注点放在文本的解读上,是无法很好地让学生获得审美体验的。教师需要紧紧抓住"摇桂花"这一文本最有审美趣味的点进行生发,让学生谈谈自己生活中与桂花发生的故事。学生未必也是摇桂花,可能是和小伙伴在桂花树下玩耍,可能是在桂花树下静静阅读,也可能是在桂花树下捡拾掉落的桂花。这种种生活

---

① 张心科.接受美学与中学文学教育[M].上海:华东师范大学出版社,2018:4.

场景的唤醒,让学生能更好地将情感移植到文学作品中的人物和情境中。通过生活的联结,学生就能深刻体会到"世上桂花树有许多,但是有过故事的那棵桂花树才是生命中最有价值的"。如此一来,学生对于琦君在散文中表现出来的浓浓思乡情就变得生动许多。审美趣味正是在文学作品与学生生活相连通时获得的。可以说,文学作品的阅读是对儿童生活的提升与开拓,文学作品在儿童生活的基础上变得丰富。

综上所述,"理趣"课堂的价值取向与内涵与文学作品所具有的特质是高度契合的。在阅读教学中,加强文学阅读教学是有利于学生道德培育,有利于学生思维发展,有利于学生审美能力提升的。文学将抽象的道德、哲思融于形象的表达中,使文学作品呈现出"理趣"的审美特质。"理趣"阅读教学只要善于把握文学作品的特质,顺势而为,因势利导,就能充分发挥文学作品的教育价值。

第 二 节

"理趣"视角下文学阅读教学的主要问题与目标制定

一、"理趣"视角下文学阅读教学存在的主要问题

从语文课程标准阅读目标与内容来看,第四学段才具体提出"欣赏文学作品"的要求。在小学阶段,一方面缺少课程标准对阅读文学作品的明确要求,另一方面阅读选文很大一部分都是文学作品。这就给教师造成了两难境地,教师很难把握教学文学作品的度,对文学阅读教学也缺少系统研究,文学阅读教学存在一些比较突出的问题。

(一)教学特色不凸显

由于教师缺少对文学阅读教学的系统研究,因此,在现实教学中,教师往往容易把文学作品的教学与一般文本的教学混为一谈。教材中原本体裁各异、风格凸显的文学作品没有能够被区别对待,失去了文学阅读教学的特点与趣味。

以《将相和》和《小英雄雨来》的教学为例。教师首先是引导学生概括小标题:《将相和》的小标题是"完璧归赵""渑池会面"和"负荆请罪";《小英雄雨来》的小标题是"雨来耍水""雨来上夜校""雨来被捕""雨来受拷问""雨来'牺牲'"和"雨来没死"。然后,教师会引导学生重点关注课文的某一些重点段落,体会人物形象,比如蔺相如的勇敢机智、顾全大局;廉颇的坦率真诚、知错能改;雨来的勇敢机智、临危不惧。最后,教师会引导学生理解课文行文的顺序,理解故事发展的合理性。比如,写"完璧归赵""渑池会面"是为了"负荆请罪"做铺垫,因为前两个事件是蔺相如官居廉颇之上的根本原因,也是导致将相不和的

原因。在《小英雄雨来》中,写雨来耍水是为后文雨来逃脱鬼子做铺垫,写雨来读夜校是为雨来接受拷打做铺垫,因为雨来在夜校的学习中坚定了自己的爱国意志。

《将相和》不是文学作品,是故事类文本,而《小英雄雨来》是小说。可是,在现实的阅读教学中,教师对待两篇课文的教学取向是一致的,都只是当记叙文来教。其实,如果教师能以文学视角来看《小英雄雨来》这篇小说,有很多地方是很有"理趣"味道的。比如,小说开头和结尾处的环境描写就很有文学意境:

晋察冀边区的北部有一条还乡河,河里长着很多芦苇。河边有个小村庄。芦花开的时候,远远望去,黄绿的芦苇上好像盖了一层厚厚的白雪。风一吹,鹅毛般的苇絮就飘飘悠悠地飞起来,把这几十家小房屋都罩在柔软的芦花里。因此,这村就叫芦花村。十二岁的雨来就是这村的。

太阳已经落下去。蓝蓝的天上飘着的浮云像一块一块红绸子,映在还乡河上,像开了一大朵一大朵鸡冠花。苇塘的芦花被风吹起来,在上面飘飘悠悠地飞着。

仔细研读这两处环境描写,可以发现,这两处环境描写营造出了还乡河的美丽,暗含了美好的家园不容外敌侵犯的意志;环境描写还交代了雨来的生活背景,表现了人与故乡的关系;两次对苇絮飘飘悠悠的描写,体现出了美感,一种是纯美,一种是凄美。如果教师在教学中能围绕小说的特征来教,适当地引导学生关注文学作品的审美趣味,就能教出文学作品的味道。

(二)教学目标模糊化

教师不能根据文学体裁进行阅读教学目标的制定是文学阅读教学存在的另一个问题。诗歌、小说、散文、戏剧,体裁不同,阅读教学目标也应根据体裁来制定。然而,现实状况是,教师无论什么体裁,都往一致的目标去教。

概括主要内容,理解中心思想,模仿作者写法,教学目标的制定基本固化。固化的结果是将不同文学体裁的教学目标模糊化,缺少不同文学体裁的本质特征。比如,散文的教学应重情感感悟,以反复朗读进入作者所描绘的审美意境;而小说的教学应重矛盾冲突处的理趣思辨,在细节描写中感受人物形象。两种文学体裁,阅读教学目标应该是迥然不同的。但是,在现实教学中,

教师容易忽视散文和小说的文体特征,把对文本的理解作为阅读教学的目标,使学生失去了许多感悟文学作品独特魅力的机会。

(三)教学过程走套路

阅读课本应是打开学生的视野,文学阅读应该使学生感受到文学的魅力。但是,在现实情况中,随着年级升高,学生似乎对语文课越来越没有兴趣。其中一个重要原因就是教学过程形成了套路化。一上课,教师一般是检测学生字词掌握情况;然后引导学生概括主要内容;接着,一般是找到一处重点语段,进行理解、感悟;最后,一般是模仿作者的写法自己尝试写话。这种套路化的教学过程日复一日、年复一年地冲击着学生的认知结构,使学生产生一种预设化的心理期待,缺少了对文学作品的对话热情,抹杀了文学作品内涵的丰富性。更令人担心的是,套路化的教学过程带来了套路化的理解,文学阅读课会逐渐成为教师把教学参考书上的理解传输给学生的过程。长此以往,学生对文学作品就失去了审美趣味的敏感性,逐渐丧失了对文学作品美的鉴赏力。

(四)教学评价功利化

文学作品与一般文本最大的不同就在于具有无限的丰富性。张心科教授在《接受美学与中学文学教育》中对"接受美学"与文学阅读有比较明确的论述:"接受美学认为,作品的意义只有在阅读过程中才能产生,它是文本与读者相互作用的产物。阅读并非被动的反应文本的刺激,而是主动地参与文本的建构,与文本及作者对话、交流。因为文本是一个存在众多未定性、空白点的未完成的、开放的、动态的'图式结构'。"①文学作品的阅读应鼓励学生根据自己的生命状态和生活经历形成属于自己的独特见解。而目前的文学阅读教学评价却是比较功利的,标准答案怎么说,教师就怎么判定,一味地否定了学生的创造性思考。

但是,鼓励学生形成独特的见解,不代表学生可以任意发挥,对文学作品进行过度诠释。在这一点上,王荣生教授提出的"混沌阅读"理论可以比较形象地说明这个问题。王荣生教授认为:"进入混沌系统的每一运动轨线就像每

---

① 张心科.接受美学与中学文学教育[M].上海:华东师范大学出版社,2018:8.

一位读者,都将聚集于系统'吸引子'周围的特定局域内。'吸引子'即为作品的'着迷点'。作为运动轨线的读者既有自己个性化的运行轨迹,又紧紧围绕作品的'着迷点'运动。"[1]在文学阅读的教学评价中,教师既要尊重学生的个性化理解,又要避免学生的过度误读。

综上所述,小学阶段的文学阅读教学缺少一些文学味,没有很好地挖掘文学阅读在唤醒生命意识、培育思想道德上的重要功能。教学过程没有很好地抓住文学文本的最动人、最震撼处展开理趣思辨,缺少创造性阅读,损失了文学阅读的审美趣味。

二、"理趣"视角下文学阅读教学的目标制定

"理趣"视角下文学阅读教学应紧紧围绕"理趣"阅读教学观的四大内涵而展开,充分挖掘文学文本的教学价值,实现文学阅读教学的多重功能。

(一)量体裁衣,注重文体特性

小说、散文、诗歌是小学阶段出现的主要几种文学体裁。虽然都是文学体裁,但是不同文体具有高度个性。"理趣"视角下的文学阅读教学,教师首先要区分文学作品的文体类型,然后根据文体类型"量体裁衣",制定适合的教学目标。

小说以人物的矛盾冲突设置见长,散文以"形散神聚"见长,诗歌以"意境"营造见长。教师在教学这些文体时,不能搞"一刀切",对文体特征不闻不问。以"理趣"课堂素养指向目标中的认知目标为例,小说的阅读教学目标应侧重引导学生对小说人物形象展开认知,进行评价。同时,由于小说以情节起伏,矛盾冲突为主要文体特征,阅读教学目标还应侧重引导学生在小说矛盾冲突处展开思辨,创造出属于自己的独特见解,实现对小说的创造性阅读。散文的阅读教学目标应侧重引导学生对语言表达形式的认知,充分品读,产生对语言表达形式的评价。还要重视学生对散文表达情感的理解和感受,与散文形成强烈的情感共鸣。诗歌的阅读教学应侧重引导学生抓住诗歌的"诗眼",通过想象、联想的方式认知诗歌所营造的"意境"。

---

[1] 王荣生.语文教学内容重构[M].上海:上海教育出版社,2007:214.

(二)向美而行,注重审美体验

文学作品是充满美感的,以"理趣"视角观之,这种美体现在人文意蕴的美、语言表达的美。由于文学作品饱含了人的生命内涵,同时在结构上具有高度的"未定性"和"空白处",学生在阅读文学作品时又会产生思维创造的美和人生体悟的美,因此,教师在文学阅读教学时,应该充分挖掘文学作品的独特魅力,引导学生向美而行,让学生沉浸在浓浓的审美体验中。

例如,在教学小说《桥》时,教师要注重引导学生感受小说"短句成段"的节奏美,并能从富有力量的语言表达中,深刻感受老支书舍生取义的人生壮美。在教学散文《父爱之舟》时,教师要注重引导学生感受作者描绘的一个个展现父爱之美的画面,唤起学生与父亲在一起的生活经验,产生对父爱深层次的审美体验。在教学诗歌《山居秋暝》时,教师要注重引导学生透过"景象"品味"意境"的美,再由"意境"探及王维的"心境",感受"空"的意境美。

文学阅读是生命的运动,在"理趣"课堂中,作为生命体的学生正是在一次次充满美的文学阅读中逐渐成长的。

(三)思辨趣味,注重思维发展

"理趣"课堂非常注重学生在思辨的过程中发展思维品质,体会思维乐趣。文学作品具有高度的丰富性,文学阅读教学不应该对学生进行禁锢,而应该充分发挥学生的天性,引导学生在文学阅读中感受思辨的乐趣,发展思维。

"理趣"视角下的文学阅读教学,在教学目标制定时要充分体现学生的思维参与,要注重学生的高阶思维发展。在教学目标的表述上,要多出现"分析""评价""创造"等具有高阶思维特征的词语。同时,在教学目标的制定上,还要充分体现阅读策略,也就是学生通过什么具体手段去思考,思考的路径是什么。例如,评价小说中的人物形象属于高阶思维,应该被纳入小说阅读教学的教学目标中。但是,如何才能比较好地评价小说中的人物形象呢?教师需要在教学目标的制定中充分考虑学生的思维路径。比如说,可以通过抓人物细节描写来评价,可以通过侧面人物的描写来评价,或是通过环境描写来评价。

"理趣"视角下的文学阅读教学就是要让学生每一次的文学阅读都成为一个思维提升的过程,在思辨的过程中体会到文学作品的趣味。

第 三 节

"理趣"视角下的小说阅读教学

小说是学生接触较多的一种文体。无论是统编小学语文教材,还是人教版小学语文教材,自四年级下册开始出现小说文本后,比例逐年提高。被选入教材的小说文本类型众多,包罗中外,深受学生的喜爱。值得注意的是,统编小学语文教材六年级上册还出现了专门的小说主题单元,这足以证明小说阅读的重要地位。

同时,目前小学生的课外阅读也多以小说文体为主。小说以故事为主体,具有丰富、鲜明的人物形象,具有一波三折的情节发展,具有激烈的矛盾冲突,这一些要素都非常符合小学生的心理发展特征。

面对大量出现的小说文本以及学生的课外阅读情况,教师对小说这种独特而有魅力的文学体裁进行文体特征的梳理,并根据特征发掘小说文本的教学价值,实施"理趣"视角下具有"小说文体意识"的课堂教学,对促进学生的语文素养发展有着极其重要的意义。

一、小说文体特征简析

小说是一种叙事性的文学体裁,通过人物的塑造和情节、环境的描述来概括地表现社会生活的矛盾。人物、情节、环境是小说的三大要素,是小说文体的身份标示。

(一)人物是核心,描写塑造形象

小说重视对人物形象的塑造。作者要表达的主题思想,要揭示的社会矛盾都要借人物传递给读者。小说主要采用肖像、动作、语言、神态、心理等细节

描写,借以侧面烘托塑造鲜明的人物形象。善良的桑娜、吝啬的严监生、英勇机智的武松,教材中的每篇小说都会有一两个人物给读者留下深刻印象,挥之不去。

(二)情节完整生动,矛盾冲突精彩

小说具有完整的故事情节,一般分为开端、发展、高潮、结局。情节就像一个环,故事的起承转合就在"环环相扣"中发生,生动的起伏是吸引读者的重要因素。小说情节设置很注重矛盾冲突,人物形象和思想主题往往在矛盾处和盘托出,给读者强烈的震撼。除一般性的情节叙述方式外,小说还会采用倒叙、插叙、明暗线交织、悬念设置等表现手法增强表现效果。

(三)重视环境描写,助推表达效果

小说的环境描写包括社会环境和自然环境两类。环境描写虽不是小说的"主角",但笔墨不多的点睛之笔能将读者置于真实的空间,在渲染气氛、烘托主题、刻画人物、推动情节等方面起到极其重要的作用。

二、"理趣"视角下小说阅读教学的目标制定与实施

"理趣"视角下的小说阅读教学是将学生的阅读看作生命的运动。在阅读教学过程中,师生以小说文本为"本",展开丰富而充分的对话。教师挖掘小说蕴含的人文意蕴,以提升学生的生命人生;挖掘小说的语言特点,以丰富学生的言语生命;挖掘小说的思辨点,以提升学生的思维能力;挖掘小说的共情点,以引起学生情感共鸣,体验阅读情趣。"理趣"视角下的小说阅读教学以三维度目标为导向,以三层次阅读法为途径,力求让学生的阅读具有广博的视野和纵向的深度,同时也具有盎然的乐趣。

(一)感知层阅读的目标制定与实施

感知层阅读是"理趣"阅读的基础,是作为读者的学生第一次与小说文本进行接触。学生在阅读前已经具有一定的生活经验,也具有理解小说的"前理解",因此,小说文本的感知层阅读能激发学生的原始认知与情感。小说的感知层阅读教学目标主要关注小说故事的轮廓与情节走向、人物的初步感知、语言的初步体验。感知层阅读主要是建立学生对小说文本的整体感知。

1.借助小说情节,把握主要内容。

以起伏的情节推动故事的发展是小说的主要特征。学生之所以喜欢读小说,很重要的一个原因就是小说情节的一波三折。第三学段阅读课程目标明确提出"默读要有一定速度""了解叙事性作品的故事梗概"的能力要求。小说文本所在单元的篇章页导语也明确提出"把握主要内容"的能力要求。由此可见,指导学生通过较快速度的默读概括叙事性作品主要内容是第三学段阅读教学的重点。第三学段学生处于具体形象思维向初步抽象思维过渡阶段。这一阶段的学生在概括事件主要内容时容易出现冗长啰唆、缺少重点或是过于简单、缺少要素等问题。具有完整的故事情节是小说重要的文体特征,教师可以借助这一文体特征在教学过程中指导学生抓住开端、发展、高潮、结果这四个重要情节,把主要内容概括得既完整又简洁,落实教学重点,突破教学难点。

(1)标题连缀法。

入选小学语文教材的小说在情节安排、叙述上以常用的"顺叙"为主,开端、发展、高潮、结束四个重要情节会比较清晰地呈现在学生面前。由于作者对重要情节描写具体深入,情节本身就会给学生留下深刻的印象和震撼。教师在指导过程中可以引导学生根据初读印象梳理出重要情节,然后结合课文内容给每个情节取小标题,再将小标题连缀起来,就能完整、简洁地概括主要内容。例如教学《最后一头战象》时,教师可设计以下教学环节:①快速默读课文,默读后交流印象深刻的情节;②师生合作,概括出"重披象鞍"这一小标题;③学生根据范例,自主概括其余情节的小标题;④通过交流,共同提炼出"告别村民""再回战场""光荣归去"等小标题;⑤教师引导学生抓住小标题概括课文的主要内容;⑥教师提炼方法:抓住主要情节,能较好地概括小说的主要事件。

标题连缀法符合小说情节推进的脉络。先"化整为零",降低学生概括的难度;后"串零为整",渗透概括方法,能很好地提升学生概括主要内容的能力。

(2)人物梳理法。

人物是小说的核心,小说情节的推进往往会伴随不同人物的出场,抓住了人物也就抓住了情节的脉络。指导学生在快速默读后梳理出主要人物、次要

人物,然后将人物之间发生的关联说清楚,就能比较好地概括事件的主要内容。例如《穷人》一课的教学,教师就采用了这种方法:①快速默读课文,找出人物;②教师根据人物出场顺序板书"桑娜、西蒙、两个孤儿、渔夫";③学生根据人物关联,结合课文概括主要内容;④教师提炼方法:找出人物,将人物之间的关联说清楚,就能较好地概括小说的主要内容。

人物梳理法充分把握了小说的文体特征,找准了小说的核心要素,给学生的概括提供了向心力。

(3)事件分列法。

小说的情节设置除常见的"顺序"外,还会采用双线交织、插叙等稍显复杂的情节叙述方式,以增强表达效果。结构的复杂性给学生把握主要内容带来了困难。动物小说《金色的脚印》以老狐狸营救小狐狸为明线,以正太郎与狐狸一家情感的变化为暗线,表现动物丰富的情感世界。双线交织的情节发展给学生概括主要内容设置了障碍。面对这种情况,教师可指导学生采用事件分列法进行概括:①默读课文,梳理人物;②概括老狐狸为营救小狐狸做的两件事——引开秋田狗救孩子和偷偷做窝咬木桩救孩子;③概括正太郎与狐狸一家发生的两件事——喂养狐狸和被狐狸营救;④引导学生将分列的事件合并,说清楚主要内容;⑤教师提炼方法:概括比较复杂的故事内容,可以先将事件分开来概括,再进行合并。

事件分列法"化繁为简",将复杂的情节发展拆分开,有效地突破了学生概括的障碍。

给学生提供阅读策略,引导学生展开思维过程是"理趣"阅读教学重要的特质。以上三种概括主要内容的方法都是基于小说具有完整生动的情节这一文体特征而提出的。教师要紧扣"情节"这个小说要素做文章,顺应文体特征培养学生把握主要内容的阅读能力。

2.初步感知人物,形成整体印象。

小说是连贯性的文学文本,人物是小说的核心。人物形象是在小说情节的不断推进中变得逐渐清晰的。一篇小说,即使教师不教,学生在初读文章后一样能根据自己已有的生活经验与阅读储备对小说中的人物形成初步感知与评价。

感知层阅读除了重点关注小说主要内容的整体把握之外,还应该非常注重学生对人物形成的初步印象。在学生对小说主要内容进行整体把握之后,教师可以给予学生时间,让学生充分表达对人物的初步感知。比如,读完《穷人》之后,学生会感受到桑娜和渔夫是善良的,西蒙是可怜的。读完《桥》后,学生会感受到老支书是伟大的、无私的。这些初步感受就好比游客初看黄山松,所形成的对黄山松树的整体印象,是将审美感受初步外化的过程。

(二)思辨层阅读的目标制定与实施

小说的核心是塑造人物形象,作者所要表现的人文意蕴都是通过对人物进行精雕细琢的描写而实现的。"理趣"阅读教学的内涵是领悟人文意蕴、表达方式,发展理性思维,感受阅读乐趣。因此,"理趣"视角下小说阅读教学的思辨层阅读就应该围绕小说中的"人"来展开。

第三学段阅读课程目标非常强调"阅读叙事性作品,能简单描述自己印象最深的场景、人物、细节,并说出自己的阅读感受"。教材中小说文本的篇章页导语、略读提示、课后思考题也常常要求学生画出描写人物细节的句子,感受人物形象。第三学段的学生在课外阅读中大量接触小说文体,但由于阅读经验不足、阅读方法不明,学生比较关注小说的情节,对细节描写囫囵吞枣、一览而过。甚至很多孩子一味选择靠情节快速推进、思想肤浅的快餐式小说,对描写细腻、人物形象丰满的中外名著敬而远之。入选教材的小说文本都是经典之作,在细节描写、人物塑造方面均有独到之处。教师需要指导学生关注小说细节描写,对具有文本特点的细节描写开展深入细致的段落教学,充分展开教学过程,使小说的教学价值得到最大程度的发挥。

1.从正面描写读人物。

对人物进行肖像、动作、语言、神态、心理等正面描写是小说塑造人物形象的主要方法。教师可围绕特征鲜明的正面描写开展教学,以默读画找、发现特点、读悟结合的方式引导学生感受人物形象。例如,小说《穷人》大量运用心理描写表现桑娜善良的人物形象,其中描写她抱回两个孤儿后忐忑不安的心理活动特点尤为显著。针对此处心理活动描写,教师可设计以下教学环节:①画出课文中的三处心理描写,比较发现"忐忑不安"的心理描写最与众不同之处在于大量使用省略号、问号、感叹号;②默读第9自然段,旁注自己读出的心

情;③交流阅读感受,教师结合标点符号引导学生深入理解"忐忑不安";④教师叩问:作者描写忐忑不安的心理想告诉我们桑娜是个怎样的人? ⑤教师小结:作者正是抓住了人物的心理细细刻画,表现了桑娜善良的形象。

2.从侧面描写读人物。

侧面描写是小说塑造人物的又一表现手法。作者通过对周围人物的描写来表现所要塑造的人物形象。与正面描写相比,侧面描写的表现手法属于从属地位,但却能起到正面描写无法取代的表达效果。相对于正面描写,学生比较容易忽略侧面描写。教师可以在教学过程中通过反诘的形式引导学生关注侧面描写,领悟其在人物形象塑造方面的表达作用。例如,教学《"凤辣子"初见林黛玉》一文,教师可以反诘"写王熙凤初见林黛玉,为什么要写众人的屏息敛声?"这样的问题能比较好地激发学生探究的热情,对学生思维的发展也起到很大作用。

3.从环境描写读人物。

小说的环境描写作用很多,其中烘托人物的作用尤为明显。教学过程中教师不能对环境描写一带而过,而要联系课文指导学生发现环境描写与人物形象塑造的关系。例如,小说《凡卡》中有这样一段描写:"在写第一个字以前,他担心地朝门口和窗户看了几眼,又斜着眼看了一下那个昏暗的神像,神像两边是两排架子,架子上摆满了楦头。"这处环境描写既表明了凡卡寄主的身份,又营造了紧张气氛,塑造出凡卡命运悲惨的人物形象。教师可以将这处环境描写与下文中"老板拿楦头打凡卡的头"联系起来教学,这样就把凡卡内心独白的正面描写与环境描写建立了关联,对人物形象的感受会更加深刻,而且还培养了学生从小说整体理解环境描写的意识与能力。

在小说的创作中,作者是将深刻的人文主题深深埋藏在人物的塑造中。小说中的人物描写就像是诗歌中的"象"。"理趣"阅读教学就是引导学生根据人物描写这个"象",触摸到小说所蕴含的深刻哲理。在"循象触理"的过程中,学生运用一定的阅读策略,全方位分析、评价人物形象,体会到理性思考的乐趣。同时,小说写人,读者也是人,在阅读的过程中,学生能从人物描写中产生一定程度上的情感共鸣,在教师教学行为的放大下,情感共鸣将进一步深化,使审美乐趣不断增强。

(三)运用层阅读的目标制定与实施

"理趣"视角下,运用层阅读的目标主要关注小说语言表达的积累与迁移。小说的语言是远远高于儿童语言的,让儿童迁移小说的语言表达形式,并非要把儿童都培养成小说作家,而是力图通过小说的文学语言去丰富儿童的言语生命和精神世界。

听说读写是语文课程内容的四个主要方面,其中"写"对于语言文字运用能力要求最高,是教师教的难点,也是学生学的难点。《语文课程标准》在第三学段习作教学目标中提出"能写简单的纪实作文和想象作文,内容具体,感情真实"。"内容具体"很大程度上依赖于学生对于细节展开较为具体的描写。然而,第三学段的学生虽具有一定的习作能力,但是对于细节描写还是会比较忽视,容易产生畏难情绪。

指导学生写好细节是习作教学的难点,仅靠目前每个单元两三个习作教学课时难以突破。教师需要将课文作为习作能力训练的例子,在阅读教学中适时、适量地开展读写结合,使课文的基本表达方法能迁移、内化到学生习作能力结构中。第三学段教材的单元目标非常关注"领悟文章表达方式"这一能力要求。小说文本所在的单元更是明确提出"向课文学习细节描写"的要求。由此可见,小说中丰富细腻的细节描写是表达方法迁移,指导学生进行细节描写的好范例。这是小说教学的另一价值所在。

例如,在小说《穷人》的运用层阅读中,教师可以在学生感知作者借助省略号、问号、感叹号等特殊标点表现人物善良的品质后,立即进行表达形式迁移运用的训练——让学生尝试运用省略号、问号、感叹号写一写桑娜在西蒙家看见两个孤儿时的心理活动。此处读写结合点的设计有两个目的:其一,让学生进行细节描写的尝试,迁移作者独特的心理描写方法,明白在表现人物矛盾情绪时可以大量使用省略号、问号、感叹号等特殊标点;其二,学生描写完后,教师进行反诘——作者是描写心理活动的大师,为什么在此处他什么也不写?这一问题的揭示让学生明白细节描写不是处处要写,而是在必要处用力。这恰恰是对小说"留白"这一艺术手法的生动审美!

小说是学生喜闻乐见的文学体裁,教师以"理趣"阅读教学观为主导,从感知、思辨、运用三个层面展开教学,让学生在提升小说阅读素养的同时,充分感

受到小说的文学审美趣味。

三、小说阅读教学案例举隅

"理趣"视角下的小说阅读教学主张学生凭借阅读策略,围绕"理趣"设问,与小说文本展开深度对话,从而领悟小说所深藏的人文意蕴,体会小说独具魅力的语言表达方式。下面以小说《小英雄雨来》的阅读教学为例,进一步阐明"理趣"视角下小说阅读教学的目标制定与过程实施。

(一)文本简析

《小英雄雨来》是统编版小学语文教材四年级下册第六单元的一篇课文,是教材第一次出现小说体裁的文学作品。课文是管桦所著中篇小说《小英雄雨来》的节选。小说情节生动,从平静的还乡河生活入手,转而描写雨来为保护交通员李大叔而遭到鬼子们的拷问。小说结尾也出人意料,雨来因为跳入还乡河而躲过了鬼子的子弹。雨来是小说着力塑造的人物,作者既有对雨来正面的动作、神态、语言描写,也有对鬼子丑陋嘴脸的描写,力求刻画雨来英勇无畏、沉着机智的人物形象。小说的语言表达极富特点,小英雄雨来和鬼子的对比描写,对还乡河芦苇塘的描写,作者都尽力刻画,既具有力量感、节奏感,又具有诗意的美感。小说在很多地方都有呼应,如小说开头处写雨来游泳本领高,结尾处写雨来跳河躲避鬼子子弹,首尾呼应,极富结构的美感。如雨来读夜校时老师让雨来知道自己是中国人,而被鬼子抓到后,雨来正是在"我是中国人"的信念支撑下忍受住了鬼子的拷问,这样的呼应同样对主题的渲染起到了强化作用。

总而言之,《小英雄雨来》是一篇人文意蕴深刻、语言表达特点鲜明、人物刻画与情节推进都非常吸引学生的小说。

(二)素养指向目标

1.认知目标

(1)能给小说的每一部分取小标题,整体把握小说的主要内容。

(2)反复研读描写小英雄雨来游泳耍水、夜校读书、接受拷问的句子,对雨来进行人物评价。

2.情感目标

(1)认真品读雨来接受鬼子拷问的描写,对雨来的小英雄气概产生敬佩之情。

(2)认真研读鬼子拷打雨来的描写,对鬼子们的残忍行为产生憎恶,并对作者丑化反面人物的写法产生浓厚兴趣。

3.审美目标

(1)认真研读小说的环境描写,从还乡河芦苇塘的环境描写中,感受雨来家乡的意境美,感受雨来英雄气概的人格美。

(2)认真研读小说中的呼应,体会作者情节设置的结构美。

(三)课堂重现

《小英雄雨来》教学实录
第一课时

1.感知层阅读

师:同学们,今天我们一起来走近一位小英雄,他的名字叫雨来。我们一起读课题。

生:小英雄雨来!

师:这是一篇小说。小说有一个特点,篇幅特别长。同学们一定都发现了,这篇课文分成六个部分,每个部分前都标注了大写数字。你们知道六个部分是怎么分出来的吗?

生1:我觉得每个部分所讲的事情不一样。

生2:我感觉小说就好像放电影,每个部分对应的就是一个情节。

师:同学很会思考。的确,小说最吸引读者的,就在于生动起伏的情节。作者会根据情节,把篇幅较长的小说分成几个部分。每一部分主要描写一个情节。我们可以用小标题的方式概括每一个部分。比如,课后思考题中就列举了这篇课文前两个部分的小标题,分别是游泳本领高和上夜校读书。同学们,你们能好好想一想,其余四个部分可以用什么小标题来概括呢?

(学生认真思考)

师:同学们思考得很认真,我们来交流一下。

生1:我觉得可以取"雨来被抓"。

生2:我认为可以取"掩护李大叔",因为雨来之所以被抓,就是为了掩护李大叔。而课文中也写到雨来把缸搬回了原处,自己则想逃到后院,分散鬼子们的注意力。

师:你很会思考,"掩护李大叔"这个标题取得好,我们可以把这个标题写在课文的第三部分前。

(学生认真写标题)

师:我们继续交流! 第四部分可以取什么标题?

生1:可以取"鬼子打雨来"。

生2:我觉得可以取"雨来被拷问"。

师:不错,你们一个是从鬼子的角度来取标题,一个是从雨来的角度来写标题。同学们可以都写下来。

(学生认真写标题)

师:第五部分你们取了什么标题呢?

生1:我取的是"河沿响枪声"。

生2:我取的是"雨来被枪毙"。

生3:我觉得"枪毙"两个字打引号。因为从第六部分知道,雨来并没有死,所以可以打个引导。

师:如果从人物的角度来取标题,雨来被"枪毙"是不是更加规范? 这个引号加得好,联系了下文,很会读书。那第六部分取什么标题好呢?

生1:可以取"雨来没有死"。

生2:可以取"雨来复活了","复活"同样可以打上引号。

师:这两个标题都不错! 同学们,通过大家的努力,六个部分的小标题都已经取好了,你有什么体会?

生1:我感觉看到了标题就大致了解了这个部分的内容。

生2:我觉得把这些标题连起来看,就感受到了小说情节的起伏,从一开始的平静逐渐到激烈,最后又归于平静。

师:这真是了不起的发现! 小说的特点之一就是情节起伏,这也是小说好看的原因。我们如果能把小说的每一个部分都取一个小标题,这样就能很好

地把握小说的主要内容,对小说的情节发展也会有整体的认识。

师:这篇小说的主要人物是雨来,读完小说,你觉得雨来给你留下了什么印象?

生1:我觉得雨来很勇敢,面对鬼子拷问,就是不屈服。

生2:我觉得雨来非常机智,他最后居然能逃脱鬼子的魔爪。

生3:雨来在我眼里是一个调皮的孩子,他背着妈妈去游泳。

生4:我认为雨来很爱国,他觉得自己是中国人,要和鬼子抗争到底。

生5:雨来很机灵,他水性好,还喜欢钻出水望着妈妈笑。

师:你们很会读小说!你们刚才说的,都是对雨来的第一印象。这是非常宝贵的阅读体会。

2.思辨层阅读

师:这篇小说这么长,你们觉得哪个情节最能体现雨来的英雄气概?

生:我觉得是第四部分,也就是"雨来被拷问"的部分。

师:有同样看法的同学请举手。

(学生纷纷举手)

师:接下来就请同学们认真默读课文的第四部分,画找出能体现小英雄雨来的语句。

(学生认真画找)

生1:我找到了这个句子——雨来用手背抹了一下鼻子,嘟嘟囔囔地说:"我在屋里,什么也没看见。"因为鬼子们之前已经把雨来捆绑住了,一般的孩子面对这种情况,可能早就害怕了。而雨来却用手抹鼻子,还说什么也没看见,十分勇敢机智,像一个英雄。

师:不错,你抓住了人物的动作描写"抹了一下鼻子",还关注了人物的语言描写。读小说就需要对人物的细节描写进行关注。

生2:我找的句子是——雨来没有接他的糖,也没有回答他。因为扁鼻子军官用糖来骗雨来,还用金戒指来诱骗雨来,可是雨来没有动摇,很有英雄气概。

师:很好!两个"没有"写出了雨来的坚定。

生3:我找的是——雨来摇摇头,说:"我在屋里,什么也没看见。"联系上

文,我发现鬼子已经很生气了,都已经把刀拔了出来。可是,雨来还是"摇摇头",还是说"我在屋里,什么也没看见",说明雨来誓死也要守住秘密。

师:你也是关注到人物的语言和动作描写。

生4:我找到的句子是——鬼子打得累了,雨来还是咬着牙,说:"没看见!"鬼子们对雨来严刑拷打,雨来还是非常坚定。我注意到这里还用到了"感叹号",表示雨来很坚定,很勇敢,做出了牺牲的准备。

师:刚才你提到与雨来受到了拷打,哪个自然段具体描写了鬼子们打雨来的画面。

生:第四部分的第12自然段。

师:同学们认真默读一下这个自然段,想一想鬼子给你留下了什么印象?

生1:我觉得鬼子特别凶恶可怕,对雨来又是扭,又是打,还有拧。

生2:我觉得鬼子很残忍,作者把鬼子的双手写成鹰的爪子,鹰是非常凶残的。

生3:我觉得鬼子很凶残,从下文我知道雨来被打得不断流血。

师:你们很会读!这篇小说的主人公明明是雨来,为什么花这么多笔墨来写鬼子呢?除了这个自然段,第四部分的前面还有许多描写鬼子的地方。

(生略微思考)

生1:我觉得把鬼子写得很凶残,能反衬出雨来的英勇。因为面对这么凶残的敌人,雨来没有屈服,与敌人坚决斗争到底。

生2:我发现敌人对雨来是越来越凶的。一开始,军官还想要用白糖和金戒指诱惑雨来,后来见雨来不肯说出秘密就开始打雨来,充分暴露出了鬼子的丑陋和凶残。

师:你的发现很棒!小说之所以好看,是因为情节的扣人心弦。作者之所以花这么多笔墨写鬼子的表现,就是想把鬼子的丑陋和凶残慢慢揭示出来,让情节更加吸引读者。其实,为了表现雨来是个小英雄,作者不仅对雨来进行正面描写,也就是直接写雨来的动作与语言,还对鬼子进行了侧面描写,突出了雨来这个人物的英雄气概。

3.运用层阅读

师:刚才我们在研究作者的鬼子的描写时,同学们发现了作者把鬼子的双

手比作了什么？

生：比作了鹰的爪子。

师：比作鹰的爪子想突出什么？

生：想突出鬼子的凶残，因为老鹰是很凶残的动物，是猛禽。

师：是啊！鬼子与老鹰在性格上很像，所以作者这样比喻。其实，为了把敌人刻画成丑陋、凶残的形象，作者在整部《小英雄雨来》小说中大量运用了把敌人比作动物的写法。老师找到了两个相似的片段，你们能不能根据描写来选一选作者会把鬼子比作什么动物？

（教师出示片段）

◇到了村东头的大路上。连鬓胡子指挥官，（　　　）一样的小圆眼睛，滴溜溜转动着，瞧瞧那些土块下面的红绿纸条，又瞧瞧雨来。紫黑脸宽鼻子的特务，急忙上前问雨来："这些都是地雷吗？我就不信！"

A. 耗子　　　　B.兔子　　　　　C.小猫

◇山田大佐又矮又胖，挺着圆圆的大肚子，走进屋子里，就像只（　　　　）走进来。

A. 熊猫　　　　B. 狗熊

师：同学们，你们的选择是什么？

生1：第一处描写，我选择的是耗子。因为有个成语叫作"贼眉鼠眼"，鬼子们干的是坏事，所以和老鼠一样贼眉鼠眼。

生2：我觉得在这些动物中，耗子是人们讨厌的动物。还有，这位指挥官生着连鬓胡子，感觉很像老鼠。

师：说得很好，你们把鬼子的丑陋描绘出来了。那第二个呢？

生：我觉得应该选择"狗熊"。因为熊猫是我们的国宝，是人见人爱的。而狗熊给人的印象是笨笨的，这个山田大佐又矮又胖，还有圆圆的肚子，就像狗熊一样笨。

师：看来你们已经会从作者独特的描写中感受人物形象了。把鬼子写得越丑陋就越能突出英雄的伟大。这节课我们上到这儿，下课！

第二课时

1.感知层阅读

师：上节课，我们认真研究了课文的第四部分，从雨来的动作、语言描写中，还有从鬼子们的侧面描写中，感受到了雨来的英雄气概。那么，在剩余的几个部分中，你们对哪一个部分的描写印象最深呢？

生1：我印象最深的是"上夜校读书"。我感觉雨来读书非常认真，而且在读书中明白了自己是中国人。

生2：我印象最深的是"游泳本领高"。我很佩服雨来的游泳本领，他很调皮，总是跟小伙伴们一起玩。

生3：我印象最深的是"雨来被枪毙"这部分。当时我读到这儿的时候，以为雨来真的死了，所以特别伤心。

生4：我印象最深的就是"雨来没有死"这部分了。我之前读到前一部分也以为雨来真的死了，也感到特别伤心。可后来看到最后，雨来居然没有死，就感到特别出乎意料。

生5：我觉得"掩护李大叔"这部分给我留下的印象很深。因为读到这儿的时候，我的内心非常紧张。而且当看到有秘密的藏身地时，我又感到很好奇。

师：看来，这篇小说真的很好看，每个部分都很吸引人。

2.思辨层阅读

师：同学们都知道，雨来的英雄气概主要体现在课文的第四部分。那么问题就来了，作者为什么还要写雨来游泳本领高和上夜校读书这些情节呢？大家可以先自己思考一下，然后小组讨论一下。

（学生先自己独立思考，然后进行小组讨论）

师：同学们讨论得很热烈，现在我们来交流一下。

生1：我觉得写游泳本领高是为下文写雨来成功脱险做的铺垫。因为游泳本领高，才能躲过敌人的子弹，后来写雨来没有死也就在情理之中了。

生2：我认为雨来在被鬼子拷问时，之所以能坚持下来，是因为他心里想着"我们是中国人，我们爱自己的祖国"，这两句话是雨来的精神支柱。而这两句话是在夜校学习时知道的。前后文是存在联系的！

师：是啊！这样写就不会显得太突兀。看来，小说的呼应是很有特点的，让我们感觉情节设计得特别巧妙。

生3：我还有补充！通过前面的描写，我感觉雨来是一个非常聪明机灵的孩子。而面对鬼子的拷问，除了勇敢，还需要聪明机灵。这样写，雨来的形象就更加鲜明了。

师：你也非常机灵聪明！小说中的人物形象总是非常丰富的。

3.运用层阅读

师：小说还有一个特点，那就是环境描写很精彩。在这篇小说中，你们能找到环境描写吗？请大家到课文中去找一找。

生1：我在第一部分的第一自然段中找到了"芦花开的时候，远远望去，黄绿的芦苇上好像盖了一层厚厚的白雪。风一吹，鹅毛般的苇絮就飘飘悠悠地飞起来，把这几十家小房屋都罩在柔软的芦花里"。

生2：我是在课文第五部分找到的"太阳已经落下去。蓝蓝的天上飘着的浮云一块一块红绸子，映在还乡河上，像开了一大朵一大朵鸡冠花。苇塘的芦花被风吹起来，在上面飘飘悠悠地飞着"。

师：同学们，这两处环境描写都是对什么进行了描写？

生：是对芦苇塘进行了描写。

师：同样是写芦苇塘，作用有什么不同呢？同学们可以小组讨论一下。

（学生小组讨论）

生1：我们觉得第一处环境描写交代了芦花村这个名字的由来。同时写出了村子很美，老百姓的生活很平静。

生2：我们有补充。把老百姓的生活写得很平静，目的是为后文写鬼子侵入村庄进行铺垫。这么美的村子居然被鬼子搅得不安宁，增加了读者对鬼子的厌恶。

师：你们很会思考。那第二处环境描写呢？

生3：第二处环境描写给人感觉很凄美。"太阳把云染红"就暗指雨来牺牲了，"芦花飘飘悠悠"也感觉在为雨来的牺牲而伤心。

师：是啊！同样写一处景物，所反映的心情是不一样的。小说中的环境描写能渲染出气氛，也能将人物形象刻画得更加鲜明。接下来，我们也能不能来

模仿作者的写法,来写一写环境描写。

（出示写话练习:给课文结尾补充一处描写苇塘的环境描写,体现人物高兴的心情）

师:同学们都写得差不多了,我们来交流一下。

生1:太阳更沉了! 白色的芦花被照得暗红,还乡河静得向一面镜子,倒映着岸边的芦苇。一条小船从河上划过,上面传来了孩子们开心的笑声。这笑声久久地回荡在苇塘……

生2:雨来爬上岸,大伙儿坐在树下听雨来将对付鬼子的经历。微风一阵阵吹来,苇絮飘飘悠悠,落在了还乡河上,在夕阳的照耀下红得格外美丽。

师:同学们今天是第一次尝试写小说的环境描写,表现得非常出色,把当时的气氛给写了出来,而且和作者一样写得很有美感。这篇课文只是《小英雄雨来》的节选,课后,同学们可以把这本书找来读读。注意,在读的时候可以特别关注小说的特点,相信你一定会喜欢上这部小说的。下课!

(四)案例分析

"理趣"视角下的文学阅读教学必定会顺应各种文学体裁的个性而展开。小说有小说的个性,不同于散文,不同于诗歌。小说有小说的"理趣",要把小说的"理趣"生动地揭示出来,教师必须要顺"文体"而为,紧紧围绕小说的个性来展开教学。《小英雄雨来》的教学就充分体现了"理趣"味道。

1.瞄准人物形象,巧设"理趣"问题。

"理趣"课堂重在揭示深刻的人文意蕴,同时能将学生的精神世界引领到人文意蕴的高度。设置"理趣"问题,引导学生围绕"理趣"设问,与文本展开深度对话,进行充分思辨,是"理趣"课堂的重要特质。学生在"理趣"设问思辨的过程中能充分体会理性思考的乐趣。因此,指向人文意蕴,设置"理趣"设问就成了"理趣"课堂的关键所在。那么,小说阅读教学该如何设置"理趣"设问呢? 小说阅读教学的"理趣"设问要指向什么人文意蕴呢? 这就得回到小说最重要的特征上来,也就是"人物"。塑造人物形象是小说的第一要义,人物所展现的人格魅力、精神境界或人物的命运都是深刻的人文意蕴。小说阅读教学的"理趣"设问应该瞄准人物形象来设计,从小说的特征入手,层层剥笋,循理探趣。

《小英雄雨来》这篇小说力求塑造的是雨来勇敢机智的英雄形象,雨来的人物魅力、精神境界恰恰是革命题材小说的人文意蕴所在,也就是革命题材的灵魂。在案例中,教师在第一课时和第二课时分别提出了"作者明明是写雨来,为什么花这么多笔墨写鬼子?"和"既然是写雨来的英雄表现,为何要写雨来游泳和上夜校的情节?"这两个问题很好地着眼于小说的描写方法和情节设置,能激发起学生的思维火花,让学生充分展开思辨,与文本产生深度对话。更重要的是,这两个问题的解决有利于学生对雨来这个人物形象的深入理解。从呈现的课堂实录看,学生能非常清楚地认识到"写鬼子是为了突出雨来的英勇""写游泳和上夜校进一步丰富了雨来的形象,同时也为雨来坚定信念,机智脱险埋下伏笔"。"理趣"课堂强调发现的乐趣,在案例中,教师没有直接告诉学生小说的特点,而是通过引导学生解决"理趣"设问逐步发现小说的种种独特之处。

2.关注表达形式,丰富言语生命。

"理趣"视角下的文学阅读教学非常关注用文学文本的语言丰富学生的言语生命,文学文本除了能给学生提供开阔的人文视野,也能给学生提供丰富的言语营养。"理趣"课堂关注文学文本的语言表达形式,这就是言语之理,只有让学生深入探究言语之理,才能实现言语生命的顿悟。

《小英雄雨来》作为一篇小说,在语言表达形式上具有小说鲜明的特点。在刻画雨来这一小说的主要人物时,作者既有对雨来动作、语言的直接描写,又有对日本鬼子的详尽描写。从描写比例看,写鬼子比写雨来用了更多笔墨。在刻画鬼子时,作者又创造性地将鬼子刻画成相类似的动物,以此来丑化鬼子形象,表现敌人凶残、贪婪的真实面目。在教学中,教师首先引导学生深入研究描写鬼子的片段,发现作者将鬼子比喻成动物的写法;然后,教师引导学生思考这样写在表达上具有何种效果;最后,教师呈现了两处《小英雄雨来》这部小说中的相似描写,并将其中比作的动物去除,引导学生根据作者描写的意图来推测作者将鬼子比作了什么动物。整个过程紧扣小说语言表达形式,让学生经历了发现、感受、迁移的言语学习过程,引导学生解开了语言表达奥秘;体会到小说语言表达的趣味。环境描写是小说的三要素之一,《小英雄雨来》选入课文的部分在开头和结尾部分都对芦花村的苇塘进行了描写。这两

处描写尽显美感,营造出了纯美和凄美的意境。在教学中,教师先引导学生发现这两处环境描写,再组织学生开展小组讨论,思考这两处环境描写的不同作用和带给读者的不同感受,最后让学生模仿环境描写的写法写一写乡亲们发现雨来没死后的苇塘风光。这个学习过程由浅入深,步步为营引导学生深入体会环境描写的作用。

学生的课外读物以小说为主,也就是说学生的阅读生命活动基本被小说的阅读占据。从儿童阅读的心理特征来看,学生在阅读小说时往往会关注小说的情节,因为情节能给儿童带来非常直观的故事体验。而对于小说语言表达方式,儿童则比较忽略。"理趣"视角下的小说阅读教学关注小说的语言表达方式,用一个个生动的语言形象去丰富学生言语生命。试想,在教学《小英雄雨来》之后,学生一定会更有意识地在课外阅读中关注小说的侧面描写和环境描写,能在更多小说阅读实践中强化言语生命。

3.立足读者意识,发展审美素养。

"理趣"课堂非常注重学生审美素养的提升,引导学生拥有发现美的眼睛。长期以来,文学阅读教学把文学作品当作一般的文本来教,忽视了文学作品的美。因此,学生的阅读逐渐庸俗化,对经典名作敬而远之。

《小英雄雨来》作为一篇小说,在结构、语言上都具有极强的美感,值得让学生细细品味。发现文学作品的美要立足儿童的读者意识,从儿童最纯粹的感知出发,避免教师强势引导。美是学生在与文本深度对话中被发现的,而不是被灌输的。换句话说,发现"美"的方式也要具有"美感",这也是"理趣"课堂所提倡的教学方式。在教学中,教师在引导学生逐步概括六个部分的小标题之后,让学生把六个标题连起来看,使学生发现了小说情节从平静推向高潮,又恢复平静。情节是小说的要素,小说好看的原因就在于情节的起伏。小说的情节设置是符合人类审美规律的,在教学中,教师要努力揭示这种审美规律,让学生在阅读实践中明白美之所在,美为何所在。小说中呼应也是富有结构美的,在《小英雄雨来》的教学中,教师故意反诘,让学生深入思考"小说写雨来的英雄事迹,为什么还要写雨来游泳和上夜校?"这个问题激发了学生的思维火花,引导学生努力发现小说在呼应上的精巧设计。通过学习,学生就更立体地理解了雨来的人物形象,同时对"英雄"这一极富内涵的人文意蕴有了更

加深刻的认识。

　　文学作品对于审美素养的发展有着极其重要的作用,引导学生发现文学作品的美感,是充满趣味的过程。在小说阅读教学中,有意识地让学生发现小说文本的结构美、语言美,有利于提升学生对于小说阅读的"期待视野",丰富学生的审美体验。只有在美的浸润中才能真正发展学生的审美素养。

第 四 节

"理趣"视角下的散文阅读教学

在所有的文学体裁中,散文是最自由灵活的。散文有"广义"与"狭义"之分。广义的散文是指"除了韵文以外的所有文章",而狭义的散文是指"与诗歌、小说、戏剧并称的一类文体"。入选小学语文教材的散文显然属于狭义的散文。同时,由于阅读对象是儿童,因此入选教材的散文更符合儿童审美感受和审美能力。

散文最突出的特点就是"形散神聚"。"形散"是指散文取材十分广泛自由,不受时间和空间的限制;表现手法不拘一格,既可以叙述事件的发展,可以描写人物形象,可以托物抒情,可以发表议论,又可以根据表达需要对内容进行自由调整、随意变化。"神聚"是指散文所要表达的主题必须明确集中,无论散文内容多么广泛,表现手法多么灵活,都需要紧紧围绕所要表达的主题来展开。

纵观小学语文教材,尤其以现行的统编小学语文教材为例,入选教材的散文大致可分为叙事散文,如巴金的《鸟的天堂》;抒情散文,如吴冠中的《父爱之舟》;哲理散文,如林清玄的《桃花心木》。叙事散文记录作者在过去某一段时间、空间里见闻的过程;抒情散文描述作者感情变化的过程;哲理散文则是作者展现对某个问题、某种现象的思考体验过程。

一、散文文体特征简析

(一)主题深邃,意境深远

"形散神聚"中的"神"就是指散文的主题。散文重在表达作者对生活的感

悟，或是对事物的哲思，一景一物都能反映出深邃的主题。如，朱自清的散文《匆匆》，正是从日常的点滴事物或场景中反映出时光易逝，要珍惜时间的深邃主题。由于散文的"神"并非由作者直接托出，而是借一定的意象来表现的，因此，散文往往具有一种深远的意境。如，琦君的散文《桂花雨》，作者通篇并不说"思乡"二字，而是借助"桂花雨"这一意象来表现思乡主题，具有悠远、空灵的意境。读者阅读散文，往往需要由"意象"入手，慢慢品味，细细咀嚼，与文本展开生命层面的对话，才能"由象入境"，把握作者的独特经验，才能感受、体认、分享散文所传达的丰富而细腻的人生经验。

（二）语言优美，表达凝练

语言是思维的外衣，是人格的外显，散文作家往往具有高尚的人格追求和审美趣味。因此，散文的语言总是清新明丽、生动活泼，富有音乐感，读来节奏明快。如，刘章的散文《搭石》有这样一句话"前面的抬起脚来，后面的紧跟上去。嗒嗒的声音，像轻快的音乐；清波漾漾，人影绰绰，给人画一般的美"，这处描写以短句或四字词语勾连，显示出鲜明的节奏感。散文的语言还有凝练传神的特点，简洁质朴、自然流畅，寥寥数语就可以描绘出生动的形象，勾勒出动人的场景，显示出深远的意境。如，吴冠中在散文《父爱之舟》中写道："他扎紧裤脚，穿一双深筒钉鞋，将棉袍的下半截撩起扎在腰里，腰里那条极长的粉绿色丝绸汗巾可以围腰两三圈，那还是母亲出嫁时的陪嫁呢。"这处描写没有华丽的辞藻，却用寥寥几笔就勾勒出父亲朴实的形象，表现出了父亲对儿子浓浓的父爱。散文作家总是能够用语言精准地表达细腻的感受，将自己的人生经验通过个性化的语言与读者分享交流。

（三）情感真切，贴近生活

散文注重表现作者的生活感受，抒情性强，情感真挚。作者往往借助想象与联想，融情于景、寄情于事、寓情于物。散文作家富有很强烈的生活趣味，善于从生活中以小见大，既接地气，又显情趣。如，冰心的散文《肥皂泡》，作者写道："无色的浮光，在那轻清透明的球面上乱转。""这脆薄的球，会扯成长圆的形式，颤巍巍的，光影零乱。""若扇得好，一个大球会分裂成两三个玲珑娇软的小球，四散分飞。"吹肥皂泡是贴近生活的事，孩子们都接触过，然而冰心寥寥几笔就把童年幸福快乐的意境给写出来了，字里行间透出真情实感。散文作

家绝非以卖弄文字、故弄玄虚为目的,而是在文字中追求情感的真诚流露,追求生活的至真至善。

二、"理趣"视角下散文阅读教学的目标制定与实施

"理趣"视角下散文阅读教学的目标制定与实施要注意将散文的文体特征与"理趣"课堂的特征相融合,课堂教学要紧紧围绕散文的文体特征来展开。

(一)指向深邃主题,制定认知目标

散文主题深邃,蕴藏在一景一物的"象"中。因此,散文往往表现出更多的含蓄性和空白点。比如,吴冠中的《父爱之舟》在结尾处写道:"……醒来,枕边一片湿。"这处描写中,作者没有直说对父亲的爱与怀念,而是借助"梦醒后的泪"这一"象"来表现情感,表达非常含蓄,给读者的个性化想象留下了很多空间。在散文阅读教学认知目标的制定中,教师要侧重培养学生的高阶思维,注重学生分析、评价、创造等思维能力的发展。如,《鸟的天堂》的认知教学目标可以瞄准"天堂"的深层含义,让学生分析为什么结尾处的两个"鸟的天堂"一个加引号,一个没加引号。《父爱之舟》的认知教学目标可以瞄准"父爱"的情感含义,让学生展开创造性阅读,想象作者梦醒后流泪的内心世界。分析、评价、创造,学生只有在高阶思维的参与下,才能化解散文的含蓄处,丰富散文的空白点,直击深邃的主题。

(二)指向情感共鸣,制定情感目标

散文注重情感的流露,看似普通的一景一物,在作者眼中都是可以寄托情感的。散文的写作过程,其实就是作者将内心的情感投射到世间万物的过程。要读懂散文,就要读懂文字所蕴含的情感。"理趣"课堂注重激发儿童的生活经验,努力点燃儿童对文本的情感共鸣。只有儿童与文本产生情感共振时,儿童才能很好地感悟文本的深层意蕴。"理趣"视角下散文阅读教学情感目标的制定与实施就要特别关注情感的共鸣。如,《父爱之舟》这篇课文中,作者吴冠中描写了父亲给自己缝补棉被的背影,这处描写把父亲的爱写得极其细腻,令人感动。抓住这个场景,教师可以将阅读教学的情感目标制定为"联系自己的生活,回忆生活中体现父亲爱的背影的场景,感受文中父亲所表现的浓浓父爱,体会父爱的细腻与无私"。这个教学目标能激活学生的生活经验,激发学

生产生对父爱的情感共鸣,这样就能更好地理解和感受文中作者描写的场景,深入体会作者内心的情感世界。

在"理趣"课堂中,情感目标除了关注情绪层的激发,还要关注学生价值观层面的建构。在语文课程标准中,情感、态度、价值观是共同的存在,具有健康向上的价值观自然而然需要积极向上的情感。《论语》说"君子坦荡荡,小人长戚戚",其中"长戚戚"的意思是"经常忧愁、烦恼的样子",指的就是情感、情绪。入选小学语文教材的散文主题深邃,都体现了作者积极向上、向善的价值观。《鸟的天堂》表现了作者热爱生命的价值观;《桂花雨》表现了作者热爱故乡的价值观;《落花生》表现了作者崇尚朴实无华、默默贡献的人生观。"理趣"视角下散文阅读教学在制定情感目标时,要充分关注散文所传递的价值观,在文本最能体现价值观的地方反复思辨,引导学生对这些价值观进行深刻理解。

(三)指向语言表达,制定审美目标

散文主题深邃、意境深远,这一切都需要作者借助"象"来表现,而且在"象"的描写上作者也是对语言反复锤炼,使散文的语言表达呈现清新灵动、优美隽永,富有音乐的美感。"理趣"课堂主张在探寻语言表达之理的过程中感受语言文字的趣味,即为"文趣"。对散文语言表达进行反复体味,从中感受散文的意蕴美、意境美、语言美就成了"理趣"视角下散文阅读教学审美目标制定与实施的关键。

散文的语言表达方式主要有对比、联想、想象、象征、烘托、借物喻人、借景抒情等。指向语言表达,制定审美目标时,没有必要面面俱到,只需对散文中最具特色的表达方式进行感悟与迁移就行了。比如,李汉荣的散文《山中访友》最有特点的表达方式就是大量运用联想与想象。

你好,清凉的山泉!你捧一面明镜照我,是要我重新梳妆吗?你好,汩汩的溪流!你吟诵着一首首小诗,是邀我与你唱和吗?你好,飞流的瀑布!你天生的金嗓子,雄浑的男高音多么有气势。你好,陡峭的悬崖!深深的峡谷衬托着你挺拔的身躯,你高高的额头上仿佛刻满了智慧。你好,悠悠的白云!你洁白的身影,让天空充满宁静,变得更加湛蓝。喂,淘气的云雀,叽叽喳喳地在谈些什么呢?我猜你们津津乐道的,是飞行中看到的好风景。

作者的联想运用得出神入化,把普通的所见所闻写得充满深情。教师可

以先引导学生通过朗读感受联想的表达方式,体会联想的合理性与生动性;然后,可以引导学生发挥想象,想一想山中还有什么,模仿作者联想的写法写一写想象中的景物。在分析、评价、想象、模仿语言表达形式的过程中,学生不仅感受到了语言表达的美感,更感受到了作者敞开胸怀、拥抱自然,与自然物我两忘的审美境界。美的意蕴、美的人格蕴藏在美的语言中,"理趣"课堂就是要努力挖掘散文语言的美,引导学生通过美的语言去体会散文人文意蕴的美,让学生在浸染美的课堂中丰盈自己的精神世界和审美趣味。

三、散文阅读教学案例举隅

"理趣"视野下的散文阅读教学应紧紧围绕文字描写的"象"入手,充分调动学生的生活经验,促使学生与文本产生情感共鸣,在高阶思维的参与下由"象"感悟深邃的主题,体会富有美感的语言表达形式。下面,以统编版小学语文教材五年级上册《父爱之舟》为例,具体阐明"理趣"视角下散文阅读教学的目标制定与实施过程。

(一)文本简析

《父爱之舟》是吴冠中写的一篇回忆父亲的散文。全文以姑爹的小舟为线索,串联起父亲用小舟送作者考学、上学;带作者逛庙会、糊万花筒;雨雪天背作者上学;给作者缝补棉被等场景,字里行间透露出浓浓的父爱和对父亲深深的怀念。这篇散文"形散神聚"的特点非常鲜明,所回忆场景时间、空间跨度很大,但都围绕"父爱"的情感而展开,情真意切,娓娓道来,颇有岁月感。这篇散文的语言朴实细腻,悠远隽永,呈现出静谧的意境,就像一幅淡彩水墨。全文还有中国画"留白"的艺术意蕴,很多处描写并不写实,恰到好处戛然而止,给读者留下情感酝酿和创造想象的空间。

(二)素养指向目标

1. 认知目标

(1)能用简洁的语言概括散文的每一个场景,整体把握散文的主要内容。

(2)联系上下文,结合具体场景,分析作者梦醒后流泪的原因。

(3)能通过画找场景描写中的关键语句,反复研读,对作者的父亲进行评价,并能在课文描写的不定处进行创造性阅读。

2.情感目标

(1)认真品读表现父亲爱作者的语句,感受课文所表达的浓浓父爱和作者对父亲深深的怀念之情。

(2)能联系自己的生活实际,回忆父亲爱自己的画面,与文本所传递的情感产生共鸣,认同课文表达的情感。

3.审美目标

(1)认真研读课文描写的场景,体会作者朴实细腻的语言表达特点,感受洋溢父爱的意境美。

(2)学习作者通过环境、人物细节描写场景的方式,体会场景描写的意境美,能模仿作者的写作方法写一个父亲爱自己的场景。

(3)理解课题"父爱之舟"的内涵,体会象征手法的美感。

(三)课堂重现

《父爱之舟》教学实录
第一课时

1.感知层阅读

师:同学们,今天我来学习的这篇课文是吴冠中先生写的一篇散文,题目叫?

生:《父爱之舟》。

师:这篇散文写得很有诗情画意,因为作者在开头写道:"是昨夜梦中的经历吧,我刚刚梦醒!"梦总是给人朦胧的意境美。那么,在作者的梦中出现了哪些与父亲在一起的难忘场景呢?请同学们认真默读课文,试着分别用一句话概括每一个场景。

(生认真默读)

师:同学们读得很认真,我们来交流一下!

生:我觉得第一个场景是"父亲卖茧子给'我'买枇杷"。

师:大家同意吗?

生:同意。

师:这个场景对应的是第几个自然段?

生：第2自然段。

师：我们继续交流。

生：我认为第3自然段写的是"父亲省钱让'我'住客栈"。

师：这个"省"字用得好，体现出父亲挣钱很不容易。

生1：第4自然写的是"父亲带'我'逛庙会"。

生2：我有补充，第4自然段还写了"父亲给'我'糊万花筒"。

师：能否把两者结合一下。

生：父亲带"我"逛庙会，给"我"糊万花筒。

师：真不错！下一个场景。

生：第5自然段写的是"父亲背'我'上学"。

师："我"脚有病，得父亲背着上学。

（学生会意一笑）

生：我觉得应该是"父亲在雨雪天背'我'上学"。

师：这就对了，雨雪天路滑难走才背着。

生：第6自然段的场景是"父亲凑钱供'我'上高小"。

师：还有吗？

生：我觉得第8、9自然段是讲"父亲借船送'我'上师范"。

师：这两个自然段确实是写父亲送作者去上师范学校的。那在这两个自然段中，哪个画面最打动你？

生：我觉得是父亲缝补棉被的画面。因为，这么细腻的活本来应该由母亲干，可是作者的母亲长期卧病，父亲需要承担起母亲的角色。

师：说得好！那这个场景可以把这个细节概括进去，谁能来概括一下？

生：父亲借船送"我"上师范，为"我"缝补棉被。

师：这样就概括全面了。同学们，通过对场景的梳理和概括，你发现这篇散文有什么特点吗？

生1：我觉得这篇散文，作者基本上是每个自然段写一个场景。

生2：我觉得读这篇散文，就好像在看一部电影，一个场景接着一个场景。

生3：我觉得这篇散文开头和结尾是呼应的。一开始写"是昨夜梦中的经历吧，我刚刚梦醒！"结尾处写"……醒来，枕边一片湿"，都写了自己从梦中

醒来。

生4:我发现有几个场景与小舟有关,而有些场景是穿插在其中的。

师:同学们,你们真的很会发现。作者正是通过多个场景的连接描写,回忆起与父亲在一起难忘的画面。

2.思辨层阅读

师:散文的开头和结尾,尤其是结尾,往往是情感的高潮处。这篇散文在开头和结尾都写到了"梦",在结尾处写下了这样一句话:"虽然姑爹小船上盖的只是破旧的篷,远比不上绍兴的乌篷船精致,但姑爹的小渔船仍然是那么亲切,那么难忘……"这就奇怪了,为什么一只破旧的小船会让作者情有独钟呢? 同学们,请大家回到课文描写的场景中去,想一想其中的原因。

(学生认真默读,在具体的场景描写中圈画)

师:我们来交流一下自己的思考。

生:我关注的是第一个场景。因为父亲用这只船送作者去报考、上学,中途为了让作者睡个安稳觉,父亲不惜为我花钱去住好的旅店。虽然最后没有换房间,但是让我感觉到父亲是很爱作者的。所以,这只船是充满父爱的,让作者难忘。

师:说得不错! 你关注到了这篇散文所蕴含的浓浓情感。

生:我关注到的是第8、9两个自然段。我同样感受到父亲是很爱作者的。因为这个场景写到父亲为作者做饭、缝补棉被,感觉父亲很辛劳,把自己的一切都奉献给了自己的孩子。

师:说得很感人。这个场景中父亲弯腰低头给作者缝补棉被的画面很感人。那么,在生活中,你的父亲有没有给你留下爱的背影。能具体说说吗?

生1:我前段时间脚骨折了,爸爸每天背着我上楼。把我背到教室后,爸爸就转身离去。我望着他远去的背影,心中感到很温暖,因为这饱含了爸爸对我的爱。

生2:有一次,妈妈去外地出差了。爸爸独自坐在书房里,对着手机视频学扎辫子。爸爸一边看,一边用绳子做试验,望着爸爸的背影,我感觉到了浓浓的父爱。

生3:爸爸为了支撑我们这个家庭,每天都会很晚回家。有一次,天还没有

亮,我起来上厕所,看到爸爸拿着包准备出门。我望着爸爸的背影,心里感觉一酸。

师:同学们说得很感人。这一个个背影仿佛让人感受到了浓浓的父爱。作者和大家一样,也是从父亲的背影中感受到了爱,所以这只小渔船是作者最难忘的。还有哪些场景让你们感受到爱了吗?

生1:我感受最深的是父亲给作者糊万花筒。父亲没有钱买玩具,却想要满足儿子恋恋不舍的心思,亲手给儿子糊万花筒,让我感受到了父亲的爱。

生2:我关注的是父亲雨雪天背作者上学的场景。从课文中看,雨雪天路是很滑的,可父亲不顾自己的辛苦,背着儿子去上学,这是一个爱的举动。

生3:我是几个场景联系起来看。作者一家生活拮据,父亲很节省,自己舍不得住好旅店,舍不得吃豆腐脑,却舍得给儿子凑上学的钱,给儿子吃豆腐脑。这让我感受到父亲对儿子的爱。

师:看来这些场景给同学们留下了深刻印象。现在你们知道为什么这只破旧的小船会让作者最难忘了吗?

生:因为这只船承载了父亲对儿子浓浓的父爱,所以作者会很难忘。难忘的是父亲的爱!

师:是啊!作者难以忘怀的其实是父亲的爱!读到这儿,我有个疑问——作者说:"我什么时候能够用自己手中的笔,把那只载着父爱的小船画出来就好好!"你们觉得作者能画出来吗?大家可以小组讨论一下。

(学生小组讨论)

师:同学们讨论得很认真,我们来交流一下看法。

生1:我们觉得能画出来!因为从全文可以看出,这只小船伴随着作者的成长,陪伴作者渡过了考学、上学的人生关口,给作者留下了很深刻的印象。

生2:我们小组也觉得能画下来!因为这只小船藏着父亲的爱,作者在梦中也会想起这只船,这只船已经融入了作者的生命。

生3:我们有不同意见,觉得不能画出来。因为这只船承载了太多父爱,以至于作者不能用寥寥几笔去表达无限的父爱。

生4:我们觉得也不能画出来。我们想到了冰心曾因为对日本人太憎恨,所以一再耽搁写纪念甲午战争的文章。因为冰心每次提笔,都痛哭一场,控制

不好自己的情绪。

师:你们的想法太精彩了! 其实,无论是认为能画,还是不能画,都有一个共同的原因,那就是这只船承载了太多、太深的父爱之情。

3.运用层阅读

师:作者描写的场景深深地感动着我们每一个人,让我们感受到了浓浓的父爱。通过刚才的学习,我们知道作者在描写场景时会关注父亲的动作、神情、外貌,还会对环境进行描写。现在,就让我们来尝试一下这种写法,用两三句话写一个爸爸爱自己的场景。

(学生尝试写话)

师:同学写得很认真! 我们来交流一下!

生1:天空飘着细细的雨丝,寒风吹乱了我的头发,爸爸一手撑着伞,一手牵着我向校门走去。爸爸的手又大又温暖,手背有些龟裂。我抬头看看爸爸,他把伞向我倾斜,自己的肩膀已沾满了雨珠。

师:你写的是爸爸雨天送你上学的场景,写得很温暖,我们看到了爱你的爸爸。

生2:来到了楼梯口,爸爸立刻蹲下了身子,示意我趴到他的背上。爸爸吃力地站起身来,我一下子被抬高了许多。爸爸的背结实而温暖,让我很有安全感。楼道里有些暗,爸爸小心地迈着步子,手背在身后托着我。到了教室,爸爸把放下,头上已布满了一层汗。

师:你写的是前几天脚骨折,爸爸背你上楼的情景。同学们,哪个细节让你们很感动?

生:我觉得蹲下身子、吃力地站、手托着我、满头大汗这些细节特别打动我。因为看得出,爸爸背他上楼是很累的,可是爸爸没有怨言,给他带来很多安全感。

师:是啊! 和课文中写的一样,父亲坚实的后背能给予孩子最温暖的爱。同学们,这篇散文的题目叫《父爱之舟》,你们觉得这个题目取得怎么样?

生1:我觉得这个题目很简洁。

生2:我认为整篇文章是以"小舟"为线索写的,所以这个题目紧扣主题。

生3:我觉得这个题目取得很有诗意。

师:是啊！这就是散文的特点,充满诗意。这只小舟已经不是一般的交通工具了,而是父爱的一种象征,里面承载着浓浓的父爱。散文的题目往往是文章的画龙点睛之笔。这节课我们就上到这儿,下课!

(四)案例分析

吴冠中的散文《父爱之舟》尽显散文的意境美、情感美、语言美,具有鲜明的散文特征。教师在教学这篇课文时,紧扣散文的文体特征,引导学生在与文本深度对话中体会"理趣"意味。

1.以思寻趣,感悟主题。

散文的"理"就是高度情感化的生命感悟,"趣"就是透过"象"感悟"理"的过程。《父爱之舟》的"象"就是姑爹的这只小渔船。在作者眼里,这只渔船不只是一个交通工具,而是承载着浓浓父爱的精神寄托。父爱这一深邃主题和生命感悟是通过"舟"这一具象的事物来表现的。在教学中,教师抓住"舟"这个"象"巧设"理趣"问题——"为什么这只渔船很破旧,却是作者倍感亲切和难忘的?"旨在培养学生分析、综合、评价的高阶思维。在呈现的教学实录中,学生认真研读作者描写的场景,找到了一个个体现父爱的画面。在充分的师生对话、文本对话中,学生逐渐建立了父爱(理)与舟(象)之间的关系,透过语言文字的"象"感受到了父爱情深。

作文文学体裁的散文具有许多"未定性"和"空白点",这是散文意境化的一种表现。在整个教学过程中,教师用"作者能不能把载着父爱的小舟画出来?"这一充满想象、思辨空间的问题引导学生展开创造性的阅读,充分激发了学生创造性思维的生成与发展。从学生的回答来看,无论能画与否,理由都是精彩纷呈,而且直击本文"父爱"的主题。我们可以清楚地看到,学生在创造性地思辨阅读过程中,生命状态是积极的、开阔的。"理趣"课堂所提倡的就是让学生体会思维的乐趣,体会生命在文本阅读中的顿悟。

可以说,《父爱之舟》的教学充分激发了学生的思维,让学生在自我发现中感悟到了散文所蕴藏的主题。

2.以情寻趣,体会情感。

散文重情,《父爱之舟》的情就是浓浓的父子情。成功的散文写情,一定是普世的情,是能引发普罗大众同感的情。"理趣"课堂注重情感激发,作者情动

而辞发,读者情动而悟辞。在《父爱之舟》的教学中,教师非常注重学生情感的激发。在引导学生充分感受文中父亲在小船上弯腰低头给作者缝补棉被的场景后,教师立刻激活学生的生活经验,引导学生回忆生活中能体现父亲爱的背影的场景。这个推动是将文本与生活进行勾连,让学生产生现实的意义,去文本中寻找自己的影子。从学生的回答来看,确实很精彩。有的回忆父亲早出家门辛苦工作的背影,有的回忆父亲为自己学扎辫子的背影,有的回忆自己骨折时父亲送到教室后转身离去的背影。一个个实际生活场景的唤醒,让学生与文本产生了强大的情感共振。这正是"理趣"课堂所提倡的让学生以情寻趣,尊重了儿童阅读生命的发展特征。

3. 以文寻趣,领悟表达。

作为散文,《父爱之舟》的语言极富意境美。尤其是表现父爱的场景描写,朴实中透露真情。在教学一开始,教师先引导学生用一句话分别概括作者梦中出现的场景。这个教学动作帮助学生建立了对文本的整体感知。在概括完场景之后,教师追问了学生一个问题:"通过对场景的梳理和概括,你发现这篇散文有什么特点吗?"这个问题其实关注了散文的表达方式和创作手法,但是教师没有很生硬地让学生体会,而是借《父爱之舟》这个学生已经建立整体认知的语言形象引导学生进行感知。从教学实录可以看出,学生对文本的感觉非常敏锐,形成了"像看电影一样,场景彼此联结""首尾呼应,有梦境之感"等颇具个性化的理解。

在思辨层阅读中,教师引导学生深入体会每个场景中的细节描写,如,父亲背作者上学、父亲舍不得吃豆腐脑、父亲给作者缝补棉被等。与文本细节的深度对话既是对主题思想的探寻,也是为运用层阅读尝试描写父爱场景做方法上和情感上的铺垫。学生的场景描写是很出色的,爸爸雨中撑伞送自己上学,爸爸背孩子上教学楼,学生通过迁移人物动作、神情描写,还有环境描写,把浓浓的父爱刻画得感人至深。

《父爱之舟》的教学充分展现了"理趣"课堂重理、重思、重情、重趣的特点,完美地贴合了散文的文体特征,上出了散文味!

第 五 节

"理趣"视角下的诗歌阅读教学

　　诗歌是一种重在抒情的文学体裁,按照一定的音节、声调和韵律的要求,用凝练的语言、充沛的情感及丰富的现象来高度集中地表现社会生活和人的精神世界。以五四运动为界,诗歌可分为古诗和新诗,新诗即为现代诗。按古诗的音律分,可分为古体诗(古风)和近体诗。古体诗与近体诗的划分可以唐代为界,唐代新出现了近体诗,唐代以前与近体诗相对的诗歌体裁被称为古体诗。古诗与现代诗相比,在格式上更严谨,讲究押韵、语言凝练、意境优美,更善于运用比拟、夸张、借代等表现手法,而现代诗在格式和表达上更自由。

　　作为一种能将中国汉字艺术之美发挥到极致的文学体裁,诗歌历来被小学语文教学所推崇。《语文课程标准(2011年版)》在小学阶段的三个学段都明确提出了诗歌教学的具体目标。统编版小学语文教材更是大比例增加诗歌数量,以此来加强中国传统文化的传承,增强民族自信、文化自信。同时,诗歌在审美教育功能上也发挥着至关重要的作用。在小学阶段,现代诗歌还未大量出现,只是略有涉及,而古诗数量众多。因此,本节所讨论的范围确定为古诗的阅读教学。

一、古诗文体特征简析

(一)意蕴丰富,意境唯美

　　编入小学语文教材的古诗都是名家名作,这些诗人都具有极高的人格境界,所作诗歌自然也自成高格。有忧国忧民的爱国之作,如陆游的《示儿》;有珍惜友情的送别之作,如李白的《黄鹤楼送孟浩然之广陵》;有充满思辨的哲思

之作,如苏轼的《题西林壁》;有充满闲趣的田园之作,如范成大的《四时田园杂兴》。这些诗歌题材广泛、或揭示人生哲理,或展现人格境界,或表现人生趣味,意蕴丰富。

"意境"是指诗中所描绘的生活画面与作者思想感情融为一体而形成的艺术境界。古诗用词凝练,以最富有特征的具体事物、最有意义的场景为"象"寄托诗人丰富的思想感情。诗中之"象"被高度人格化、情感化后,成为一种营造意境的固有"意象"。比如,"明月"本是一个具体事物,是一个物理意义的存在;但在古诗中,"明月"已经固化一种"意象",营造出唯美的意境,抽象出特有的情思。"举头望明月,低头思故乡"中的"明月"是思乡之情;"月落乌啼霜满天,江枫渔火对愁眠"中的"明月"是张继漂泊他乡的惆怅之情;"人生代代无穷已,江月年年望相似"中的"明月"是张若虚对宇宙永恒的领悟;"明月松间照,清泉石上流"中的"明月"是王维空灵的内心世界。

中国的古诗就像一幅中国画,追求意境,存有留白。在"意象"的勾连中,古诗存在大量"空白处",引人遐想。如,王维的《山居秋暝》"空山新雨后,天气晚来秋。明月松间照,清泉石上流。竹喧归浣女,莲动下渔舟。随意春芳歇,王孙自可留"这首诗,以景物的动静描写为勾连,把秋天傍晚的山景刻画得如一幅画。"空山"里有什么? 归来的浣女会说笑什么? 这些"留白处"给读者带来无限的想象空间。

(二)情感充沛,借景抒情

诗歌是抒情的文学体裁,无情不成诗,情动而诗成。古诗重在意境,诗人作诗一般不直抒胸臆,而是借景抒情。"一切景语皆情语","情"和"景"在诗中关系密切,相得益彰。如李白的《黄鹤楼送孟浩然之广陵》一诗,"故人西辞黄鹤楼,烟花三月下扬州。孤帆远影碧空尽,唯见长江天际流",表达了诗人李白对好朋友孟浩然的深深惜别之情,然而诗人却没有"惜别"二字。李白抓住了"朋友所坐之船消失在长江水天相接的地方"这一景象来表达自己的送别之情,留下了旷达悠远的意境。

诗中的景是"象",诗人作诗就是把自己的内心情感投射到"象"上的过程。在诗歌的抒情方式中,客观景物明显地涂染上诗人浓郁的主观感情色彩。于是,相同的景物在不同的情感投射下,就有了不同的韵味。如"明月松

间照,清泉石上流"中的"明月"反映出王维寄情山水,怡然自得的心情;"月落乌啼霜满天,江枫渔火对愁眠"中的"明月"则反映出张继的羁旅之思、家国之忧,以及身无归宿的忧愁。

诗人在诗中除了表达一定的情绪、情感外,还会表达高尚的情志,以彰显自己高洁的人格。托物比兴是一种比较特殊的情景交融方式。诗人把自己的情志隐晦地寄托在物象之上,主要表现在咏物诗中。这类诗把状物和抒情结合起来,咏物言志,托物寄兴。如,于谦《石灰吟》就是一首咏物诗。这首诗字面上是咏石灰,实际上是托物寄怀,表现了诗人积极进取的人生态度和大无畏的凛然正气。

(三)语言优美,用词传神

语言优美是古诗的重要特征,是其他文学体裁望尘莫及的。古诗的语言美体现在节奏和押韵上。节奏指古诗在朗读时有规律的停顿,而押韵指古诗在某些句子的结尾处会出现韵母相同的字。一定的节奏与韵脚,使古诗朗读起来有一种音乐的美感。周汝昌在《唐宋诗词鉴赏讲座》赞道:"音乐性极强,节奏性特美,乃是世间千种语文的唯一的一种'诗的语文',无与伦比!"

古诗的用词极其凝练、传神,尤其是诗眼,更是诗人反复斟酌而成。在古诗中,往往有一字会起到画龙点睛之功效。比如,宋朝王安石在《泊船瓜洲》中写到"春风又绿江南岸,明月何时照我还?"一句中的"绿",诗人反复尝试用过"入""过"等字,最后决定用"绿"字,不仅表明"绿色",还有"吹绿了"的意思,将春风拟人化,更增添了动态美。更为重要的是,"绿"字表现出王安石再次入朝任宰相的欣喜与期望。再如,叶绍翁写的《夜书所见》,"萧萧梧叶送寒声,江上秋风动客情"中的"客"字生动地表现出作者漂泊流浪、孤寂惆怅的思乡之情。这些诗眼可谓是一字拨千斤,像一个支点撬起了诗人的情感。

善用修辞手法也是古诗语言表达的显著特色。古诗常用的修辞方法有比喻、夸张、通感、用典等。修辞的运用使古诗的表达效果出神入化,产生一种只可意会、不可言传的美感,使整首诗形神兼具,文采飞扬。如李白《望庐山瀑布》中的"飞流直下三千尺,疑是银河落九天",这处夸张的写法不但表现出了庐山瀑布飞流直下、从天而降的雄伟气势,也表现出了李白奔放洒脱、豪迈不羁的人生境界。

二、"理趣"视角下古诗阅读教学的目标制定与实施

"理趣"这一审美概念最早源于诗歌评论,因此,"理趣"视角下的古诗阅读教学自然而然能把古诗中的"理趣"意味给激发出来。

(一)感悟诗中之"理",发展想象能力

古诗通过"意象"的描写表现自然之理、社会之理、人生哲理和人格境界,在教学目标制定上,教师要着眼揭示"意象"背后的"理"。诗人往往借景抒情,教师就要引导学生"顺景悟情"。

"顺景悟情"的本质是发展学生从现象分析内涵的高阶思维品质,这其中的抓手便是想象能力的培养。在语文课程标准中,三个学段的阅读目标与内容都提到了要发展学生阅读古诗的想象能力。这是因为,古诗在表达上具有含蓄、跳跃的特点,这就给古诗形成了许多文学上的"空白处"和"未定点",这为学生展开丰富的想象提供了广阔的空间。以宋朝苏轼写的《题西林壁》为例,诗人前两句先写庐山的景"横看成岭侧成峰,远近高低各不同",后两句"不识庐山真面目,只缘身在此山中"巧妙地揭示身在此山、不识真面目的人生哲理。在教学时,教师要引导学生抓住前两句写景的句子,充分展开想象,想象从不同角度看庐山所形成的视觉感受。教师还可以引导学生回想自己登山时因为观察角度不同而形成的不同感官。想象的过程是将抽象文字具象化的过程,具象的画面更有利于学生理解全诗所蕴含的"当局者迷,旁观者清"的哲理。所以,从"理趣"课堂认知目标制定的角度看,古诗阅读教学应该侧重想象、创造思维的培养,教师要引导学生抓住诗中的"象",通过想象的方式探究"象"中蕴藏的"理"。由"象"探"理"、顺景悟情的过程因为思维的参与,而变得充满趣味。

(二)加强情感体悟,落实立德树人

"立德树人"是学生素质培养的根本目标,从古到今,我们的教育历来把培养学生的道德修养摆在首位。古诗作为中国独有的文学体裁,反映了中国的传统文化,集中体现了中国人的精神境界和审美趣味。无论是表达家国情怀,还是人之常情,诗人都是通过诗歌所独有的表达方式来展现自己的高尚人格和精神追求。

对于还处于形象思维为主阶段的小学生来说,对其进行生硬、抽象的道德灌输是不科学的做法。而借助古诗这一形象化的文学形式来着眼于学生道德感的培养是一条生动的路径。在古诗中,诗人也并非对道德一味说教,而是借形象化的意象来抒发情感,通过个体化情感的表达,来传递对道德修养和高尚情操的抽象概括。"理趣"视角下的古诗阅读教学应充分注重情感目标的制定与实施。情感目标不仅仅关注情绪、感情,还要上升到对诗人情志的体悟。教师要充分调动学生的生活,努力使儿童生活与诗的意境产生交集和共鸣。在"理趣"课堂中,道德感的培养是通过情感的体悟来实现的,只有这样才能让学生体会到道德审美的乐趣。

比如,宋朝诗人林升的《题临安邸》揭露了南宋当权者终日歌舞升平、懒于朝政的生活作风,对当权者提出了南宋将重蹈北宋覆辙的警醒。"天下兴亡,匹夫有责",关心国家生死存亡是中国古代文人的道德追求。然而,对小学生讲这些道德追求是很难的,因为学生并没有生活在那个年代,是无法在具体情境中体会道德所包含的价值的。教师应该先抛开道德说教,从情感入手,努力把学生情感的阀门打开。教师可以大量补充北宋灭亡的史料,同时呈现南宋当权者昏庸无能、苟且偷安的背景资料,最后呈现南宋灭亡的事实。三次资料的呈现,再配上动情的背景音乐和教师精心设计的导语,就能让学生充分感受到诗人林升并非无病呻吟,而是对国家命运的真切关心,从而深刻理解"暖风熏得游人醉,直把杭州作汴州"的含义。只有当学生的情感被激发,并能虚拟地进入古诗的具体情境,学生才能很好地体悟诗人林升"将天下为己任"的道德境界。学生也就是在《题临安邸》这首诗的学习中,遇见了具体的人,遇见了具体的事件,从而在形象化的认知中理解了道德境界这一抽象概念。学生正是通过一首首古诗,逐渐丰盈自己的精神世界,建构起自己崇高的道德修养与审美情趣。

(三)关注诗性语言,促进审美迁移

古诗的语言表达方式不同于其他文学体裁,具有高度凝练、传神的特点,富有音乐的韵律美,能给读者带来唯美的画面感。这些语言表达特点是古诗所特有的,可称为诗性语言。"理趣"视角下的古诗阅读教学追求对诗性语言表达形式的感受与领悟,主张在诗性语言表达之理的探索中感受语言文字的独

特魅力。同时,在诗性语言的感悟中,教师要注重培养学生发现诗性语言的表达规律,促进学生诗性语言审美鉴赏能力的提升。

例如,孟浩然的《宿建德江》"移舟泊烟渚,日暮客愁新。野旷天低树,江清月近人"这首诗中,"愁"是诗人当时拥有的情感,也是本首诗的情感眼。诗人在语言表达上很有特色,以"日暮"表明时间,以"明月"这个意象营造宁静悠远的意境,表现出诗人漂泊他乡的羁旅之思。教师在教学这首诗时,要引导学生发现"愁"的情感是通过"日暮""明月"这两个意象来表现的,这些具有意境美的意象并非偶然之笔,而是古诗所特有的诗性语言。比如,张继的《枫桥夜泊》"月落乌啼霜满天,江枫渔火对愁眠。姑苏城外寒山寺,夜半钟声到客船"这首诗也是表达了作者漂泊他乡的羁旅之思。这首诗也同样出现了"愁"这个情感眼,也出现了"明月""夜半"的意象。这不是两首诗的巧合,而是诗性语言的审美共性。一个漂泊在外、旅居他乡的人只有到夜深人静,明月高挂的时候,才容易生出思乡的情感,这种情感在大白天是不太容易出现的。因此,"日暮""夜半",尤其是"明月"这些描写已经成为表现羁旅之思的固定意象。"理趣"视角下的古诗阅读教学就应该引导学生发现诗性语言的规律,培养学生的审美能力,在目标制定上要突出"群文"特点,注重审美能力的迁移。

除此之外,诗性语言还具有独特的音乐美,这是其他文学体裁不具备的。因此,在教学目标的制定中,教师要充分考虑让学生有充足的朗读机会。只有在朗读过程中,学生才能深刻体会到诗性语言的音乐美。在必要的时候,教师还可以亲自示范诵读,或引入名家诵读,增强诗性语言学习的趣味性,让学生更好地体会诗性语言的独特魅力。

三、古诗阅读教学案例举隅

古诗篇幅短小、语言凝练,在表达某一类情感时也会采用相似的表现手法。因此,基于古诗的文体特征,教师可以把具有相同基因的古诗进行组合,形成古诗的文本群实施教学。从小学语文教材对古诗内容的编排特点来看,一般都把三首左右的诗词根据某一主题或是某一语文要素进行组合,这也给古诗的群文教学提供了有力支撑。当然,"理趣"视角下的古诗阅读教学,教师可以根据不同的意蕴、不同的情感和不同的诗性语言对古诗文本进行创造性

的分类,使教学更富有"理趣"意味。

(一)文本简析

送别诗是古诗题材中的一个大类,古人没有现代人如此发达的通信工具,朋友之间的离别也许是一生的告别。因此,诗人在送别自己的朋友时,内心总会泛起浓浓的不舍之情。这种不舍既是对朋友的难舍,也是文人之间的惺惺相惜。在中国古代文人眼中,对朋友怀有真挚的情感是一种崇高的精神追求。小学阶段,送别诗出现的频次是比较高的。教师可以选择其中的两到三首送别诗进行组合,形成文本群,引导学生发现送别诗的独特魅力。

《芙蓉楼送辛渐》《黄鹤楼送孟浩然之广陵》《送元二使安西》就是送别诗的代表之作,将这三首送别诗组成文本群,对学生理解送别诗的精髓有很大好处。从三首诗的题目来看,就具有送别诗的特点。送别诗的题目一般都会写明送别的地点、送别的朋友或朋友的去处。这三首送别诗都以写景为切入点进行描写。"寒雨连江夜入吴,平明送客楚山孤""故人西辞黄鹤楼,烟花三月下扬州""渭城朝雨浥轻尘,客舍青青柳色新"景物描写衬托出诗人送别友人时的不舍之情,"寒雨""朝雨""烟花"都渲染出不舍的惆怅。景色的描写只是引子,三首诗的后两句则是送别之情的全盘托出。诗人在抒发情感时都紧紧抓住某种具象,如,《芙蓉楼送辛渐》中的"冰心""玉壶",既表现了友情的高洁,也表明了诗人崇高的精神追求;《黄鹤楼送孟浩然之广陵》中的"孤帆",表现出了诗人对孟浩然这位朋友的钟情;《送元二使安西》中的"酒",则表现出离别时的难舍难分。三首送别诗借景抒情,画面感强,是送别诗中的佳作,也是引导学生感受友情的好例子。

(二)素养指向目标

1.认知目标

(1)能结合创作背景和注释,理解三首送别诗的大致意思。

(2)对三首诗进行比较阅读,分析送别诗借景抒情的特点。

(3)借助重点词句,想象诗人描绘的送别现场。

2.情感目标

(1)抓住诗中的具体形象,感受游人离别时依依不舍的情感。

(2)能联系自己的生活实际,回忆自己与好朋友离别时的场景,深刻感受

友情的珍贵。

(3)感受古代文人崇尚友情的精神追求,并对这样的价值观形成向往。

3.审美目标

(1)认真研读三首诗描绘的送别场景,体会送别意象所营造的意境美。

(2)能反复朗读三首诗,通过欣赏《阳关三叠》进一步感受诗性语言的意境美和音乐美。

(三)课堂重现

《送别诗一组》教学实录
(节选)

师:通过刚才的学习,我们已经理解了诗的意思。现在,我们再把这三首诗放在一起好好研究研究,看看你能发现什么共同点吗?

(学生认真默读、圈画)

师:同学读得很认真,我们来交流一下!

生:我发现了这三首诗的题目很相似。写明了送别的地点、送别的人。

师:能不能具体说说?

生:第一首诗《芙蓉楼送辛渐》,送别的地点是"芙蓉楼",送别的友人"辛渐"。第二首诗《黄鹤楼送孟浩然之广陵》,送别的地点是"黄鹤楼",送别的友人是"孟浩然";第三首诗《送元二使安西》,送别的人是元二。

师:那第三首诗中,作者是在哪里送元二的?

生:是在渭城的旅店。

师:你们怎么知道的?

生:因为这里写到了"渭城朝雨浥轻尘,客舍青青柳色新"。

师:你们很会发现。虽然第三首诗的题目中没有写明送别的地点,却可以在诗句中找到作者的送别地。

生:我发现后面两首诗都写明了朋友要去的地方。孟浩然要去的地方是"广陵",元二要去的地方是"安西"。

师:又是一个很好的发现。那第一首诗写到朋友要去的地方了吗?

生:我发现诗的第二句写到了"烟花三月下扬州",朋友要去的地方是"扬

州"。

师:我们来梳理一下。诗人写送别诗,基本上都会在诗题中写明送别的地点、送别的朋友或朋友要去的地方。如果缺少了一处,作者一般都会在诗句中提到。同学们有没有发现,诗人送别的地点有没有共同点?

生:我发现当在什么楼送别的时候,作者就把这个楼的名字写在题目中。如果在旅店送别,地点就不会出现在题目中。

师:这真是一个有趣的发现!"芙蓉楼""黄鹤楼"都是天下名楼啊!登楼眺望,美景尽收眼底,是文人墨客流连之处。在这些名楼送别,体现出了诗人们高尚的审美情趣!

师:除了诗题,你们还有什么发现?

生:我发现了三首诗都对景色进行了描写。

师:我们来看看三位诗人都写了哪些景色?

生1:第一首诗中,诗人写了晚上下的雨,还有楚山。

生2:第二首诗写了黄鹤楼,还有烟雨朦胧的扬州。

生3:第三首写了早上下的雨,还有柳树。

师:把三首诗的景物联系起来看,你们有什么发现?

生1:我发现都写到了"雨"。

生2:我发现分别写了寒雨、烟雨、朝雨。

师:是啊!你们的发现很了不起。那么,你们有没有想过为什么诗人都把"雨"这种景物写进送别诗呢?

生1:我觉得这是因为和好朋友告别的时候,心情是不舍的,甚至会有失落的感觉。而下雨天,人们的心情也是有些淡淡惆怅的。

生2:我觉得下雨天带有一种诗意,写雨就给离别带来了一种诗情画意。

师:你们说得很有道理。在生活中,你们有送别好朋友的时候吗?

生1:有一次,学校搞结对联谊活动,有一个外地同学来我家住。她在我家住了两晚,我们成了好朋友。第三天,我们在学校告别。当时我们感到特别不舍,难受得都流泪了。

师:当时下雨了吗?

生1:没下雨,不过天阴沉沉的。

师:那快要下雨了。

(学生哈哈大笑)

生2:去年,我们班有个同学要转学了,他最后一天来学校时,我们几个好朋友都很不舍。我们还送给了他很多礼物。当时,窗外飘着丝丝细雨。

师:是啊!说得多好!自古离别多伤感,一切景语皆情语啊!作者表面是在写"雨",其实写的是心中的不舍啊!请大家自己好好读读三首诗中描写景物的句子。

(学生自由练读,个别朗读,集体朗读)

师:刚才我们从三首诗的前两句景物描写中感受到了离别的不舍之情。除此之外,你们还从什么地方感受到了不舍的情感?

生:我发现第二首诗中写到"孤帆远影碧空尽,唯见长江天际流",这就表明李白一直望着朋友远去的方向,直到朋友的船消失在水天相接的尽头。

师:是啊!这是多么深的情意啊!在生活中,你们有没有送朋友一直送到看不见啊!

生1:我送的不是朋友,是爸爸。有一次,爸爸要去新疆出差,而且一去就是半年。当时,我和妈妈一起去机场送爸爸。我们的心中都很不舍。爸爸告诉我要听妈妈的话,还嘱咐我用心学习。后来,爸爸走进了安检的地方,我和妈妈就一直望着爸爸的背影,一直到看不见为止。当时,我的眼里都充满了泪水。

师:说得多么深情啊!虽然不是朋友情,但让我们感受到了浓浓的亲情。

生2:我有送朋友的经历。暑假里,我参加了一个夏令营。在夏令营中,我结识了一个好朋友。我们一起吃饭,一起玩,很快建立了深厚的友谊。可是,美好的时光总是非常短暂,半个月后我们就要分离了。那天,我们都在学校门口等爸爸妈妈来接。好朋友的爸爸妈妈先来了,我和他彼此道别。我一直看着他把行李放到车上,看着他关上车门,看着车消失在路的尽头。当时,我的内心非常不舍!

师:听了你们的讲述,我被感动了。送别之情,古已有之,即使到了今天,我们也怀有同样的心情。所以,当我们现在再来看这个"尽"字时,你一定会有更加深刻的感悟。你们能读出这种情感吗?

（学生朗读）

师：同学读得很深情！你们还有发现吗？

生：我发现了这个"孤"字，在长江上肯定不止朋友坐的那一只船，而此刻在李白眼里就只有朋友的船，看来朋友间的情谊很深。

师：是啊！长江可是重要的交通要道。每天，长江上都会有许多船只往来。而在作者的眼中，只有好朋友坐的这只船才是寄托浓浓情感的。你们发现了"尽"，又发现了"孤"。这两个字在其他两首诗中出现过吗？

生1：在《芙蓉楼送辛渐》中有"平明送客楚山孤"的"孤"。

生2：在《送元二使安西》中有"劝君更尽一杯酒"的"尽"。

师：对于这两个字，你们有什么理解？

生1：我觉得"楚山孤"体现了王昌龄送别朋友后会感到有一种孤独感，所以在他眼中楚山是孤独的。

生2：我认为王维在送别元二时，把情意都放在酒里了，所以他让元二把酒喝尽。

师：体会得好！酒的谐音是"久"，而"柳"的谐音是"留"。连在一起就是"久留、久留"。古人在和朋友告别时，经常以酒相待。在《送元二使安西》这首诗中，元二是要出使安西，面对阳关外的边疆，一杯酒也许就是最好的伴侣。这杯酒里深藏着王维对好友元二的情意，也藏着一丝豪情壮志。

（学生恍然大悟，纷纷点头，眼中闪现出灵动的光芒）

师：其实，在古诗中，诗人往往会抓住一些具体的事物来表现自己的心情。通过这些事物，我们就能走近诗人的内心世界。《芙蓉楼送辛渐》这首诗中还出现了一种事物，那就是"玉壶"。你们知道是什么东西吗？

生：我知道是玉做的壶。

师：那冰心呢？

生：是像冰一样的心。

师：连在一起就是"玉壶中装着像冰一样的心"。对于"冰心玉壶"，我们来看一段资料。

◇自从开元宰相姚崇作《冰壶诫》以来，盛唐诗人如王维、崔颢、李白等都曾以冰壶自励，推崇光明磊落、表里澄澈的品格。诗人以晶莹透明的冰心玉壶自喻，正是基于他与洛阳诗友亲朋之间的真正了解和信任。诗人从清澈无瑕、

澄空见底的玉壶中捧出一颗晶亮纯洁的冰心以告慰友人,这就比任何相思的言辞都更能表达他对洛阳亲友的深情。

师:读了这段资料,你们体会到了什么?

生1:我体会到诗人具有高尚的品格,就像冰壶一样纯净透明。

生2:我觉得只有好朋友之间才会表露内心的志向,诗人一定觉得辛渐能读懂自己的志向,所以才把自己的志向向他表露。

师:是啊! 送别诗不仅表现了离别的不舍,更表达了朋友间相投的志趣。读懂自己内心的才是真朋友! 让我们再次深情朗读这三首诗!

(学生朗读)

……

(四)案例分析

《送别诗一组》中的三首送别诗借景抒情,出现了许多送别诗特有的意象。"理趣"视角下的古诗阅读教学充分把握住古诗的文体特征,紧扣意象,煽动情感,深悟主旨,感受语言,让学生深刻体会送别诗依依不舍的离别之情和诗人高尚的品格。

1.注重培育学生道德素养。

以古诗培育学生道德素养是符合儿童心理发展的,也是符合古诗文体价值的。送别诗初看是写离别之情,细看则有更深的意味。在教学中,教师先让学生明确三首送别诗所写明的送别地点、送别人物和友人要去的地方。这是基本层面的目标,也是教师一般会操作的教学动作。但是,在"理趣"视角下,教学只是停留在这一步,并没有把古诗的"理趣"给激发出来。在教学实录中,我们可以非常清楚地看到,教师让学生先想一想,送别的地方有什么共同点?这个问题就是充满"理趣"的设问。学生通过比较分析发现,送别诗中,送别的地点往往是一座楼,而且如果是在一座楼送别,作者都会把楼的名字写在诗题中。这难道是巧合吗? 并不是。教师及时补充资料,告诉学生芙蓉楼、黄鹤楼都是名楼,还告诉学生登楼观景能放眼四望,豁然开朗。文人墨客喜欢登临天下名楼,源于心中对高尚品格的追求与向往。诗人将送别地点放在芙蓉楼和黄鹤楼,表明的是崇高的精神境界和审美意境。

在教学中,教师还在富有"理趣"的诗句上引导学生反复体会深意。比如,

教师引导学生发现"洛阳亲友如相问,一片冰心在玉壶"这一诗句,在学生的认知世界里,对冰心玉壶是很难理解的。此时,教师适时补充了关于冰心玉壶的历史资料,一下子提升了学生对诗句的理解。学生逐渐感悟到朋友送别之所以会如此不舍,是因为朋友之间具有相同的、崇高的志趣。"相识满天下,知音能几人",只有志趣相投,才能成为真正的朋友。也正是因为志趣相投,才使离别充满文人的惆怅。因为,一旦离别,就可能无人倾诉理想。

"理趣"视角下的古诗教学不能只浮在表面看问题,而要深入文本,看到古诗中深层的"理"。这个"理"能引领学生精神世界的发展,能培育学生崇高的道德修养,并且,在道德培育的过程中又充满思考和发现的乐趣。

2.注重发展学生高阶思维。

培育学生高阶思维是"理趣"课堂的价值取向之一。古诗的主题深藏在具体的意象中,学生要在真正意义上读懂古诗,就需要学会思考,在探索中感悟主题。在教学中,教师非常注重学生高阶思维的培育。这一点,从教师的设问就可见一斑。如,教师会问"从这些景物中你们发现了什么共同点?"这个问题的设计就把学生的思维引向了比较、分析、综合的高阶思维。学生们通过反复研读诗句,发现了作者在写送别之情时都写到了"雨",三首诗分别是寒雨、烟雨、朝雨。教师并不满足,而是继续进行"理趣"式的追问"写离别之情为什么要写雨?"这个追问进一步促发了学生的高阶思维。学生的回答非常精彩,体会到了"雨"不只是物理意义上的"雨",更是心理层面上的"雨","雨"表现出了离别的惆怅和不舍。令人更为惊讶的是,当教师给予学生充分思考的时候,学生还能体会到"雨"是一种意境美,给送别带来了诗情画意。

从教学实录来看,教师以"雨"为突破口,让学生领悟到了离别情感的表达是借助一些景物来完成的。接着,教师又引导学生寻找其他能反映离别情感的景物。在教师的引导下,学生对"楚山孤""柳色新""一杯酒"有了更深层次的理解。

"理趣"课堂向来注重让学生通过一定的思维过程去自主发现阅读文本中所蕴藏的"理"。自己发现与教师告知,学生所获得的学习体验是不同的。自己发现充满了探究的乐趣,当学生通过阅读文本感悟到深层含义后,所拥有的快乐是任何方式不能比拟的。

3.注重激发学生生活情感。

古诗集中反映古人的生活,同时又反映文人的意趣。小学生只是儿童,而且是生活在现代社会的儿童,如果只让学生在古诗文本里绕圈圈,就无法深刻领悟诗人所要传递的情感。

"理趣"视角下的古诗阅读教学非常注重学生生活经验的激发,只有把学生生活经验激活,让学生与诗人产生情感共鸣,感悟才有可能发生。在引导学生感悟"雨"这个意象时,教师让学生回忆自己送别好朋友的场景。学生描述了送别外地结对朋友和送别转学同学的场景,并且还描述了送别时的天气,一个是阴天,一个雨天。这个教学动作看似简单,但折射出了尊重儿童的教学观。在儿童世界里,不会在名楼送朋友,不会像诗人一样在送别时表达自己崇高的志趣,但送别的情感是相通的。教师让学生回忆送别场景,其实就是激发学生情感,以便学生更好地理解诗句中所饱含的送别之情,同时也对"雨"这个意象进行深度化的品读。

4.注重反复品味诗性语言。

关注语言表达形式,从语言表达形式中感受文法的美也是"理趣"课堂所努力追求的境界。古诗的语言是美的,对古诗的语言进行反复品味是"理趣"视角下古诗阅读教学的重要特征。这三首送别诗在语言表达上都很有特色,教学中,教师也很好地捕捉到了这些诗性的语言。如,教师引导学生深入体会了"孤"和"尽"字。先让学生发现"孤"和"尽"的表面意思,再引导学生体会这两个字的深层含义。通过教师的点拨,学生就发现了"孤"体现了诗人送别时不舍的心情,而"尽"则表现出诗人一直将好朋友送到看不见为止,还有把情感都融入酒,尽情地表达送别之情。教师还巧妙地揭示了"酒"是"久"的谐音,"柳"是"留"的谐音,让学生恍然大悟。整堂课,处处可见教师对诗句中重点词语的点拨。

"理趣"课堂所提倡的"理",一是主题之理,另一个则是语言之理。语文课堂是人文性与工具性的高度统一。只重人文,忽视语言,语文味丢失。只重语言,忽视人文,文化味丢失。只有把人文性和工具性科学、艺术地统一起来,才能上出真正有语文味,有文化味的语文课。统编小学语文教材非常重视传统诗词教学,教师可以大胆创新,以"理趣"视角适当重组古诗词,便于学生对某一种人文意蕴或诗性语言形成深刻体会。

第四章

『理趣』视角下的专题阅读教学

第 一 节

专题阅读教学的内涵与价值取向

一、专题阅读教学的研究背景与内涵

(一)专题阅读教学的研究背景

一篇一篇教课文是语文阅读教学的常态。这种教学常态作为阅读教学传统,凝聚了一代又一代语文教育工作者的智慧和经验,在夯实基础知识和基本能力上有着重要作用。但是,这种教学常态也有其比较突出的弊端,阅读学习容易造成"只见树木不见森林"的局面,学生认知、情感、审美等素养的建构不够系统,比较碎片化。

面对这些问题,小学语文教材在编排上都非常注重以"主题"视角去构建单元学习内容。比如,人教版小学语文教材以"人文主题"为编排特点,一个单元聚焦一个人文主题,强化了课文之间的联系,使阅读学习更具人文向心性。统编小学语文教材充分吸收人教版教材的编排优点,并创造性地将"人文思想"与"语文要素"相结合,采用双主题结构进行编排,更加强化了单元课文之间的逻辑关联。统编小学语文教材还创造性地设置了"习作主题单元""阅读策略主题单元",从不同的主题视角构建单元阅读学习,为主题式学习提供导向与保障。

信息化时代,主题式学习、项目制学习、研究性学习已经成为学习方式的变革方向。这些学习方式提倡打破学科界限、课内外界限、学习伙伴界限,鼓励学生在高度开放、融合的情境下开展自主、合作、探究式的学习。STEAM课程是目前比较成熟的理工领域的融合性学习,科学、技术、工程、艺术、数学等

学科以主题、项目设计为主导,引导学生开展深入、综合、充满挑战的探究式学习过程。但是,在人文学习领域,文学、历史、地理、艺术等学科的融合却迟迟没有进展。由于长期以来受"教课文"思维方式的影响,有些教师比较缺少对阅读教学的主题式研究。老师们可能担心主题式阅读学习会让学生遗漏每篇课文的知识点、能力点。

另外,做到学科间融合,需要教师投入较多精力对各科教材进行分析、综合,需要围绕研究主题收集很多学习资源。老师们望而却步,情有可原。

老师们的担心有一定道理,但是,如何更进一步地转变教师主导者、灌输者的角色定位,更进一步地发挥学生主体,是语文教学改革始终亟待解决的问题。

从阐释学理论的角度看,阅读是读者与作者共同创造文本意义的过程,这个过程具有很强的创造性和自主性,同时也具有个性化。阅读教学应该是教师、学生和作者、文本共同对话,产生认知、情感、审美感受的过程。教材中的课文只是一个个生动形象的例子,通过例子学生感悟人文意蕴,领悟表达秘妙,展开思维过程,体会学习乐趣。那么,在提倡跨界、融合、自主学习方式的时代背景下,在统编教材倡导"人文主题"与"语文要素"双线并进的教材形态下,教师既可以顺势而为,以教材已有主题为线索,展开凸显单元主题思想的阅读教学;也可以大胆地将这些课文根据一定逻辑进行重新组合,提供给学生一种全新的学习视角,让学生经历一次全新的学习尝试。专题阅读教学的研究充分尊重教材,又提倡创造性地使用教材,是与学习方式变革相呼应的阅读教学实践。

(二)专题阅读教学的内涵

专题阅读教学是指教师按照某一学习专题对阅读教学内容进行创造性的挖掘和重组,形成新的学习组块,引导学生以专题为目标,以学习组块为内容,开展自主、探究、合作式的阅读学习。

专题阅读教学的前提是教学需要有一个明确的"专题"。"专题"可以根据某一逻辑来制定,如学习某一种阅读策略、感悟某一种人文思想、认识某一位著名作家,等等。

"专题"阅读教学不同于"单篇"阅读教学。"专"虽然也是"专一"的意思,但是,这个"专"却体现出阅读教学内容的复杂性、生动性、融合性。而"单"则体

现为唯一性、排他性、封闭性。在"专题阅读教学"中,在一定逻辑下进行重组的阅读教学内容是以"学习组块"的形式存在的。正如搭积木一样,长方体、正方体、圆柱、圆锥、圆台等立体模块构建起了建筑体。专题阅读教学关注的是"建筑体",而单篇教学关注的是"某一立体模块"。

统编小学语文教材双线并举的教材形态,为专题阅读教学提供了实践可能。对于统编教材的教材形态,教师需要以"专题式"阅读教学思维,积极构建"专题式阅读"的教学形态,适当补充以单篇课文教学为主的阅读常态教学,进一步丰富学生的阅读学习形式。

统编教材在教材形态上的升级与创新,不是简单的内容创新,而是语文教学理念的创新、教学思维方式的创新。教师在"专题"设置上可以因时、因地、因人,进行个性化的创造。

专题阅读教学着眼于学习方式变革,是以学生自主、探究、合作的阅读学习方式展开的,教师只是专题的设计者,学习过程的指导者、参与者,学习成果的分享者。

二、专题阅读教学的价值取向

作为"理趣"视角下的专题阅读教学,其教学价值取向是与"理趣"课堂价值取向高度一致的。总体来说,可归纳为以下四点:

(一)教学内容的开放性

"专题"下学习组块的构建具有高度的开放性,可以围绕专题进行创造性的组合。

1.跨教材组合。

在小学语文教材中,每一个阅读文本(课文)都出现在教材的固定位置。第几册第几单元第几课,每篇课文都有属于自己的专属编号。这个编号有一定意义,比如反映了课文与单元之间的特定联系,反映了课文与儿童阅读心理发展阶段的关系。我们不可能把《小英雄雨来》篇幅这么长的小说放到三年级去学,也不可能把《金色的草地》放到六年级去上。我们更不可能在上小说单元时,突然插入一篇散文的教学。教材的编排是符合一定逻辑的,是体现思维发展序列的。教师应该充分尊重教材,要善于理解教材、利用教材,积极开展

专题阅读教学。

但是，有固定的位置并不代表教师不能对阅读教学内容做创造性重组。比如，统编教材中的《白鹭》《桂花雨》《父爱之舟》《月迹》都是散文，都抓住了"白鹭""桂花""小舟""月亮"等具体事物与意象来表达内心情感。虽然这些课文处在统编教材五年级上册的不同单元，但是教师完全可以进行跨教材重组，构建出散文教学的"学习组块"。以"文学体裁"的思路来展开专题阅读教学，统编教材有范例参考。六年级上册第四单元是"小说阅读单元"，《桥》《穷人》《在柏林》三篇小说组合成了单元学习内容。

再如，《花的勇气》《珍珠鸟》《维也纳生活圆舞曲》《刷子李》都是冯骥才的作品，虽然这些课文处于不同年段，但教师也完全可以将这些课文构建出冯骥才作品的"学习组块"，对冯骥才这一作家形成深入的认识。统编教材六年级上第八单元即为"走近鲁迅"主题单元，编者将《少年闰土》《好的故事》《我的伯父鲁迅先生》三篇鲁迅的作品与评价鲁迅的作品进行组合，为以"走近作家"为思路的专题阅读教学提供了有力参考。

"理趣"视角下的专题阅读教学把统编教材看作巨大的资源库。教师可以根据阅读学习目标深入挖掘单元学习价值，并对教材进行跨界处理，做有理可依的"乾坤大挪移"。当教师把阅读教学内容进行挪移和重组后，阅读教学就会呈现出特有的深度，提供给学生独特的思维视角，给予学生全新的阅读体验，从而感受到别开生面的阅读乐趣。

2.跨学科组合。

文字作为一种工具，从纵向看，记录了历史长河中的一切；从横向看，包罗世间万物的一切。因此，语文不能被看作一个学科，阅读更不能看作只和语文相关。"理趣"课堂提倡阅读学习的开放视角，主张无学科界限，一切皆可读。专题阅读教学所设定的专题，虽然"专"，但视角"广"，教学内容可以打破学科界限，实现跨学科的组合。同样以冯骥才写的文章为例，《维也纳生活圆舞曲》这篇文章除了具有语文要素的教学价值外，还涉及地理层面的风土人情，涉及历史层面的民族性格，更涉及维也纳的音乐艺术。《刷子李》这篇文章除了能引导学生感受小说情节的一波三折，描写的细腻生动之外，还可以引导学生充分感受天津的历史与文化，天津人的集体性格和津味语言的独特魅力。如果学

生程度较好,教师还可以引导学生了解冯骥才是一位关注民俗文化继承的学者,对民俗文化有所探索。

《维也纳生活圆舞曲》《刷子李》被选入教材,自然有其一定的语文学习价值,并且,这种价值是最主要的。但是,文章被选入语文教材,并不代表它们就只属于语文学科了。其实,作家只是通过文字去写一定的历史、地理、艺术、文化而已,语言本身并不是文章的全部,语言反映出文章所包含的一切。因此,在专题阅读教学的思维下,教师完全可以跨学科组合教学内容,把语言、地理、历史、艺术等内容进行适当联通,让学生完整地认识事物的本身。

(二)教学目标的深度性

"理趣"课堂的教学目标是紧紧围绕"理趣"阅读教学观四个内涵而设计的。在感悟人文意蕴的过程中寻趣,在语言表达形式的领悟中知趣,在思辨的过程中悟趣,在情感共振的过程中"感趣"。"趣"既是"理趣"课堂重要的目标维度,也是阅读学习过程的情感体验。

要实现阅读学习的"趣",谈何容易!教师需要适时改变教学模式,巧用教学策略,把阅读学习的主动权给予学生。"趣"要在相对深度的学习中才能产生,深度学习意味着学生要全身心投入,产生阅读学习的强烈动机,引起学生浓厚的学习兴趣;还要给予学生充分自主探究的时间和空间,让学生获得更充分的实践体验。这一切要实现,必须回溯到教学目标的制定要有深度性。

专题阅读教学关键就在"专"。学习组块的构建是紧紧围绕"专题"进行设计的,教学目标也是围绕"专题"而纵向深入的。专题阅读教学鼓励学生围绕一个学习专题进行深入的探究学习。比如,学习"预测"这一阅读策略,教师就用5到6节课专门把"预测"这一种阅读策略讲透。学生需要在专题学习周期内,围绕"预测"这一阅读策略进行充分的、循序渐进的变式练习,从而真正掌握这一阅读策略。再比如,学习革命题材课文,教师就用5到6节课把革命题材课文的特点讲透,让学生在学习周期内阅读大量革命题材文章,还可以收看相关题材的电影,让学生对革命精神产生强烈的震撼和刻骨铭心的记忆。

"理趣"阅读教学追求学生在"理趣"设问的指引下,与阅读文本进行思辨式的深度对话,最终能感悟蕴藏在文本肌理深处的人文意蕴,领悟到文本语言表达的美感。专题阅读教学在教学目标上的"专",在学习内容上的"广",更有

利于"理趣"阅读教学价值的实现。

(三)学习过程的综合性

专题阅读教学的教材内容具有高度开放性,主张跨教材、跨学科组合,学习过程必然具有综合性。所谓"综合性",指的是在专题阅读学习过程中,学生需要调动各种能力,采用各种方法来完成专题学习任务。

常态下的阅读教学,学生基本上是围绕课文做文章,圈画批注、听说读写,学习过程都是站在语文学习的角度来展开的。但是,在专题阅读教学形态下,学生除了要做语文学习维度的事,还要做许多超出传统意义上语文学习范畴的事,比如,欣赏画作、欣赏音乐、研究地图、查阅史料、观看电影、动手制作等。从综合能力的要求来看,常态的阅读教学更关注学生听说读写等语言文字运用能力的运用和培养,而专题阅读教学则除了关注这些能力之外,还会关注学生合作能力、沟通能力、搜集信息能力、艺术鉴赏能力、动手能力、综合分析能力等各种综合能力的运用与培养。因此,在常态阅读教学的基础上,适时开展专题阅读教学,给学生阅读学习提供另一种选择,对学生核心素养的发展大有裨益!

比如,前一章所提到的《送别诗一组》的教学,也可以精心设计成"送别诗"阅读学习专题。教师可以结合地图引导学生了解诗人与朋友告别的地点,这样更有利于学生理解诗人的离别之情。学生在地图上看到阳关在甘肃敦煌一带,元二再往西走,地理环境就更恶劣了,同时离都城长安也越远了。这样学生就更能体会到"劝君更尽一杯酒,西出阳关无故人"的深刻意味了。教师也可以让学生欣赏《阳关三叠》,既加深对诗歌内容的理解,又感受古琴的艺术美。教师还可以引导学生画一画诗歌所描绘的画面,如"孤帆远影碧空尽,唯见长江天际流"。诗中有画,画中有诗,学生绘画的过程实际上就是理解诗歌含义和情感的过程。当然,教师也可引导学生搜集历史信息,理解"一片冰心在玉壶"中"冰心玉壶"的历史由来,可以引导学生了解黄鹤楼的悠久历史,可以深入了解中华民族的酒文化。

我们会发现,当我们把送别诗构建成学习组块,进行专题阅读教学时,学习过程就变得充满挑战与趣味,给学生呈现了精彩纷呈的阅读学习世界,从而培养了学生综合学习的能力。"理趣"视角下的专题阅读教学真正把阅读作为

了学习的手段,而不仅仅是目的。

(四)学习方式的趣味性

检查预习、字词过关;整体概览、概括内容;重点聚焦、理解分析;迁移写法、尝试运用。这些常态阅读教学的一般步骤当然有其科学性,对夯实学生语文基础、提升学生阅读能力有一定作用。但是,如何让学生的阅读学习变得更有趣味性,让阅读学习过程更能激发学生的新鲜感和好奇心,值得老师们思考。

我们可以仔细分析一下,为什么儿童喜欢游戏?因为游戏释放了儿童身心和天性,让儿童自由地动起来。同时,游戏让儿童感受到一种新鲜感,游戏过程充满了刺激性的挑战。游戏的乐趣正是源于满足了儿童的新鲜感和好奇心。

"理趣"视角下的专题阅读教学教学内容开放,教学目标具有深度,学生在学习过程中不仅面对阅读文本(课文),还会接触各种信息、媒体,学习过程是充满挑战的。在"走近冯骥才"专题阅读教学中,在引导学生感受冯骥才语言风格时,教师可以让学生尝试着用天津话说一说《刷子李》一文中津味十足的语句。教师可以先给学生听一段关于天津话特点的相声选段,先建立学生对天津话的整体感知,了解天津话干脆利落、幽默风趣的特点;然后,教师可以告诉学生课文中某些关键词的天津方言读法,让学生先初步尝试;接着,教师给予学生充分的练习时间,也可以结合教师范说,让学生进行深入尝试;最后,学生可以进行挑战,由教师、伙伴进行评价。当然,在阅读教学过程中,教师还可以给学生听听天津快板,拓展学生对天津方言的深度认知;还可以让学生将《刷子李》的语言和《维也纳生活圆舞曲》《花的勇气》《珍珠鸟》的语言做比较,充分感受同一位作家不同的语言风格运用,也可以更进一步了解《俗世奇人》这部著作的风格。

在"理趣"视角下的专题阅读教学中,学生的学习方式不再是单一的朗读、默读、圈画批注,而是充满挑战的多样化形式。学生上专题阅读课就好像在经历一场美妙的游戏。

总而言之,专题阅读教学的价值取向是与"理趣"课堂的价值取向高度吻合的。可以说,专题阅读教学是"理趣"课堂的实践路径之一。它给学生提供了广阔的阅读学习视野,丰富了学生的阅读体验,增加了学生的阅读乐趣,把"理趣"带给了学生。

第 二 节

专题阅读教学设计的类型与特点

"理趣"视角下的专题阅读教学设计主要分为三种类型,分别是:指向策略掌握的专题阅读教学,指向人文感悟的专题阅读教学,指向作家风格的专题阅读教学。

一、指向策略掌握的专题阅读教学

"理趣"课堂追求学生高阶思维的参与和发展,提高学生运用阅读策略的水平是发展学生阅读高阶思维的重要途径。一个学生只有会熟练运用阅读策略,才能更自主地投入阅读活动,才能更好地从思维活动中感受阅读的乐趣。

学习阅读策略是非常重要的,然而,在阅读教学中,教师对阅读策略的教学相对比较忽视。当然,造成阅读策略教学缺失的原因,与人教版小学语文教材以人文主题进行单元编排、语文要素相对模糊有关。这种教材形态,使教师不能很好地把握阅读策略教学,造成了重人文主题、轻语文要素的阅读教学现状。刚刚全面使用的统编小学语文教材已经意识到了问题的严重性,变革式地采用人文主题与语文要素双线结构进行编排,尤其是从三年级开始,出现了阅读策略的专题学习单元。教材的改变充分表明,阅读教学正在逐渐重视阅读策略的学习,只有授学生以"渔"(阅读策略)才能让学生善于捕获更多"鱼"(阅读文本)。

指向阅读策略掌握的专题阅读教学是指阅读教学围绕某一种阅读策略进行专题设计,将相同题材或相同体裁的阅读文本构建成"学习组块",以5到6个课时,引导学生围绕这一种阅读策略开展阅读学习活动。统编教材"阅读策

略"单元的设置,为广大教师开展指向阅读策略掌握的专题阅读教学提供了形象化的指导。如,三年级上册"猜测与推想"阅读策略单元,五年级上册"快速默读"阅读策略单元,都明确聚焦某一种阅读策略的学习,老师们可以从专题阅读教学的视角来实施单元阅读教学,使阅读策略单元呈现出独特的教学形态。

统编教材阅读策略单元的设置给教师创新使用教材,开展指向阅读策略掌握的专题阅读教学提供了思路。比如,《狼牙山五壮士》《黄继光》《七律·长征》《小英雄雨来》虽然体裁不同,但是都属于革命题材。阅读革命题材会有一些共同的阅读策略,例如"结合历史资料理解文章""抓住人物言行感受品质""从侧面描写体会英雄气概""借助影像材料激发情感"等。教师可以将这些课文构建成"学习组块",分课时逐步达成阅读策略的教学,让学生对如何读革命题材文章产生深刻的学习记忆。再比如,教材中的《金色的脚印》《最后一头战象》都属于动物小说体裁,教师可以再补充西顿的《狼王洛波》和杰克·伦敦的《海狼》,四篇文本,课内外兼得,组成动物小说阅读策略"学习组块"。教师可以在专题学习周期内,引导学生学习"抓细节""抓情节""抓环境描写""想象、预测"等动物小说阅读策略,把学生引入神奇的动物小说世界。

当然,教师也可以根据阅读文本的其他特征来构建"学习组块"。如,某些文本以悬念推进情节,教师就可用来教"预测"的阅读策略;某些文本以要点式展开描写,教师就可用来教"跳读"的阅读策略。

总而言之,指向阅读策略掌握的专题阅读教学突破了原来"东一枪,西一枪"比较随意的阅读策略教学方式,采用阅读策略的集中式教学,更符合阅读策略的学习规律和儿童心理特征。

二、指向人文感悟的专题阅读教学

"理趣"课堂注重学生在充满趣味的阅读学习活动中感悟阅读文本所蕴藏的人文意蕴。文以载道,语言文字只是特定的编码和意义符号,作者对这些编码与符号进行有意义的组合,并将自己的情感、哲思、人格倾向融入语言表达中。可以说,对人文意蕴的感悟是阅读教学的关键。如果上完一堂阅读课,学生还不理解文本表达了什么情感,蕴含了什么主题,或是对人文意蕴感悟得比

较模糊,那么,这堂阅读课必定是失败的。

对于人文意蕴的感悟,无论哪一版小学语文教材都非常关注,都会以人文主题来编排单元学习内容。即使统编小学语文教材在单元学习内容编排上加强了语文要素的渗透,但依旧将人文主题作为双线结构中的重要主线。常态的阅读教学中,教师也会比较注重对人文意蕴的揭示,也会适当呼应单元人文主题,但是,还是将人文意蕴的感悟局限于语文学科。其实,"人文"和"语文"的概念是不等同的,"人文"具有更广的内涵,指人类社会的各种文化现象。这样看来,人文是个集合概念,历史、地理、艺术、政治都处于这个集合概念中,语文只是其中的一部分。既然人文是一个集合概念,具有丰富的内涵,那么,在阅读学习中对人文意蕴的感悟就不能只从语文角度来阐释,需要将人文感悟放到人文的大背景下去阐释。

指向人文感悟的专题阅读教学是指阅读教学围绕某一种人文主题进行专题设计,将语文、历史、地理、艺术、政治等人文学科充分融合,将这些学科的学习内容进行合理选择,构建成"学习组块",以5到6个课时,引导学生围绕这一种人文主题开展阅读学习活动。比如,统编小学语文教材六年级上册第七单元编排了几篇与艺术有关的课文。《伯牙鼓琴》《月光曲》《京剧趣谈》展现的是音乐艺术之美,既有东方古老的音乐艺术,又有西方独具魅力的音乐艺术;《书戴嵩画牛》展现的是绘画艺术。常态的阅读教学下,教师会立足语文要素,适当兼顾每篇课文的人文意蕴,逐篇精耕细作。但是,如果从"大人文"的视角来看,这四篇课文所包含的人文内涵极其丰富,既体现了古今中外艺术家的高尚人格和艺术精神,又体现了音乐、绘画的艺术之美;既涉及传统文化的历史,也展现了语言文字在体现艺术之美时所起到的作用。教师可以以"中外艺术之旅"为专题,将这四篇课文所关联的历史、文化、艺术等内容构建起"学习组块"。在专题学习周期内,教师不是一篇一篇教课文,而是将专题分解成若干研究内容,如"艺术与人""艺术欣赏""艺术中的传统",分步逐个突破研究点,最终对整个专题的人文主题产生深刻感悟。

指向人文感悟的专题阅读教学突破了学科界限,将阅读学习扩展为人文主题下的研究性学习活动,让学生学得更广,理解得更深,从而获得"理趣"课堂所提倡的"趣味性"。

三、指向作家风格的专题阅读教学

"理趣"课堂注重在感悟人文意蕴,领悟语言表达方式中感受乐趣。人文意蕴和表达方式的背后藏着"作者"这个有思想的灵魂。一篇文章,如果不是高尚、有趣的灵魂所作,即使学生的理性思考再充分,学习过程再生动,也不可能体会到文章的"理趣"。可以明确地说,文章的"理趣"来自作者"理趣"的灵魂,课堂的"理趣"来自学生对作者"理趣"灵魂的探索与认知。

常态的阅读教学中,教师还是比较注重对作者生平进行介绍的。我们常常可以看到,教师会呈现有关作家的资料,以便让学生更好地理解课文。但是,只是在学习一篇课文时,对作者进行介绍,对于儿童来说是比较生硬和枯燥的。生平介绍具有高度的概括性、抽象性,以罗列作者的笔名、出生年月、大致经历、主要作品为主,很难进入儿童的心理结构。学生对作者的认知水平较多停留在了解、记忆层面。所以,在常态的阅读教学中,教师对作者生平的处理并不能有助于学生对课文"理趣"的深刻感知,也不能有助于学生对作者"理趣"灵魂的探索与认知。

指向作家风格的专题阅读教学是指阅读教学围绕某一位作家进行专题设计,选择这位作家不同体裁、不同题材、不同风格的文章,或是他人反映这位作家人格的文章,构建成"学习组块",以5到6个课时,引导学生围绕这一位作家开展阅读学习活动。统编教材六年级上册设置了"走近鲁迅"单元,在教学实践中,我们发现通过单元学习,学生对鲁迅先生的人格精神、写作风格会有深刻的认识,并对鲁迅产生强烈的崇敬之心。不过,教材中为一位作家开设单元学习的情况仅此一例。教师可以以教材编排为思路,在构建"学习组块"时,大胆打破教材界限,将教材内容与课外学习内容有机融合。比如,统编小学语文教材五年级上册第七单元有一首王维的诗,题目叫《山居秋暝》。这首诗充分表现了王维寄情水田园的心境,以自然美来表现人格美。但是王维在《使至塞上》中写到"大漠孤烟直,长河落日圆",这是王维奉命赴西河节度使府慰问将士时所作,表现了边陲大漠的雄奇景象,表现出诗人对守边战士的赞美,对男儿征战沙场的向往。同样是王维,两首诗却表现出不同风格,表现出诗人不同的精神追求,把这两首诗放在一起,再加上《送元二使安西》《九月九日忆山东

兄弟》和介绍王维是"诗佛"的评论,设计成"走近诗佛王维"专题,就能充分激发起学生的阅读兴趣,引导学生在研究性学习中深刻感悟王维的生命状态,体会王维立体丰富的情感世界,感受王维高尚、有趣、有情的人格魅力。

指向作家风格的专题阅读教学让学生走近一个个充满"理趣"的灵魂,并在探索、感知这些"理趣"灵魂时享受阅读学习的快乐,真正诠释了"理趣"课堂的灵魂与精髓。

第三节

指向策略掌握的专题阅读教学过程实施

指向策略掌握的专题阅读教学从阅读策略的确定到阅读策略学习,再到阅读策略运用,整个教学过程遵循学生阅读策略学习规律,层层推进,环环相扣。为了更好地说明指向策略掌握的专题阅读教学过程实施,我们将以"动物小说阅读策略"专题为例展开论述。

指向策略掌握的专题阅读教学过程实施主要分为确定阅读策略、构建学习组块、规划学习目标、设计学习任务、展开教学过程、分享学习成果六个步骤。

一、确定阅读策略

教师要教给学生什么阅读策略,是指向阅读策略掌握的专题阅读教学最核心的问题。阅读策略的确定其实就是"专题"的确定。有了"专题",学生的阅读活动才有头绪,阅读活动的开展才会有序。

阅读策略的确定要充分顺应教材。统编小学语文教材从三年级开始专门开设了"阅读策略"主题单元。如,三年级上册第四单元要求学习的阅读策略是"预测与推想";五年级上册第二单元要求学习的策略是"快速阅读"。教师要充分顺应教材,利用教材已有的阅读策略主题编排,引导学生掌握阅读策略。

阅读策略的确定还要依据语文课程标准和学生阅读发展现状。教师要认真分析课程标准要求学生掌握什么阅读策略,学生在阅读活动最需要掌握什么阅读策略。只有着眼课程标准,关注学生阅读实践,顺应教材编排特点,才

能科学合理地确定阅读策略学习专题的内容。

以"动物小说阅读策略"专题为例。《最后一头战象》《金色的脚印》属于教材同一个单元内的课文。编者之所以将这两篇课文放在同一个单元，是因为这两篇课文都属于动物小说，具有动物小说的共同特点。两篇课文一中一外，语言风格又有不同特色，能让学生感受不同国家的不同作家创作动物小说的独特风格。从《语文课程标准(2011年版)》来看，第三学段阅读教学目标与内容提到"阅读叙事性作品，了解事件梗概，能简单描述自己印象最深的场景、人物、细节，说出自己的喜爱、憎恶、崇敬、向往、同情等感受"。动物小说作为小说的一个类别，属于叙事性作品，"抓住细节描写感受人物"是非常重要的阅读策略。再分析学生的阅读现状，学生对于动物小说是非常感兴趣的，课外大量阅读沈石溪等动物小说作家的作品。但是，从学生阅读动物小说的现状看，学生比较注重故事情节，却相对忽视细节描写，缺乏从细节感受人物的能力。从课程标准、教材编写意图、学生阅读现状和动物小说的文体特征综合分析，教师将"动物小说阅读策略"专题所要学习的阅读策略确定为"抓细节、读人物""抓情节、明内容""抓环境、促感悟"。这三个阅读策略充分符合动物小说的文体特征，直击学生阅读动物小说的难点，对助推学生阅读动物小说能力有极其重要的作用。

二、构建学习组块

有了明确的阅读策略学习专题，接下来教师就需要根据专题去构建学习组块，这个过程其实就是教师对教材进行创造性重组的过程。学习组块由一个个"学习块"组成，一个"学习块"可能是一篇文章或一段节选，也可能是一段视频、一组图画、一张图表、一份非连续性文本。"学习块"的选择尽可能丰富，充分体现异质化。异质化的"学习块"才能组合成内涵丰富的"学习组块"，给学生的专题学习提供更广阔的视野、更丰富的体验。

"动物小说阅读策略"专题阅读教学的"学习组块"自然要包括《最后一头战象》和《金色的脚印》两篇课文。这两篇课文同为动物小说，风格却各有特色。沈石溪的《最后一头战象》气氛悲壮、笔触浓重，洋溢着英雄气概；椋鸠十的《金色的脚印》意境悠远、笔触清淡，洋溢着浓浓的亲情。两篇课文的异质化

有利于丰富学生对动物小说的认知。显然,对于"学习组块"来说,两篇动物小说还不足以支撑专题学习。教师可以充分考虑作家国别、风格和学生的阅读兴趣倾向对"学习组块"进行补充。综合考虑,我们选择了加拿大作家西顿的《狼王洛波(节选)》和杰克·伦敦的《野性的呼唤(节选)》。西顿被誉为野生动物画家和小说家,而《野性的呼唤》是一部动物冒险小说,是美国文学史上的经典作品,被誉为"世界上读得最多的美国小说"。这两篇动物小说节选具有显著特色,能给学生的阅读带来全新的冲击和体验。

"动物小说阅读策略"专题阅读教学"学习组块"的构建,内容丰富、视角广阔、动物小说文体特征明显,这样的"学习组块"紧紧围绕专题进行设计,与三大阅读策略高度对应,有利于阅读策略教学的成功实施。

三、规划学习目标

有了明确的阅读策略学习内容,构建了指向阅读策略学习的"学习组块",接下来就需要对专题阅读教学进行学习目标的规划。

之所以用"规划",不用"制定",是因为专题阅读教学打破了常态的单篇课文教学,采用的是专题学习周期教学。前者是教师用1~2节课围绕一篇课文展开教学,所以称为制定教学目标;后者是教师用5~6节课围绕一个专题展开教学,需要对学习周期进行合理规划,充分考虑每一节课在专题学习周期内所扮演的角色。

之所以用"学习目标",不用"教学目标",是因为专题阅读教学试图改变老师教得多、学生探究少的现状,将阅读学习的主动权更多地给予学生,让学生在充分的学习任务驱动下实现更自主的学习。

指向阅读策略掌握的专题阅读教学在一个学习周期内可以大致分为三个阶段,分别是预热课、精学课、分享课。

(一)预热课的学习目标

指向阅读策略掌握的专题阅读教学重在引导学生学习一定的阅读策略,整个学习周期的重点放在阅读策略的学习上。而且,专题阅读教学不是一篇一篇教课文,而是打通所有"学习块",以"学习组块"为对象进行学习。这就很容易造成学生对教材中基础知识的忽视。常态的单篇课文教学虽有其弊端,

但优点也是很显著的,尤其是对蕴藏在课文中的基础知识,如,字词读音、词语含义、课文主要内容等。实施专题阅读教学既要突破常规,改变弊端,也要继承优点,不忘传统。专题阅读学习需要更多高阶思维的参与,但是高阶思维的发展需要以低阶思维为基础。低阶思维只是相对高阶思维而言,并不是指没有思维含量。如果没有低阶思维的奠基,高阶思维就失去了发展的基石。比如,学习阅读策略首先需要对阅读文本的主要内容进行了解,如果学生连文本讲了什么都不清楚,怎么去实现更自由的探究学习呢?

预热课的学习目标主要针对字词读音、含义和主要内容进行设计,同时也要适当渗透阅读策略学习的前期准备。

"动物小说阅读策略"专题阅读教学预热课的学习目标是这样设计的:

1.能正确认读《最后一头战象》《金色的脚印》中的生字词;能画找出《狼王洛波(节选)》《野性的呼唤(节选)》中特别难读的字词,反复认读;

2.能正确、流畅地朗读精读课文《最后一头战象》;认真、有一定速度地默读略读课文《金色的脚印》和补充课文《狼王洛波(节选)》《野性的呼唤(节选)》;

3.能用简单的思维导图梳理小说的情节发展,结合思维导图简要概括小说的主要内容;

4.能关注小说对动物的细节描写,关注小说的环境描写,从这些描写中初步感受动物特有的情感,以及人与动物之间的美好情感。

我们可以清楚地看到,学习目标1、2,关注学生对生字词的掌握,关注学生快速默读能力的培养。小说篇幅较长,对学生的默读速度提出具体学习要求,符合小说的文体特征。当然,在处理教材中的课文和补充课文时,学习目标体现出了差异性。《最后一头战象》需要正确朗读,略读课文和补充课文只需要快速默读。学习目标3,则关注学生对小说主要内容的概括,这既是课文课程标准的要求,也是进一步深入学习的基础。从这条学习目标可以看出,教师引导学生概括小说主要内容渗透了借助简单的思维导图这个方法。这个方法顺应了小说以情节推进故事发展的文体特征,思维导图的几个板块其实就是小说的几个情节。学生先根据思维导图逐一概括情节,再将情节连缀,主要内容的概括就水到渠成了。学习目标4,则是对后面学生学习阅读策略进行适当铺

垫,先引导学生关注细节描写、环境描写,让学生通过这些描写形成初步情感认知。

预热课的学习目标立足阅读策略专题,重视夯实基础,为阅读策略的深入学习打下坚实基础。

(二)精学课的学习目标

预热课就像运动比赛的热身运动,而精学课就像正式比赛。精学课中的"精"与专题阅读教学中的"专"是高度对应的。精学课的学习目标精确指向专题阅读教学所确定的阅读策略。精学课的学习目标设计不是只关注一篇课文,而是整体关注"学习组块"对阅读策略的学习进行目标设计。

"动物小说阅读策略"专题阅读教学要求学生学习的阅读策略是"抓细节、读人物""抓情节、明内容""抓环境、促感悟"。精学课的学习目标紧紧围绕这三个阅读策略的学习来设计,以阅读策略为抓手,统观"学习组块"。

"动物小说阅读策略"专题阅读教学精学课学习目标是这样设计的:

1.通过抓住动物的细节描写,感受动物之间或动物与人之间深厚的情感;能尝试进行细节描写,表现动物丰富的情感;

2.能抓住动物小说的情节高潮,感受小说所传递的主题;

3.通过品读小说的环境描写,进一步感受动物丰富的情感世界,感受小说营造的气氛;能尝试进行环境描写,进一步体会环境描写对动物小说表现主题的作用,感受环境描写的意境美。

精学课的学习目标一般准确定位两到三个阅读策略的学习,一般用三节课分步达成学习目标,使专题阅读教学稳步推进。

(三)分享课的学习目标

无论是何种教学形态下的阅读教学,最终的目的是要让学生通过课堂学习爱上阅读、善于阅读,从而能走向更广阔的课外阅读空间。指向阅读策略掌握的专题阅读教学引导学生学习阅读策略,最终目的也是要让学生将学到的阅读策略运用到更广泛的阅读实践中去。

通过精学课的学习,学生初步掌握了阅读策略,教师需要给学生提供与阅读策略专题学习相关联的"学习块",让学生进一步迁移运用阅读策略。这个"学习块"可以是一篇文章,更多时候指的是一本书。精学课上学习阅读策略,

"学习块"需要聚焦,不能太庞大。但是,在迁移运用阶段,"学习块"可以大一些,让学生能充分开展阅读实践活动。

阅读策略专题阅读教学形态下,分享课就是让学生充分展示自主阅读的成果。而展示成果的基础,则是学生根据所学阅读策略进行个性化的自主阅读。因此,分享课学习目标的制定既包括课外自主阅读的学习目标,也包括分享交流所要达到的目标。

"动物小说阅读策略"专题阅读教学引导学生领悟了阅读动物小说的三大策略,在自主阅读阶段,教师需要引导学生将学到的阅读动物小说的策略运用到动物小说整本书的阅读中去。在整本书阅读的基础上,再开展班级读书会,进行阅读成果分享。

"动物小说阅读策略"专题阅读教学分享课学习目标是这样设计的:

1.自己选定一本动物小说,尝试运用课堂上学到的阅读动物小说的策略,如:关注对动物的细节描写,关注环境描写等,读懂动物小说所传递的情感与主题。

2.在阅读动物小说时,及时记录自己最受感动的细节、印象最深的情节,写下自己最真实的阅读感受,并与班级伙伴进行阅读分享,丰富自己的阅读视角。

以上两个学习目标关注学生阅读策略的迁移,引导学生用已学去探未知,提升了学生的课外阅读品质,让课外阅读真正成为课堂教学的延伸。

四、设计学习任务

指向阅读策略掌握的专题阅读教学最显著的特点就是变"教师教为主"为"学生学为主"。因此,教师在进行专题阅读教学设计时需要花大功夫精心设计学习任务。专题阅读学习不是单篇课文的精细化教学,而是着眼于"学习组块"的板块式教学。每一个阅读策略的学习都是一个教学板块,每一个教学板块又是由一个学习任务来支撑的。

对应前文提到的预热课、精学课、分享课,学习任务的设计也要充分体现专题学习的三个阶段、三种课型。预热课学习任务的设计要体现基础性、整体性;精学课学习任务的设计要体现策略性、思维性;分享课学习任务的设计要

体现应用性、差异性。

以下具体呈现"动物小说阅读策略"专题阅读教学三个学习阶段的学习任务设计。

预热课学习任务设计

(一)字词学习及积累

1.在朗读、默读课文的过程中,我发现以下词语的字音很难读,我把它们摘录下来,多读几遍。

2.在学习生字、词语的过程中,我发现有些字词很容易写错,我把它们摘录下来,提醒自己写正确。

3.课文中有许多四字词语或成语值得积累,我要把它们抄下来。

(二)把握主要内容

1.我能用小标题的方式概括小说《最后一头战象》中的故事情节。

《最后一头战象》

根据这些小标题,我就能把小说的主要内容说清楚了。

2.动物小说中主角可以是人,也可以是动物。《金色的脚印》中的主角是:
(   )。抓住主要人物,把这些人物之间的事情说清楚,就了解了小说的主要内容。

3.我也能用概括《最后一头战象》故事情节的方法,试着给《狼王洛波(节选)》和《野性的呼唤(节选)》画一画简单的情节思维图。

(三)关注小说细节

1.小说重在细节描写。我把《最后一头战象》《金色的脚印》两篇动物小说的细节描写摘录下来,并写下自己的阅读感受。

我的摘录：

_____

_____

我的感受：

_____

2.环境描写是小说的要素之一。我特别关注以下环境描写,并思考了环境描写的作用。

环
境
描
写

精学课学习任务设计

1.尝试细节描写。

发挥想象,联系上下文,在横线处补充老狐狸啃咬木桩的细节描写,表现老狐狸想救出小狐狸的迫切心情,体现老狐狸对小狐狸的爱。

> 老狐狸一直没有忘记救出小狐狸的事。_____
>
> _____
>
> _____
>
> _____
>
> _____
>
> 渐渐地，木桩被啃得很细了。老狐狸用自己的力量，把小狐狸救出来的时候，该是多么欢喜呀！

2. 尝试环境描写。

发挥想象，结合具体情节，尝试环境描写，表现动物情感和小说主题。

它死了。它没有到祖宗留下的象冢。它和曾经并肩战斗的同伴们躺在了一起。

……

3. 以画传情。

狼王洛波深夜的嗥叫也许会感动你，布克勇救主人的细节也许会感动你，请你发挥想象画一画。可以画狼王洛波嗥叫时的环境，可以画布克救主人的画面……

我为小说《　　　　　　　　》画插图

分享课学习任务设计

1.我阅读的动物小说书名是《　　　　　　　　》。

请将小说中给你印象最深的人物写在椭圆形的标识中,将人物形象写在三角形的标识中,将对应的细节描写写在长方形的标识中。

2.我把小说中给我印象最深的环境描写画了下来,还能写一写环境描写的作用。

	我的想法

3.我想找一些动物小说来读一读,加深对动物小说的印象。

推荐书目如下:

沈石溪:《狼王梦》《第七条猎狗》　　西顿:《小战马》《红脖子》

杰克•伦敦:《荒野的呼唤》《海狼》　　椋鸠十:《孤岛野犬》《山大王》

以上学习任务的设计着眼于阅读策略专题学习,与阶段性学习形成合理呼应,充分体现动物小说的文体特征,有利于学生循序渐进地掌握阅读策略。同时,学习任务的设计给学生许多自由选择的空间,形式多样,既有文字记录,又有绘制插图;既有规定篇目的学习,又有自主选择阅读书目的权力。整个学习任务的设计有针对性、有趣味性,对于学生开展阅读策略专题学习起到了很好的引领和助推作用。

五、展开教学过程

精学课是专题阅读教学的核心。"阅读策略"属于程序性知识,教学过程的展开应符合程序性知识的学习规律。指向阅读策略掌握的专题阅读教学精学课的步骤主要分为以下几个部分:

(一)回顾预习

阅读策略的专题学习需要学生在预习阶段对"学习组块"的相关内容进行

基础性、整体性的初步学习。精学课的第一个环节就是回顾预习，引导学生在预习成果的分享中进一步读准字词读音，明确生词含义，了解文本主要内容。这是阅读策略学习的基础。

"动物小说阅读策略"专题阅读教学中，教师精心设计预习任务，让学生有主有次地对四篇动物小说进行字词、主要内容方面的初步学习，对动物小说形成整体的初步印象，为后续阅读策略的学习进行了铺垫。

(二)提出策略

阅读策略的学习需要教师在学习之初明确提出所要学习的阅读策略，并对阅读策略进行示范讲解，让学生形成对阅读策略的认知。小学生以形象思维为主，教师不能生硬地出示阅读策略，并对阅读策略的使用进行抽象的演示。对于小学生来说，结合阅读文本这一语言形象，在具体形象中领悟阅读策略的使用方法才是最好的途径。

在"动物小说阅读策略"专题学习的"学习组块"中，《最后一头战象》是教材中的精读课文，教师可以用这篇动物小说做引子，把阅读策略的使用方法教透彻。以"抓细节、读人物"这个阅读策略为例，教师可以先截取小说中描写嘎羧的一处细节作为阅读策略讲解的范例，如"嘎羧从早晨一直挖到下午，终于挖出了一个椭圆形的浅坑。它滑下坑去，在坑里继续挖，用鼻子卷着土块抛出坑；我们躲在远处，看着它的身体一寸一寸地往下沉"。教师可以引导学生先把描写嘎羧动作的词语圈下来，然后抓住"挖、滑、抛、沉"和"早晨到下午"这些细节对嘎羧这一小说人物(动物小说中动物被看作人物)形象进行感悟。从这些细节中，学生可以逐渐感悟到嘎羧挖坑的执着，联系下文可以感受到嘎羧对战友的深厚感情、嘎羧身上具有英雄般的情怀。通过"嘎羧挖坑"这一具体情节和语言形象，学生就在实践中明确了阅读策略的使用步骤和方法，教师的示范过程与学生的学习过程相辅相成，和谐自然。

(三)初步尝试

提出阅读策略是"举一"，学生的尝试是"反三"。阅读策略的学习归根到底还是需要学生在反复的阅读实践中才能真正掌握。学生的初步尝试应该紧紧围绕教师的示范而展开，是对教师示范讲解的重新演绎。

与常态阅读学习不同的是，专题学习的尝试练习是以"学习组块"的模式

推进的。学生在初步明确小说阅读的策略后,将同时展开对"学习组块"中四篇小说的整体阅读。学生需要找出四篇动物小说的主要人物,并画找出最精彩的细节描写对人物形象进行分析。以一个阅读策略统观四篇动物小说,这是和常态阅读学习最大的不同。当学生在初步尝试后,教师可以引导学生开展充分的小组合作学习,在同伴对话中深化学生的理解和感受。

(四)交流总结

交流总结是反映学生学习程度的重要环节。交流总结紧紧围绕某一个阅读策略的学习而展开。如,"抓环境、促感悟"是阅读动物小说的阅读策略之一,学生在日常阅读中,经常忽视小说的环境描写,甚至读到环境描写就直接跳过,只关注情节发展。在交流总结环节,教师就应该聚焦这一阅读策略的学习情况,始终围绕"环境描写"这一话题组织交流。

(五)深入运用

阅读的深入运用就是写作,阅读是吸收语言意义和形式的过程,写作是创造语言意义和形式的过程。学习阅读策略不是阅读学习的根本,阅读学习的根本是学生能借助阅读策略去更好地理解文本的意义,领悟文本的语言表达,以丰富自己的精神生命和言语生命,这也是"理趣"课堂的价值所在。

学生掌握阅读动物小说的策略后,能知道从小说的什么地方能读出什么,这是非常重要的。将阅读与写作对应,教师需要给学生提供与动物小说语言表达相类似的语言情境,让学生尝试创作。学生创作的过程,其实就是对阅读策略深刻内化的过程。

在学习任务的设计中,教师让学生发挥想象,联系上下文,补充老狐狸啃咬木桩的细节描写,表现老狐狸想救出小狐狸的迫切心情,体现老狐狸对小狐狸的父母之爱。教师还让学生发挥想象,结合具体情节,尝试环境描写,表现动物情感和小说主题。这些学习任务的布置能激发学生的学习兴趣,给学生提供了创造性阅读空间,在学生建构小说文本意义的同时,也进一步迁移了小说的语言表达形式。以下是学生在课堂上的即兴创作。

老狐狸悄悄地跑到了小狐狸身旁,小狐狸嘤嘤地向老狐狸求助。老狐狸毫不犹豫地张嘴开始啃咬拴住小狐狸的木桩。咔咔咔,木屑渐渐地一点点落在地上。狐狸妈妈的嘴里裂开了一条血口子,但是为了孩子不能放弃! 它一

咬牙,更卖力地啃咬木桩。小狐狸充满希望地望着妈妈,毛茸茸的尾巴轻轻地搭在妈妈身上,不停地给她加油。殷红的血从狐狸妈妈的嘴里流了出来,几根木屑扎进了牙龈里,火辣辣得疼!狐狸妈妈闭上眼睛,舔掉了嘴边的血,她顽强地再开始咬木桩。

小狐狸的眼里闪着点点泪光。狐狸妈妈安慰着小狐狸,小狐狸轻轻地摩挲着老狐狸。她们依偎在一起,月光下显得无比凄凉。

——夏伊苓

晚上夜深人静时,狐狸一家来到木桩旁。狐狸爸爸那尖锐的双眼死命盯着远处的秋田狗,嘴里不时地发出警告的低吼。狐狸妈妈虽然已经饿得皮包骨头却仍然啃咬着木头。它的双目紧闭,四条腿用力蹬着地面。棕红色的皮毛下青筋绷起。只听"咔"的一声,已经变红的牙齿掉在了地上。它的牙缝旁流下了鲜红的血。小狐狸心疼地看着妈妈,轻轻地舔着妈妈一缕缕血丝。老狐狸没有放弃,继续啃着坚硬的木桩。

——方子涵

老狐狸飞似的奔向小狐狸,望着那根囚禁着小狐狸的木桩,眼中透露出一丝仇恨,亮出了洁白的利齿,在月光的照映下,折射出点点煞白的光。突然,老狐狸纵身一跃,死死咬住木桩,拼了命地撕咬起来,留下了一道道牙印。老狐狸的嘴角流出了一道血迹,它似乎毫不在乎,匆匆一擦,继续啃咬。小狐狸望望爸爸,又望望越来越细的木桩,心里无奈万分,只能在一旁默默地为爸爸加油。

——项马城

渐渐地,东方显出了一抹朝阳,金黄色还透着点红色的太阳爬上了被染成橙色的树梢。天边的几丝白云给朝霞增添了几丝神秘。耀眼的光芒洒在树梢上,洒在波光粼粼的小溪上,洒在嘎羧的身上……

——阮欣慧

远处的青山旁浮出了一圈金光。朝阳慢慢地升起,隔着清晨的薄雾,柔柔

地撒在嘎羧粗糙的皮肤上。坑旁的灌木垂着头,静静地在微风中摇曳。忽然,几片梧桐叶落了下来,落在了嘎羧身上。

——陈凯琳

从学生的这些课堂即兴创作可以看出,学生对于动物小说的阅读策略已经烂熟于心。因为学生已经能非常好地运用细节描写、环境描写来表现小说主题、人物形象和意境氛围了。阅读策略的使用是为了让学生更好地看见,那么,对动物小说的创作就是将看见的东西植入学生的言语生命!

六、分享学习成果

指向阅读策略掌握的专题阅读教学最终目的是要让学生凭借所学的阅读策略去进行更广阔的阅读实践。专题阅读教学的目的是使学生的课外阅读更具质量。分享学习成果的基础是学生充分的自主阅读,并形成个性化的阅读体验。

从前文分享课学习任务的设计来看,精学课的结束并不是专题阅读教学的结束,而是引出学生更广泛阅读的开始。教师推荐给学生适合阅读的书目,体裁均是动物小说,但作者国别、风格都不相同,好像是给学生呈现了一道丰盛的动物小说阅读大餐。只是做书目的提供还不够,教师还需要引导学生根据课堂所学,带着一定策略去阅读,并通过文字记录的方式反映自己的阅读过程和阅读思考。如,让学生写一写印象最深刻的人物,画一画印象最深的环境。这些阅读记录就是学生阅读分享的内容。

分享学习成果不仅拓展了阅读面,增加了阅读量,还以课外阅读为中心,实现了生动的人际互动。

以专题阅读教学的形式引导学生掌握动物小说的阅读策略,有利于学生在充分的阅读实践中感悟动物小说的人文意蕴,领悟动物小说的语言特点,感受动物小说传递的真善美。作者试图通过动物小说来折射人性,反映人与自然的关系,揭示人类社会的某些本质。专题阅读教学采用集中式的文本布局、综合式的学习进程,给学生呈现精彩纷呈的动物小说世界,让学生仿佛经历了一次神奇的动物小说阅读之旅,充分体现了"理趣"阅读教学注重文本内蕴、语言表达,注重思维过程和审美趣味的价值取向。

第 四 节

指向人文感悟的专题阅读教学过程实施

感悟人文意蕴是"理趣"课堂的重要价值取向。人文意蕴是深刻的,就像冰山隐藏在海面下的部分。在常态阅读教学中,教师只是通过一两节课对课文进行学习,很难引导学生对人文意蕴产生全面、深刻的认识。指向人文感悟的专题阅读教学给学生提供充分的学习周期,形成人文学习的场效应,让学生感受到人文学习的乐趣。

一、确定人文主题

无论是人教版小学语文教材,还是统编小学语文教材,都非常重视人文思想的传递,在教材单元内容编排时都充分考虑了人文主题要素。与阅读策略的专题阅读教学相比,指向人文感悟的专题阅读教学更容易确定人文主题。最简单易行的方式就是顺教材单元而行,充分落实单元人文主题的教学。

但是,只是顺教材而行,人文感悟的阅读学习还只是囿于语文学科,只是单纯地从语文学科的角度去解读人文。指向人文感悟的专题阅读教学指的是"大人文",是囊括历史、地理、艺术、政治等多学科的综合性教学方式。因此,教师在确定人文主题时,可以着眼"大人文"概念,对单元人文主题进行突破性改造。比如,统编小学语文教材六年级上册第七单元的人文主题是"艺术之旅",单元中的课文与音乐艺术、绘画艺术有关。仔细分析单元课文的特点就会发现,作者运用了大量联想和想象的方式来表现艺术之美。再统观六年级的美术教材,其中也涉及对绘画作品的欣赏。六年级的音乐教材也涉及对名曲的赏析。根据各学科教材的教学目标与内容,在立足语文教材的基础上,我

们可以将人文感悟的学习专题确定为"运用联想与想象,欣赏艺术作品"。这个专题的设计突破了语文学科的界限,将"欣赏艺术作品"作为探究主题,具有学科融合特色。同时,专题也表明了欣赏艺术作品的基本方法,也就是运用联想与想象,这既符合语文教材的单元目标,又切中了艺术作品欣赏的普遍方法,对学生综合素养的提升具有重要意义。

立足语文教材,着眼学科融合是指向人文感悟的专题阅读教学确定人文主题的重要原则。

二、构建学习组块

指向人文感悟的专题阅读教学在构建学习组块时需要充分考虑内容的丰富性和学科的融合性,同时要充分体现"理趣"课堂的特点。

例如,在构建"运用联想与想象,欣赏艺术作品"这一专题的学习组块时,要充分考虑所选择的阅读文本或阅读材料具有一定的艺术水准,能体现艺术家的艺术创造力和独特的人格境界;要充分考虑阅读文本具有联想和想象的语言表达特点,能展现文学家的语言魅力;要充分考虑阅读文本或阅读材料具有值得反复品味、思考的空间和价值。

根据以上几点要求,我们将教材中的《伯牙鼓琴》《月光曲》《蒙娜丽莎之约》和教材外的《向日葵》《弘一法师的书法》等阅读文本,以及美术教材中的人物画、凡·高的向日葵画作、弘一法师的书法作品、《月光曲》音乐作为图片和音频材料进行组合,形成了专题阅读教学的"学习组块"。

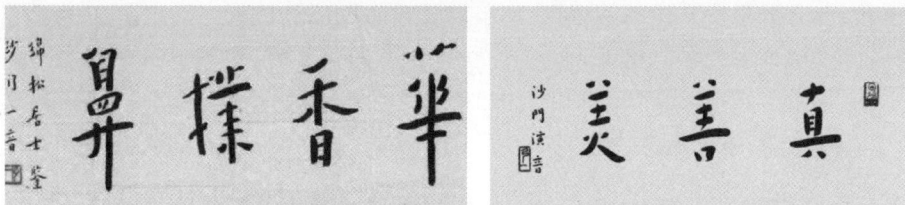

（弘一法师的书法作品）

（美术教材中的人物画作）

这一"学习块"，内容非常丰富，既有名家的文学文本，冯亦代和叶圣陶的作品本身就是值得咀嚼的精品；又有图片、音频材料，拓展了阅读的内涵，读图、读音频也属于阅读范畴。在"学习块"的选择上，教师还非常注重"理趣"课堂所推崇的人文意蕴。《伯牙鼓琴》体现了中国的知音文化；《月光曲》体现了贝多芬不向命运屈服，用音乐艺术升华了自己的生命；《蒙娜丽莎之约》《向日葵》的阅读文本和画作材料展现出达·芬奇和凡·高天才般的艺术天赋和执着的艺术追求；《弘一法师的书法》的阅读文本和书法作品则表现出李叔同"朴拙"的艺术风格和真诚的人格境界。这样的材料组合，给学生提供的是极其丰富的阅读体验，能充分激发学生的阅读探究兴趣，让学生的阅读过程充满人文主题带来的理趣，使学生接受一场人文精神与艺术魅力的洗礼！

三、规划学习目标

阅读策略是程序性知识，学习目标的规划遵循的是程序性知识的学习规律，即遵循揭示策略、示范策略、迁移策略、运用策略的学习途径进行学习。而指向人文感悟的专题阅读教学关注的是"人文感悟"，虽然也需要借助抓住联想与想象的策略欣赏艺术之美，但总体还是引导学生对人文主题进行深入理

解。因此,人文感悟专题学习的目标应该侧重体现学生对人文主题的理解深度,并兼顾获得这些深度理解的方法上。

概括起来讲,阅读策略的专题学习目标注重策略学习的纵深性,人文感悟的专题学习目标注重人文感悟的丰富性。前者是在理性思考中感受阅读文本的"理趣",后者是在情感体验中感悟人文意蕴的"理趣"。

(一)预热课的学习目标

预热课的学习目标依旧体现基础性特点:一是关注教材中课文基础字词的读音和意义,对课文形成大致了解;二是关注进行人文感悟所需要的认知基础。

以下是"运用联想与想象,欣赏艺术作品"专题阅读教学的预热课学习目标设计:

1.正确、流畅地朗读精读课文《伯牙鼓琴》《月光曲》;认真、有一定速度地默读略读课文《蒙娜丽莎之约》;自主学习生字,积累词语。

2.能关注三篇课文中联想与想象的描写,初步感受艺术作品的魅力与特点。

这两则学习目标的设计体现出很强的基础性。学习目标1,是对专题阅读文本基础字词的理解与掌握,体现出精读课文和略读课文的差异性。学习目标2,直接指向"运用联想与想象,欣赏艺术作品"的人文主题,先引导学生发现"联想与想象"是欣赏艺术的途径,也是作者展现艺术作品魅力的独特语言表达形式,为后续深入学习打下基础。

(二)精学课的学习目标

指向人文感悟的专题阅读教学精学课学习目标的制定关键是要引导学生运用一定的方法去感悟人文意蕴。精学课的学习目标要设计得"精",集中关注一个点,在浩如烟海的人文世界里找准一个视角去认识人文的魅力。

以下是"运用联想与想象,欣赏艺术作品"专题阅读教学的精学课学习目标设计:

1.能想象伯牙鼓琴的内容,模仿课文写话;欣赏古琴《高山流水》,深刻体会伯牙高远的志向与中国知音文化。

2.能结合《月光曲》中的想象,欣赏贝多芬的《月光曲》,并联系自己的生活

经验,尝试写一写欣赏曲子时的想象。

3.学习作者边欣赏画作边联想的方式,写一写自己欣赏《蒙娜丽莎》时的联想,或者写一写欣赏美术教材中人物画的联想。

以上三则学习目标的设计充分体现出了精读课的"精"。三则目标都围绕"运用联想与想象的方式欣赏艺术作品"这一人文感悟专题。学生的感悟是充分建立在丰富的艺术作品欣赏实践基础上的,如,聆听古曲《高山流水》,钢琴曲《月光曲》,欣赏《蒙娜丽莎》画作。阅读文本和欣赏艺术作品同时展开,相辅相成,围绕专题学习目标不断深入艺术作品的人文理解。

(三)分享课的学习目标

分享课学习目标的制定注重体现学生运用精学课所学方法的运用,以及学生富有个性化的人文活动。

以下是"运用联想与想象,欣赏艺术作品"专题阅读教学的分享课学习目标设计:

1.认真阅读冯亦代的《向日葵》和叶圣陶的《弘一法师的书法》两篇文章,感受凡·高和弘一法师艺术作品的特点,并通过联想与想象的阅读,深刻感受两位大家艺术作品的迷人魅力。

2.自主选择一首乐曲或一幅画作,运用联想与想象的方式进行欣赏,并写下自己独特的欣赏感受,与伙伴们进行分享交流。

学习目标1,是对"联想与想象"这一欣赏艺术作品方法的迁移运用,以便巩固精学课所学。学习目标2,给予学生充分的自主学习空间,鼓励学生进行个性化欣赏。欣赏的个性化为分享的丰富性建立基础,能让学生的欣赏视角和体验得到拓展。

四、设计学习任务

指向人文感悟的专题阅读教学要紧紧围绕人文意蕴的揭示设计学习任务,学习任务要贯通人文领域的各个学科,体现学科融合性。

以下是"运用联想与想象,欣赏艺术作品"这一专题三个学习阶段的学习任务设计。

预热课学习任务设计

(一)字词学习及积累

1.在朗读、默读课文的过程中,我发现以下词语的字音很难读,我把它们摘录下来,多读几遍。

2.在学习生字、词语的过程中,我发现有些字词很容易写错,我把它们摘录下来,提醒自己写正确。

3.课文中有许多四字词语或成语值得积累,我把它们抄下来。

(二)关注联想与想象

1.《月光曲》中作者细细刻画了皮鞋匠和妹妹听到贝多芬弹奏的曲子后产生的想象,我想把想象部分摘抄下来。

2.《蒙娜丽莎之约》中作者一边欣赏画作,一边联想,我想把联想的部分抄下来,好好读读。

所　见	联　想

精学课学习任务设计

1.展开充分想象,想象伯牙鼓琴还会"志在何物"?钟子期又会从琴声中联想到什么呢?

方鼓琴而志在(　　　　),钟子期曰:"善哉乎鼓琴,(　　　　)若(　　　)。"

少选之间而志在(　　　　),钟子期曰:"善哉乎鼓琴,(　　　　)若(　　　)。"

2.用心聆听贝多芬的《月光曲》片段,联系自己月光下的经历,写一写自己听音乐时的想象。

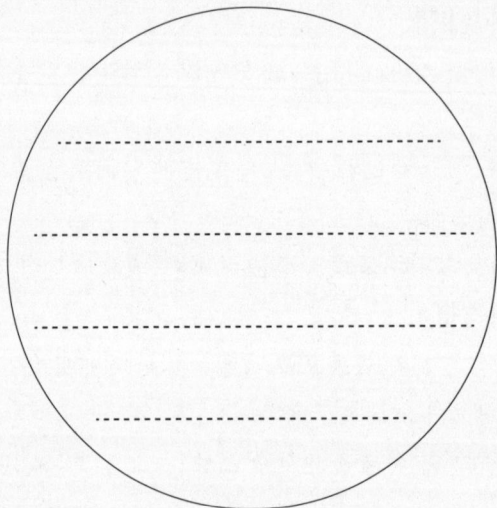

3.用心欣赏《蒙娜丽莎》或美术教材上的人物画,把自己欣赏画作时的联想写下来。

我的联想

分享课学习任务设计

任务一:

阅读《向日葵》和《弘一法师的书法》,尝试归纳凡·高和李叔同两位艺术家

艺术作品的鲜明特点。

任务二:

通过阅读关于凡·高和李叔同人生经历的文字资料,与阅读伙伴一起交流两位艺术大家风格形成的原因。

任务三:

欣赏凡·高的画作《向日葵》和弘一法师的书法作品,结合文章中的联想欣赏艺术作品。选择其中一幅作品,运用联想与想象,写一写自己的欣赏感受。

任务四:

1.自由选择一首曲子或画作进行欣赏,运用联想与想象,丰富自己的欣赏感受,并把感受写下来。

2.写一写自己学习艺术的经历,分享学艺中印象最深的故事。

(以上两个任务选择其中一个完成)

从专题学习三个阶段的学习任务可以看出,人文感悟专题学习的目标非常明确,紧紧围绕"运用联想与想象,欣赏艺术作品"而开展,既立足于语文要素的落实,又着眼于艺术欣赏方法的培养。人文感悟专题学习的内容非常丰富,既有对教材内外反映艺术魅力文章的深入阅读,又有对教材内外乐曲、画作、书法作品的欣赏。同时,学习任务的设计也非常重视引导学生在艺术欣赏中感悟人生哲理、人格境界、文化特征等深刻的人文意蕴,注重引导学生发现艺术欣赏的审美趣味。

五、展开教学过程

如果说阅读策略专题教学的过程像一条环环相扣的锁链,那么,人文感悟专题教学的过程就像一圈圈在湖面扩展的涟漪。涟漪的中心是人文感悟的核心,不断扩散的圆就是不断丰富的人文学习内容。

指向人文感悟的专题阅读教学过程以对话阅读文本、对话人文内容、对话自我心灵为阶梯,逐步深入人文主题。

"对话阅读文本"指人文感悟专题教学都是从引导学生深入教材阅读文本为基础开始的。比如,"运用联想与想象,欣赏艺术作品"这一专题学习,教师首先是引导学生深入阅读《伯牙鼓琴》《月光曲》《蒙娜丽莎之约》这三篇教材中

的课文开始的。人文的意蕴很广,但是人文主题的学习要立足文本,以教材中的课文为生发点进行拓展。否则,专题阅读教学就很容易造成拓展有余、基础不牢的情况。

"对话人文内容"指人文感悟专题阅读教学要给予学生大量接触人文学习内容的机会。前文提到人文的内涵是很广泛的,教师要多给学生提供历史、地理、艺术、政治、文化等各方面的学习材料,让学生在与人文内容的深度对话中感悟人文专题所蕴藏的"理趣"之味。比如,教师在"运用联想与想象,欣赏阅读作品"的专题教学中,让学生听乐曲、看名画,给学生的专题学习提供了接触人文内涵的机会。

"对话自我心灵"是人文感悟专题学习的最高境界。人文感悟的根本目的是让学生的精神世界得到充盈,在人文的滋养下让自己的灵魂成长。比如,让学生聆听名曲,让学生欣赏名画,目的不只是让学生机械地运用方法去欣赏,最重要的是让学生在欣赏中形成自己独特的欣赏感受,获得充分的审美体验,从而建构起自己的精神家园和审美情趣。所以,教师要引导学生把自己的欣赏感悟写下来,写的过程就是学生对话自我心灵的过程。

指向人文感悟的专题阅读教学围绕人文感悟专题由浅入深、由表及里,是让学生不断发现人文专题"理趣"的过程。

六、分享学习成果

人文专题的学习具有求同存异的特点。"求同"指学生对人文专题的感悟具有一定的共性。因为人文是建立人类文化发展基础上的,对于美的认识人类存在一定共识。比如,大家在欣赏希腊的人体雕塑时,都会感受到人体美。但是,对人文专题的理解也因学生的个性差异而产生不同的看法,个性化、差异性正是人文的魅力所在。

在人文感悟专题教学中,教师要注意呈现学生的审美共性,也要呈现审美个性,尽可能给学生提供丰富的审美视角,获得更多的"理趣"体验。

例如,在"运用联想与想象,欣赏艺术作品"专题阅读教学的学习成果分享设计中,教师既呈现了学生欣赏《月光曲》的感受,以佳文共赏的形式给学生创造分享交流的机会;又呈现了学生个性化的欣赏感受和学习艺术经历,极大地

拓展了人文感悟专题学习的"理趣"境界。因为每一个作品背后都藏着一个有趣的灵魂,都藏着对高尚灵魂的崇拜与共鸣。

佳文共赏

编者按:当贝多芬的《月光曲》在语文课上响起的时候,孩子们变得出奇地安静。看来,美的东西是被人类所共有的,美的东西有感化心灵的神奇力量。孩子们紧闭着双眼,沉醉在曼妙的琴声中,仿佛穿越到宁静的月夜,穿越到生命向往的地方。当双眼睁开,手中的笔便流泻出月光般的文字,这一刻,文学和艺术是相通的。

我仿佛置身于月亮之上,遥望苍穹,俯瞰大地。月亮渐渐亮起了柔和的银辉。随着光晕的扩散,群星一颗又一颗地接连闪烁,直到最远的那颗星。璀璨的雪白之中,梦神身着素白的长裙于月光中诞生,轻轻飞向万家灯火,用安宁的梦抚平了灿烂的颜色。月华如练,天地之间,很快只剩下了珍珠月白在莹莹照耀,在絮语,在低吟,在歌颂,在赞美人间的圣洁。

——陆宣羽

我仿佛在一片白桦林中,月光透过树叶星星点点地洒落在地上,好像是来自天空的抚摸。我仿佛听见了月光穿过树丛时发出的"沙沙"声,听见了星星之间的低语,看见了月光对鸟儿的爱抚,看见了光与叶碰撞的瞬间。我仿佛感到了迷茫,但感觉这也是一种享受。银河从天上倒泻而下,星星也随之散落一地。在月光下,一切突然都静止了。多么静谧啊!这个世界!忘了吧,忘了之前的一切吧……

——施翔

我仿佛见到,一轮圆月高高挂在空中。月光如水,洒满整个大地。夜,死一般的沉寂。一只黑猫从屋顶跳落,落地轻柔、无声……在皎皎月光下,如舞蹈家一般,跳起了一支无声之舞。从这个屋顶,到另一个屋顶,一趟优雅的旅

行……夜,已过去;猫,已不见踪影;月光,如旧……

——叶阳天

静静欣赏《月光曲》之后,学生所流淌的不仅是文字,更是生命的感动。学生把握住了《月光曲》静谧、柔美的特点,却用不同的想象演绎了对名曲的欣赏。"理趣"课堂所提倡的就是让学生将自己的个性生命融入阅读,形成与阅读内容的情感共鸣,从而实现生命的共融。

《G大调小提琴奏鸣曲》简析

六(3)班　卢子恒

我给大家介绍的曲目是莫扎特作于1778年的《G大调小提琴奏鸣曲》,献给选帝侯大人。这首曲子是莫扎特在巴黎听到他母亲去世,但因演出而无法奔丧后写成,是对他母亲生前的回忆。整首曲子刻画了母亲性格中开朗乐观的一面,表现了生活的丰富多彩。

全曲共两个乐章:第一乐章是热情、有精神的快板,像是阳光明媚的春天;第二章温暖、真诚,钢琴和小提琴的默契配合、相互烘托,将莫扎特音乐中的和谐美表现到极致。这首极具说服力的乐曲足以让人领会到莫扎特这位大师的音乐的魅力。

神秘的蒙娜丽莎

六(3)班　叶阳天

《蒙娜丽莎》是文艺复兴时期达·芬奇的作品。这是他最优秀的一幅画,没有之一。大家如果对蒙娜丽莎稍有了解,就会知道她神秘的微笑。蒙娜丽莎的笑容忽隐忽现,时而微笑,时而又板起脸来。这并不是灵异事件,而是因为达·芬奇在我们看见的脸下面又画了两层脸。这三张脸的区别,正在于她们的表情。这精妙的设计,使我们能有一种"她在变换表情"的感觉。

蒙娜丽莎其实是一位佛罗伦萨贵族的妻子,真名叫马多娜·丽沙·迪安东尼奥·玛利亚·格里蒂尼。1503年,这位贵族委托达·芬奇给他的妻子画了这幅闻名世界的画像。但是达·芬奇只是以贵族夫人的肖像为基础融入了他自己对美的理解和信仰,赋予了它更丰富的内涵。

在我看来,这幅画的背景也毫不逊色于主题。背景中左半面低于水平线,有将左眼下拉之势;右半边高于水平线,有将右眼推上去的倾向,牵动了蒙娜丽莎嘴角的肌肉,使得大家对她留下一个露出微笑的印象。作为主体的蒙娜丽莎的动作,也体现出一种静谧,双手重叠放在膝盖上,有一种淑女气息!

除了谜题,《蒙娜丽莎》同样有数不清的优点可以让我们学习。正如艺术家乔古奥·瓦萨里所说的那样——红色的双唇连接脸部淡淡的肉色,看上去就是活生生的肌肉而不是颜料;看着喉部的凹陷处,你甚至会深信她的脉搏在跳动。这幅画给我很强的震撼,我会继续努力作画,向着21世纪的达·芬奇进发!

以上两个作品是学生围绕分享课学习任务所完成的。一个是对莫扎特的乐曲进行了欣赏,一个是对蒙娜丽莎的画作进行了欣赏。两位学生对艺术的欣赏是融入情感的,充分表达了自己的欣赏感受。指向人文感悟的专题阅读教学最核心的价值并不是授予学生一些技巧,而是让学生在大人文的视野下获得人文学习的乐趣,获得人文学习的审美体验,升华自身的人文素养、审美素养和精神境界。这也是"理趣"课堂的最终指向!

第 五 节

指向作家风格的专题阅读教学过程实施

一切文本都由作家所作，文本的"理趣"就是作家的"理趣"，文本的"境界"就是作家的"境界"。对于读者来说，一位作家就是一本书，这本书里有生活，有情感，有思想，有人格。对于学生来说，只见文本，不见作者，就不可能真正读懂文本的"理趣"。作家是根，文本是枝叶，指向作家风格的专题阅读教学就是一场顺着枝叶寻根的旅程。

一、找到一位好作家

小学语文教材中出现过的作家涉及古今中外，人数众多，著名的作家不在少数。选择哪一位作家来开展指向作家风格的专题阅读教学是值得研究的问题。找到一位好作家，对于专题阅读教学的开展有着非常重要的意义。找到一位好作家可以从以下两个角度去考虑。

第一，根据作家出现频率选择。为作家设专题，就好比是为歌星开专场。一个歌星必须拥有很多耳熟能详的歌曲，才能成功举办演唱会，否则无法引起歌迷兴趣。同样，一个作家的多篇文章在教材中出现过，才能引起学生的广泛关注，才有可能被学生当作专题去研究。比如，冯骥才创作的《花的勇气》《维也纳生活圆舞曲》《珍珠鸟》《刷子李》等文章都出现在教材里，而且风格迥异，题材丰富。因此，冯骥才就可以作为专题学习的对象。

第二，根据作家的自身实力。"理趣"课堂注重学生对文本人文意蕴的感悟，而人文意蕴的背后是作家这个有趣的灵魂。将作家拿来做专题阅读教学，这位作家必须具备值得反复研究、品味、咀嚼的魅力。比如，鲁迅就是这样的

作家。统编小学语文教材六年级上册第八单元就专门为鲁迅设计了学习主题。鲁迅具有高尚的人格,其思想深刻,语言风趣,能给学生带来充满"理趣"的审美感受。

找到一位好作家是开展作家风格专题阅读教学的基础,只有找准了这个专题研究点,才能让学生产生学习的动力。

二、认识一位好作家

找到作家是专题学习的第一步,认识作家才是专题学习的根本目的。认识不是指浏览百度介绍,读作家生平进行机械的记忆,而是通过研究与这位作家相关的材料,对作家进行全方位的理解与感知。

构建学习组块就是认识一位好作家的基础。要认识一位好作家,自然要呈现这位作家的文章。在"理趣"视角下,文章是一个人的人格境界,只有直面作家的文字,才能感受作家的人格魅力和精神世界。要认识一位好作家,自然要呈现他人对这位作家的评价。只有直面他人的评价,对作家的认识才能全面。要认识一位好作家,就必须呈现这个作家的多个侧面,展现这位作家的不同风格。一个人会随着年龄增加、岁月流逝而改变心境,一个作家也会在生命的成长过程中不断完善自己的生命。

比如,"走近鲁迅"专题阅读教学就将鲁迅的作品《少年闰土》《好的故事》和他人评价鲁迅的作品《我的伯父鲁迅先生》《有的人》构建成学习组块,引导学生认识一个独特而全面的鲁迅。

指向作家风格的专题阅读教学在构建学习组块时,要把这位作家的人格放在核心位置,这既是立德树人根本教育目的的体现,更是"理趣"课堂的价值呼唤。

三、设计一个好目标

阅读策略专题学习的目标制定呈现的是层层推进的特点;人文感悟专题学习的目标制定呈现的是环环演绎的特点;而作家风格专题学习的目标制定则呈现出点点归纳的特点。

指向作家风格的专题阅读教学在学习目标的设计上关注的就是作家这个

"人",无论是对他人评价的学习,还是对作家语言表达的领悟,核心目标就是认识这个人。

"走近鲁迅"专题阅读教学的学习目标是这样设计的:

1.正确、流畅地朗读《少年闰土》《好的故事》这两篇精读课文;认真、有一定速度地默读《我的伯父鲁迅先生》《有的人》这两篇略读课文。

2.能整体把握四篇课文的主要内容,用简要的话概括课文描写的事件。

3.阅读《少年闰土》《好的故事》,关注课文中含义深刻的句子,体会鲁迅深刻的思想和朴实厚重的语言风格。

4.阅读《我的伯父鲁迅先生》《有的人》,感受鲁迅幽默风趣、舍己为人、平易近人、坚韧不拔的人格魅力。

5.能关注人物外貌描写,感受鲁迅的形象及鲁迅笔下人物的形象;领悟人物外貌描写要抓住人物特点来写,尝试用外貌描写表现人物形象。

以上所呈现的学习目标虽然比较多,但是主要可以分为两类:一类是指向鲁迅崇高的人格魅力;一类是指向鲁迅独具魅力的语言表达。其实,一名作家的语言表达最终也是指向崇高的人格魅力的。因为,一个人的语言反映了一个人的思想,一个人的思想则是一个人的人格境界!

四、设计有趣好任务

认识一个人总是一件充满趣味的事情。在学习任务的设计时,教师要把学习任务设计成与一个人不断打交道的感觉。要让学生在完成学习任务的同时,对作家形成全面的认识。当然,一切专题学习都要从熟悉文本开始,基础学习任务的设计也是必不可少的。

预热课学习任务设计

任务一:

1.朗读、默读课文,摘录难读字词,多读几遍。

2.摘录容易写错的字词,提醒自己写正确。

3.摘录课文中出现的四字词语或成语,进行积累。

任务二：

1.我能用小标题的方式概括《少年闰土》《我的伯父鲁迅先生》中的事件。

《少年闰土》

《我的伯父鲁迅先生》

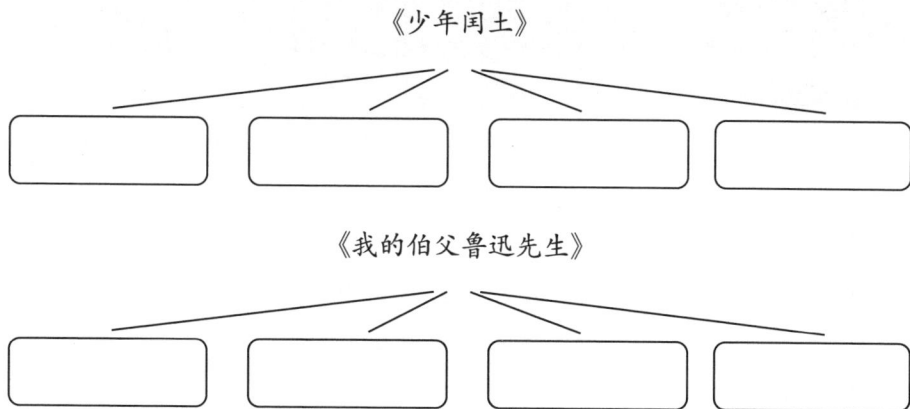

2.我能用简要的语言概括《好的故事》这篇课文的主要内容。

任务三：

阅读四篇课文,特别关注人物细节描写,用关键词概括对鲁迅人物形象的初步认识。

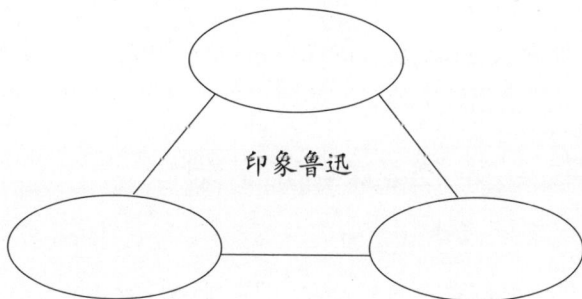

印象鲁迅

任务四：

摘录阅读过程中发现的一些含义深刻的句子,并提出自己的困惑。

预热课学习任务的设计充分落实基础字词的学习,注重对课文主要内容的梳理,为后续学习提供保障。同时,预热课还把学习的关注点初步引向对鲁迅这一人物形象的认识和对含义深刻句子的理解,这样更有利于"理趣"课堂的生发。

精学课学习任务设计

任务一:

摘录关于鲁迅的一处细节描写,交流对鲁迅的印象。

任务二:

结合《再见闰土》和冯雪峰的《论〈野草〉》、李何林的《鲁迅〈野草〉注解》,深入理解《少年闰土》《好的故事》的思想内涵。

任务三:

补充阅读文章《一面》,关注对鲁迅的外貌描写,结合《我的伯父鲁迅先生》《有的人》,理解外貌描写与塑造人物品质之间的关联。尝试用外貌描写表现一个伙伴的性格与品质。

任务四:

模仿《有的人》,为印象中的鲁迅写一小节诗歌,感受诗歌的意蕴、语言美感。

精学课的学习任务设计既关注了鲁迅人物形象的理解,又关注了鲁迅语言表达特点和深刻的思想内涵。可以说,完成学习任务的过程就是深入认识鲁迅的过程。同时,精学课学习任务的设计还非常重视课文语言表达的迁移,如,让学生通过外貌描写表现伙伴的性格和品质,让学生用一小节诗歌的形式赞美鲁迅,都是充满言语趣味的学习任务。

分享课学习任务设计

任务一:

阅读藤野严九郎的《谨忆周树人君》,进一步感受鲁迅的形象。

任务二:

选择鲁迅散文集《朝花夕拾》中的文章进行阅读,写写自己的阅读感受。

分享课的学习任务虽然不多,但是很有深度。尤其是阅读散文集《朝花夕拾》给学生进一步认识鲁迅提供了广阔的空间。学生在阅读后纷纷撰写阅读感受,或是推荐精彩章节,对"走近鲁迅"充满浓厚的学习兴趣。以下是学生的阅读推荐和阅读感受:

阅读推荐

最近,"走近鲁迅"专题学习让我们初步了解了鲁迅的形象以及他的思想和精神。《朝花夕拾》是鲁迅写的一本散文集,充满了鲁迅对生活的思考。鲁迅的文字表现出他崇高的精神。鲁迅的面貌和品质印在我们的脑海里。如果你想了解一下鲁迅的思想品质,《朝花夕拾》等着你哦,快快翻开书本,接受心灵的体验吧!

——章渝笳倾情推荐

读者回音

《朝花夕拾》是一本带有厚度与深度的散文集。书中的文章字字珠玑,没有使用过分华丽的辞藻,却把事物形象描绘得淋漓尽致,还使用了许多知者甚少的词句,如"党同伐异""言者心声也""颜厚有忸怩"等,很值得学习。同时,在散文里也夹杂了作者对一些封建势力人物的机智暗讽与回击,以及对封建伦理的深刻批判,令人掩卷沉思。

——陆宣羽

鲁迅先生写下来的文字都有着自己独特的个性,文章简洁有力、含义深刻。有些段落不去深入思考的话,很难体会到鲁迅先生对封建社会的批判。

——来欣彤

鲁迅先生在本书中用诙谐的言语讽刺了当时社会的黑暗,这才是真正的幽默。同时,他以各种心理描写回忆童年,值得我借鉴。

——项马城

我们很难想象,这是小学六年级学生的感悟。从学生的表达来看,他们对鲁迅有了深层次的理解,他们是从内心深处升起对鲁迅人格的崇敬和赞美。如果没有"走近鲁迅"专题阅读教学的集中浸润,学生就不可能产生对鲁迅感悟的井喷!指向作家风格的专题阅读教学,把作家的人格根植进了学生幼小的心灵,让学生在一个个学习任务中提升审美素养,建构精神世界!

第五章

从一篇到一本：『理趣』阅读教学的新形态

第 一 节

课外阅读的现状与突破

　　一切阅读教学的最终目的是激发起学生"再阅读"的兴趣。无论何种形态的课堂阅读教学,其根本目标是要让学生掌握课外阅读的能力。书海无涯,学海无边,只有让学生自己把握课外阅读的帆,才能使学生在广泛的阅读中实现精神生命的成长。然而,学生的课外阅读现状并不容乐观,需要教师提高站位,变换视角,对课外阅读的指导实现突破。

一、课外阅读的现状

　　"阅读素养"是人发展的核心素养,可分为非认知性素养和认知性素养。非认知性阅读素养指学生的阅读兴趣、阅读习惯、阅读品质;认知性阅读素养指运用阅读策略对文本进行解释、理解、欣赏、批判的能力。一个阅读素养高的学生,应该是热爱阅读,具备良好的阅读习惯,并且能熟练运用阅读策略。

　　"多读书,好读书,读好书,读整本书"是语文课程标准所倡导的,它对于提升学生阅读素养的积极作用是不言而喻的。向学生推荐好书并进行课外阅读指导是语文教师的重要责任。

　　目前,语文教师在指导学生读书这件事上,存在两个比较显著的问题:

　　其一,教师很难准确把握学生的认知发展水平,很难选择真正适合学生阅读的书目。推荐过于简单或深奥的书,都无法调动学生的阅读兴趣。比如,三年级下的学生刚学完冰心的《肥皂泡》,有些教师就推荐学生读冰心的《繁星》《春水》。这些教师以作家为线索进行课外阅读推荐的思路是很好的,但是冰心的文章虽语言清新,内涵却极其深刻,具有高度的情感化和个性化。《肥皂

227

泡》符合三年级儿童的心理特征,贴近儿童的生活,但是,冰心的其他作品对于三年级的学生来说难度过大,不利于学生阅读兴趣的调动。教师和家长在推荐课外阅读时,不知不觉会将最优秀学生的阅读书目作为所有学生的阅读推荐,将个别当普遍,无形之中增加了学生课外阅读的畏难情绪。

其二,教师比较缺乏对学生课外阅读方法的指导。在阅读教学中,课文的教学往往是与课外阅读的指导相互割裂的。阅读课上,教师对课文进行详尽解析,只见课文,不见课文背后更广阔的阅读天地。教师不太注重从课外阅读的站位来教学生如何阅读。直到课快结束时,教师才将书推荐给学生,至于学生读不读,怎么读,教师就不太关心了。教师只是作为课外阅读的温馨提示者,而非积极的指导者,学生的课外阅读基本处于放任自流状态,课堂上学到的阅读方法没有很好地运用到自主的课外阅读中。班级里最会读书,对课外阅读最有兴趣的学生,会根据教师的推荐去阅读这些书籍,对于班级大部分学生来说,由于没有教师的针对性指导,对推荐书目往往视而不见。

家长经常问老师"要提高孩子阅读水平,该怎么办?"老师往往会脱口而出:"多读书!"当家长追问:"怎么样才能让孩子多读书,会读书呢?"老师们往往无从回答。因为,教师缺少对课外阅读的深入思考,总觉得课外的事情课内解决不了。这就造成了学生的课外阅读更多地流于形式,浮于表面,阅读素养难有真正意义上的提升。

二、课外阅读的突破

"理趣"阅读教学所秉持的是"大阅读观"教学理念,提倡打破课内外界限,贯通学生的阅读生命。现有的常态阅读教学是把学生的阅读生命进行分割的,将课堂阅读和课外阅读分得清清楚楚、泾渭分明。课堂阅读高度重视,恨不得课文的每个角度都不放过,对课文做条分缕析式的解构,将教师对文本的理解全部传递给学生。课外阅读放任自流,似乎阅读课一结束,阅读指导就终止了。这种阅读教学观,会让学生找不到课堂学习的意义何在,更找不到课外阅读的方向何在。

针对课外阅读教学的现状,笔者从"理趣"阅读教学观着眼,创造性地提出了"从一篇到一本"的阅读教学新形态。

　　"从一篇到一本"的阅读教学新形态是指：教师基于某种联系，将教材中的一篇课文与一本书进行"绑定"。通过整体设计教学目标、实施教学过程，指导学生由一篇课文的学习走向一本书的阅读。

　　这种教学形态打破了课文学习与课外阅读的壁垒，将课外阅读的指导引入课堂教学，能有效解决前文提到的两个问题。首先，教材基于课程标准设计，科学地反映了学生的认知发展水平。推荐与课文相关的书目，能将课外阅读的难度落在学生的最近发展区内。其次，课文的学习重在阅读策略与方法的习得，而一本书的阅读重在策略与方法的运用。两者整体设计，相互融合，教师对于学生课外阅读方法的指导有了实实在在的抓手。

第 二 节

"从一篇到一本"的阅读教学内容构建

语文课程标准中提到的三维目标是对阅读素养内涵的最佳诠释。阅读知识与能力，阅读策略与方法，阅读情感、态度、价值观就是构成阅读素养的三个重要方面。"理趣"阅读教学的内涵与三维目标的具体指向是高度契合的。

在"理趣"阅读教学观看来，"理趣"既是阅读文本的基因，又是阅读过程的心理感觉。要让学生充分感悟阅读文本的"理趣"，享受到阅读的乐趣，教师就要教学生阅读策略与方法，提升学生阅读能力，点燃学生阅读情感，对阅读充满心理期待。阅读素养的提升不可能靠一周几节语文课实现，以课文为例子，以课外阅读为运用，才是阅读素养提升的王道。

"从一篇到一本"的教学形态立足教材，放眼课外，实现阅读教学的内外联动。这种教学形态注重发挥一篇课文和一本书的组合效应，打的是一套"组合拳"。教师需要基于某种联系，将教材中的某一篇课文与某一本书进行组合，实现教材内容的创新重构。构建"篇本"组合是实施"从一篇到一本"阅读教学的基础，也是提升学生阅读素养的基础。

一、着眼阅读素养，组合选文与原著

小学语文教材中许多课文都是原著的选文，尤其是统编小学语文教材，更加注重选取经典原著中的节选来作为课文，且尽可能地保留原著的原汁原味。

课文作为原著这一整体的局部，既反映了原著内容、情感、表达形式的整体特点，又保留了原著的神秘感与吸引力。"从一篇到一本"的教学形态强调"篇"与"本"的关系，注重将课文学习所获得的策略、方法、情感运用或延续到

一本书的阅读中去。再者,课文的学习能充分调动学生阅读原著的兴趣,许多在课文阅读中未能解决的谜团成了阅读原著的动力。因此,"选文"与"原著"的组合顺应了整体与局部的关系,是最有利于阅读素养中兴趣层面的激发和能力层面迁移的组合方式。

例如:《刷子李》一文选自《俗世奇人》这本小说集。《刷子李》一文人物形象奇,闻所未闻;情节发展绝,一波三折;语言表达妙,津味十足。这些特点正是《俗世奇人》这本书所具有的特点,选文与原著高度一致。学生在学习《刷子李》后,为刷子李这一人物称奇道绝之时必定对《俗世奇人》中的更多奇人有强烈期待。并且,学习《刷子李》后,对如何读懂人物、读懂情节、读懂语言等小说阅读的策略与方法有了初步认知,跟进阅读《俗世奇人》将趁热打铁,促进能力迁移。《刷子李》与《俗世奇人》形成"篇本"组合,由点及面,自然和谐。

二、着眼阅读素养,构建文体类型

学生在课外阅读中会面对不同文体的图书,不同文体的图书自然有不同的阅读策略与方法。能根据文体特征采用相应的阅读策略与方法是学生阅读素养的重要体现。教师可以从文体特征的角度,将属于某一类文体的一篇课文与一本书进行组合,课文的教学重在指导学生认知文体特征,习得文体阅读的策略与方法,一本书的阅读教学重在指导学生运用文体阅读的策略与方法。这种组合的构建方式改变了原有"文体意识"教学的单一化,增强了文体阅读的类型化,对于学生某种文体类型阅读素养的提升有很大作用。

例如:统编小学语文教材四年级下册的《小英雄雨来》是一篇革命题材的小说,教师可以将同样是刻画小英雄的小说《小兵张嘎》与之捆绑组合,实施整体教学。革命题材小说重在抓住人物细节描写及反面人物衬托的方法刻画英雄形象。小说情节往往以英雄人物和敌人斗争的线索展开,跌宕起伏。环境描写也为英雄人物的塑造起到渲染作用。从《小英雄雨来》到《小兵张嘎》的教学形态,能在极大程度上激发学生阅读革命小说的兴趣,促进革命小说阅读策略、方法的迁移,提升学生的阅读素养。

三、着眼阅读素养，开放作者视角

言为心声。无论是一篇文章，还是一本书，都能反映一位作家的人生经历与创作风格。学生的阅读最终要追求的是通过一本书或几本书与作家对话，感受作家的情怀、领悟作家的思想、品味作家的风格，这也是阅读素养的重要表现。人教版小学语文教材中许多课文的作者都是大名鼎鼎的作家，其著作数量众多、类型丰富。教师可以从作者的视角，将相同作家的一篇课文与一本书建立联系，推动学生与作家的对话。

例如：可以将《最后一头战象》与课外书屋推荐的《狼王梦》捆绑，通过组合式的教学，学生很容易感受到沈石溪动物小说细节刻画深刻细腻，情感浓烈的创作风格。可以将《金色的脚印》与课外书屋推荐的《孤岛野犬》捆绑，组合式的教学同样能使学生感受到日本作家椋鸠十清新、自然、简约的动物小说创作风格。这些创作风格的感受很难在一篇课文的学习中获得，而在"一篇到一本"的教学形态下却能比较自然地实现。

归根到底，"从一篇到一本"的阅读教学内容构建重点在于找到"一篇课文"与"一本书"的连接点。这个连接点最好涵盖主题、情感、语言表达，充分体现"理趣"阅读教学的内涵。

第 三 节

"从一篇到一本"的阅读教学目标制定

构建"篇本"组合是"从一篇到一本"阅读教学新形态的基础,基于组合设计教学目标则是该教学形态的关键。"从一篇到一本"注重发挥组合效应,强调"一篇课文"与"一本书"的联系,强调在从"篇"到"本"的学习过程中提升阅读素养。因此,教学目标的设计要充分体现整体性——课文是例子,以导促学;一本书的阅读是应用,以导促用。并且,教学目标的整体设计要指向阅读素养。

一、注重兴趣目标的一体化

阅读兴趣是阅读素养的重要组成部分,属于非认知领域素养。国际上具有权威性的PIRLS、PISA等阅读素养评价项目均把阅读兴趣作为阅读素养评价的重要指标。由于我国阅读评价比较少关注阅读兴趣,所以教师在阅读教学中,对阅读能力培养比较关注,对阅读兴趣却鲜有关注。

"理趣"视角下"从一篇到一本"的教学形态立足点是教材中的"一篇课文",最终目标是使学生去阅读"一本书",打开学生的阅读视野,力求通过多读书提升阅读素养。因此,阅读兴趣的激发,让学生产生读"一本书"的强烈愿望,是整体设计目标的首要任务。

激发阅读兴趣层面教学目标的整体性体现为:教师要根据文本特点,找准学生学习一篇课文时的兴趣燃点,并以此燃点去诱发学生阅读一本书的欲望;在指导学生阅读一本书时,教师要对接课文学习的兴趣点,并持续放大这个兴趣点,为学生课后自主阅读这一本书做好情感准备。

例如：从《刷子李》到《俗世奇人》兴趣层面的教学目标是这样设计的：

1.通过研读刷子李人物细节描写以及曹小三的侧面描写，充分感受刷子李的奇妙之处以及小说一波三折、闻所未闻的情节特点，并产生阅读《俗世奇人》的阅读兴趣；

2.阅读《俗世奇人》的部分文章或片段，感受书中更多奇人的"奇"，感受更多故事令人拍案叫绝之处，并通过天津方言的现场演绎，产生对津味语言的强烈兴趣。

《刷子李》这篇课文人物奇、情节绝、语言妙，这符合儿童形象化的认知特点。在《刷子李》一课的教学中，教师要以文字为依托，引导学生充分感受到课文所表现的"奇绝之处"，充分调动学生的阅读兴趣。"奇绝"就是这篇课文学习的兴趣燃点。而后《俗世奇人》的教学，教师无缝对接这种情感，通过更多文章或片段去放大学生对人物、对情节的兴趣。教学目标中还提到通过天津方言现场演绎的方式，让学生产生对津味语言的强烈兴趣，这是对文本特点及儿童兴趣点的纵深挖掘。从《刷子李》到《俗世奇人》阅读兴趣层面教学目标由浅入深、层层推进；情感发展循序渐进，阅读《俗世奇人》的兴趣被充分激发。

"理趣"课堂非常注重对学生学习过程"趣味"的激发，只有让学生学得有趣，才有可能激发学生持续阅读的动力。

二、注重能力目标的递进化

阅读能力是阅读素养的核心，属于认知层面的素养。一个人的阅读素养是否高，往往要看其是否具有较强的阅读能力。纵观国内外学者以及国际阅读素养评价项目，阅读能力主要包括四个方面：快速、全面获取信息的能力；在理解基础上推论的能力；解释、整合观点的能力；欣赏与评价的能力。这四个方面阅读能力的培养主导着教师阅读教学目标的设计以及教学行为的发生。

"从一篇到一本"教学形态中，"一篇课文"是例子，教师通过这个例子教给学生某种阅读策略与方法，使学生完善某种阅读能力。"一本书"则是尝试运用的载体，习得的策略与方法只有经过充分实践，才能熟练掌握，内化为阅读能力。"先学后用"是该教学形态下阅读能力层面目标整体设计的显著特点。

《跑进家来的松鼠》是人教版小学语文教材六上"人与动物"主题单元的一

篇课文,选自俄罗斯著名儿童文学作家斯克列比茨基《树林的回声》一书。基于"人与动物"主题单元的单元目标及课程标准第三学段阅读教学目标,笔者将《跑进家来的松鼠》一课的教学目标设定为:

1.学会在快速浏览中抓住表示事件的关键词,了解松鼠在"我"家做了哪几件事。

2.学会画找、圈画、反复默读重点描写的策略,体会人与动物之间浓浓的情感,领悟作家抓住一家人与松鼠相处的细节表现情感的表达方法。

这篇课文的教学目标以策略学习为导向,指向阅读能力的培养。如:快速浏览抓表示事件的关键词,培养的是学生快速、全面获取信息的能力;抓住家人与松鼠相处的细节,感受人与动物情感旨在培养学生解释、整合观点以及评价、欣赏语言表达形式的能力。

指导学生阅读《树林的回声》的教学目标则以课文学习的阅读策略与方法为基础进行设计:

1.通过屏幕限时阅读《树林的回声》四个片段,运用快速浏览抓事件关键词的策略,了解片段所呈现的事件内容;

2.在快速默读中运用关注细节描写的策略,体会人与动物之间的深厚情感。从《跑进家来的松鼠》到《树林的回声》,教学目标均指向阅读能力的培养,先学后用,一脉相承。

"理趣"课堂注重学生高阶思维的培养与发展,只有让学生掌握思维的能力,才能通过更多自主阅读寻找到阅读的快乐,以人文意蕴丰盈自己的精神世界。"理趣"课堂也注重学生阅读趣味的激发,只有充分唤起学生的好奇心、求知欲,才能让学生如饥似渴地阅读更多书籍。因此,"理趣"视角下"从一篇到一本"的阅读教学新形态,在教学目标的制定上要引导学生看到阅读文本的"理",享受到阅读的"趣",要形成理趣相谐的境界。

第 四 节

"从一篇到一本"的阅读教学类型设计

"从一篇到一本"的教学形态不仅要求教学目标的设计要有整体性,教学实施的过程也要体现整体性的原则。教师需要根据教学目标的不同着眼点采用不同的"篇本"组合形式,并以整体视角展开教学过程。以下是"从一篇到一本"阅读教学的几种类型设计。

一、"嵌入式教学"微观视角提升阅读素养

"嵌入式教学"是指:在一篇课文的教学中,教师在揭示某种阅读策略或方法后,立刻呈现"一本书"中的相关片段,并引导学生运用刚学过的阅读策略与方法开展自主阅读。力求在"篇"与"本"的联系中,迁移阅读能力。这种组合形式下,一本书的内容得到微观呈现,并嵌入一篇课文的学习过程中。

例如,从《小英雄雨来(节选)》到《小英雄雨来》这一课的教学分以下步骤展开:①教师抛锚:这篇小说的主角是雨来,作者为什么要花这么多笔墨写日本鬼子呢? ②学生画找描写日本鬼子的句子,感受日本鬼子的凶残与丑陋。③引导学生领悟小说侧面描写的作用,越是把敌人刻画得丑陋,越是能衬托英雄形象。④屏幕呈现《小英雄雨来》一书中三处关于敌人的细节描写,引导学生抓住表现敌人丑态的关键描写,进一步夯实阅读小说关注侧面描写的阅读策略。

学生在阅读小说时比较关注人物的正面描写,却很少关注侧面描写。《小英雄雨来》一书中作者花大量笔墨刻画日本鬼子的凶残与丑陋,这些描写能使阅读者浮现出日本鬼子的丑态,具有强烈的讽刺意味。在小说的阅读中,善于

关注侧面描写是重要的阅读素养。以上所呈现的教学步骤中，教师以引导学生关注课文中的侧面描写切入，举例揭示关注侧面描写感受人物形象的小说阅读策略。紧接着教师呈现书中对敌人的相关描写，引导学生即时运用阅读策略，对关注侧面描写读懂人物形象具有进一步的认知。前者是学，后者是用，前后贯通指向学生欣赏与评价小说人物能力的培养。嵌入式组合形式教师进行能力培养的切口小，对阅读一本书的指导更清晰、更聚焦。另外，嵌入式组合形式下，教师选择的对接点往往是学生不太关注的，对于学生阅读兴趣的激发也起到重要作用，使阅读素养的提升有了扎实、可控的落脚点。

二、"后缀式教学"整体视角提升阅读素养

"后缀式教学"是指：在一堂阅读课的单位时间内，前70%左右的时间以课文为例学习阅读策略与方法，后30%左右的时间呈现书中的精彩内容，促进学生运用习得的阅读策略与方法，并激发学生的阅读兴趣。

在实施从《跑进家来的松鼠》到《树林的回声》教学过程中，笔者设计了以下教学过程：①引导学生快速默读课文，通过抓住关键词的策略，了解课文写了松鼠在"我"家做了哪些事情。尝试将关键词转化为小标题。②通过画找家人与松鼠和谐相处的描写，深刻感受家人与松鼠之间的感情。并领悟作者是通过抓细节描写来表现这种情感的。③呈现《树林的回声》的封面与目录，激发学生先睹为快的阅读兴趣。④限时屏幕阅读精彩片段，在快速默读中运用阅读策略，了解事件，关注细节描写。⑤通过阅读竞赛，检测阅读效果。

以上教学过程中的前两个环节以课文学习中心，培养学生通过抓关键词快速、全面获取信息的能力以及通过抓住细节描写解释、整合观点的能力。后三个环节以阅读书中精彩局部为中心，尝试迁移习得的阅读能力。这种组合形式一改以往教师在课快结束时匆匆介绍一下原著，至于学生读不读、会不会读则不闻不问的做法。课文的学习为主，例子讲透；书的内容局部呈现，策略用熟，为全书的后续阅读打下能力与兴趣的基础。嵌入式与后缀式的组合形式同在一堂课里发生，所不同的是，嵌入式重在某一个能力点的培养，后缀式则是相对全面的关联。

三、"接力式教学"宏观视角提升阅读素养

接力式教学,顾名思义是指前一节课以课文为例,激发兴趣,传授策略与方法;后一节课开展一本书的阅读实践,实现兴趣与能力的延续与迁移。接力式采用的是两课衔接的方式,它的教学实施过程更加展开,教学目标的对接更全面,更具延伸性。学生的阅读实践,尤其是一本书的阅读实践也更为充分与自主,提升阅读素养的视角更加宏观。

从《刷子李》到《俗世奇人》就是典型的接力式组合形式。《刷子李》一课的教学过程是:①引导学生画找刷子李刷墙动作、效果、规矩等细节描写,感受刷子李人物形象的"奇";②屏幕呈现细节描写的句子,引导学生发现作者运用联想把细节写生动的表达方法;③画找曹小三出乎意料的心理描写,师生合作画出心理变化图,体会小说一波三折的情节特点;④补充原文的第一自然段,进一步了解刷子李生活的时代背景。《俗世奇人》一课的教学过程是:①学生7分钟快速默读书中《苏七块》《张大力》《泥人张》三篇文章,关注体现人物"奇"的细节,感受人物形象;通过阅读竞赛检测阅读效果;②自主选择书中的一篇文章默读,采用想情节图的方式,将故事的绝妙之处说给同学听;③再次快速默读已经读过的文章,找出写得特别精彩的语句;教师现场秀天津话,引导学生进一步感受《俗世奇人》津味语言的独特风格。

两课的教学过程体现高度整体性,后一节课的教学实施紧扣前一节课展开。《刷子李》一课以小说文体特征为基础,教会学生抓细节感知人物形象,图像化感知情节特点以及抓表达特征感知语言风格。《俗世奇人》一课则一一对应,引导学生在开放、自主、大量的阅读实践中运用这些策略与方法,对学生阅读素养的提升显而易见。

第 五 节

"从一篇到一本"的阅读教学策略运用

"从一篇到一本"的教学形态注重学生读书兴趣的激发，读书能力的培养。在实施整体性的教学过程中，教师应围绕兴趣与能力这两个阅读素养的重要维度运用适当的教学策略，助推学生阅读素养的发展。

一、关联导语，强化策略运用

"从一篇到一本"的教学形态，教学目标的设计与教学过程的实施都彰显出"篇"与"本"之间的整体性。教师的阅读指导应该立足整体，着眼联系，设计具有高度关联的导语，强化学生学习和运用阅读策略的意识。

例如，教学《俗世奇人》一课时，教师应在每个环节的开始引导学生回忆学习《刷子李》一课所习得的阅读策略与方法。教师可以采用这样的导语："上一节课，我们学到了一个阅读本领，在快速默读中关注与'奇'有关的重点信息，感受人物形象。本领学了就得用，现在我们就用同样的方法来读读《俗世奇人》中的三篇文章，看谁能在快速默读中感受人物'奇'在何处。"这样的导语激活了学生的认知结构，促进了阅读策略与方法的迁移、巩固。

二、凭借限时阅读，提升专注力

专注力是阅读素养的重要表现。信息化时代，高度专注、快速默读、获取信息是对现代公民提出的要求。阅读素养不够的学生往往表现为不能集中注意力阅读文本，影响阅读效果。

"从一篇到一本"的阅读教学形态强调将"一篇课文"和"一本书"的阅读紧

密联系在一起,在课堂教学的许多地方都需要引入一本书中的阅读章节。因此,"从一篇到一本"的阅读教学会大量呈现阅读文本,在一节课上学生需要阅读更多文字。增加阅读量对学生阅读专注力和快速阅读能力的培养提出了更高要求。教师可以在课堂教学中采用限时阅读的策略,激发学生阅读速度的潜能。《语文课程标准(2011年版)》提出第三学段学生每分钟默读字数不少于300字。这是底线,教师可以根据本班学生的阅读情况,适当上调标准。在限时阅读前,教师要做足文章:第一,教师需要告知学生阅读所限定的时间,促使学生进入阅读状态;第二,教师需要渲染挑战的气氛,激发学生在限定时间内专注完成阅读的信心。例如,在推出《树林的回声》这个环节,教师可以这样引导学生:"下面我们就来默读《树林的回声》中的几个精彩片段。老师给每张灯片都限定了时间,时间一到,自动翻页。过了这个村,就没那个店了,我们的眼睛不能离开大屏幕。不知道你们能不能完成任务?"教师把限时阅读策略用好,不仅培养了学生快速默读的专注力,还活跃了课堂气氛,激发了学生的阅读兴趣,真可谓一举两得。

三、开展阅读竞赛,激兴趣,促迁移

阅读竞赛是儿童喜闻乐见的一种形式。"从一篇到一本"的教学形态非常注重给予学生大量的自主阅读时间,阅读成效的检测很关键。在限时的自主阅读后,教师出几道测试题对学生自主阅读的成效进行检测,把阅读评价真正落到实处。

阅读竞赛的题目设计要紧扣教学目标,一要关注兴趣的激发,指向吸引学生的内容,做到由易到难;二要体现阅读能力的迁移,学生需要运用刚习得的阅读策略与方法才能解决问题。例如,在教学《俗世奇人》一课时,笔者设计了以下几个竞赛题:①苏七块是干什么的?②张大力和泥人张的绰号是怎么来的?③请从动作、效果、规矩这三方面,说出苏七块奇在哪里?④文中的哪个细节最能体现张大力的奇?⑤泥人张有什么令人称奇的绝活?

这些问题在内容上主要关注两个方面,一是绰号的由来,二是人物奇在哪里。这两个内容是《俗世奇人》一书中最具亮点、最能吸引读者的。更重要的是,解决这些问题需要学生运用在《刷子李》一课中习得的阅读策略与方法,

如:举例中的第三题"从动作、效果、规矩这三个方面,说出苏七块奇在哪里?"解决这个问题需要学生运用"抓住小说人物的细节描写,感受人物形象"的阅读策略。这个问题指向"快速、全面获取信息的能力"和"解释、整合观点的能力"的培养。阅读竞赛既是检测阅读成效的手段,又是迁移、巩固能力的过程。同时,教师在阅读竞赛环节以主持人的身份出现,让自己的语言变得适当夸张、生动,更具鼓励性一些,就能使学习氛围变得轻松活跃,有利于激发学生读书的兴趣。

以上所呈现的三条阅读教学策略立足"篇本"教学的整体,把握住了"从一篇到一本"阅读教学形态的基本特点,注重激发学生阅读兴趣,充分体现了"理趣"课堂的价值取向。

第 六 节

"从一篇到一本"的阅读教学举隅

一、嵌入式教学举隅——从《蟋蟀的住宅》到《昆虫记》

(一)内容简析

《昆虫记》是法国昆虫学家、文学家法布尔创作的长篇生物学著作,享誉世界。这部著作主要有两大特点:其一,记录了一百多种昆虫真实的生活,对昆虫的种类、特征、习性进行了详尽的介绍和描绘,是一部昆虫大百科全书;其二,作者将昆虫的多彩生活与自己的人生感悟融为一体,用人性去看待昆虫,文字充满文学气息,字里行间都透露出作者对生命的尊敬与热爱。《昆虫记》深受全球读者,尤其是昆虫爱好者的喜爱。因其内容浩繁,许多供儿童阅读的版本都进行了内容重编,以便儿童更好地阅读。

《蟋蟀的住宅》选自《昆虫记》,是一篇学生非常喜欢的课文。课文所描写的蟋蟀,是一种生活中常见的昆虫。课文与原著特色一脉相承,既对蟋蟀选择洞穴、挖掘洞穴、修整洞穴的过程进行了详细描写,又把蟋蟀当作人来写,将蟋蟀的洞穴看作住宅,将蟋蟀的鸣叫看作唱歌,赋予蟋蟀人的灵性。整篇课文透露出浓浓的"理趣",蕴含自然之理,人文之趣。

(二)课堂重现

《蟋蟀的住宅》教学片段

……

师:同学们,通过刚才的学习,我们从法布尔的笔下知道了蟋蟀选择洞穴、

挖掘洞穴、修整洞穴的过程,真是让我们大饱眼福。法布尔为什么对蟋蟀如此了解呢? 我们来看一段关于法布尔的介绍。

(课件呈现法布尔的介绍)

◆法布尔是法国著名的昆虫学家。他迷恋昆虫研究,曾经用自己的积蓄买了一块荒地,专门用来放养昆虫。在这块荒地上,他对昆虫进行了长达30年的观察,揭开了昆虫世界的许多秘密,创作了著名的《昆虫记》。《昆虫记》既是一部严肃的科学著作,又是一部优秀的文学作品,读起来饶有趣味。

师:同学们,读了这段资料,你找到答案了吗?

生1:我觉得法布尔对研究昆虫充满了热爱,他会用自己的积蓄买一块荒地来做研究。因为有浓厚的兴趣,所以才铸就了他的成功。

生2:我认为法布尔是一个有恒心的人。他用30年时间来观察昆虫,一点儿也没有松懈和放弃。从"30年"也能看出他很热爱研究昆虫,否则他不可能坚持这么长时间。

生3:我从之前读过的资料中知道,法布尔观察昆虫的时候,会花整整一个下午的时间。他为了观察昆虫的洞穴,就趴在地上一动不动,一直盯着昆虫观察。我觉得是因为他细致的观察,才使他对昆虫有很深的了解。

师:说得太好了! 正是因为热爱、坚持、细致观察,才使法布尔写出了《昆虫记》这部科学著作。不知道大家注意没有,这段资料提到《昆虫记》还是一部文学作品,读起来饶有趣味。你们在读《蟋蟀的住宅》时,有没有发现有趣味的描写?

(生再次快速默读课文,画出觉得有趣味的句子)

生1:我找到的是"蟋蟀盖房子大多是在十月,秋天初寒的时候"。其实,蟋蟀只是挖了一个洞穴,但是作者却说是盖房子,我觉得把蟋蟀当人来写,很有趣。

生2:我找到的句子是"当四周很安静的时候,蟋蟀就在这平台上弹琴"。在这里作者把蟋蟀鸣叫写成弹琴,感觉到蟋蟀像人一样,生活得很有诗意。

师:你们听到过蟋蟀的鸣叫吗?

生:听过! 我家住一楼。秋天的晚上,四周很安静,蟋蟀的鸣叫很清脆。

师:那是多么美妙的声音啊! 琴声给我们带来的感觉就是特别美好的。

生3：我找到的句子是"蟋蟀和它们不同，不肯随遇而安"。我知道"随遇而安"的意思是无论什么境地，人都能很好地适应。这里写蟋蟀不肯随遇而安，感觉它像人一样，很有自己的想法。

生4：我觉得整篇课文到处都把蟋蟀当作人来写，比如住宅、大厅、卧室，把洞穴写得和家一样温馨，特别有意思。

师：是啊！法布尔把昆虫当作人来写，从人的视角来观察昆虫，才能把昆虫写得如此传神，怪不得都说《昆虫记》是一部充满趣味的文学作品呢！这样的描写在书中还有很多，你们想先睹为快吗？

生：想！

师：等会儿大屏幕上会依次出现三个片段，分别介绍了三种昆虫。老师按照每一段的数字分别设定了阅读时间。请大家认真默读，看看法布尔的哪些描写让你觉得很有趣。

（课件呈现《昆虫记》的三个片段）

◆有的时候，蜣螂好像是一个善于合作的动物，而这种事情是常常发生的。当一个甲虫的球已经做成，它离开它的同类，把收获品向后推动。一个将要开始工作的邻居，看到这种情况，会忽然抛下工作，跑到这个滚动的球边上来，帮球主人一臂之力。它的帮助当然是值得欢迎的。但它并不是真正的伙伴，而是一个强盗。要知道自己做成圆球是需要苦工和忍耐力的！而偷一个已经做成的，或者到邻居家去吃顿饭，那就容易多了。有的贼甲虫，用很狡猾的手段，有的简直施用武力呢！

◆第二天早晨，我看到温暖耀眼的阳光已经落在玻璃罩上了。这些工作者们已经成群地由地下上来，急于要出去寻觅它们的食物。但是，它们一次又一次地撞在透明的"墙壁"上跌落下来，重新又上来。就这样，成群地团团飞转不停地尝试，丝毫不想放弃。其中有一些，舞跳得疲倦了，脾气暴躁地乱走一阵，然后重新又回到住宅里去了。有一些，当太阳更加炽热的时候，代替前者来乱撞。就这样轮换着倒班。但是，最终没有一只黄蜂大智大勇，能够伸出手足，到玻璃罩四周的边沿下边抓、挖泥土，开辟新的谋生之路。

◆蝉与我比邻相守，到现在已有十五年了，每个夏天差不多有两个月之久，它们总不离我的视线，而歌声也不离我的耳畔。我通常都看见它们在筱悬

木的柔枝上，排成一列，歌唱者和它的伴侣比肩而坐。吸管插到树皮里，动也不动地狂欢，夕阳西下，它们就沿着树枝用慢而且稳的脚步，寻找温暖的地方。

师：同学们读得很过瘾吧！三个片段分别写了哪三种昆虫？

生：写了蟋蟀、黄蜂和蝉。

师：真不错！哪些地方作者也是把这些昆虫当作人来写的，让你觉得很有趣？

生1：我觉得法布尔把蟋蟀比作强盗去偷同伴的"泥球"写得很有趣，整个过程让我们觉得蟋蟀是蓄谋已久的。

生2：我觉得作者写黄蜂"就这样轮换着倒班"很有意思，感觉它们就像人一样要互相轮班。一群黄蜂轮换着行动的画面好像展现在我的眼前。

生3：我特别喜欢这句话"我通常都看见它们在筱悬木的柔枝上，排成一列，歌唱者和它的伴侣比肩而坐"。作者把蝉写得跟人一样，好像具有深厚的情感，这个画面显得非常温暖。

生4：我也对作者描写蝉唱歌的片段特别感兴趣。这里写到"动也不动地狂欢"，把蝉在夏季旺盛的生命力表现出来了。

师：你们很会欣赏。法布尔正是把这些昆虫当人来写，写出了人的情感，才会如此吸引读者的眼球。《昆虫记》这本书不但能带给我们关于昆虫的知识，让我们大开眼界，还能够带给我们美的文学感受。同学们可以找来读读！

……

(三)案例解析

"从一篇到一本"阅读教学中的嵌入式教学形式是在一节课结构中做优化的教学方式。这种方式是将一本书的阅读指导嵌入一篇课文的阅读教学中，具有针对性强、教学效率高等优点。

1.聚焦连接点，以一点带一面。

如果课文是原著的选文，课文和原著之间就有很多相同的基因。"从一篇到一本"的嵌入式教学并非需要面面俱到，只需要找准一个基因，以此为切入口进行篇本之间的关联。嵌入式教学就像以一篇课文的教学掀开整本书的冰山一角，让学生对整本书形成初步印象。

从《蟋蟀的住宅》到《昆虫记》的教学找到了"作者把昆虫当人来写，赋予昆

虫人的情感"这一个切入点来关联课文与原著,将《蟋蟀的住宅》这篇课文中拟人化的描写与《昆虫记》中三个片段中的拟人化进行对接,以此呈现整本书的整体风貌,给学生留下了深刻印象,有利于学生后期阅读的开展。

嵌入式教学重在以一点带一面,突出重点、强化细节。

2.瞄准理趣点,激发阅读兴趣。

嵌入式教学在确定一篇课文与一本书之间的连接点时应该充分瞄准文本的理趣点。教师只有在理趣点上发力,才能充分激发起学生进一步阅读原著的兴趣。

法布尔不仅是一位昆虫学家,还是一位文学家,他所写的《昆虫记》是科学与文艺的完美结合。从科普读物的角度看,作者能把动植物的各种特征写清楚并不为奇。但是,能把介绍昆虫的文章写得富有浓郁的文学气息,法布尔首屈一指,可谓前无古人后无来者。《昆虫记》之所以给人带来强烈的文学气息,是因为法布尔将人的情感融入昆虫的描写中,把昆虫当作人来写,让昆虫透露出丰满的人性。这种描写昆虫的视角与手法是极富"理趣"韵味的,既有自然之理,人文意蕴,又有语言之妙。在以上呈现的教学片段中,教师首先引导学生认真阅读一段有关法布尔的介绍,让学生通过介绍了解法布尔的创作特点。为学生补充作者介绍是教师在阅读课上常用的教学手段,但是,很多时候,教师都会在上课伊始就把介绍呈现给学生。如此一来,作者的介绍仅仅成了一份简单的资料,缺少了教学价值。而教学片段中,教师是以作者介绍来引起学生对语言表达形式的认知,为后续教学提供了基础。之后,教师先引导学生画找《蟋蟀的住宅》里富有趣味的描写。当学生展开充分交流后,教师顺势而导,向学生揭示了法布尔"把昆虫当作人写"的表达特点。

找到课文的理趣点后,教师就要引爆理趣点,将原著中具有相同基因的表达方式呈现给学生看。我们可以清楚地看到,在教学片段中,教师精心选取了《昆虫记》中的三个片段,这三个片段分别介绍了三种昆虫,且都包含"把昆虫当作人来写"的语言表达。教师让学生在屏幕上快速默读,迅速捕捉"把昆虫当作人来写"的语句,展开充分的讨论,让学生对整本书形成了初步的风格感知。我们可以预想,当学生在课后翻开《昆虫记》时,一定会比平时更加关注这些富有人性化的表达,会从这些拟人化的表达中感悟到丰富的人文意蕴和语

言表达之趣。

3.唤醒生活感,形成情感共鸣。

"理趣"课堂始终关注学生的阅读学习过程是否具有趣味性。趣味的获得需要让学生觉得阅读活动具有与自身相关的意义和参与感。游戏之所以深受儿童的喜爱,很大一部分原因就在于游戏让儿童有参与感,让儿童觉得游戏过程对自身有现实意义,因为儿童能在游戏中找到快乐的体验。

要让学生对阅读活动怀有参与感,寻找到对自身的意义,就需要教师充分唤醒学生的生活感,激发学生的情感,让学生与作者形成情感共鸣。在《蟋蟀的住宅》中,法布尔写道"当四周很安静的时候,蟋蟀就在这平台上弹琴",这个句子粗看很一般,并无多少趣味可言。如果教师只是简单地让学生来分析,得到的也无非是"把蟋蟀当人来写"这样一些没血没肉的陈词滥调。在教学片段中,教师引导学生联系生活,回忆生活中自己听到蟋蟀声的感受,这就唤醒了学生的听觉和情感。当学生将"四周安静"还原成"秋天的晚上",把"弹琴"还原成"清脆的鸣叫",这句看似普通的句子就读出了深刻的韵味。卓越的作家并不卖弄自己的文笔,而是用最人性化、最朴实的语言写出普世的情感和趣味。教师只有充分唤醒学生的生活感,才能让学生看到语言表达形式背后的审美趣味。

嵌入式教学找准一点,集中发力,让学生"管中窥书",既有人文意蕴的渗透,又有语言表达的妙悟,是"从一篇到一本"阅读教学最便捷的操作方式。

二、后缀式教学举隅——从《跑进家来的松鼠》到《树林的回声》

后缀式教学是介于"嵌入式教学"与"接力式教学"之间的一种教学形式。这种教学形式仍是以一节课为教学单位,在后30%的教学时间里以"一本书"的教学为主,实现从篇到本的衔接与过渡。从《跑进家来的松鼠》到《树林的回声》的教学就属于典型的后缀式教学。

(一)内容简析

《树林的回声》是俄罗斯作家斯克列比茨基创作的一部儿童科普小说。

整本书中,作者以儿童的视角来写大自然中的小动物,内容生动,语言清新,深受儿童喜爱。小刺猬过冬;狡猾的兔子用脚印布下迷魂阵;人和善良的

獾交朋友;顽皮的松鼠偷吃糖果;机灵的猎狗杰克干傻事……这些有趣的故事不仅写出了动物们的生活习性和性格特点,还表现出了人与动物之间友好相处的情感,展现出作者崇尚自然的精神趣味。

《跑进家来的松鼠》是《树林的回声》中的选文,原来的题目是《谁偷吃了糖?》。这篇文章以跑进家来的松鼠"偷吃糖果""贮存冬粮""晾晒蘑菇""烟囱垫窝"等事件,表现出了松鼠机灵、顽皮的天性,体现了人与动物和谐相处的情感。

《跑进家来的松鼠》与《树林的回声》特点一致,在生动风趣、清新自然的语言表达中让读者了解自然知识,感受美好情感。

(二)课堂重现

《跑进家来的松鼠》教学片段

……

师:通过刚才的学习,大家都学到了哪些阅读本领?

生1:我学到了"要能够快速默读课文,迅速找到描写人和动物动作、神态的句子,感受人与动物之间的深厚情感"。

生2:我明白了,动物是有天性的,这种天性藏在它们的行动中。我们在阅读的时候就要充分关注描写动物的句子,从中可以发现它们的天性。

师:真好!学了就要用。现在,我们就来用一用。这篇课文其实出自一本书,书的名字叫《树林的回声》(教师课件出示书的封面)。这本书里,作者写了很多小动物的故事,大家看,这是书的目录(教师课件出示书的目录)。同学们,你们想不想来看一看?

生:想!

师:老师在这本书里选取一些片段,等会儿请大家认真看屏幕。屏幕上出现的文字是有时间限制的,所以同学要快速默读,注意力要高度集中。等你们读完了,老师这儿有一些题目,我们要来进行一场阅读竞赛。能做到吗?

生:能!

师:那你们在阅读的时候,会主要关注什么呢?

生:会关注人与动物的动作、神态等细节描写。

师:好,现在就请大家看大屏幕。

(课件呈现四个片段)

◆我家有一只小刺猬。它已经养熟了。我们摸它的时候,它就会把刺倒下,贴在背上,变得软乎乎的。所以我们给它取了个名字,叫"小毛球儿"。"小毛球儿"的肚子一饿,就像狗似的跟在我后面跑,呼哧呼哧地喘气,噗噗地用鼻子喷气,咬我的脚要东西吃。

◆它非常爱吃肉。端上煎肉饼的时候,雄椋鸟竟要飞到煎锅上去啄一口。妈妈笑着撵它,说:"你要烫着的!"因为妈妈不许它吃,它就大发脾气,竖起羽毛大声叫着"啾,啾啾!"于是,我们给它取了个名字叫"小啾啾"。妈妈弄碎一小块肉饼,放在小碟子里,凉透了再喂它吃,眨眼它就吃得一干二净。

◆"你好!"爸爸握住狗爪子,摇了一阵说道,然后把狗爪子从膝上推下去。但是杰克马上又举起另一只爪子递给爸爸。像这样,一连"握"了十来次"手"。爸爸装出生气的样子,把狗爪子推开,但是杰克又把爪子递过来了,惹得我们一个劲儿笑。

◆我往打猎用的提包里铺了点儿枯叶,将小兔子放在提包里,带回家去了。到家后,妈妈倒了一小罐牛奶给小兔儿喝。它没喝,它太小了还不会喝呢。我们只好找来一只小瓶子,倒上牛奶,在瓶口上套了一个橡皮奶头,让小兔儿咂。

师:同学读得都特别认真,接下来我们就来阅读小竞赛!有信心吗?

生:有!

(学生进行阅读小竞赛,具体过程略)

一星题:

1.刚才这些片段中,分别出现了哪四种小动物?

2."小毛球儿"的名字是怎么来的?

3.为什么家人给小椋鸟取名为"啾啾"?

4.杰克与主人在玩什么游戏?

5.小兔儿是在什么时候被发现,带回家的?

二星题:

1.哪个细节告诉你,"小毛球儿"和"我"的关系很好?

2.妈妈说的哪句话,让你感觉她很喜欢椋鸟"啾啾"?

3.爸爸喜欢杰克吗? 哪个细节可以证明?

4."我"和妈妈是如何照顾小兔儿的,让你感觉很温暖?

三星题:

1.这四个片段有什么共同点?

2.这四种小动物,你最喜欢哪个?

师:同学们,你们回答得真棒! 看来你们已经掌握了阅读的本领。课后,你们想干什么呢?

生1:我想马上去买《树林的回声》。

生2:我想去图书馆借《树林的回声》。

师:真好! 老师这儿有一本,我把它送给大家,大家可以轮着看。别忘了用上今天学到的阅读本领哦! 别忘了看完后互相交流一下阅读的感受!

(三)案例解析

从《跑进家来的松鼠》到《树林的回声》,整个教学节奏非常明快,课堂的前70%的时间,教师引领学生学习课文,后30%的时间,教师以《树林的回声》展开教学,张弛有度,妙趣横生。

1.后缀教学,迁移能力。

阅读教学最终是要培养学生的阅读能力。阅读能力的培养是一个漫长的过程,具体到一节阅读课,就需要教师及时促进学生的能力迁移,达到现场巩固的效果。后缀式教学的最大特点,就是将阅读课堂进行三七分。前一部分课,教师结合课文讲方法;后一部分课,教师结合整本书迁移学生阅读能力。

在《跑进家来的松鼠》前一部分教学中,教师着重引导学生在快速阅读中抓住描写人与动物动作、神态的细节,深刻体会人与动物之间的深厚情感。在《树林的回声》拓展教学中,教师先呈现四个片段,组织学生回忆快速默读,捕捉细节的阅读方法,然后通过阅读小竞赛的方式检测学生是否能运用这种方法进行阅读。我们可以看到,一篇课文的阅读教学和一本书的阅读指导在阅读能力维度上是相通的,前者是后者的基础,后者是前者的应用。只有让学生充分理解抓住人与动物相处时的细节描写,才能感悟到文本所蕴含的情感与哲理,这种阅读能力的培养,是"理趣"课堂的必然追求。

2.巧设形式,增加趣味。

"理趣"课堂追求活跃的课堂气氛,主张教师能用儿童喜欢的方式展开阅读教学。后缀式教学目的是想达成阅读能力的迁移,但值得注意的是,能力的迁移练习往往是枯燥乏味的。为了激发学生的学习兴趣,教师就要千方百计让相对乏味的能力训练充满挑战性、趣味性。

在教学片段中,教师以阅读竞赛的形式激发学生学习兴趣,收到了很好的效果。在竞赛题的设计上,教师紧紧围绕能力目标而展开。一星题关注基本信息和内容;二星题关注学生对细节的把握;三星题注重引导学生归纳文本的共同点和发表自己的阅读观点。三个层次阅读竞赛题的设计,由易到难,直指阅读能力要害,使阅读学习在无痕之中深入,"理趣"之味浓厚。

阅读能力训练和阅读趣味始终是一对矛盾统一体。教师处理得好,课堂则既有实效,又妙趣横生;教师若处理得不到位,课堂则效率低下,索然无趣。后缀式教学只要找准学生的阅读能力点,精心设计学习形式,就会呈现出"理趣"课堂学得快乐,学得扎实的目标,让学生有更多阅读审美体验!

三、接力式教学举隅——从《刷子李》到《俗世奇人》

(一)内容简析

《俗世奇人》是冯骥才创作的富有江湖传奇色彩的短篇小说集。小说以清末民国初天津卫市井生活为背景,写了俗世中的传奇人物。小说集共有18篇小说,每篇讲一个人物,文字极其精炼,半文半白,带有"三言二拍"笔意,语言津味十足。课文《刷子李》就选自《俗世奇人》,介绍了穿黑衣刷白墙的奇人刷子李。通过一波三折的情节设置、深入纹理的细节描写、幽默风趣的比喻,冯骥才把刷子李高超的刷墙技艺写得极其传神,令人拍案叫绝。"小人物也能创造奇迹"的人文意蕴给读者留下深刻印象。

《刷子李》是《俗世奇人》中的一篇,在人文思想、创作手法、语言风格上具有众多共同基因,选文与原著一脉相承。冯骥才对民俗文化的重视与珍爱,对市井文化的挖掘与描绘,在传奇式的文字表达中跃然纸上,具有自成一格的文化境界。

(二)教学设计

《刷子李》教学设计

【教学目标】

1.读准读通课文,在具体情境中理解"匀匀实实、天衣无缝"等词语的意思。

2.着眼全文,自主探究,研读重点句子,感受刷子李之"奇";初步形成"三百六十行,行行出状元"的认识。

3.凭借对曹小三内心世界的揣摩,凭借对小说布局谋篇的初步认识,体会"一波三折"的写作手法。

【教学过程】

一、破题而入,自主生疑

1.师:同学们,大千世界,无奇不有。著名作家冯骥才在《俗世奇人》一书中记载了民间许多身怀绝技的奇人。今天,我们就来认识其中一位,他就是——(学生接读:刷子李)

2.师:"刷子李"这三个资是这个人的……?(生:绰号)这个绰号有点怪,能从中了解到这个人的什么信息?

3.师:虞老师也干过粉刷,能叫我刷子虞吗? 社会上,从事粉刷这一行的姓李的人很多,能称他们为"刷子李"吗?(生:不能)所以,读这篇小说,咱们首先得弄明白:为什么称他为刷子李? 他到底"奇"在哪儿?

二、深入研读、体会"神奇"

1.师:都预习过课文了吗? 会读课文了吗? 在需要准确认读的词语当中,老师认为有三个词很容易读错,(课件出示:蘸浆、包袱、露馅儿)会读吗?

2.这是篇略读课文,需要同学们自己去读读悟悟,自己去发现。那就请大家浏览课文,找一找、画一画,刷子李到底"奇"在哪儿? 找到一处,标上①,找到第二处,标上②……还可以用最简洁的词语或短语记录你的感触。

3.学生自主浏览文本,画找句子,圈画重点词,进行批注。

4.交流反馈。

重点句一:"他要是给您刷好一间屋子,屋里什么都不用放,单坐着,就如

同升天一般美。"

师:说说你是怎么感受到的?能把房子刷得如同天堂一样,刷屋子的效果确实神奇。

重点句二:"最让人叫绝的是,他刷浆时必穿一身黑,干完活,身上绝没有一个白点。别不信!他还给自己立下一个规矩,只要身上有白点,白刷不要钱。"

师:说说你是怎么感受到的?干粉刷一行,不染一点白浆,难不难?(生异口同声:难)有成语说"近朱者赤,近墨者黑",那么,近白浆者自然是白了。你们见过粉刷匠吗?你所见过的粉刷匠是怎样的?

重点句三:"刷子李一举刷子,就像没有蘸浆。但刷子划过屋顶,立时匀匀实实一道白,白得透亮,白得清爽。"

师:说来听听。"匀匀实实"这个词抓得很准!什么是"匀匀实实"?

重点句四:"只见师傅的手臂悠然摆来,悠然摆去,如同伴着鼓点,和着琴音,每一摆刷,那长长的带浆的毛刷便在墙面啪地清脆一响,极是好听。"

师:你是怎么感受到的?你们真会读书!一下子明白了这句话是写刷子的动作的。来,我们一起模仿刷子李的动作。起——悠然摆来——悠然摆去(生做动作)。你们觉得刷子刷墙的动作怎么样?

师:是啊!能把墙刷得如此潇洒,恐怕是前无古人,后无来者,仅此刷子李一人也。

重点句五:"啪啪声里,一道道浆,衔接得天衣无缝,刷过去的墙面,真好比平平整整打开一面雪白的屏障。"

师:你为什么找这句?什么叫"天衣无缝"?见过天衣吗?天衣唯有天上有,人间何处觅天衣?所以,"天衣无缝"这个词也体现了刷子李刷墙的效果特别神奇。

5.师:刚才,咱们从这些句子中(课件呈现句子)体会到刷子李的神奇。这些描写太生动,太传神了。读这样的句子,你会发现,刷子李已经不是一个普普通通的粉刷匠了,而是一个才华横溢、风度翩翩的艺术家。自由读读这些句子,你觉得刷子李仿佛成了什么?

三、回应开头,问题解决

1.师:现在你明白刷子李"奇"在哪儿了吗?

2.师:刚才大家你一言我一语的,有点乱。现在咱们来梳理一下。这五句话,其实从三个方面写出了刷子李的神奇,想一想,是哪三个方面?

3.师:对于刷子李的神奇,冯骥才也有精辟的阐述。比较一下,咱们理解的跟著名作家说的是不是一样?

(课件呈现:刷子李之"奇"在于行事奇、规矩奇)

他手艺出众,潇洒自如,原本已在"奇人"之列,但是他为自己制订的近乎苛刻的"规矩"更是奇。他以这样的独特标准使自己远远超越了同行,成为业内响当当的偶像。

4.师:同学们真会读小说,跟大作家想得一模一样,为自己鼓鼓掌。

5.师:现在,你们知道,为什么称他为刷子李了。在民间,如果某人在某个行当里技艺高超,有绝活,无人能比,咱们就可以用"行当加上姓"的方式称呼他,这是对他的肯定,也是对他的尊重。据老师所知,在民间,有这样的绰号的人很多,能举举例子吗?

四、揣摩心理,感受一波三折

1.师:通过刚才的学习,我们感受到了刷子李的神奇。同学们,你们认为这篇小说好看吗? 为什么好看?

2.师:老师也认为这篇小说确实很吸引人。除了小说刻画的人物很神奇之外,(板书:人物奇)还有别的原因吗?

3.师:你们读了这篇小说,觉得哪几个自然段描写特别具有吸引力,经常会出乎你们的意料?(生:六至九自然段。)

4.师:你们真会读小说。出乎你们意料的地方,同样也让刷子李的徒弟曹小三备感意外。请大家浏览六至九自然段,找一找,共有几处描写了曹小三的出乎意料?

5.学生找出描写关键句后交流。教师根据学生的回答在黑板上绘制曹小三的心理波折图。

6.师小结:这就是曹小三内心世界的一波三折! 有了这个一波三折,这篇小说会更加好看,像一块磁铁深深地吸引住了我们的眼球。(板书:故事绝。)

7.师:这篇小说,还有一个"一波三折",你们发现了吗?(课件呈现课文的三个转折。)

8.师小结:这就是小说整体结构上的"一波三折"。这篇小说正是因为有了这两个一波三折,才会如此吸引人。我们得感谢大作家冯骥才。

五、结课拓展,阅读激活

1.师:同学们,这节课,我们既领略了刷子李的神奇技艺,又领略了冯骥才小说描写的一波三折,真是过瘾啊!有人说:"曹小三当学徒的头一天,见到听到学到的,恐怕别人一辈子也不一定明白呢?"你们觉得别人不一定明白的是什么?

2.师:相信看了这段话,你们会明白得更多。

(课件呈现:码头上的人,全是硬碰硬。手艺人靠的是手,手上就必得有绝活。有绝活的,吃荤,亮堂,站在大街中央;没能耐的,吃素,发蔫,靠边待着。这一套可不是谁家定的,它地地道道是码头上的一种活法。您别说不好,这一来也就练出不少能人来。各行各业,全有几个本领齐天的活神仙,天津人好把这种人的姓,和他们拿手擅长的行当连在一起称呼,如"刷子李""泥人张""风筝魏""刻砖刘"等,叫长了,名字反没人知道。只有这一个绰号,在码头当当响、响当当了。——摘自冯骥才《俗世奇人》)

3.师:说说看,你又明白了什么?

4.师:说得真好!所以我们得感谢刷子李。最后,我们送一副对联给刷子李。

(课件呈现:上联:天衣无缝,刷板显功底。下联:黑衣无瑕,绝活写传奇。横批:俗世奇人)

5.师:这篇小说有意思吗?还想再读读这样的小说吗?哪本书中有?

(课件呈现《俗世奇人》简介:《俗世奇人》是著名作家冯骥才创作的同名小说集。书中所讲之事,多以清末民初天津卫市井生活为背景,每篇专讲一个传奇人物的生平事迹,素材收集于流传津门的民间传说。人物之奇特,闻所未闻;故事之精妙,叹为观止。)

6.师:希望同学们能读一读这本书,在结识更多奇人的同时,尽情领略冯骥才先生的生花妙笔!

《俗世奇人》教学设计

【教学目标】

1.能快速浏览目录、序言,了解《俗世奇人》的概况;运用"快速默读,提取关键信息,捕捉人物形象"的阅读策略,阅读苏七块、蓝眼、大回三位奇人的片段,感受奇人的奇特之处,产生阅读《俗世奇人》的兴趣。

2.能运用《刷子李》一课中所学的"抓住情节变化的关键语句,绘制情节图示"的阅读策略,独立阅读《蓝眼》并画出情节图,读懂情节的一波三折,感受故事的绝妙。

3.能运用对比、朗读、了解作者资料等阅读策略,感受《俗世奇人》幽默诙谐、干脆利落、形象夸张的津味语言特点。

【教学过程】

一、浏览目录序言,了解书之概况

1.开门见山,引出《俗世奇人》这本书

师:通过上一节课的学习,相信同学们已经非常想读一本书了,这本书就是——《俗世奇人》。(教师板书:俗世奇人)

2.浏览目录,获取信息

师:平时看书,翻开封面你们会关注什么? ……通过目录能了解书的概况。请快速浏览目录,看看你能获取哪些信息? ……哪个人的绰号和刷子李这个绰号最像?

3.浏览序言,了解创作背景

师:我觉得你们很懂冯骥才的心。他在序言里说到的意思,都被你们从目录中看明白了。奇人妙事,随想随记。每人一篇,各不相关。这就是这本书的特点。我们读书千万不能忽略目录和序言,它们对了解书的概况很有帮助。

二、屏幕阅读片段,捕捉奇人形象

1.回顾阅读策略,激发阅读期待

师:上一节课,你通过快速默读,提取了刷子李技艺高超的句子,感受了刷子李的"奇"。这是很好的阅读方法。现在,我们就用这种方法感受另外三位奇人。他们是苏七块、蓝眼、大回。看片段之前我给大家一点提示。这是他们的行当,你们来猜猜他们"奇"在哪里?

人物	行当
苏七块	接骨大夫
蓝 眼	鉴画专家
大 回	钓鱼能手

2.屏幕阅读片段,验证猜测

师:这些奇人是不是像你们意料中的那样? 想不想验证一下? 汪老师根据片段设定了时间,时间一到自动翻页。希望你们能读得专心。读完之后我们来进行一个阅读小竞赛。

3.阅读竞赛,检测阅读成效

师:阅读竞赛现在开始,判断题用对错表示,选择题用手指表示。请同学们拿出导读单,一共四题,答对一题就请你在题号下面打上一颗星。

◆阅读竞赛题目

(1)判断题

蓝眼的眼珠子像外国人的眼珠子一样蓝,所以得此绰号。

(2)判断题

大回姓回,人高马大,奇在"最多七天,钓尽坑里千条鱼"。

(3)选择题

苏七块的诊所前立个广告牌,你觉得上面写什么最能吸引患者?

A.伤筋断骨 快速医治　　　 B.无痛接骨 手到病除

C.七块银圆 苏氏正骨

(4)选择题

辨真假,横线处填上哪个词最能体现蓝眼的"奇"?

A.一双蓝眼　　　 B.双眼有神　　　 C.关灯看画

4.教师小结

师:你们太厉害!"通过快速默读,准确捕捉人物形象"这项阅读本领学得非常棒! 这本书里的人物都很奇,相信你们能用这种方法认识更多奇人。

三、迁移运用图式,梳理小说情节

1.重现情节图式,回顾阅读策略

师:学习《刷子李》的时候,虞老师还教给大家一个本领,就是根据小说情节画

出情节图。(出示情节图)有了这个图,我们就能清晰地看到小说一波三折的特点。画这个图,可是有方法的。你们是根据描写曹小三出乎意料的三个语句来画的,还在波折处写下了关键词?《俗世奇人》里的很多文章都有一波三折的特点。现在,我们能不能用用这种方法,试着给《蓝眼》这篇文章画画一波三折的情节图。请大家拿起笔,认真默读,读到对你画图有帮助的语句可以做个标记。

2.学生默读,绘制情节图

3.展示学生作品,师生交流、评价

4.借助题外话小结

师:你们真是一道蓝光找波折啊!冯骥才写奇人,故事往往一波三折,令人拍案叫绝。掌握画情节图的阅读本领,有利于我们读好这本书的更多故事。

四、品味津味语言,感受作家风格

1.关注语言,再读《蓝眼》

师:读小说只是关注人物、关注情节还不够,我们还要关注语言。你写一篇作文,老师觉得某个句子写得很精彩,他会怎么做? 现在,就请你们再次快速默读《蓝眼》,把你认为写得最精彩,最吸引你的句子用波浪线画下来。

2.学生交流

3.出示作家名片,了解作家风格

师:你们很会品味语言。冯骥才到底是个怎样的作家,会写出这样的语言? 我这儿有张作家名片,大家赶快看看。(课件呈现作家名片。)

◆作家名片

冯骥才生于天津,善用天津方言的表达方式,被誉为"津味小说家"。他的小说语言幽默风趣、干脆利落,善用比喻、夸张,体现了天津人的独特个性。用津味语言写天津奇人,《俗世奇人》是他津味小说的巅峰之作。

4.闪读书中精彩语句,强化对津味语言的感受

师:其实,你们刚才找到的精彩语句都是津味浓郁的描写。这样的津味语言,书中比比皆是。

◆她接过酒碗,举手仰脖,碗底一翻,酒便直落肚中,好赛倒进酒桶。待这老婆子两脚一出门槛,就赛在画上画天书了。(《酒婆》)

◆只见他手握锁把,腰一挺劲,大石锁被他轻易地举到空中。胳膊笔直不

弯,脸上笑容满面,好赛举着一把花儿!(《张大力》)

◆人家台下一边看戏,一边手在袖子里捏泥人。捏完拿出来一瞧,台上的嘛样,他捏的嘛样。(《泥人张》)

◆他要是给您刷好一间屋子,屋里任嘛甭放,单坐着,就赛升天一般美。(《刷子李》)

5.教师范读,学生尝试津味语言朗读

师:最后这个句子,《刷子李》这篇课文里有吗? 一样吗? 人教版的语文书是供全国的学生学习用的,为了使不同地区的同学使用得更方便,在小学阶段,编书的老师就用普通话的方式呈现这个句子。不过原文中的这个句子更有天津味。你们想不想当回天津人,用天津话的感觉读读这个句子?

6.教师小结

师:一方水土养育一方人,一方方言道说一方人。冯骥才是天津人,津味语言是扎根在他心里的。他用津味语言来写天津奇人,真是妙不可言!(板书"语言妙")

五、总结阅读方法,激发阅读热情

1.总结《俗世奇人》的阅读方法

师:同学们,你们的表现很棒! 把在《刷子李》一课学到的阅读方法用到了阅读《俗世奇人》这本书上。读小说我们要善于捕捉人物形象,要善于梳理故事情节,更要善于感受语言魅力。

2.隆重赠书,教师寄语

师:虞老师和汪老师要送给你们每个小组一本《俗世奇人》。书里还有阅读单,有兴趣的同学可以在读书的过程中给喜欢的奇人设计名片,画画情节图,读上几句津味语言。希望同学们把课堂上学到的阅读本领运用起来,享受阅读的快乐!

(说明:从《刷子李》到《俗世奇人》一课在2015年6月广州召开的"人教版义务教育小学语文教科书培训会"暨"2015年小学语文特级教师高端论坛"上展示。《刷子李》的执教者是虞大明,《俗世奇人》的执教者是汪玥。)

(三)案例解析

从《刷子李》到《俗世奇人》是典型的"从一篇到一本"的阅读教学。两节课粗看"一节主内,一节主外",细观则是"你中有我,我中有你"。两节课各有侧重,却是整体设计,指导与运用相承,兴趣与能力并举,给学生提供了全新的阅

读学习感受。

1.先篇后本,无缝接力。

学生先学习一篇课文,再学习读一本书,篇与本的教学需要相互呼应,进行无缝对接。正如奥运会上的接力比赛,一棒与一棒之间的交接需要配合默契、自然顺畅。即使跑每一棒的选手实力很强,交接棒不成功,也是功亏一篑。

"从一篇到一本"的教学需要教师在两堂课上进行适当的呼应,让学生知道从一篇能够拓展到读一本。在《刷子李》教学的最开始,教师就开门见山地说:"大千世界,无奇不有。著名作家冯骥才在《俗世奇人》一书中记载了民间许多身怀绝技的奇人。"这句看似简单的话,既向学生介绍了选文的原著背景,又埋下了推荐的伏笔,暗示了课文和原著的关系。在《刷子李》教学的最后环节,教师先呈现了《俗世奇人》中《刷子李》一文的开头,这个开头并未出现在课文中。对原文内容的呈现立刻让学生深入体会了刷子李这一人物的生活背景,同时也形象地感知了天津码头的社会风貌。接着,教师又呈现了《俗世奇人》一书的介绍,进一步搭建了引导学生再阅读的平台。《俗世奇人》一课的教学顺应了《刷子李》的教学,首先引出《俗世奇人》这本书,通过目录、梗概的阅读,对书形成整体印象,将一篇课文的感知瞬间对接到一书本的阅读中。两节课的衔接非常顺畅无痕,让学生顺利地从一篇课文的阅读过渡到了一本书的阅读。更为关键的是,两节课中对《俗世奇人》一书的介绍,都非常注重这本书人文意蕴的渗透和揭示,将人物置于生活背景下,逐渐挖掘出"小人物"和"大作为"之间充满"理趣"的关系。

2.先点后燃,激发兴趣。

兴趣是最好的老师,兴趣也是阅读的催化剂。要让学生通过一篇课文的学习去阅读一本书,兴趣的激发是最为关键的。从两节课的设计来看,兴趣的激发有两条路径,一是着眼主题和内容的感悟,二是着眼学习活动的设计。

从主题内容的角度看,选文和原著最能引起学生兴趣的就是"奇"。正如作者冯骥才自己所言"人物之奇特,闻所未闻"。两节课的设计中,教师都非常注重"奇"的挖掘,所不同的是,《刷子李》一课重在"以点激趣",《俗世奇人》一课重在"以面激趣"。在《刷子李》的教学中,教师通过引导学生抓住刷子李的行事奇、规矩奇深入感受刷子李这一人物"奇"的形象。尤其是抓住了"穿黑

衣刷白墙,身上不留一个白点"这一最吸引读者眼球的细节进行重点感悟,令学生拍案叫绝。而《俗世奇人》一课,在教学伊始,就请出了苏七块、蓝眼、大回三位"奇"人,对学生进行"轰炸式"的兴趣激发,以"奇"来激起学生的阅读愿望。概括地讲,《刷子李》一课找准了兴趣点,而《俗世奇人》一课将"星星之火成燎原之势","先点后燃",学生的阅读兴趣逐步升温。

从学习活动的设计来看,两节课都非常注重趣味的营造。《刷子李》一课中,教师和学生一起在黑板上画曹小三的心电图,这一学习活动充分激发了学生的学习兴趣。教师还让学生模仿刷子李刷墙的动作悠然而摆,不仅让学生身动,还让学生心动,使学生在充满趣味的情境表演中对刷子李这一人物形成了情感共鸣。《俗世奇人》一课开篇就以限时阅读、知识竞赛的形式让学生走近书中的人物,充分调动了课堂气氛。而后还引导学生画情节图、说天津话,整堂课充满趣味。

"理趣"课堂崇尚一个"趣"字。学生在探究"奇"的人文内涵时感受到了"趣",这种"趣"的感受来源于"奇"的罕见性,来源于"奇"所揭示的人生哲理。同时,"趣"也来自学习过程让学生觉得很有趣,在说说笑笑、玩玩闹闹中获得了情感体验,与文本产生了情感共振,获得了发现的趣味。

3.先学后用,发展能力。

阅读兴趣属于非认知能力范畴,是"理趣"阅读教学的重要目标,而阅读认知能力的发展也极其重要,也是目标之一。一句话概括,兴趣让学生"乐读",能力让学生"善读",两者相辅相成,缺一不可。

"从一篇到一本"的阅读教学注重学生阅读能力的指导与迁移。一篇课文的教学,教师扶着走,教学生某种阅读的策略、方法,使其具有读懂文本的能力。一本书的教学,教师放手走,让学生运用某种阅读的策略、方法,使其巩固读懂文本的能力。在《刷子李》一课教学中,教师主要教给学生两种阅读方法与策略。一是,抓住关键句,联系上下文,感受刷子李的人物形象;二是,借助图像化阅读策略,领悟小说一波三折的情节特点,感受故事的绝妙。整堂课,教师紧紧围绕这两种阅读策略和方法来教,引导学生圈画批注。在《俗世奇人》一课教学中,教师前两个环节的设计正是瞄准这两种阅读策略和方法进行设计的。教学的第一个环节,让学生快速阅读《苏七块》《蓝眼》《大回》三篇文

章的片段,引导学生运用抓住文章关键词句感受人物"奇"的策略与方法。教师利用阅读小竞赛的形式,考查学生对人物的理解程度,充分落实阅读能力的发展。教学的第二个环节,教师引导学生运用图像化理解的阅读策略,让学生画一画《蓝眼》这篇小说的情节图,与《刷子李》教学中让学生画曹小三的心电图相互呼应。《蓝眼》的情节设计与《刷子李》的情节设计有过之而无不及,能充分激发学生的阅读兴趣,同时进行图像化阅读策略的迁移。

"理趣"课堂一向重视学生能够运用阅读策略去探索文本所蕴藏的人文意蕴,只有熟练掌握了阅读策略,才能成为一个智慧的读者。从《刷子李》到《俗世奇人》,先学后用,将学生阅读能力的发展落到了实处。阅读能力的提升增加了获得文本"理趣"和学习过程"理趣"的可能性。

4.先暗后明,关注表达。

关注文本的语言表达形式,领悟表达形式中的秘妙,获得表达形式所带来的审美体验,是"理趣"课堂的核心内涵之一。语言表达是情感的外衣,是人物刻画的依托。人物在外,情感在中,语言表达的特点则在内。"从一篇到一本"是"理趣"阅读教学的一种新形态,自然要体现"理趣"课堂的特点,充分关注文本的语言表达形式。《刷子李》《俗世奇人》两节课的教学在关注语言表达形式上下足了功夫,一暗一明,逐渐推进。《刷子李》一课教学,教师引导学生紧紧抓住作者对刷子李动作的描写和刷子李刷墙规矩的描写,深入感受刷子李刷墙技艺的高超,感受刷子李"奇绝"的人物形象。这节课对语言表达形式感悟是埋在深层进行的,学生可能并不能察觉,但是学生对刷子李人物形象的认知全部建立在对特殊语言表达形式的潜意识感知上。这节课的教学可以说为《俗世奇人》揭示语言表达特点积蓄了力量。《俗世奇人》一课教学的最后环节,教师顺势而导,引导学生发现津味语言的特点——风趣幽默、善用比喻。教师呈现书中四处精彩的描写,并让学生尝试用天津方言来朗读句子。这种充满趣味的方式,让学生生动地感受到冯骥才独具特点的表达形式,从而获得语言的审美趣味。

从《刷子李》到《俗世奇人》是"从一篇到一本"阅读教学的经典课例,从教学目标到教学内容,两节课一脉相承、一气呵成,充分体现了"理趣"课堂的深度内涵。

第 七 节

"从一篇到一本"的阅读教学评价创新

传统的阅读教学评价多以阅读测试的形式进行,比如,课堂上教师教了抓住动作描写来感受人物品质的阅读方法。那么,阅读测试就会出现让学生画找人物动作的句子,并分析人物品质的测试题。

阅读测试对于检测学生阶段性阅读能力发展水平有着非常重要的意义,是阅读教学不可缺少的环节。阅读测试作为一种评价手段,不仅是阶段学习的总结,也是下一阶段阅读学习的起点;既是对学生学习的检测,也是对教师教学的检测。但是,当"逢学必考"成为一种一成不变的评价方式时,阅读在学生眼中似乎成了考试范畴的事,渐渐失去对阅读,尤其是课外阅读的浓厚兴趣。

考试卷出得再棒,能力指向再准确,对于学生来说,考试永远是一件令人害怕、焦虑的事。"理趣"课堂当然不排斥阅读测试,但是,却反对"唯阅读测试论"。"从一篇到一本"的阅读教学是"理趣"阅读教学的新形态,这种教学形态首先注重学生课外阅读兴趣的激发。让学生喜欢读,是发展学生阅读能力,打开阅读视野的前提和基础。其次,这种教学形态注重学生阅读能力的迁移。课堂上学策略、学方法,在课外阅读实践中就要用策略、用方法。用策略、用方法的结果是能在课外阅读中看到、想到原来看不到、想不到的地方。

学生有没有兴趣读,有没有运用方法读,重要评价方式能围绕这两点展开,形式尽可能丰富一些,不必只取"阅读测试"这一瓢饮。"从一篇到一本"阅读教学的目的是让学生能够通过一篇课文的学习捧起一本书深入阅读。对于一本书的阅读成效若是采用纸笔的统一测试,必然倒了学生的阅读胃口,抹杀

了学生的阅读个性。因此,"从一篇到一本"阅读教学的评价方式主张给予学生充分的自主空间,让学生充分展示自己的阅读感受与体验。下面以《俗世奇人》的课外阅读为例,具体来阐述"从一篇到一本"阅读教学的评价方式。

一、评价有"时差"

同样是地球上的国家,因地理位置的不同,国家与国家之间会存在时差。那么,同样在一个班里学习的学生,出生年月不同、性别不同、性格不同、认知风格不同、家庭背景不同……除了是同一个语文老师上课之外,其余的统统不同。但是,我们对学生的阅读评价却是没有时差之分的,教师说明天考试,没有一个学生敢说"我后天考,因为我比别人理解得慢一些"。

这是一个非常奇怪的现象,我们一方面承认学生的差异,另一方面我们又在评价时抹去这个差异。"从一篇到一本"的阅读教学评价,我们力求让评价有"时差"。有的学生看书快,我们就让学生先展示、先交流;有的学生看书慢,我们就让这些学生后展示、后交流。上完《刷子李》一课后,教师推荐学生阅读《俗世奇人》。读得快的学生可能一天就读完了,甚至自己找来了《俗世奇人·贰》来读,而读得慢的学生可能需要五六天时间。教师要充分尊重课外阅读的时差,理解阅读快与慢的存在。同时,教师要充分用好快与慢之间的"时差",让优秀学生成为一种学习资源。比如,教师让那位已经在读《俗世奇人·贰》的学生做了一期好书推荐,以新书快递的形式给其他同学提供阅读信息,还让这位学生在精彩片段之后出一些问题,吸引其他同学的眼球,让他们产生阅读的好奇。

好书推荐

一波未平,一波又起,刚读罢《俗世奇人》,冯老爷子又出了一本《俗世奇人·贰》。这书好像是专门为我们五(3)班出的,前几天大家还把冯氏语言用得风生水起,转眼间续集又精彩上演,看来书和人是有缘的。

《俗世奇人·贰》依旧写了18位奇人。这奇人各有奇绝之处,读来令人拍案。小说情节的波折就像磁铁一般,深深吸引读者,出乎意料,大呼痛快。语

言还是正宗的津味，与第一部一脉相承。相信大家读这部小说集时，耳边又会响起"赛""嘛"的声音，好赛来到了天津卫，看一篇赛听了一段冯老爷子的单口相声。保证让你乐呵呵！

精彩速览

钓 鸡

民国十六年入冬，天津卫地面上冒出来一位奇人，这人谁也没见过。姓嘛叫嘛，长的嘛样，也就没人能说清楚。既然是奇人，就得有出奇的地方。这人是位钓客，但不是钓鱼，是钓鸡。鸡怎么钓？我说您听——别急。

那时，天津家家户户都养鸡养狗养猫。养鸡吃蛋，养狗看门，养猫抓耗子。狗在院里猫在屋里，鸡不圈着，院里院外随便跑，后晌该进窝的时候，站在门口一吆喝，或敲敲食盆食罐，就全颠颠跑回家了，绝丢不了。可是到了民国十六年天津人开始丢鸡，开始以为闹黄鼠狼，黄鼠狼抓鸡总留下点鸡毛，可是丢鸡的地方没人见过鸡毛；后来认为是有人抓鸡，可是抓鸡的地方总能听见鸡嘎嘎叫，怪的是——没人听过鸡叫。

不多时候，家住粮店后街的一位姓刘的老江湖，瞧出了门道。他发现丢鸡不总在一个地方，今儿河东，过两天河北，再几天杨庄子。丢鸡的地界都不大，不过几条胡同，一两条街，几十只鸡，好似给一阵风刮走，不留半点痕迹。黄鼠狼绝没这种心计，只有人才干得出来。这叫打一枪换一个地方。这偷鸡的人真够聪明。可他用嘛法子，不声不响，鸡也不叫，不大工夫，就把一个地界满地跑的几十只鸡全敛去了？

老刘开始到处走，留神用耳朵摸，只听到哪儿哪儿丢鸡的传闻，却没人说偷鸡的人给逮着了，只听到一个绰号叫"活时迁"——叫得挺响。嘿，人没见，号先有了。

二十天后一个小痦子告他这个活时迁的事，叫他大吃一惊。

这"活时迁"到底会用什么方法来偷鸡呢？请你自己动动手指翻书吧！

黄 金 指

黄金指这人有能耐,可是小肚鸡肠,容不得别人更强。你要比他强,他就想着法儿治你,而且想尽法子把你弄败弄死。黄金指大名没人问,人家盯着的是他的手指头。因为他作画不用毛笔,用手指头。那时天津人还没人用手指头画画。手指头像个肉棍儿,没毛,怎么画?人家照样画山画水画花画叶画鸟画马画人画脸画眼画眉画樱桃小口一点点。这种指头画,看画画比看画更好看。白将军叫他在府上住了下来,做了有吃有喝、悠闲享福的清客,还赐给他一个绰号叫"金指"。这绰号令他得意,他姓黄,连起来就更中听:黄金指。从此,你不叫他黄金指,他不理你。

一天,白将军说:"听说天津画画的,也有奇人。"

黄金指说:"我听说天津人画寿桃,是脱下裤子,用屁股蘸色坐的。"

白将军只当笑话而已。可是码头上耳朵连着嘴,嘴连着耳朵。三天内这话传遍津门画坛。

不久,有人就把话带到白将军这边,说天津画家要跟这位使"爪子"画画的黄金指会会。白将军笑道:"以文会友呵,找一天到我这里来画画。"跟着派人邀请津门画坛名家。一请便知天津能人太多,还都端着架子,不那么好请。最后应邀的只有二位,还都不是本人。一位是一线赵的徒弟钱二爷;一位是自封黄二南的徒弟唐四爷,据说黄二南先生根本不认识他。

钱二爷的本事是画中必有一条一丈二的长线,而且是一笔画出,均匀流畅,状似游丝。唐四爷的能耐是不用毛笔也不用手作画,而是用舌头画,这功夫是津门黄二南先生开创。

黄金指到底会用什么方法给钱二爷和唐四爷使绊子呢?也请你自己翻书吧!

二、评价显个性

课外阅读一本书是非常个性化的实践活动。从阐释学理论看,阅读是读者与作者共同创造文本意义的过程。所谓"一千个读者有一千个哈姆雷特",阅读的乐趣也正是来源于富有个性化的创造。

然而，一直以来，我们对学生阅读评价的内容主要集中在认知领域，如能不能概括主要内容，能不能联系上下文理解文章等，阅读认知能力的发展固然重要，对认知能力进行评价也有重要意义。但是，只关注认知领域，不太关注非认知领域的情感、意志、兴趣等要素，就人为地把阅读评价的内容给窄化了。更令人担忧的是，我们特别喜欢让学生的阅读感受趋于相同，比较习惯引导学生归纳性思维的发展，缺少发散性思维、创造性思维的发展。

"从一篇到一本"作为"理趣"阅读教学的新形态强调评价要彰显个性，鼓励学生突破常规来展示自己的阅读成果，形成独特的风格。在阅读完《俗世奇人》这本书后，有一位学生突发奇想，模仿冯骥才风趣幽默、津味十足的语言风格写了几篇关于班级同学的文章，以《五三奇人》冠名，在伙伴中引起强烈反响。以下就是这位学生的一组作品。

佳文共赏

编者按：读完《俗世奇人》，王瑞沁就像着了魔。她突发奇想，用幽默风趣、接地气儿的语言写一写五(3)班的奇人。短短半月，她妙笔生花，那风头大有赶超"冯老爷子"之势。这小妮子的"赛"用得是出神入化，比喻、联想信手拈来！她说自己有个愿望：写满30人，出一本《五三奇人》！

"足球王子"

王瑞沁

汪老师经常给我们时间去踢足球。大家个个都是高手，招招都是经典，但都比不过"足球王子"——叶之楠。

有一次活动课，我们正在踢足球。项马城带着球，巧妙地传给了叶之楠。叶之楠用高超的球技，如闪电般一下子过了好几个人。打门！没等守门员回过神来，球就已经稳稳地躺在网下了。又被进了一球，我们的自信赛被鹅毛大雪压在了底下。大家都很沮丧，叶之楠太厉害了。

叶之楠不但自己踢得好，还会领导整个球队变强。他们队团结得就像一个人，传球不用眼睛，大脑里是不是装了一个"感应器"？队员失误了，他不但

不责怪,还上前去安慰。可不像我们,一点儿小事影响到大家的情绪,赛厨房里炸开了锅。我们也真应该学习一下他们。

自己技术好当然重要,但团队的力量远超于个人。叶之楠肚子里明白得很!

(伙伴评价:先写球技,再写球德,王瑞沁把"足球王子"真的写活了!尤其是比喻的运用令人惊叹,自信赛被鹅毛大雪压在了底下,赛厨房里炸开了锅,我仿佛看到冯骥才的影子!)

巧手倪

王瑞沁

如果你在崇文上过学,应该也就听说过3班巧手倪的传奇故事吧!

我们班似乎很多人都学过陶艺,但陆陆续续地都放弃了,唯独倪昂成了江老师的爱徒,他就赛"崇文陶帮"的镇店之宝。倪昂看上去就像个手艺人,好像你能从他的眼珠子里就看出块泥来似的。他的作品贵在"细"与"精",泥人儿的汗毛都能被他刻画出来。

陶艺课上,同学们往往做出来的和脑子里想的不一样,创意和想法都不错,就是做不到形象地把他们体现在泥上。但巧手倪可不一样,他不光能做出来,还能画龙点睛,让这小泥人"活"起来。巧手倪做的东西那像是真像啊!往往在江老师表扬倪昂的时候,同学们都会指着他的作品,懊悔地说:"我也是这样想的,可就是做不出来呀,看,他做的那个小孩儿,蹲着的体态多生动啊!巧手倪就是巧手倪啊……"

这时,江老师就会意味深长地望一眼她的爱徒,嘴角露出一丝微笑,可能是倪昂的一点鼓励吧。

巧手倪的本事可不止这么一点,他还会做彩陶、3D打印……画画技术也不赖。泥人儿手艺只是他的冰山一角!

要是巧手倪早些出生在天津,可能《俗世奇人》里的泥人张就要保不住饭碗了。江湖上有传言说倪昂以后要去考中国美院。我想巧手倪随着年龄的增长,他的作品一定会做得更"精"更"细"。总会有一天,巧手倪会像他的师傅——我们的江老师一样,考进美院,成为陶艺界的高人!

（伙伴评价：王瑞沁写奇人，语言真是绝了，颇得冯骥才的真传。"镇店之宝""眼珠子里能看出块泥来"，这样的语言四两拨千斤，幽默风趣，很有嚼头。结尾更是绝了，让"泥人张"躺着中枪，写作可谓是信手拈来！）

书虫叶

王瑞沁

我们班人人都爱看书。手里捧着本书、目光直盯着书本看的人在我们班随处可见。但是要说"书虫"大概只有叶阳天能顶得住这个名头。

叶阳天啊，他每天必看书，不看心里痒痒，就像陈寿说的"一日无书，百事荒芜"。为了看书，他会不顾一切，书就赛他的命根子。上课时，他走了神儿，一眼瞄到了他的宝贝。他偷偷地把书勾了出来，放在大腿上摊着看，不时还看看老师有没有来，像狗仔队似的小心翼翼。几分钟后他"入了书"，什么都不管了，翘了个二郎腿靠在椅子背上读。这儿可好笑了，他放声大笑，嘴里还自言自语念叨些什么，那模样赛醉酒的大汉。"叶阳天同学，你能回答一下这个问题吗？"老师用严厉的目光看着他。"我会，这么简单。"几个同学在边上纷纷叫道。"啊，什么？"叶阳天这时才猛然惊醒，没摸清情况就只听到同学的大笑声。他的脸就像触到火一样烧起来，接着他的脸成了一只红番茄，比关公还强很多。

书虫就是书虫，太爱书了！

（伙伴评价：王瑞沁的语言能如此精炼、传神，并有浓浓的天津味儿，真是太了不起了！我想冯骥才小时候恐怕也没有如此高的写作造诣！）

看了以上一组文章，你也许会惊叹"这是出自五年级孩子之手吗？"答案是肯定的，这三篇文章确实是五年级孩子创作的。首先，我们可以清楚地看到，这三篇文章是小作者在读完《俗世奇人》之后用半月左右的时间创作的。这就充分体现了前文所提到的评价有时差。教师并不急于让每个学生展示成果，而是充分尊重学生，让学生对《俗世奇人》整本书有全面、深入的感悟。其次，也是非常重要的一点，教师充分尊重学生的个性发展，专门编辑班级小报，给这位学生搭建展示平台，让这位学生的学习成果成为另一种学习资源，与伙

伴产生互动。学生的创作不再是躺在作文本只供老师一个人评改,而是放在大家的视野下,产生更奇妙的互动。小作者用幽默风趣的语言赞美三位伙伴,伙伴的内心一定是充满喜悦与自豪的。同学在读了这三篇文章之后,也对小作者进行了精到的评价,又增加了小作者的自豪感。我们可以想象到,在分享这些阅读成果时,整个班级都洋溢着兴奋与自豪。我们还可以从文章中深刻体会到,小作者深受作家冯骥才作品的熏陶,对身边伙伴特长产生崇敬、向往、赞美之情。同时,小作者的语言风格也受作家浸染,颇具幽默风趣、津味十足的特点。

"理趣"课堂最在乎的就是学生能在感悟文本人文意蕴的同时,提升自我的人格境界,丰盈自我的精神世界,对世界存有"真善美"的追求和向往。"理趣"课堂也最在乎学生能把作者精妙的语言内化为自己的语言,丰富自我的言语生命。教师只要充分尊重学生个性,课堂做好指导,课后给予学生充分的自主阅读、酝酿情感的时间,学生一定会展现最精彩的一面。

三、评价增趣味

课外阅读活动是极其丰富的过程,评价不可能面面俱到。"从一篇到一本"的阅读教学形态,既重视兴趣的激发,又非常重视阅读能力的迁移。在进行"篇本"内容构建时,教师首先是从"一篇课文"和"一本书"的相同基因入手,围绕这个相同基因,进行兴趣和能力的培养与发展。因此,"一篇到一本"阅读教学的评价可以紧紧围绕这个基因做文章。

比如,从《刷子李》到《俗世奇人》的教学,非常注重引导学生对冯骥才风趣幽默、津味十足的语言的感受与领悟。冯骥才的语言表达中,善用比喻是最大亮点,而且用一个"赛"字做比喻词,充分体现出津味语言的干净利索。在阅读评价时,教师可以开展一个语言模仿比赛,名称叫"赛赛赛"。三两个"赛"取比赛的意思,后一个"赛"指明比赛的内容是用"赛"写比喻句,看谁能写出冯骥才的语言风格。这个评价方式既抓住了阅读学习的重点,又让评价充满趣味,能充分激发学生的学习兴趣。

赛赛"赛"

只见他用力一射,球赛是长了腿了一样,跑了个弧线进了球门。

——尹皓煜

说到施翔,他的特点就是爱耍派头。他有时大摇大摆,赛个大领导。

——陈凯琳

这人天性急。你看,你看,他又赛一辆没装刹车的法拉利撞进了门。

——叶阳天

那臭味,酸爽极了! 赛发臭的鸡蛋味,赛充满硫酸的怪异温泉水味儿!

——施 翔

他走出来慢悠悠的,赛饭馆里走出来一个吃撑的老爷,配上口哨就更淡定。

——王近悦

他倒也怒了,帅气地一昂头,几个字便从他嘴里飞泻出来,好赛和尚念经。

——章渝茹

他立马坐直听课,可没过几秒,他的屁股赛抹了油似的滑来滑去。

——仲昊悦

倪昂顺手拿起一块泥,双手赛转动的车轮,这儿一刻,那儿一画,目不转睛地看着泥人。

——孙 萧

项马城闭着眼睛,嘴角微微上扬,一副沉醉的样子,赛喝醉了酒。

——卢子恒

哇,电子屏幕那么大,好赛能把每一粒灰尘都拍清楚。

——徐加衡

全班的热情瞬间被点燃了,好多人都扯着嗓子大喊,好赛摇滚明星集体献艺。

——陈羿滔

酸味无处不在,就赛自己的影子,时时刻刻跟着你。

——黄雪妍

271

她张开双手,用力一踢。这一踢赛召唤来了热带风暴。

——杨书涵

我整个人都僵住了,赛个木头人立着一动不动。

——党厚文

山竹酸酸甜甜的,快来尝一尝,吃了就赛升天一般美。

——潘 岩

评价是激发学生学习兴趣的关键。好的评价能评出学生的自信,评出学生的个性,评出学生的潜力。"从一篇到一本"是"理趣"阅读教学的新形态,既然是新形态,评价也要追求创新,不能落入考试、考试、再考试的窠臼。"理趣"课堂追求学生生命成长,追求学生个性发展,追求学生快乐学习,这一切都需要创新的评价来推动。从某种意义上说,创新也是"理趣"的内涵!

第六章

读写联动：理趣阅读与言语表达

第 一 节

"理趣"阅读的读写联动

阅读的对象是文本、图像等可视化的文字或符号,阅读的过程就是读者依托自己已有的认知结构去解密文字或符号编码,与作者共同完成文本、图像意义结构的过程。而写作恰恰相反,是作者依托自己已有的认知结构,在某种情感的激发下,将意义用文字或符号进行创造性地编码,形成文本或图像的过程。

虽然阅读和写作的思维活动机制不同,但是,两者却有着密切联系。阅读为写作的发生提供动力系统,主要包括写作动机的激发、写作情感的积蓄、言语表达的积累等。而作为言语表达的写作是将通过阅读内化的认知、情感、言语进行外化,从而进一步升华阅读的意义。潘新和教授在其著作《语文:表现与存在》中提出:"不能内化言语生命的营养和素养、不能最终外化为有价值的表现和创造——主要是言语表现和创造的阅读,是无效阅读,是不得法的阅读。在表现论语境下,对写作的重视,不是意味着语文课就是写作课,而是将写作视为语文教学智能层面的目的指向,一个展示言语生命力的通道。写作兼容了阅读,写作和阅读是一体的。"[1]

释放和丰富学生的言语生命是"理趣"阅读重要的价值取向。在"理趣"视角下,阅读教学不仅要发展学生的认知能力,更要用阅读内容中深刻的人文意蕴和独特的言语表达去丰盈学生的精神世界,实现言语生命的成长,最终把学生培养成乐表达、会表达、善表达,具有独立人格的个体。"理趣"课堂中,阅读

---

① 潘新和.语文:表现与存在[M].福州:福建人民出版社,2004:1218.

只是一种手段,根本目的是要培养一个高尚而有趣的灵魂,而写作恰恰能反映出灵魂的品质。

一、理趣阅读是写作思想的塑造

我们先来提出一个假设:一个人阅读量大、阅读面广、阅读品位高,另一个人阅读量少、阅读面窄、阅读品味不高,两个人的写作会有不同吗?要给出这个问题的答案,我们就必须从写作的根本目的进行分析。写作的根本目的不是炫技,不是用文字告诉大家,自己有多能写。写作的根本目的是表达自己的思想和情感,言语表达作为形式只是让思想和情感的表达更为生动形象而已。古人说"文以载道","文"就是形式,"道"就是思想,并且是高尚而深刻的思想。潘新和教授在《语文:表现与存在》一书中写道:"写作的根本在于修养、学养。只写不读,充其量提高的只是文字技能,写得再漂亮也无非是些华而不实的'辞章之文'。只有通过大量的读,有了充沛的学识的积累,同时也加深了对语言和文体的感悟,才能写出'文质彬彬'的'学问之文''道之文'。"①

对写作的根本进行溯源,我们就不难看出,阅读量大、阅读面广、阅读品味高的学生大量深入接触高质量的言语表达,并与言语表达背后具有高尚人格的言语创作主体——作者进行深度对话。长此以往,日积月累,这些学生的道德修养就会逐渐深厚,思想也会逐渐变得深刻和丰富,逐渐拥有丰盈的言语生命。可想而知,言语生命丰盈,人格修养高尚的学生,所写的文章也一定充满深刻的思想和有趣的表达。

"理趣"阅读注重揭示阅读文本深刻的人文意蕴,深刻而朴素的自然之理,智慧而练达的人生哲理,高尚而深远的人格境界,阅读文本所蕴藏的"一切之理"都能塑造起学生高尚、深刻的思想。《自然之道》让学生领悟"自然有其运行的规律,不可人为破坏,无为即有为。";《题西林壁》让学生领悟"当局者迷,旁观者清。要跳出事物看事物";《万年牢》让学生感悟"老老实实做人,认认真真做事,是为人之道!""理趣"阅读主张在阅读教学中设置"理趣"设问,让学生充分展开理性思考,充分获得情感体验,从而以"自我发现"的方式领悟阅读文本

---

① 潘新和.语文:表现与存在[M].福州:福建人民出版社,2004:1221.

的人文意蕴。"理趣"阅读让学生在趣味盎然的阅读活动中提升思想高度和人格境界，塑造了有思想、有修养的言语生命个体，让言语表达（写作）有了生命的厚度！

二、理趣阅读是写作思维的启发

写作是思维的最高形式。写作是观察力、想象力、构思力等诸多思维能力共同作用的创造性活动。

对于学生来说，写作思维能力的培养并非全部来自阅读，但是学生的语文课堂以阅读活动为主，阅读是学生写作思维启发的重要途径。"理趣"阅读非常注重学生高阶思维的培养与发展，引导学生围绕"理趣"设问展开理性思考。而"理趣"设问瞄准的往往是作者的观察细致处、想象丰富处、构思匠心处。如，《金色的草地》最能体现理趣的地方就是作者对蒲公英颜色变化的细致观察；《山中访友》最能体现理趣的地方就是作者将自己想象成大树，化身为大自然中的一员；《父爱之舟》的理趣则体现在以"姑爹的小船"为意象串联起整篇散文的构思。对于这些课文所指向的理趣，教师需要引导学生通过分析、综合、评价、创造等高阶思维，通过联系上下文、联结生活、结合背景资料、图像化等阅读策略去自我探究发现。

对于小学生来说，思维是很抽象的概念。而富有理趣的阅读教学，让抽象的思维变得形象，和一个个生动的言语形象紧密结合。这些丰富的言语形象就像一个个模块被植入学生的写作认知图式。当学生写作时，这些模块就会被唤醒，促发学生的观察、想象和构思。

比如，学生在写作《含羞草》时，头脑中自然浮现出《金色的草地》描写蒲公英花朵张开、合拢，颜色变化的语段。学生可以根据描写蒲公英的语段，对含羞草的观察进行回忆和梳理，围绕含羞草的张开、合拢展开细致地体察。这样一来，学生的描写就会体现观察的有序性、细致性，能把观察到的变化写清楚。我们可以清楚地看到，理趣课堂给学生思维发展提供了鲜活的言语形象，让学生的言语生命具备了更多思维经验。

三、理趣阅读是写作言语的滋养

思想与情感是写作的内核,言语表达形式是写作的外显,内核与外显相互依存,相得益彰。高妙的言语表达是体现思想与情感的重要手段,好的思想和情感离开好的言语表达作为载体,结果就会逊色不少。

读得多,不一定写得好;写得好,一定读得多。写得好,主要有两个层面。一是思想深刻,情感充沛;二是言语表达准确、生动。要把作文写好,多阅读是极为重要的。因为,言语素养的滋养需要源源不断的言语范例,这些言语范例就像源泉,细细润泽学生的言语生命。

"理趣"阅读非常注重对阅读文本独具特色的言语表达形式的领悟。这些具有特色的言语表达处都是作者的匠心设计处,是作者力求用言语表达凸显文本人文意蕴之处。引导学生对这些言语表达形式进行领悟,能让学生发现特殊形式背后的特殊内容,同时,充分感受到语言文字本身的趣味。比如,萧红《祖父的园子》中有这样一段描写:"一切都活了,要做什么,就做什么,要怎么样,就怎么样,都是自由的。倭瓜愿意爬上架就爬上架,愿意爬上房就爬上房。黄瓜愿意开一个花,就开一个花,愿意结一个瓜,就结一个瓜。"这段描写没有华丽的用词,却很有言语表达特点,重复采用"愿意怎样,就怎样"的句式。这处最有言语表达特点的描写生动地反映出作者在祖父园子里自由自在的生活,作者用自由的言语表达形式写了自由自在的生活。"理趣"阅读就是要让学生发现并领悟这样的表达方式,不断丰富自己的言语感受储备。我们经常说,学语文要有语感。语感不是凭空产生的,而是在成千上万次领悟言语表达形式后逐渐产生的。当学生具备了良好的语感,言语结构不断得到丰富和强化,写作时的言语表达才会准确、生动,富有个性。

四、理趣阅读是写作动机的激发

对于处在学习写作阶段的小学生来说,想写作比会写作更加重要。"想写作"属于动机系统、兴趣范畴。语文课程标准最为强调的就是培养学生的习作兴趣和习作自信心,在小学三个学段习作目标和内容中都出现了有关"兴趣"和"自信心"的表述。

　　古人说"情动而辞发"，其中的情感指的就是写作的动机。古人中的文人尚且需要有情感才能写作，更何况还在学习写作的小学生呢？要让学生想写，教师就必须激发学生的情感，打开学生情感的阀门，激发学生的喷吐欲望。"理趣"阅读就是打开学生情感阀门的最好方式。

　　"理趣"阅读主张教师能唤醒学生的生活经验，通过生活与文本的互通，引起学生的情感共鸣，将学生的情感频道调到和作者情感同步的位置。当学生的情感被激发后，作者隐藏在文字背后的情感才能浮出水面，文字才能焕发活力，对读者产生新的意义。这个意义就是文字包含的人文意蕴，就是"理趣"中的"理"。所以，在"理趣"课堂中，让学生从"理"到"趣"，就需要经过"情"的渲染。这个"情"就像一把钥匙，不仅打开阅读文本的深层内涵，也带给学生言语表达的冲动。

　　比如教学《长相思》，教师都会让学生体会"山一程，水一程，身向榆关那畔行，夜深千帐灯"这句话。其中"山一程，水一程"是让学生感受战士行军艰辛的关键所在。可是，当我们粗看这六个字的时候，会觉得并不能读出很多意义，只是从表面理解到战士们行军的路线很长。因为，没有一个孩子真正行过军，对作者表达的情感是非常陌生的。如果从"理趣"阅读的角度看，要让学生深刻感悟行军艰辛，为感悟作者思乡心切做铺垫，教师就需要充分唤醒学生的生活经验，调动学生的情感。五年级的学生都有学军的经历，教师可以以此为切入点，让学生回忆军训野外拉练的情境。因为这是学生的亲身经历，他们就会在交流过程中不断激活野外拉练所带来的艰难感受。这种感受和情感就与文本作者的情感产生了强烈共振，"山一程，水一程"这简简单单的六个字因为情感的浸润，就变成了一个画面，一种感同身受。教师只需要再向前一步，让学生感受到作者是风雪兼程，有可能有去无回，是心有所念，学生对这六个字的感悟就更深刻了。

　　"理趣"阅读的每一堂课都在努力激发学生情感，让学生始终被人间各种情感所感动。当学生的情感始终保持在饱满的状态，写作就成了水到渠成之事，言语表达就成了学生自然流露真情实感的方式。"理趣"阅读以"情"为突破，激发了学生的写作动机。

第二节

以写明理："理趣"阅读的道德审美

理趣是审美的概念,追求审美自然成了"理趣"阅读的主要目标。"立德树人"是教育的根本目的和首要任务,对学生进行道德感的培养绝对不能枯燥讲解、强行灌输,而是需要教师以蕴含道德内涵的文章为介质,在充分的阅读实践活动中,让学生感受道德所带来的美感,从而产生"向美向善"的道德追求。因此,追求道德审美是理趣阅读的首要取向。

一、"以写明理"的教学机制

从阐释学的理论看,阅读是读者与作者共同完成文本意义建构的过程,是一种创造性活动。写作是创造的一种重要形式,对于文本意义的建构有着十分重要的意义。在"理趣"阅读中,写作不只是一种目的,而是一种手段,是通过富有创造性的手段不断领悟文本人文意蕴的过程。

在"理趣"阅读中,"写"也是一种发现。很多时候,文本所蕴含的人文意蕴是很难让学生领悟的。如果教师直接揭示人文意蕴,学生只是停留在"知道了"的层面,并没有内化为自己的感悟,不但没得到"趣味",对"理"的认识也是非常浅层的。这个时候,就需要教师引导学生用"写"的方式去发现深层的理。因为"写"是一种创造性的言语表达,会与阅读文本形成很多呼应,或填补文本的空白点,或丰富文本的已知点,或明了文本的含蓄点。

"以写明理"的教学首先需要教师找准"理",也就是文本所蕴含的核心意义;然后,教师需要将"理"的领悟作为目标,设计达到目标的台阶;接着,教师要引导学生进行言语表达;最后,教师要根据学生的言语表达进行推进和纵

深,直到捅破"理"这层窗户纸为止。

比如,《穷人》一课的理趣阅读教学,教师首先找准了这篇课文所蕴含的核心意义,就是"善良是一种本能"。为了让学生领悟到这层意义,教师铺设了几个台阶。一是让学生充分感受桑娜抱回两个孤儿后忐忑不安的心理;二是让学生充分想象桑娜抱回两个孤儿前的心理活动,并模仿作者忐忑不安的写法将心理活动写下来;三是反问学生,作者为什么不在抱回孤儿前写忐忑不安的心情,而放到抱回孤儿后写? 这三个台阶,步步为营,环环相扣,让学生明白在抱回两个孤儿的时候,桑娜什么也没有想,把学生引向"善良是一种本能"的领悟。整个教学过程,没有教师的强行灌输,学生通过写,不仅迁移了写作方法,还发现了文本所蕴含的核心意义,完成了道德审美。这个过程所反映的就是"理趣"阅读所强调的"趣"。

二、知音绝唱:《伯牙鼓琴》道德美感深探

《伯牙鼓琴》是经典名篇,也是小学语文教材的经典课文。人教版教材中题为《伯牙绝弦》,统编教材题为《伯牙鼓琴》,选自《吕氏春秋·本味》。

伯牙鼓琴

伯牙鼓琴,钟子期听之。方鼓琴而志在太山,钟子期曰:"善哉乎鼓琴,巍巍乎若太山。"少选之间而志在流水,钟子期又曰:"善哉乎鼓琴,汤汤乎若流水。"钟子期死,伯牙破琴绝弦,终身不复鼓琴,以为世无足复为鼓琴者。

整篇古文结构清晰,描写了伯牙弹奏《高山流水》,与钟子期结为知音,最后因子期离世,伯牙破琴绝弦的故事。文章字虽少,内容也不难理解,然而其蕴含的知音文化、道德美感却是很难领会的。下面,笔者将按照"以写明理"的教学机制为线索,具体呈现《伯牙鼓琴》一课道德审美的实施过程。

(一)找准道德审美点

要对文本进行道德审美,提升学生道德素养,首先要找准道德审美点。《伯牙鼓琴》的道德美感有两处。

一处是伯牙志在江山社稷、心在黎民百姓的士子之心。伯牙作为一名宫廷乐师,一定能用琴声表现很多意象,如皎皎明月、依依杨柳、皑皑白雪。这些

意象也具有很强烈的美感,可是作者为何只写伯牙用琴声表现高山和流水这两个意象呢? 这是因为,文中的泰山是五岳之尊,象征江山社稷;文中的流水象征着广大黎民百姓。在伯牙心中,明月杨柳表达的是儿女情长,而高山流水表达的却是高远的志向。《高山流水》流传至今,也已经成为追求高尚道德和人格的象征。

另一处是伯牙破琴绝弦,为知音放弃弹琴的道德美感。也许很多人会说,一个知音离世了,不是还能找到更多知音吗? 没错,从功利、现实的角度看,真没有必要为一个知音的离去而放弃自己的一生所爱。可是,从理想角度看,伯牙破琴绝弦的举动具有一种强烈的道德审美感,是对知音的深层揭示。知音不仅是彼此能通琴音,更是能通志趣。失去通琴音者可再寻,可失去通志趣者就难觅了。作者也是想通过破琴绝弦这个千古意象,来表现高山流水、知音难觅的内涵,同时来突出志趣高远的道德审美。

(二)搭建道德审美台阶

找到了明确的道德审美点,教师就需要搭建将学生引领到感悟道德美感的台阶。简单地说,台阶就是教师引领学生进行道德审美的教学过程。《伯牙鼓琴》的道德审美台阶是这样设计的:

1.引导学生理解课文,感受到伯牙和钟子期能彼此互通琴音,初步领悟"知音"的含义;

2.引导学生模仿课文描写高山、流水意象的句式,写一写明月、杨柳、白雪等其他美好的意象;

3.教师设疑:伯牙善鼓琴,琴声能表现众多美好意象,课文为何只写高山、流水这两个意象;

4.出示介绍高山、流水引申含义的资料,引导学生理解伯牙的志向;

5.聆听《高山流水》,深层次领悟知音的含义。

从以上呈现的教学过程可以看出,教学的转折点是从教师安排学生进行写作时发生的。"写"是"明理"的基础,是教师在学生心中埋下道德审美种子的时候。"写"是发现的开始,是学生开放情感的开端。在"理趣"阅读中,阅读推进了写作,写作丰富了阅读,创造性的言语表达成了探寻文本道德美感的重要途径。

(三)道德审美的具体实施

有了道德审美的台阶,就有了实施理趣阅读教学的框架。下面,笔者呈现《伯牙鼓琴》的教学片段,以便更清晰地展现以写明理的教学实施过程。

《伯牙鼓琴》教学片段

……

师:伯牙心里想到高山,钟子期就能从琴声中听出高山;伯牙心里想到流水,钟子期就能从琴声中听出流水。现在,大家知道伯牙和钟子期为什么是知音了吗?

生1:因为钟子期能听懂伯牙的琴音。无论伯牙弹奏什么曲子,钟子期都能听出曲子所表现的事物。

生2:因为伯牙和钟子期能以琴音相通。我理解的"知音"就是知晓琴音,钟子期能听懂伯牙在弹奏什么。

师:说得好! 既然伯牙是著名的宫廷乐师,他的弹琴技艺非常高超,那么,除了高山流水之外,伯牙一定还会用琴声表现很多其他的事物。你们能模仿"巍巍太山""汤汤流水"的样子来说几个词吗?

生1:皎皎明月。

生2:依依杨柳。

生3:皑皑白雪。

生4:徐徐清风。

生5:茫茫沧海。

师:你们说的都是特别美好的事物,我想如果伯牙将这些美好的事物化作琴声,那琴声一定特别优美。你们能不能用作者的写法,把刚才提到的这些事物放进句子中去呢?

(课件出示课文例句)

志在太山,钟子期曰:"善哉乎鼓琴,巍巍乎若太山。"

志在流水,钟子期曰:"善哉乎鼓琴,汤汤乎若流水。"

志在(　　　),钟子期曰:"善哉乎鼓琴,(　　　)若(　　　)。"

(学生尝试创作)

师：同学们写得很认真！现在，我们来交流一下，注意朗读的时候要表现出琴声的优美。

生1：志在明月，钟子期曰："善哉乎鼓琴，皎皎乎若明月。"

师：皎皎明月，如诗如画！

生2：志在清风，钟子期曰："善哉乎鼓琴，徐徐乎若清风。"

师：徐徐清风，心旷神怡！

生3：志在沧海，钟子期曰："善哉乎鼓琴，茫茫乎若沧海。"

师：茫茫沧海，辽阔无垠！

生4：志在杨柳，钟子期曰："善哉乎鼓琴，依依乎若杨柳。"

师：依依杨柳，柔情似水！

生5：志在白雪，钟子期曰："善哉乎鼓琴，皑皑乎若白雪。"

师：同学们写得真棒！读着读着，古文的味道就出来了！那大家是否想过，伯牙鼓琴可以表现这么多美好的事物，那作者为什么只写伯牙表现高山和流水的句子呢？大家可以读读课文，自己先想一想，然后小组交流一下！

（学生先自己思考，再进行小组讨论）

生1：我觉得高山和流水是相配的。我们经常会说"千山万水""山重水复""绿水青山"，山和水经常是一对对出现的。

师：这个想法特别棒，看来在中国文人的眼中，山与水是一个整体。

生2：我觉得高山和流水都是很大气磅礴的，这表明伯牙的心胸是很开阔的，就像山一样高，像水一样浩荡。

师：说得很有道理。

生3：课前我查阅了资料，伯牙和钟子期是在汉江边相遇的，江边有山，伯牙一定是被有山有水的美景所震撼了，想用琴声来表现自己看到的景象。

师：是啊！你很会学习，能通过查阅资料来理解。伯牙借琴声抒发情感，表达对自然的热爱！你们的答案都很精彩。我这儿两段资料，大家可以看看，相信你们会有更深的感受。

（课件出示资料）

伯牙是著名的宫廷乐师，被称为"琴仙"。在宫廷里，能听懂伯牙琴声、赞美伯牙琴声的人不在少数。但是，能真正理解伯牙志向的人却始终难觅。伯

牙终日弹琴,内心却充满着苦闷。

太山指泰山,泰山位列"五岳之首",是江山社稷的象征。封建统治者都非常推崇泰山,经常会去泰山设坛祭天,以求江山永固。流水指百姓,唐太宗李世民曾经说"水能载舟,亦能覆舟",在中国古代文化中,流水就是百姓的象征。

师:看完了这两段资料,你们有什么想说的吗?

生1:我知道了伯牙的心中装着江山社稷和黎民百姓,可是这些志向没有人能理解。所以当钟子期能听出他的志向时,他的内心是非常激动的。

生2:我关注到了课文中的"志"字,"志"的意思是"心志、情志",说明伯牙的志向是关心天下。钟子期虽然是樵夫,也能听懂伯牙的志向,所以伯牙把钟子期当作知己。

师:读到这儿,你们知道什么才是真正的知音吗?

生1:"知音"就是彼此心灵相通的人。

生2:"知音"就是能彼此了解志向的人。

师:是啊! 听懂琴声不足为奇,可能听懂心声、听懂志向那就是可遇而不可求了! 就是因为这个传说,人们把真正了解自己的人叫作"知音",用"高山流水"比喻知音难觅或乐曲高妙。你们想听一听《高山流水》的曲子吗?

生:想!

师:那就让我们静静聆听古琴《高山流水》,看看你是否是伯牙的知音呢?

(学生静静聆听古琴曲)

师:这首曲子给你带来怎样的感受?

生1:我觉得特别空灵,感觉就像在山里。

生2:我仿佛听到了伯牙心怀天下的志向,感觉特别开阔。

生3:我还听到了流水声,感觉弹奏得太美妙了!

生4:我在听这首曲子的时候,感觉心特别宁静,好像眼前耸立着一座巍峨的泰山,好像听到了流水的声音。

师:是啊! 一山一水总关情! 这高山流水已经成为中国人心中完美的意象。孟浩然曾写道"钟期一见知,山水千秋闻";李白曾写道"钟期久已没,世上无知音";王安石曾写道"古人舍我归黄壤,流水高山心自知"。也愿这"高山流水"美好的意境永远藏在同学们的心中!

（四）课例解析

《伯牙鼓琴》的教学片段完整再现了"以写明理"的教学过程。整个教学过程以"理"的揭示与领悟为目标，以"写"为探究的起点，层层推进，循循善诱，充分体现了"理趣"阅读教学的鲜明特点。

1.巧设创作点，酝酿道德审美。

道德审美是深刻，也是抽象的。面对小学生，教师需要将深刻、抽象的道德审美转变成生动、形象的道德感受。"理趣"阅读主张学生通过与文本的深度对话来领悟文本所蕴含的人文意蕴。"写作"就是与文本深度对话的一种方式。

在教学片段中，教师先让学生模仿"巍巍太山""汤汤流水"的形式说词语，再引导学生用课文中的句式写一写这些美好的事物。这次"写作"虽只是写一句话，但是酝酿道德审美的关键之笔。在这个教学环节中，教师先易后难，先让学生模仿说词语，再让学生模仿写句子，让学生对词句的结构有了非常明确的认识。从学生的回答来看，学生已经将课文中的语言形式内化为自己的语言结构，实现了言语生命的发展。学生在此环节写得越充分，就越为后面揭示道德审美做好了铺垫。该环节的写既让学生接近了道德审美，又让学生体会到了言语形式之美，真可谓一举两得！

2.制造认知冲突，揭示道德审美。

文本所蕴含的道德审美是远远高于学生已有道德认知水平的。"理趣"阅读教学就是要借助文本提升学生的道德认知水平，从而产生对高尚人格的追求与向往，形成崇高的志趣。

由于学生的道德认知水平与文本的道德审美存在差距，仅仅靠教师生拉硬拽，学生是无法理解道德审美的。教师应该充分利用道德认知水平与文本道德审美之间的落差，把落差看作教学的机会，制造学生的认知冲突，在冲突中提升学生的道德认知水平。

在教学片段中，教师先充分肯定学生的创作是非常优秀的。然后，话锋一转，提出了一个问题："既然伯牙能用琴声表现这么多美好的事物，作者为什么偏偏只写高山和流水呢？"这个问题的提出，就像一块大石头投入了学生思维的湖面，激起了学生思维的浪花。

"理趣"阅读一向重视"理趣"设问，以"理趣"设问来推动学生高阶思维的

发展,体会到浓浓的"思趣"。从教学片段来看,学生的回答非常精彩,有的从环境角度分析,有的从山水关系的角度分析,有的从山水意境的角度分析,思维之开阔令人惊叹。在教师的"理趣"设问下,学生能凭借文本内容、课外资料和生活经验对"高山流水"做如此精彩的阐释已经非常难能可贵了。然而,教师并不满足于此,通过两段简要的资料引导学生理解"高山"和"流水"的深刻含义,感受伯牙知音难觅的内心苦闷。学生在阅读资料之后,立刻对"高山流水",对"知音"有了更深层次的理解,原有的道德认知水平终于经过拾级而上产生了道德审美的顿悟。从"理趣"阅读的角度看,这种对道德审美的顿悟,就是"趣"的获得。

3. 创设情境体验,深化道德审美。

"理趣"阅读教学始终牢记阅读教学的对象是儿童。儿童以形象思维为主,即使到五、六年级,抽象思维也只是萌芽和发端。要让学生深刻感悟道德美感,获得道德审美的趣味,教师就需要想方设法创设情境体验。

现实的问题是,阅读文本,尤其是经典的阅读文本,往往与学生的生活实际相去甚远。就以《伯牙鼓琴》所表现的意境来说,学生不可能有江边偶遇知音的经历。教师需要寻找一种能唤醒学生情感的方式,将学生带入相应的情境,让学生感同身受,对道德审美形成情感共鸣。在教学片段中,教师在揭示"高山流水"和"知音"的深刻内涵后,又进一步引导学生欣赏古琴曲《高山流水》,这个教学动作是极富内涵的。第一,"理趣"设问的思考以理性推导为主,过程相对理性一些。学生虽然有顿悟,但缺少生动的情境感受,这种顿悟还不够深入,缺少一些"理趣"的情味。第二,在"理趣"阅读所推崇的"大人文"视野下,音乐与文学是相同的。文学世界里的"高山流水"意境,同样也能用音乐艺术来表现。让学生静静聆听《高山流水》的乐曲,既让学生感受到了音乐带来的审美感受,又让学生在乐曲声中对"高山流水"所蕴含的道德美感有了形象化的认知。

"理趣"阅读教学强调教师能让学生在愉快的学习过程中领悟深刻的人文意蕴,不能用理性分析代替形象感知,不能用教师灌输代替学生发现。"理趣"阅读的"趣味"来自学生阅读主体地位的实现,在于用形象化的方式去领悟文本深藏的"理"。

《伯牙鼓琴》的传说就像永恒不灭的审美意象跨越时空,代代相传。伯牙摔琴谢知音的举动也已经成为千古绝唱。相识满天下,知音能几人? 知音文化在伯牙的千古绝唱中绵绵流传。这种意境、这种情感、这种道德美感,也许只有中国人才懂,只有读过《伯牙鼓琴》故事的人才懂,只有听过《高山流水》的人才懂!

李泽厚将审美体验的层次分为悦耳悦目、悦心悦意、悦志悦神三种。悦耳悦目式的审美是"感官的人化";悦心悦意式的审美属于"情欲的人化";悦志悦神式的审美体验"与崇高有关",是一种崇高感①。"审美教育过程通过审美知觉激活表象系统,展开联想、想象、回忆的同时,会引发审美主体强烈的情感共鸣,使其体会到深层的审美体验。这种审美体验超越了'悦耳悦目'的感性愉快,实现了向'悦心悦意''悦志悦神'式的美感的过渡,这一过程中最关键的因素就是移情。"②学生在阅读过程中,以写的方式将自我投射到阅读文本之中,深刻体会文本中角色的情感,从而深刻理解人物崇高的道德、品行。

道德是社会意识形态,是社会人共同生活及其行为的准则和规范。"立德树人"的根本目的是要培育"善良""仁爱",具有崇高品行、高尚志趣的人。以写明理是具有创造性的言语活动,学生凭借"写"走向"道德审美"的崇高境界,在阅读和写作实践中不断丰盈自己的精神世界,凭借"写"获得言语生命成长的趣味。"道德审美"从实质上讲,就是学生对崇高品行和高尚志趣形成一种精神向往。

---

① 李泽厚.美学三书[M].合肥:安徽文艺出版社,1999:542.
② 王敬艳.审美教育"以美育德"的机理研究[M].北京:中国社会科学出版社,2015:159.

第 三 节

以写悟情:"理趣"阅读的情感激发

在"理趣"阅读教学中,情感激发是道德审美的基础。道德审美是深刻而抽象的,要让学生感悟道德美感,教师需要调动学生情感,将道德审美中的情感因素先浮现出来。"理趣"阅读的情感激发关键在于让学生与文本产生情感共鸣,撬起学生的情感支点。

一、"以写悟情"的教学机制

古人说"情动而辞发",阅读文本中自然饱含了作者的内心情感。学生在阅读文本时,首先是被作者富有情感的文字所感动,形成了初步的情感认知。比如,学生在阅读吴冠中的散文《父爱之舟》后,立刻会感受到父亲对作者浓浓的父爱,即使不用教师展开教学,这种初步情感认知也会被学生建立起来。

如果阅读教学只是停留在这个层面,显然是不行的,这样就会丧失教师的指导作用,缺少了阅读教学的意义。"理趣"阅读教学非常注重学生情感的激发,努力让学生与文本产生情感共振,以此来感悟文本的深刻意蕴。激发情感有很多方式,教师可以联系学生生活实际,可以让学生反复朗读,或是用多媒体进行气氛渲染。但是,在"理趣"课堂中,通过"写作"去"悟情"是能在最大程度让学生产生情感共鸣的方式。

学生要能够在阅读文本之后进行"写作",必定是在文本阅读过程中积蓄了充足的情感力量。这种情感力量推动着学生的写作欲望。"写作"是一种创造性的思维活动,阅读文本,尤其是文学作品本身具有很多"未定点"和"空白处"。作为创造性思维活动的写作就是在"未定点"和"空白处"做文章,使学生

能够与阅读文本产生进一步的深度融合。在写作过程中,学生需要发挥想象,但是这种想象必定会依托学生已有的生活经验。当学生的生活经验与阅读文本产生强力黏合后,情感共鸣就自然产生。可以说,情感共鸣就是能让学生在阅读文本中看到自己的情感世界,自我情感与文本情感越贴合,审美活动就越充分、越落实。

根据学生情感认知的规律,搭建情感支点的过程主要分两个重要阶段。第一个阶段是让学生对阅读文本产生较为深入的情感体验,内心产生较为强烈的情感力量;第二个阶段是引导学生展开想象,用写作的方式在文本最具情感处做拓展和深入,从而与文本产生自然和谐的情感共鸣,深刻体会情感所带来的审美趣味。比如,在教学《父爱之舟》时,学生在与文本展开对话后,产生了对父爱的情感体验。此时,教师抓住了文章描写父亲在船上缝补棉被的背影这一感人至深的细节,让学生发挥想象,写一写自己在生活中看到父亲背影的感受。通过对背影的写作,学生对"背影"所饱含的情感就有了更加深刻的体会,并将自身的情感体验充分唤醒,在情感共振中丰富了审美感受。

二、人鸟情深:《老人与海鸥》的为情所困

《老人与海鸥》是人教版小学语文教材六年级上册的一篇课文,收录在"人与动物"情感的主题单元。课文描写了老人省吃俭用,十几年如一日徒步前往昆明翠湖给海鸥喂食。最后,当老人离世,人们将老人的遗像放在湖边时,海鸥似乎具有灵性,纷纷来祭奠老人。

整个故事感人至深,以"老人喂海鸥"和"海鸥送老人"两个场景的描写构筑起感人的画面。作者对老人呵护海鸥的细节描写尤为生动,字里行间都体现出老人与海鸥之间亲人般的情感。海鸥送别老人的画面极为震撼,通过对海鸥细节的描写,彰显了人鸟情深的感人境界。整篇课文以"情"串联,作者把"情"藏在丰富的细节描写背后,对于学生的理解和感受会造成一定难度。让学生透过细节描写感悟情感,形成情感的强烈共鸣是本课实施"理趣"阅读教学的关键所在。《老人与海鸥》必定为情所困,但教师要充分顺应文本特点,从细节入手,层层渗透,让情浮出水面。下面,以《老人与海鸥》一课的教学,来具体阐述"理趣"阅读情感审美的过程。

(一)找准文本动情处

一个阅读文本的动情处也许有很多,但是从作者情感表达的规律来看,阅读文本的动情处总有一个高潮点。"以写悟情"的"写"最好是在情感的高潮点,这个情感高潮点往往牵一发而动全身,最能实现情感审美活动的价值。

作者写作时的情感是有起伏的,这种起伏会比较明显地表现在语言文字的表达上。一个阅读文本若是出现语言文字的重复、呼应,或是与读者形成认知冲突的地方,都有可能是情感的高潮处。

例如,在《老人与海鸥》这篇课文中,作者在老人喂海鸥的描写中反复写到老人对海鸥亲昵地呼唤和亲昵地说话。"亲昵"一词的重复出现强调了老人与海鸥亲密无间的关系。老人呼唤海鸥,与海鸥说话,这在常人看来是不寻常的,一般人根本不会呼唤海鸥的名字,更不会和海鸥说话。深究这一认知冲突,我们就不难看出,呼唤与说话饱含了老人对海鸥的深情,是最能体现老人情感的高潮处。但是,老人是怎么呼唤海鸥的,又对海鸥说了什么话,这些地方作者都没有涉及。"以写悟情"就是要在老人的情感高潮处写,要在作者描写的"留白处"写。因此,教师可以让学生展开想象,写一写老人呼唤海鸥的话,或是写一写老人对海鸥说的话。通过在文本情感高潮处的写作,学生就能获得老人与海鸥亲人般情感的审美感受。

(二)搭建情感支撑点

"以写悟情"瞄准的是情感共鸣,但情感是很奇妙的东西,不是说产生就产生的。情感的产生是符合儿童阅读心理特征的,这和"理趣"阅读教学主张关注儿童学习心理的观点是一致的。

搭建情感支撑点主要分两步:

第一步是教师引导学生深入阅读文本,通过抓住具体的词句,充分感受文本所传递的情感。在这个步骤中,教师需要充分调动学生的生活经验,调拨学生的情感之弦,让学生与文本产生强烈的情感共鸣。比如,在教学《老人与海鸥》时,教师首先要让学生充分对话文本,从文本中感受到老人对海鸥怀着亲人般的爱。在感受情感的同时,教师要引导学生回忆生活画面,从不同角度丰富对老人情感的认识。

第二步是教师引导学生围绕文本情感的高潮处展开充分想象,结合文本

内容,顺应文本情感,对文本留白处进行创造性写作,用写的方式深化情感认知。比如,《老人与海鸥》的教学,教师就是让学生围绕"呼唤"和"说话"来写,既生动形象,又能进一步感受老人与海鸥亲人般的情感。

(三)情感共鸣的具体实施

情感共鸣的具体实施就是教师"煽情"的过程。在"理趣"课堂中,教师"煽情"不是一厢情愿,靠大段抒情的独白来煽动学生的情感,而是让学生用"写作"进行探索,自然而然升华情感的温度。下面,笔者以《老人与海鸥》一课的教学片段来具体阐述情感共鸣的具体实施过程,也就是教师的"煽情"过程。

《老人与海鸥》教学片段

……

师:老人喂海鸥是作者详细描写的一个场景,在这个场景中,老人的哪些举动让你感动?请同学们仔细默读老人喂海鸥的场景描写,把老人感动你的举动画下来。

(学生认真默读,画找感动的句子)

师:同学们读得非常认真,我们交流一下自己的想法。

生:"老人把饼干丁很小心地放在湖边的围栏上"这个举动深深打动了我。因为我关注到老人把饼干都掰成了丁,这样就能方便海鸥进食。而且,老人是很小心地把饼干丁放在湖边的围栏上,看得出他对海鸥是非常爱护的。

师:说得真好! 同学们有喂过海鸥或者鸽子的经历吗?

生:有!

师:你们是怎么喂的呢?

生1:我喂的是鸽子。我把鸽子吃的谷粒一把撒在地上,鸽子就纷纷飞了过来。

生2:我去过昆明的翠湖,我是把面包块扔进湖里,因为我害怕海鸥过来啄到我的手。

师:是啊! 你们可没像老人那样细心啊! 可见,老人对海鸥是百般呵护,就像对待自己的亲人一样。

生:我关注的细节是"老人用地方话亲昵地呼唤着海鸥的名字"。一般人

是不会给海鸥取名字的,而老人给海鸥取名字,很显然,老人是把海鸥当作了自己的孩子。而且,老人还用地方话亲昵地呼唤海鸥的名字,这个亲昵让我感觉老人与海鸥的关系是亲密无间的。

师:你真会读书! 同学们,在生活中,你的长辈有没有用地方话亲昵地呼唤过你呢?

生:有! 我奶奶是萧山人,她喊我吃饭的时候都会用萧山话。(学生现场用萧山话演示,师生皆笑)

师:你当时听了有什么感受?

生:我感觉心里特别的温暖,很亲切。

师:是啊! 不要小看了这地方话,这里面可是包含着很深的情感。我们继续交流其他细节。

生:我关注的细节是"老人边给海鸥喂食,边亲昵地和海鸥说着话"。我也是找到了"亲昵",说明老人和海鸥关系亲密。老人和海鸥说话,说明老人把海鸥当作了孩子,可以尽情倾诉。

生:我找到的细节是"老人在喂海鸥食物时,会撮起嘴向鸥群呼唤"。我看到妈妈在喂弟弟吃饭的时候,就会撮起嘴,还会跟弟弟说些话。老人撮起嘴给海鸥喂食,说明在老人心中,海鸥就是他的心肝宝贝。

师:你能联系生活实际特别好! 同学们,这么多细节深深地打动了你,让大家都感受到了老人对海鸥的爱。那么,你们能不能想象一下,老人在喂海鸥时,都会呼唤什么呢? 你也可以把自己当作一只海鸥,写一写想对老人说的话!

(课件出现练习)

◆老人把饼干丁小心地放在围栏上,撮起嘴呼唤:"_____"

◆老人一边喂海鸥,一边亲昵地说:"_____"

◆_____飞到了老人身边,仿佛在说:"_____"

(学生认真创作)

师:同学们写得很认真! 我们来读一读。我们请三位"老人",三只"海鸥"。

(学生哈哈大笑)

师:我们把老人说的话和海鸥说的话交替着读,好吗?

生1:老人把饼干丁小心地放在围栏上,撮起嘴呼唤:"公主,赶快来啊!我今天给你带来了你最喜欢吃的饼干。老沙,你也过来啊!这可是我亲手给你掰的饼干丁。"

生2:公主飞到了老人身边,立刻吃起了饼干丁,小脑袋不时地转向老人,仿佛在说:"谢谢你!爸爸!今天的饼干丁可真香!"

生3:老人一边喂海鸥,一边亲昵地说:"独脚啊,你慢点吃!你的脚好点了吗?这几天我可担心你了。你得好好养病!"

生4:独脚吃完了饼干丁,就落在老人手上,好像在说:"我的脚好多了,已经能够自由飞翔了!谢谢你对我的照顾!"

生5:老人一边抚摸着"红嘴"的羽毛,一边说:"我最喜欢你的嘴了,红红的,真好看。吃完了,我给你擦擦嘴,别把漂亮的红嘴弄脏了。"

生6:一只海鸥落在老人的肩头,好像在说:"爸爸,谢谢你给我们带来好吃的。你一定走累了吧,赶快找个椅子休息一下!"

师:听了你们刚才所读的,我仿佛看到了老人与海鸥亲密相处的画面。这幅画面里饱含着老人对海鸥的爱,也饱含着海鸥对老人的爱。你们用自己的想象,用自己神奇的笔丰富了作者的描写,情感仿佛在笔尖流淌。

(四)课例解析

1.充分对话,为"以写悟情"蓄力。

"对话"是"理趣"课堂的价值取向之一。在"理趣"课堂里师生关系是平等的,师生之间需要对话;读者与作者的关系是平等的,阅读是两者共同创造文本意义的过程,读者与作者、文本之间需要对话;同伴是学习的共同体,同伴之间需要对话;读者与自我之间也需要对话,让读者看到自己的内心深处。在"理趣"课堂中,对话的内涵和层次是多元的。

"以写悟情",首先需要作为读者的学生被情所感染,产生写的动力。假如学生连写的愿望也没有,又何谈"以写悟情"呢?"以写悟情"的首要任务就是让学生与文本产生充分对话,在对话中感受文本所传递的情感,为"以写悟情"蓄力。

在《老人与海鸥》的教学片段中,教师先让学生自读自悟,把老人对待海鸥

感动自己的细节找出来,然后具体阐述感动的理由。画找句子,阐述感动,是学生与文本的对话。在学生阐述感动理由的过程中,教师并非无所事事,而是相机调拨学生的情感之弦。如,让学生回忆自己喂海鸥的画面,让学生回忆亲人用地方话呼唤自己的情景。这些情感调拨实际上激活了学生的生活经验,引起了学生的情感共鸣。教师对学生情感的调拨体现了师生之间的深度对话,同时,学生生活经验的激活又实现了学生与自我的深度对话。

在充分、多元的对话下,学生深刻地感受到了老人对海鸥亲人般的感情,这为下一步"以写悟情"蓄足了情感力量,让学生充满了写作的愿望。

2.巧设内容,为"以写悟情"铺路。

"以写悟情"在什么地方写?写什么内容?是两个很关键的问题。"以写悟情"要写在情感高潮处,因为最能实现情感审美体验。从教学片段来看,教师是让学生在老人"呼唤"海鸥和老人与海鸥"说话"处写,这就实实在在抓住了情感的至高点。

"以写悟情"到底写什么?一定是写能进一步促发情感的内容。在《老人与海鸥》的教学中,教师从两个视角引导学生的写作。其一,是让学生写一写老人把饼干丁放在湖边的围栏上,呼唤海鸥的内容;写一写老人在给海鸥喂食物时,对海鸥说话的内容。其二,是让学生把自己当作海鸥,从海鸥的视角来写一写对老人说的话。

这两个视角的写作内容安排,充分体现了选择性,给学生个性化表达提供了更多空间和可能。在产生情感共鸣的过程中,移情是很重要的手段,也就是让学生变换身份,成为老人或海鸥的角色。身份变换后,情感体验的视角就发生了极大变化。原本是从第三者的视角看,现在是从当事人的视角看,所获得的情感体验是截然不同的。学生在以老人身份写作时,字里行间一定会更加表现出对海鸥无微不至的关怀和感人至深的叮咛;学生以海鸥身份写作时,也一定会在语言表达中充分展现对老人的感恩之情。原本教师可能要花大力气才能讲明白的情感,通过变换身份的写作就能迎刃而解。

从教学片段所呈现的学生作品来看,学生的情感体验是非常深刻,文字体现出了浓浓的情谊。"以写悟情"在写作内容的设置上非常关键,要为情感共鸣的产生铺好路。

3.创新交流，为"以写悟情"增色。

"理趣"阅读教学非常注重课堂气氛的营造，注重学生学习过程的趣味性。"理趣"课堂应该是自然灵动、妙趣横生的。学生在感悟人文意蕴，获得审美体验的同时，也要获得学习的快乐。

在"理趣"阅读教学中，教师应该努力创新教学形式，把看似普通的教学环节设计成具有"理趣"意味的学习过程。在《老人与海鸥》的教学中，教师引导学生选择老人或海鸥一个角色进行想象写作。写作的目的是促进学生对老人与海鸥之间亲人般情感的体验。

在学生写作后，教师有多种组织学生交流写作内容的方法。比如，教师可以让选择写老人对海鸥说话的同学先读，再让选择写海鸥感谢老人的同学交流。或者，教师可以随机点名，让学生自由交流。这些教学方式未尝不可，但是却少了许多"理趣"的意味。前一种方式的组织视角是以写作内容来分，教师把选老人视角写的和选海鸥视角写的，进行了简单划分；后一种方式还不如前一种方式，显得有些杂乱无章。

如果回到《老人与海鸥》的教学片段来看，教师采用的交流方式是让学生交替朗读自己的作品。一位学生读老人的话，另一位学生读海鸥的话，如此循环，刚好是三组。这种教学方式是教师深思熟虑而产生的。首先，课文所描绘的情景就是老人与海鸥的互动。老人呼唤海鸥，海鸥就会飞过来；老人给海鸥喂食物，海鸥就会过来吃。采用交替式汇报仿佛再现了翠湖畔老人与海鸥彼此呼应的温暖画面，更能让学生感受到老人与海鸥之间亲人般的情感，增强审美体验的效果。其次，教师所选择的六位学生都是在巡视指导时发现的优秀之作，并且教师还充分关注了六位学生写的内容，力求形成和谐的呼应。从教学片段来看，第一位学生写老人呼唤"公主"，对"公主"百般疼爱；第二位学生写"公主"来到老人身边说感谢的话，两者在内容上形成呼应，让课堂增加了强烈的趣味性。最后，教师设置了三对学生进行交流，充分符合审美心理。因为，同样的方式重复三次是最常用的文学创作手法。学生在"一咏三叹"的写作交流中，进一步加深了对老人与海鸥情感的体验。

"以写悟情"中"写"既是获得情感后的结果，又是深入情感的手段。教师要找准情感点，设计好写的内容点，创新教学方式，让"以写悟情"焕发"理趣"课堂的光彩！

第 四 节

以写识文：“理趣”阅读的言语审美

　　“理趣”阅读不仅关注人文意蕴的感悟，还关注学生言语生命的成长。学生的言语生命包含两个维度，一是用言语的方式去认识世界，二是在阅读活动中发展自身的言语水平。从语文学科的性质来说，也是强调了人文性和工具性的统一。其中，工具性指的就是学生需要学习如何运用祖国的语言文字。在学习语言文字、领悟作者言语表达方式时，教师要让学生感悟到言语表达的美感，从而实现言语审美，即在言语表达的体会中获得审美乐趣。

　　钱冠连在其著作《美学语言学》中认为：“在一切言语活动、言语行为中，人总是要选择能够迎合自己生命的动态平衡的需要并引起舒心悦耳的美感的话语形式，即选择某个言语表达实体是从审美的目的出发的。”“语言的一切结构层次，是按照美的规律和意图建造而成。或：人总是从美的意图出发并选择美的框架形式将它们构建。”① 作者作为言语活动、言语行为的发出者，是按照美的规律和意图编织语言结构的，这就使阅读文本的语言带有一种美感。“理趣”阅读要积极引导学生与阅读文本展开深度对话，发现作者语言结构的美感，发现的过程就是对语言进行审美的过程。“顺着美的规律去接应说话对方（如在音韵和节奏上趋同），就是有意的求美活动。在这样的求美活动中使用的策略就是求美律。求美律在具体的说话与写话活动中总是表现为策略。”② 从“求美律”可以看出，阅读文本具有语言美的表达结构能够充分引起阅读者（学生）的求美倾向。教师要善于揭示语言美的内在规律，不断提升学生的美学素养，通

---

① 钱冠连.美学语言学[M].上海：华东师范大学出版社,2018:69.
② 钱冠连.美学语言学[M].上海：华东师范大学出版社,2018:217.

过写作的方式,将语言美的结构迁移到学生的言语生命结构中。

一、"以写识文"的教学机制

一切学习皆是从模仿开始。我们以书法学习为例,一个孩子刚开始学习书法肯定是先描红,完全按照字帖的标准来写。等到有了一定的水平,老师就会引导孩子进行"摹写",也就是把宣纸盖在原作上写。最后,老师会让孩子"临写",也就是照着字帖的样子写。等到孩子有了一定的基础,就可以适当创作了。从学书法的大概过程来看,孩子的学习是由模仿到创造,老师由扶到放的过程。

同样,学生学习文本言语表达方式也是由模仿到创造的过程。一个阅读文本就是言语学习的好例子,教师通过这个鲜活的例子让儿童已有言语水平向文本目标言语水平靠近。学生言语水平的发展,言语生命的升华都是在一个个看似不经意的靠近中实现的。如何实现这种言语水平的靠近呢?模仿写作是最好的方式。言语学习是实践活动,学生不是靠听老师讲学会言语表达的,一定是靠老师点拨,自己反复实践尝试而学会言语表达的。"理趣"课堂中的"以写识文"就是让学生通过模仿性的写作来深入领悟作者富有特点的言语表达方式,从而感受言语表达的审美趣味,丰富自己的言语生命。

"以写识文"的教学过程主要分为四个部分。首先,教师需要引导学生发现阅读文本最有特点的言语表达方式。这种发现需要言语敏感性,也就是读了一篇文章,能够凭借感觉发现最与众不同的表达方式。这种敏感性的形成需要长期的练,是一种语感系统。然后,教师要引导学生与言语表达方式展开充分的、深度的对话。教师要引导学生明白作者是为了表达什么?为什么这样表达?在实际教学中,教师可以出现言语表达的"反例",引导学生通过比较、互文的方式,进一步领悟作者为什么不那样写,而要这样写。这一教学环节是充满"理趣"意味的,学生需要在教师的引导下明白言语表达的深层逻辑和肌理。当然,由于逻辑是抽象的,教师需要充分调动学生情感,让学生在获得言语表达之"理"的同时,也能获得言语表达之"趣"。在理解言语表达肌理后,教师就要放手让学生自己实践,让学生尝试进行模仿创作。最后,教师要引导学生展开充分的交流。在"理趣"课堂里,学生的写作不是完成一项作业,

等着老师在课后批改,而是一种阅读感受的喷吐,一种对文本创造性的建构,一种言语生命的表达。伙伴之间的交流不仅能强化对言语表达方式的认识,还能够感受到不同言语生命的言语审美趣味。

比如,巴金《鸟的天堂》一文,最有特色的表达就是作者对大榕树的描写。学生平常写树,无非是写树之形、树之色,写不出什么特色。而巴金写榕树,主要抓住"叶多""叶绿"来写,化繁就简反而突出了特点。最值得品味的是,巴金在写树时,会融入自己的感情。"好像在把它的全部生命力展示给我们看""似乎每一片绿叶上都有一个新的生命在颤动",这些描写是作者的联想与想象,是作者将自己对生命的热爱投射于大榕树上。这种写法对于小学生来说显然是陌生的。教师可以适当指导,让学生充分感悟言语表达背后所独有的言语生命个性,充分感受言语表达的审美趣味。教师还可以引导学生进行模仿写作,对言语表达做进一步的认知和感受。

"理趣"阅读教学中的"以写识文"不是要求学生个个都像大作家一样去写作,而是让学生在写作过程中深入感受言语表达的魅力,丰富自身的言语生命。"以写识文"是一种指向言语表达审美的创造性阅读方式。

二、月色诗意:贾平凹《月迹》的言语审美

贾平凹的散文《月迹》被收录在统编小学语文教材五年级上册第七单元中。作者在这篇散文中写了儿时和伙伴一起追寻月亮足迹的往事。这篇文章具有非常浓郁的散文特点,以"月亮的足迹"为文章线索,描绘了一个个富有诗意的月色画面。作者最具创造性的是将月亮当作人来写,比如,把月亮升起的过程写成了月亮爬进屋子的过程。

这篇散文的言语表达可谓是妙趣横生,细腻传神,整体上营造了诗的浪漫意境,表达了作者儿时对美好事物的追求,对美好生活的向往,也表达了作者对童年生活的回忆和怀念之情。下面,笔者以《月迹》一课的教学过程来具体阐述"以写识文"的实施过程。

(一)聚焦言语审美点

一篇经典作品可咀嚼的言语审美点是很多,然而一节阅读课的时间总是非常有限的。在有限的课堂学习时间内,需要教师聚焦言语审美点,不求面面

俱到,只求纵深而入,真正领悟言语表达的深层肌理,获得言语审美趣味。

贾平凹的《月迹》一文,处处展现出充满情意和趣味的言语表达,就像糖溶于水,寻不到糖的踪迹,却品尝得到糖的味道。对于散文教学,教师常常感到头疼,原因就在于教师习惯于去糖水中找糖,力求面面俱到,结果却无功而返,把散文优美的意境都破坏了,自然也败坏了学生阅读散文的兴趣。所以,在学生的现实阅读中,散文是最不受欢迎的。

如何聚焦这篇散文的言语审美点呢?其实,教材的编者已经在《语文园地》的"交流平台"中给出了答案。"交流平台"中专门列举了《月迹》中的一段描写:

我们看时,那竹窗帘儿里,果然有了月亮,款款地悄没声儿地溜进来,出现在窗前的穿衣镜上了:原来月亮是长了腿的,爬着那竹帘格儿,先是一个白道儿,再是半圆,渐渐地爬得高了,穿衣镜上的圆便满盈了。

在"交流平台"中,编者还出示了对这处描写的点评:月亮像个淘气的孩子,顺着竹帘格儿往上爬,竟然跑到穿衣镜上去了。这一段的动态描写把月亮慢慢升高的过程写得既活泼又有趣。

结合本单元在篇章页上所提出的语文要素:初步体会课文中的静态描写和动态描写;学习描写景物的变化。我们就不难看出,编者之所以在"交流平台"中聚焦《月迹》中的这处描写,是因为这处描写写出了月亮逐渐上升的动态,并且写得很有趣味。可见,教师在聚焦言语审美点时要充分研究好教材,要充分体现单元语文要素。

另外,贾平凹写月亮上升确实很有特色,"先是""再是""渐渐地"连接词用得很恰当;"白道儿""半圆""满盈",对月亮变化的描写也极为贴切、生动。这些言语表达上的特点都非常值得学生去模仿,从而向作者的目标语言靠拢,获得言语表达的审美趣味。

(二)搭建言语审美台阶

"理趣"阅读教学一直遵循让学生自己去发现的原则,因为自我发现才能获得阅读的真正趣味。对于言语审美来说,发现同样重要。教师不能直接告诉学生言语表达的特点,而是要让学生自己透过言语形象去感悟。基于这样的教学理念,笔者搭建了《月迹》一课言语审美台阶:

第一阶：教师引导学生与文本展开深度对话，寻找作者对月亮的动态描写，学生畅谈阅读的感受。

第二阶：教师聚焦课文第2自然段，作者描写月亮上升的片段，引导学生发现这处动态描写的言语表达特点。

第三阶：教师引导学生回忆自己看日出的场景，梳理日出的几个步骤；引导学生模仿作者写月亮上升的片段，写一写日出的动态画面。

第四阶：教师引导学生朗读交流自己的创作，在师生、伙伴对话中进一步感受动态描写的方法，以及作者动态描写的言语审美趣味。

（三）言语审美的具体实施

"以写识文"是让学生与言语表达展开深度对话，理解言语表达的深层肌理，用写的方式寻求言语审美趣味的过程。下面以《月迹》一课的教学片段来说明言语审美的具体实施过程。

《月迹》教学片段

……

师：既然作者写的是月亮的足迹，那月亮一定会出现在很多地方。现在，就请同学们认真默读课文，找一找月亮都出现在了哪些地方？

（学生默读课文，画找句子）

师：同学们都找到了一些句子，我们来交流一下。

生：我找到了月亮出现在竹窗帘儿里，照进了作者的屋子里。

师：第几自然段写到了？

生：第2自然段。

生：我找到了月亮出现在葡萄叶儿上、瓷花盆儿上、爷爷的锹刃儿上。第20自然段有一句话直接写明了。

师：同学们可以把这几个地方圈下来。

生：我找到了月亮出现在沙滩上、小河里。

师：很棒！我们可以圈出"沙滩""小河"。

生：我找到了月亮出现在天空上。因为课文最后一个自然段写到了"我们又仰起头来看那天上的月亮，月亮白光光的，在天空上。"

师:这个句子找得好,我们可以画下来。还有吗?

(学生沉默)

师:课文第3自然段到第19自然段在讲月亮在哪儿?

生:在院子里。

师:再具体点儿。

生:在院子里的桂树上。

师:很好! 这一段作者写得很详细,联想到了什么?

生:联想到了月宫和嫦娥。

师:多么美好的联想啊! 这个单元我们着重要来学习作者对景物的动态描写。你们觉得课文中的哪一处描写,写出来了月亮的动态?

(学生快速默读课文,画找句子)

师:找到了吗? 谁来读一读?

(课件出现月亮的动态描写)

◆我们看时,那竹窗帘儿里果然有了月亮,款款地悄没声儿地溜进来,出现在窗前的穿衣镜上了:原来月亮是长了腿的,爬着那竹帘格儿,先是一个白道儿,再是半圆,渐渐地爬得高了,穿衣镜上的圆便满盈了。

师:同学们仔细读读这句话,发现作者写得好在哪里?

生:我觉得作者写出了月亮上升时的不同样子。

师:结合课文说具体点儿。

生:月亮一开始是"一道白儿",后来变成了"半圆",最后就变成"满盈"了。作者把月亮的不同样子写了出来。

师:这是作者表达的妙处,仅仅通过几个词就描绘出来月亮的动态变化。

生:我觉得作者"先是""再是""渐渐地"用得很好,因为有了这些词语,才显得表达很有顺序。

师:你真会发现。正是有了这些连接词,作者的表达才有序,我们读者的眼前才会浮现出生动形象的画面。

生:我觉得作者把月亮当作人来写,写得很有趣味。比如,这里写到"悄没声儿地溜进来""长了腿""爬得高了",就让人感觉月亮是有生命的。

生:我有补充。我觉得这个"溜"字用得好,既写出了月亮的调皮,又写出

了月夜的宁静。

师:说得好啊! 在作者的笔下月亮是有生命的,作者把月亮当作人来写,写得有趣味;用连接词把月亮的不同样子串联起来,写得很有序。对景物的动态描写,一要写得有序,让读者看到动态的画面;二要写得生动有趣,让读者产生阅读的兴趣。贾平凹不愧是大作家。

师:课文写的是月亮上升时的画面,我们现在来说说太阳初升时的情景。你们观赏过日出吗?

生:观赏过!

师:都是在什么地方看的?

生:我是在老家的山上。

生:我是在塞班岛的山顶上。

生:我是在海边。

生:我是在家里的窗边。

师:看来你们的生活经历很丰富啊! 太阳升起时一般分几步?

生:我觉得太阳没出来时,天边先被染红。然后是太阳突出一道边儿,接着是露出半圆。最后,就完全升到天空中了。

师:是啊! 太阳升起的情景似乎和月亮升起时有异曲同工之妙。现在,就请同学们拿起笔,模仿作者写月亮的片段,写一写太阳升起时的动态画面。

(学生认真写作,教师巡视)

师:同学们写得都很认真,我们来交流一下!

生:(学生读作品)清晨,我独自坐在窗边,出神地望着天际,等待日出。天色并不明亮,偶有一束光柱扫过。这时,天空染上了微微的红晕。渐渐地,天边泛起了霞光,大地好像披上了金色的衣裳,闪着朦胧的微光。太阳逐渐升起,阳光透过浓雾洒向大地,世间的一切立刻生机勃勃。红日满盈了,在天空高高悬挂,放射着万道金光。

师:大家觉得她写得怎么样?

生:我觉得写得很好,把太阳渐渐上升时的情景写得非常具体,仿佛让我看到了整个过程。

生:我觉得她把太阳的神圣感给写了出来,太阳让一切有了生机。

师:是啊! 她把太阳上升的过程写得有序,有神圣感,真棒! 我们继续交流!

生:清晨,我来到了塞班岛的山顶上,望着东方——太阳升起的方向。一开始,太阳的光辉洒向了漆黑的夜空,照亮了一边天地,可我却没有见到太阳的一丝一毫。过了一会儿,太阳的小脑袋从地平线蹿了出来,射出的金光让我不禁闭上了眼睛。又过了一会儿,太阳露出了半个脸。再等了片刻,整个太阳都升上了天空,犹如一个金色圆盘闪闪发光。

师:他写了太阳升起的哪几个样子?

生:写了太阳没有露脸,露出了小脑袋,露出了半个脸,最后露出了整个圆盘。

师:是啊! 他写得跟贾平凹的很像。我们再来交流一位。

生:清晨,我冒着寒冷的西风,朝北欧酒店的门外望去。只见海平面上先是有丝光芒从缝隙里挤出来,太阳好像随时就要升起来。渐渐地,太阳把缝隙给撑开了,露出了一道金边儿。没过多久,金边儿越来越大,变成了半圆。最后,太阳升上了天空,海面一片金光!

师:你也写得很棒! 把海上日出的变化给写了出来。同学们,你们写得都很不错,把大作家的写作方法都用上了。其实,著名作家巴金也写过《海上日出》,想不想看看他的是怎么写的?

生:想!

(课件出示文章)

◆为了看日出,我常常早起。那时天还没有大亮,周围很静,只听见船里机器的声音。天空还是一片浅蓝,很浅很浅的。转眼间,天水相接的地方出现了一道红霞。红霞的范围慢慢扩大,越来越亮。我知道太阳就要从天边升起来了,便目不转睛地望着那里。

果然,过了一会儿,那里出现了太阳的小半边脸,红是红得很,却没有亮光。太阳像负着什么重担似的,慢慢儿,一纵一纵地,使劲儿向上升。到了最后,它终于冲破了云霞,完全跳出了海面,颜色真红得可爱。一刹那间,这深红的圆东西发出夺目的亮光,射得人眼睛发痛。它旁边的云也突然有了光彩。

有时太阳躲进云里。阳光透过云缝直射到水面上,很难分辨出哪里是水,

哪里是天,只看见一片灿烂的亮光。有时候天边有黑云,而且云片很厚,太阳升起来,人就不能够看见。然而太阳在黑云背后放射它的光芒,给黑云镶了一道光亮的金边。

后来,太阳慢慢透出重围,出现在天空,把一片片云染成了紫色或者红色。这时候,不仅是太阳、云和海水,连我自己也成了光亮的了。这不是伟大的奇观么?

师:读了这篇《海上日出》,你们有什么感受?

生:我觉得巴金写得很有序,把日出的过程写得很清楚。

生:我觉得巴金的描写非常细腻:"太阳像负着什么重担似的,慢慢儿,一纵一纵地,使劲儿向上升。"只是写太阳慢慢升起,却写得那么具体,还写出了自己的感受。

师:同学们,巴金和贾平凹都是大作家,他们的写作往往让读者拍案叫绝。要把景物写清楚、写生动,离不开对景物的细致观察。只要同学们认真观察生活,多阅读名家名作,不断丰富自己的语言,你们也能写出精彩的文字。

(四)课例解析

1.深度对话,揭示言语秘妙

对于阅读文本,学生初读就能获得言语表达的美感,只不过此时的感知是较为感性的,是读者的审美直觉。"理趣"阅读教学非常重视这种审美直觉的产生,但是阅读教学的最终目的是要揭示美感产生的原理——言语秘妙,也就是要让学生知其然,知其所以然。

"以写识文"的基础是对作者的言语表达有所理解,并产生模仿写作的冲动。如果学生连作者的言语表达好在什么地方,美在什么地方都不了解,那怎么有能力去模仿写作呢?在《月迹》的教学片段中,教师花了比较多的时间让学生讨论作者描写月亮升起的片段到底好在哪里。从教学过程看,学生的发现是非常充分的,既有关注月亮形态描写的,也有关注连接词运用的,还有关注作者把月亮当作人来写的。学生的发现是很可贵的,是和阅读文本的深度对话,是对言语表达秘妙的探寻。有了充分的发现,为学生之后的模仿写作打下了坚实的基础。

2. 巧设迁移,创造言语生命

"以写识文"的关键在于模仿写作,只有写作才能将学生的内化理解转为外化的言语,言语的创造是阅读的最高境界。

教师在设计言语迁移任务时,要充分考虑学生的认知发展规律,以"就近迁移"为主,也就是找一个和课文言语表达较为接近的言语情境让学生进行模仿写作。比如,在《月迹》的教学中,教师让学生写一写太阳升起时的情景。这个写作任务的设计就充分符合学生的认知规律,与月亮升起时的描写特别接近。

值得注意的是,教师并非只是简单地让学生一写了之。而是在写作前,让学生回忆自己看日出的经历,并想一想写日出主要写几个步骤。这一个教学操作非常重要,是帮助学生建立生活联系,使学生产生写作的愿望。同时,教师也是在帮助学生梳理写作顺序,让学生形成"腹稿",对写作顺序的安排做到了然于胸。从学生的写作成果来看,教师的引导起到了非常明显的作用。学生的写作都能按照一定顺序来写,并且迁移了作者贾平凹描写月亮的方法。学生在写的过程中进一步强化了言语表达方式,让言语表达方式与自己的生活建立了联系,实现了言语表达的深层次审美。这个层次的审美是在理性思维下而产生的,它是以感性认知为前提,通过写作探索而逐步形成的。

3. 适度拓展,强化审美感受

经过模仿性的写作,学生对于言语审美已经有了深度感受。此时,教师可以适度拓展,引导学生跳出课文去看看其他阅读文本的言语表达特点。

在《月迹》一课教学中,教师在学生充分交流自己写作的日出片段后,及时补充了巴金的《海上日出》。这个补充是非常应景的,与学生的写作是紧密相连的。通过写作交流,学生的思维和情感都已经沉浸在对日出的想象中,此时出现《海上日出》就能进一步引起学生的言语表达共鸣,让学生觉得巴金也在写日出的情境。阅读是需要时机的,如果平时让学生读《海上日出》,学生可能感受不会那么深刻,而在自己写完日出后,立即读《海上日出》,印象就会特别深刻。

《海上日出》的补充只是提供了一个言语形象,教师并不需要对文章进行详细解析。学生有了《海上日出》的言语形象后,对课文中言语表达就有了更

进一步的审美感受。

　　引导学生实现言语审美是一个稳步推进的过程，从理解到迁移，再到拓展，教师打的是"组合拳"。这套"组合拳"的核心就是文本最具言语表达审美趣味的描写。"以写识文"是"理趣"阅读注重言语表达价值取向的实施途径，是发挥阅读文本言语教学价值的好方法。

第 五 节

以写定读:言语"理趣"的全程建构

一、"以写定读"的内涵和意义

"为读而读"是阅读教学的常态化认识,在我国以阅读为主导的语文教学中,阅读是写作的准备,写作是阅读的产物。

在"理趣"阅读视角下,阅读课还可以有另一种教学形态,那就是"以写定读"。所谓"以写定读",就是教师根据写作要求去选择阅读内容,让学生为了写作去阅读,在阅读中汲取写作的情感与能力。潘新和在《语文:表现与存在》一书中写道:"为写而读,读是对信息的搜集、处理,读的内容经过思维的过滤,势必增进了对读的感知,再经过取舍、加工、组织等语词化处理,必定又深化了原先的认识。读得怎样通过言语表现出来,读的内容可以通过表达或运用得以体现,读的效果也就可以得到验证与评价。因此,严格意义上的阅读教学,不应为读而读,它必定要以言语表现来体现阅读的领悟与认知水平、言语想象力和创造力参与程度,以言语表现为归宿。"①我们对于"为读而读"并不能否定,它的存在固然有其合理的一面。但是,"为写而读"却能给"理趣"阅读教学打开一扇窗户。

"理趣"阅读教学非常注重言语理趣的感悟,言语的背后是作者的生命,生命的趣味高低决定了言语趣味的高低,因此,言语趣味直接关系到作者所传递的人文意蕴的趣味。言语表达作为一种逻辑,本身就有语言学原理,同样的一

---

① 潘新和.语文:表现与存在[M].福州:福建人民出版社,2004:1224.

个意思,这样写很美,那样写就很普通,这是言语表达自身所带有的趣味。归根到底,阅读教学的关键还是要抓住言语,只有与言语产生深度对话,才能看懂言语背后的人文趣味,才能体会到言语的妙趣横生。

长期以来,习作教学目标模糊,是导致习作教学低效的重要原因。教学目标的缺位,使习作指导课的指导作用大打折扣,教师教得随意,学生写得仓促,习作能力提升缺少方向。这一问题的产生,与教师缺少从单元整体入手处理习作教材的意识,将单元习作指导课孤立于单元整组教学之外有着密切的关系。

"以写定读"着眼于单元整组教学,在教师充分解读单元教材的基础上,通过联系单元教材各板块,合理定位单元习作教学目标。并且,教师将目标前置到单元教学伊始,在阅读教学中发挥文本的语用价值,分步达成单元习作教学目标,使学生在单元学习的全过程中循序渐进地建构习作能力。

"以写定读"需要学生已经具备一定的阅读能力,掌握一定的阅读方法,阅读可以成为学生学习的一种方式。因此,"以写定读"放在小学高年级实施会更加合适。"以写定读"得以实施有两个重要因素:其一,统编小学语文教材以双线结构编排单元教学内容,不仅提出单元的人文主题,还提出了语文要素。其中不少语文要素是直接关系习作能力发展的。基于这样的教材形态,教师必须借单元阅读教学之力助单元习作指导。其二,《语文课程标准(2011年版)》从第三学段开始提出"初步领悟文章的基本表达方法"这一指向习作的阅读教学目标。叮见,课文内容的理解已经不是该学段学生的难点,对于课文表达方法的领悟、迁移、运用变为语文学习的重点与难点。基于学生的学段特点,教师需要从单元整组教学的视角加强阅读教学与习作教学的关系。

二、"以写定读"的教学形态

统编小学语文教材以主题单元的形式进行编排,这种教材形态强调语文学习内容的向心性、关联性,强调单元学习的整体性。在突出整体性的教材编写思维下,单元习作教学不能孤立于整组教材,人为割裂习作与阅读之间的关系,而应基于整组教材清晰习作教学目标,并前置目标要求,使学生习作能力的培养能贯穿单元教学的始终。"以写定读"的教学形态正是基于单元整组的

教材编排特点而提出的。

(一)贯通全程,清晰目标

统编小学语文教材每个主题单元都由"篇章页""课文""口语交际·习作""语文园地"四个板块组成。板块之间在主题思想、内容、能力要求上具有很强的关联性。教师可以在单元整组教学的视野下,充分研究各板块的具体表述,发现各板块要求之间的联系,并从关联中提炼能力要求上的共性,从而清晰单元习作教学目标。例如:统编教材五上第七单元"四时景物皆成趣",篇章页导语明确提出"初步体会课文中的静态描写和动态描写,学习描写景物的变化"这一领悟写作方法的要求;语文园地的交流平台中提到本组课文充分运用了静态描写和动态描写来描写景物,列举了《鸟的天堂》和《月迹》两篇课文中的景物描写加以形象说明。而本单元习作要求更是明确提出"观察一种自然现象或一处自然景观,重点观察景物的变化,写下观察所得。要按照一定顺序写,写出景物的动态变化"。当我们贯通单元教材各板块,将各板块内容进行对照分析时,可以清楚地发现本单元在学生习作能力发展上的要求是"对景物进行静态描写和动态描写,把景物动态变化的过程写清楚"。教师在单元教学的全过程可以反复观照该教学目标,使学生习作能力的培养更聚焦,教师的习作指导不再随意。

(二)前置目标,全程落实

前置单元习作教学目标是"以写定读"教学形态的显著特点。将习作教学目标放置在单元教学伊始,能使教师的单元主题教学更具习作向心力,教学过程更能针对学生的习作能力循序渐进展开。从学生的角度来讲,在单元学习伊始就能明确习作要求,能避免仓促习作的窘迫。学生能在一个单元学习的时间段里观察生活、搜集素材、构思想法,并在课文的学习中逐渐积累、迁移语言表达形式。与以往学习习作的方式相比,这种方式延长了学生习作的准备时间,扩展了习作的准备空间,降低了学生习作能力建构的难度。

在执教人教版六上第三单元"人间真情"时,笔者就采用了前置目标的教学方法,具体步骤如下:①要求学生在预习单元学习内容时浏览单元教材的各个板块,圈画出表明主题思想、习作能力要求的关键词句。②用15分钟时间进行单元导学,全班交流自己发现的学习要求,教师梳理出"通过对环境、人物

心理活动等方面的描写,抒发美好情感,表现人间关爱之情"的习作要求。③学习单元课文,从环境、人物心理、语言、动作描写等语用角度迁移习作能力。如:学习《穷人》时,紧紧抓住"忐忑不安"的心理描写,领悟并迁移运用省略号、问号表现人物内心忐忑不安的方法,并能体会这样的表达方式是为体现人物善良的品质而服务的。④梳理单元学习要点,习作指导课、评改课进一步落实习作要求。

从单元教学的几个步骤来看,单元习作教学目标的前置使学生提前明确了习作要求。因此,学生在学习课文时会有意识关注环境、人物心理活动等细节描写,课文的学习成了学生有意识、主动建构习作能力的过程。前置的目标就像一座航标,使单元学习始终沿着课文语用价值的开发与迁移前行。

"理趣"阅读教学中的"以写定读"是以"言语表达"为中心进行阅读教学,主张通过单元定位"写"的目标,再根据"写"的目标选择每篇课文所要读的内容。"以写定读"的教学形态体现出"全程性""前置性",是一种全新的阅读教学形态。

三、言语理趣的建构过程

单元习作教学目标的尽早定位并前置,给教师的教、学生的学指明了方向,解决了学生单元习作走向哪里的问题,使教师的习作指导从随意走向有序。"以写定读"的教学形态重在习作指导的"全程性",即在单元教学的每一堂课,特别是阅读教学有针对性地完成学生某一习作能力的建构,从而降低习作难度。这就需要教师合理分解习作教学目标,并将分解后的目标分别落实到每一次教学中,引导学生分小步走向单元习作的能力要求,有序达成目标。

(一)找准语用点,分解目标

以主题单元进行编排的教材形态使阅读与习作之间具有很强的关联性,这种关联不仅体现在内容、主题思想方面,还体现在写作方法上。无论是人教版教材,还是统编教材,编者都特别关注阅读与习作的关系,在单元导语或是单元篇章页中都会揭示阅读和习作的联系。例如:统编教材五上"父母的爱"主题单元中,篇章页导语提出"体会作者描写的场景、细节中蕴藏的感情。用恰当的语言表达自己的看法和感受"。课文抓住外貌、语言、动作描写表现父

母之爱的写作方法正是单元习作要求学生掌握的写作方法。因此,在"以写定教"的阅读教学视野下,课文是学生习作最好的言语表达范例,学习课文就是学习习作的开始。教师可以充分挖掘课文的习作语用价值,将习作目标分解成若干个小目标,在每一篇课文的学习中有针对性地落实一种语用,迁移一种写作方法。随着单元教学的展开,分解后的目标有序达成,学生习作能力的建构也逐渐完善。

例如:人教版五下第七单元习作"写一个特点鲜明的人"。联系单元教材各板块,教师可将习作指导课和评改课的教学目标分别确定为:"能抓住人物的动作、语言、神态等细节描写,写出人物的特点。""通过联想、夸张、反复等方法,把人物的动作、语言、神态等细节写具体,使人物特点更突出。"这一目标如果放在一两节习作课上很难落实,但分解到每篇课文的学习中就可以很好把握了。

首先,教师需要进行文本细读,发现单元课文在人物描写上最具特色的语用价值。《小嘎子和胖墩儿比赛摔跤》的联想式动作描写,《临死前的严监生》的反复式动作、神态描写,《刷子李》的侧面描写,《金钱的魔力》带有夸张的神态、语言描写都是学生写好"一个特点鲜明的人"的语用点。然后,教师需依托语用点将习作目标分解成几个小目标,放在每篇课文的教学中达成。《人物描写一组》可将目标定位在"尝试运用联想、反复的写作方法把动作写具体";《刷子李》可将目标定位在"能用侧面描写的方法写一段话,表现人物的特点";《金钱的魔力》可将目标定位在"能在描写人物语言、神态中运用一两处夸张手法,使人物特点更突出"。最后,教师围绕分解后的目标逐一展开教学,每节阅读课删繁就简引导学生深入学习一种写作方法,达成一个目标,真正做到一课一得。例如,在执教《刷子李》时,教师可围绕语用点设置以下教学环节:①学生快速默读课文,画找出表现刷子李刷墙技艺高超的描写。②引导学生从刷墙效果、动作、规矩等方面体会刷子李技艺高超,对联想式的动作描写方法进行回忆。③教师反诘:课文写刷子李技艺高超,为什么要花这么多笔墨写曹小三?引导学生领悟侧面描写能使人物特点更鲜明。④聚焦班级里特别爱看书的学生,要求学生用侧面描写的方法表现人物爱读书的特点。通过有意识地关注侧面描写,并尝试迁移运用侧面描写的写作方法,使课文语用点与习作目

标产生了联系,课文学习真正为习作所用。随着单元全程式的指导,学生能逐渐掌握表现人物特点的种种写作方法,到了习作课上,教师只需唤醒学生原有的认知经验,学生的习作便水到渠成。

值得注意的是,统编教材中将"写一个特点鲜明的人"设置为习作单元,精读课文、交流平台、初试身手、习作例文等单元教材的板块安排与其他单元迥然不同,更加强调习作学习的全程性、过程性、主体性。这充分体现出言语学习的建构特征。

(二)找准最近发展区,分解目标

维果茨基的最近发展区理论认为:儿童现有水平与即将达到的发展水平之间的差异就是"最近发展区"。教学不能只适应发展的现有水平,而应适应"最近发展区",从而走在发展的前面,最终跨越"最近发展区"达到新的发展水平。以往的习作教学容易出现教学目标模糊不清、忽视能力发展序列的现象,或低估学生习作能力,搞原地踏步式的训练;或超出学生习作能力的"最近发展区",不切实际地拔苗助长。在单元全程指导式习作教学中,教师在确定习作教学目标后,可以根据学生习作能力最近发展区分解目标,使每一个阶段的教学目标都能落在学生的最近发展区内,从而实现学生习作能力的稳步提升。

例如:统编教材六上第八单元的习作要求是"通过事情写一个人,表达出自己的情感"。本次习作教学的目标确定为"能选择生活中恰当的事例,并能合理安排事例的详略写出这个人的特点"。根据学生习作能力最近发展区,教师可以将这一目标分解成两个小目标在单元学习的全过程中分步实施。目标一,能选择生活中恰当的事例,反映人物的特点;目标二,能合理安排事例的详略,使人物的特点更具体、更鲜明。在教学《少年闰土》和《我的伯父鲁迅先生》这两篇典型课文时,教师可以先引导学生领悟作者选择的事例与表现人物特点之间的关系。如:鲁迅是通过"雪地捕鸟""海边拾贝""看瓜刺猹""看跳鱼儿"四件事来表现闰土聪慧机敏、见多识广这一人物特点的。然后,教师可以引导学生确定自己要写的人物,并搜集能表现人物特点的事例。在随后的学习阶段,教师可以引导学生思考两篇课文安排事例详略的方法,领悟详略安排的奥妙,并尝试着对自己的习作进行详略构思。如:《我的伯父鲁迅先生》中作者详写"救助车夫"是为了突出鲁迅关心底层人民的特点。《少年闰土》中作者

详写"雪地捕鸟"和"看瓜刺猹"是因为这两件事情最能体现人物聪慧机敏、见多识广的特点。通过两个阶段的学习,学生先明确写什么,再明确怎么写,教学目标始终处在最近发展区内,学生选材、组材的习作能力培养就变得循序渐进了。

(三)回顾学习要点,落实目标

"以写定读"阅读教学形态从单元教学伊始就已经介入习作指导,并且基于整组教材清晰目标,前置、分解目标,在阅读教学中有序达成目标,使学生在上习作指导课前已经具备了本单元习作所要求的习作能力,学生并非零起点开始习作。因此,习作指导课无须另辟目标,节外生枝,只需对已确定的目标进行回敲、校正、延伸,加以落实即可。

1.回顾整理,突出重点。

"以写定读"视野下的习作指导课,教师首先要回应单元习作教学目标,根据目标引导学生对单元全程学习进行回顾整理,特别是对课文的语用点及尝试过的小练笔进行梳理,从而突出习作教学重点。

仍以人教版五下第七单元习作"写一个特点鲜明的人"为例。教师可根据以下步骤展开指导:①引导学生再次浏览课文,回顾整理课文中抓住人物动作、语言、神态、外貌表现人物特点的写作方法,摘录一些经典的细节描写片段加以例证;回看自己尝试写过的人物细节描写;用表格的方式记录回顾整理的收获。如:出场人物——小嘎子;人物特点——顽皮机敏、争强好胜;细节描写——起初,小嘎子精神抖擞,欺负对手傻大黑粗,动转不灵,围着他猴儿似的蹦来蹦去,总想使巧招,下冷绊子,仿佛很占了上风。②教师在指导课上组织学生交流、分享表现人物特点的几种方法,并通过课文精彩片段、学生优秀片段、不足片段的互相比较,突出"能抓住人物的动作、语言、神态等细节描写,写出人物的特点"这一教学目标。如:在教学中,笔者出示两位学生描写篮球高手的小练笔片段。

学生甲:他是个篮球健将。我有时候也会纳闷,他在美国吃了什么灵丹妙药,让篮球技术提升这么多,自叹不如啊!

学生乙:瞧,她上场了。只见她矫健地一跃,球顿时落入她的手中。接着,她又把球传给正在篮筐边等待传球的刘熙成。然后,她看准了从篮筐中掉下

来的球,一闪身,球好似粘住了她的手,又到了她的"神手"之中。

两个片段一对比,学生就非常直观地感受到细化动作描写,运用联想手法对于表现人物特点的重要性。此时,笔者再将学生回顾梳理的动作描写加以例证,教学重点立刻凸显,如何描写不言而喻。

2.填补缺位,延伸目标。

《语文课程标准(2011年版)》在第三学段习作教学目标中明确提出"修改自己的习作,并主动与他人交换修改"。可见,评改能力的培养对于第三学段学生非常重要。评改课的教学目标无须另起炉灶,而是与指导课的教学目标一脉相承,在某一个维度上进行延伸,填补单元习作总目标与习作指导课目标之间的缺位。评改课最大的优势在于,教师拥有学生最鲜活的习作。教师要以面为主,调动学生的积极性,采用师生互评、生生互评的方式找准指导课教学目标缺位之处,进而通过修改达成单元习作教学目标。

学生在写一个特点鲜明的人时,能抓住动作、语言、神态等细节描写表现人物特点,但描写不够具体,对课文中联想、反复、夸张的写作方法运用不够。针对这种情况,笔者采用以下教学步骤开展评改:①围绕目标,放大优点——选取在抓住细节描写基础上,巧妙运用联想、反复、夸张手法的优秀片段,编制成《新人物描写一组》,进行全班表扬。②小组合作,寻找优点——学生根据自己的喜好随机组成学习小组,先独立圈画习作精彩之处,再小组商议、交换意见,最后进行组际交流。交流过程中教师适时引用课文范例进行强化,使学生逐渐明白联想、反复、夸张等手法对于表现人物特点的重要性。③自主修改,丰富描写——学生寻找一两处细节描写,尝试运用联想、反复、夸张的手法将特点表现得更鲜明;教师有针对性地展示修改前和修改后的片段,体现学生评改增量。这样的评改过程直指教学目标的缺位,找准学生习作的短板,有针对性地突破了习作难点,延伸了习作教学目标。

习作教学目标科学、准确的定位对于目前能力发展随意性较大的单元习作教学有着重要意义。教师将单元习作教学目标进行前置,在单元全程教学中分解实施,在习作指导课与评改课上进行回顾落实。目标制定与实施的三步骤突出了习作能力培养的主体,加强了阅读与习作教学之间的联系,降低了学生习作能力建构的难度,突破了单元习作的难点。全程视野下的习作教学,

教师教得更清楚、更有序,学生学得更从容、更得法。

"理趣"阅读教学注重言语表达方式的学习,注重言语理趣的获得。着眼单元整体,以写定读,让学习写作的过程成为学生不断建构言语表达的过程。因为言语表达的需要,在阅读学习中,学生会在教师的指导下更加关注有特点的言语表达形式,并努力地将这些言语表达形式建构到自己的写作认知图式中。

在"理趣"课堂中,阅读和写作是不分家的,是统一融合的存在。我们没有必要把阅读和写作分割开来,认为阅读是吸收,写作是表达。人为地去设置阅读和写作的壁垒,规定这是阅读课,那是写作课。在"理趣"视角下,在阅读中写作也是阅读的一部分,是对文本的创造性输出。在写作中阅读也是写作的一部分,是在阅读文本中有针对性的、有指向的汲取言语表达范式的过程。

阅读和写作都共同指向言语理趣的获得,学生的言语生命也是在阅读和写作的双重作用下而不断得到丰富和发展的。

第七章

信息时代与『理趣』阅读

第 一 节

信息时代下阅读边界的突破

　　阅读是运用语言文字来获取信息、认识世界、发展思维，并获得审美体验与知识的活动。它是从视觉材料中获取信息的过程。视觉材料主要是文字和图片，也包括符号、公式、图表等。

　　阅读的目的是多样的，通过阅读这个手段，读者可以实现认知、思维发展，获得审美体验。小学生处在学习阅读的过程中，但值得注意的是，学习阅读的过程本身也需要阅读这个手段去实现，也就是通过阅读活动去学习阅读。阅读的内容也是更广泛的，除了文字之外，还包括图像、图表、符号、公式等。从阅读的目的和阅读的内容来看，我们目前实施的阅读教学显然窄化了阅读目的和阅读内容。

　　我们的阅读教学比较注重阅读认知能力的发展，但是对于阅读在获取信息方面的作用不够关注，对思维发展还不够重视，对于审美体验就更加忽视了。一堂阅读课下来，课文内容了解了不少，阅读能力训练得不错，但思维水平未必得到了充分发展，审美体验也无从谈起。我们的阅读教学对阅读内容的认识也存在封闭和窄化的问题。老师们一般认为阅读教学的内容是阅读文本，也就是教材中的课文。虽然教师也会进行课外文本的拓展，但是绝大多数还是以文字为主。

　　信息化时代，人们通过更多形式去获取信息、认识世界、拓展思维、获得审美体验。由于移动终端的普及，人们可以通过手机观看视频，在视频中获取信息、认识世界、获得审美体验。尤其是短视频，人们可以充分利用零碎时间进行观看，相当方便。短视频的观看已经成为年轻一代认识世界的重要

途径。

有人说,信息化时代也是一个读图时代。微信上一个"笑脸",就能明白对方在表示认同,心情是愉悦的;一个"流汗的脸",就知道对方有点烦恼、苦闷或无奈。在具体语境下,人们可以用图像来传递信息,代替原本文字的功能。这在微信等社交软件发明之前是很难想象的。

信息化时代,随着生活节奏的加快,人们习惯于同时完成几样事情,从而提升效率。就拿学习来说,人们也喜欢利用零碎时间,和其他事情同时展开。比如,家长送孩子上学,在车上播放喜马拉雅的音频,或是播放英语故事,孩子在车上通过听的方式就能完成学习。再比如,一个人一边锻炼,一边听"得到"或是"樊登读书"App中的学习内容,一个单位时间内完成了两件事情,提高了效率。在信息化时代,"听书"也成了阅读的一种形式,人们不一定只用眼睛去阅读,还可以用耳朵去"阅读"。

信息化时代,人们的社会活动也越来越丰富。社会活动的丰富性必定带来频繁的人际互动,各种场合的规章制度也越来越细化。因此,非连续文本的阅读也显得越发重要。比如,去机场坐飞机,人们需要阅读屏幕滚动出现的航班信息。如果没有一点儿快速阅读的本领,恐怕连自己的航班信息也很难找到。信息化时代,很多个人事务的处理只需要在网上完成就行,对网页上非连续文本的阅读也是愈加频繁。从读书、读报等平面文字阅读,到网页阅读,人们阅读活动的媒介越来越丰富。信息化时代,学生拥有了越来越多开展线上学习的机会,"上网课"已经成为学习的一股新潮流。

通过对信息化时代特征的分析,阅读的边界需要进一步拓展。信息化时代下的阅读不能只停留在文字阅读上,图像、音频、视频、各种非连续文本等内容都应该被看作是阅读的对象。我们也不能只把捧着一本书,读一篇文章定义为阅读,看一部影片、听一首歌曲、看一张图片等形式都应该被看做是在阅读。倪文锦、欧阳汝颖主编的《语文教育展望》一书中认为:"我国的阅读教学似乎更注重精读和理解,而不大注意阅读目的的多样性,如获取信息的阅读、欣赏性阅读、娱乐性阅读,等等。各国阅读教学都比较注意读物类型和品种的广泛性;相比之下,在我国语文课程中,对于电影、电视、音像视听、多媒体等大

众传播媒介的作用还注意不够。"①比较我国和其他国家的阅读课程内容,我们确实需要呼唤更开阔的阅读教学视野。

"理趣"阅读崇尚开放性,具有大人文视野。在"理趣"视角下,一切皆可读,教师要努力突破传统的阅读观,尽可能丰富学生的阅读内容,创新阅读的形式,从而给学生带来全新的阅读感受。

① 倪文锦,欧阳汝颖.语文教育展望[M].上海:华东师范大学出版社,2002:285.

第 二 节

影视阅读："理趣"课堂中的光影审美

电影是深受学生欢迎和喜爱的娱乐方式。每到周末或节假日，家长经常会带孩子去电影院看一场电影。

看电影首先是一种娱乐，一家人去影院看电影，感受宽银幕所呈现的恢宏气势，感受多声道立体声震撼音效，不得不说是一种视听享受。其次，看电影也是让学生接受思想教育的好形式。中华人民共和国建国70周年，各大影院上映了《我和我的祖国》，不少学生都去影院观看了这部电影。通过电影所讲述的故事，学生的爱国主义情怀就油然而生，不需要用太多语言去引导。

看电影还能提升一个人的认识。笔者在观看《银河补习班》这部电影时，听见坐在身旁的一个孩子问父亲："为什么儿子最后成了宇航员，爸爸却说自己的教育是失败的？"电影所表现的深刻主题，就像一篇文学作品所蕴含的深刻主题一样，需要反复思考揣摩。

当然看电影也是一种审美享受。电影的各种拍摄手法，会给观影者带来强烈的视觉震撼。比如，在《我和我的祖国》中，第一面五星红旗升起时，其他背景都变成了灰白色，唯独五星红旗是鲜艳的红色。这种色彩的对比，给人带来强烈的视觉冲击感。同时作为一种电影语言的表达方式，这种色彩的对比也突出了新中国成立的历史意义，五星红旗已经成为国家独立、民族富强的一种象征。

之前所探讨的"理趣"阅读都与文字相关，其实，电影与文字是相同的。文本所饱含的人文意蕴、所特有的言语表达方式，电影都能通过光影、声效来表达。在"理趣"课堂里，电影也是可以被拿来阅读的，学生也应该掌握一些阅读

电影的方法。当然,学生也能够在电影阅读中感悟人文意蕴,领悟电影语言,获得审美享受。

一、"理趣"课堂中电影阅读的形式

(一)照应文本,形象感受

教材中某些课文的时代背景离学生较远,学生缺少相应的生活经验,很难对文本产生情感共鸣。比如,革命题材的课文,由于学生没有足够的生活经验,对英雄人物的感知不会太深刻。

为了让学生对课文的描写有形象化的感受,教师可以充分利用电影片段来实施教学。首先,教师需要确定课文最感人,最能表现英雄气概的片段;然后,教师在相关电影中截取与文本片段相对应的镜头。在课堂教学进行到相关环节后,教师在引导学生初步理解文本片段,感受人物形象后,现场播放电影片段,让学生在生动形象的电影画面中深入感受文本所传递的人文意蕴。比如,教师在执教《狼牙山五壮士》一课时,可以播放五位壮士英勇跳崖的镜头,以此来引起学生的情感共鸣,让学生得到强烈的心灵震撼,从而深刻感受五壮士英勇无畏的革命精神;在执教《冀中地道战》一课时,教师可以在电影《地道战》中选取几个与课文描写相仿的场景,让学生形象感知地道战的基本情况,同时深刻感受到游击队员和村民们的作战智慧。

将电影阅读引入阅读课堂教学,不仅有利于学生对文本人文意蕴的感悟,还使课堂教学充满了趣味性,能更好地激活学生的情感世界,与文本产生深度交融。

(二)借助电影,提升写作

电影较之文字,是一种更为形象化的表达。电影中有许多拍摄技法,与写作技法是相通的。比如,电影中有特写镜头,就是镜头对着一种事物拍摄,高清晰度地表现这种事物的特点。这和写作中的细节描写是很相似的,写作中的细节描写就是围绕一样事物进行精雕细琢的描写。因此,提升学生写作能力,可以借助电影阅读的方式。

《极速蜗牛》是一部非常精彩的动画片。影片描述了蜗牛"特博"有一次不小心被卷入赛车涡轮,从此具备了极速前行的超能力。"特博"报名参加了印第

安纳赛车大奖赛,通过自己的不懈努力,最终击败对手,获得了冠军。整部影片中,"特博"参加赛车大奖赛的片段最为精彩。导演设置了惊心动魄的赛车情节,对"特博"在赛场上的动作进行多次特效拍摄。笔者在执教统编教材三年级习作课《这样想象真有趣》时,就运用了这个电影片段。

《这样想象真有趣》是让学生将自己想象成一种动物,这种动物产生了奇妙的变化,比如蚂蚁变得很高大,蜗牛健步如飞。习作要求学生发挥想象把动物变化后发生的事情写清楚、写神奇。笔者在指导学生习作时,向学生呈现了"特博"的几个特写镜头:冲出起点、在赛车间艰难穿行、腾空超越对手、奋力冲向终点。这几个特写镜头的呈现,一是激发起学生的习作兴趣,二是在潜移默化中指导学生如何抓住细节把动物变化后发生的事情写清楚、写神奇。以下这个片段就是学生在看完电影片段后写下来的:

裁判一挥绿旗,赛车大奖赛正式开始!特博说了句"我来了",便冲出起点,肚皮与地面极速摩擦,赛道上立刻出现一道蓝色荧光。赛车齐头并进,你追我赶,特博灵活地变换方向,在轮胎和底盘之间飞速前行,轰鸣声响彻赛场。特博加大马力,头往前一伸,眼睛瞪得像两只车灯,壳的后面扬起一阵黑烟。蓝色荧光在赛道上极速前行,特博一个漂亮的腾空转身,以第一名的优势进入比赛最后一圈……

从学生的现场写作来看,电影视频发挥了非常大的作用。学生具体化的描写也体现出他们阅读电影的能力,能够非常好地把握住电影的细节。在"理趣"课堂中,电影阅读与写作是相互促进的,会阅读就意味着善于写,善于写就暗藏着会阅读。

(三)电影阅读课

前面所提到的两种电影阅读形式都是与课堂教学紧密相连的,一个是照应文本,着眼学生对文本的理解与感悟;一个是借助电影画面,提升学生习作能力。电影阅读课与这两种形式有着截然不同的本质。电影阅读课是以电影本身为阅读内容,教师通过组织学生观影,开展电影阅读交流,在充分的思辨中感悟电影所表达的人文意蕴,欣赏和领悟电影的表达方式,获得电影艺术带来的审美体验。

电影阅读课首先要选择好观看的电影。进入阅读课堂的电影,需要具有

积极健康、向上向善的主题思想,能够提升学生道德水平,丰盈学生的精神世界,使学生产生强烈的学习榜样人物的愿望。除此之外,电影情节要有起伏,能够吸引学生观看;电影拍摄手法要有特点,能够让学生充分感受电影语言的魅力。概括地来说,选择电影和选择文章的道理是一样的,所选择的内容既要有主题思想、人文意蕴的审美性,又要有表达方式的审美性。

二、电影阅读课举隅

电影阅读课是创新性的阅读课,一般先让学生集体观看一部完整的电影,再用一节课的教学时间组织学生对电影进行观后交流,教师适时、适当地进行电影阅读的指导。下面,将以电影《中国机长》为例,具体说明电影阅读的教学过程。

(一)影片简析

影片《中国机长》根据2018年5月14日四川航空3U8633航班机组成功处置特情真实事件改编,讲述了"中国民航英雄机组"成员与119名乘客遭遇飞机风挡玻璃破裂的极端险情,在万米高空直面强风、低温、座舱释压的多重考验。在生死关头,机长带领全体机组成员沉着冷静,凭借高超的驾驶技术,将飞机成功迫降成都机场,确保了机上全体人员的生命安全,创造了世界民航史上的奇迹。

整部影片情节扣人心弦,飞机遇险时的拍摄画面具有强烈的视觉震撼感,牵动人心。以机长刘长健为核心的机组成员,面对生死,临危不乱,所具有的高度责任感和使命感给人强烈的精神震撼。整部影片非常注重通过细节去塑造人物形象,如反映机长守时自律、流淌父爱的画面都值得反复咀嚼。

(二)教学目标

1.能通过电影表现机长日常生活和面对险情、沉稳操控飞机的画面,感受机长高超的驾驶技术,高度自律、沉着冷静、勇敢无畏的品质;体会机长对家人温柔有爱的一面。

2.通过电影表现机组人员共度生死的画面,感受机组人员沉着冷静、团结协作的品质和坚持到底的生命信念。

3.感受电影的表达细节,获得审美体验,初步学习欣赏电影的基本方法。

(三)课堂重现

电影阅读课《中国机长》教学片段

......

师:同学们,昨天我们一起收看了电影《中国机长》。这部电影是根据真实事件改编拍摄的,大家觉得好看吗? 能不能说说自己的感受。

生:我觉得这部电影拍得很惊险,最吸引我的是飞机在空中遇险时的情景,我在看的时候,整个心都悬着,不知道结果会如何。

生:我也觉得特别惊险,虽然知道最后飞机安全着陆了,但是心情还是很紧张。

生:我觉得这部电影非常好看。我特别佩服机长,面对危险,他居然能手动驾驶飞机,成功迫降。

生:我很喜欢看,这部电影我之前在电影院里就看过,这次还是看得津津有味。我非常佩服机组人员,觉得飞机能成功降落简直就是奇迹!

生:我觉得飞行员特别帅气! 不仅形象帅,而且在遇到危险时能保持冷静,沉稳地驾驶飞机,这样子真是太帅了! 看了这部电影之后,我长大也想当机长了呢!

师:看来这部电影很受大家欢迎。电影是用镜头语言说话的,在这部电影中,哪一个镜头最让你感动呢? 同学们可以先在小组中交流一下自己的观点。

(学生交流,教师参与各小组讨论)

师:刚才,同学们讨论得非常热烈啊! 我们来分享一下自己的感受。

生:让我印象最深的是机长忍着高空的极度寒冷,顶着大风,死死地把握住飞机的方向盘,努力把飞机稳住。这个镜头让我觉得机长特别了不起,非常勇敢。

生:我有补充! 我对刚才这位同学的说法非常赞同。我也对这个镜头印象特别深刻。我记得当时飞行员被吸出了机舱外,这是非常可怕的。而且,我还注意到机长在手动驾驶飞机时,整个人已经冻僵了,嘴唇也发白了,他的身体不停地在发抖。在如此困难、绝望的情况下,机长还能如此沉着,让我敬佩!

师:你的回答也让老师欣赏。你很会阅读细节,机长的细节都刻在了你的

脑海里。阅读电影，就是要学会阅读细节。

生：我印象最深的是机长为了避开前方的强气流，给飞机来了一个大转弯，最后成功降低高度。我觉得机长沉着冷静，非常机智。

生：我印象最深的是最后飞机着陆，一开始机长刹不住疾驰的飞机，我的心都快蹦出来。后来，机长临危不乱，终于让飞机停了下来。

师：看来大家对机长印象最深刻啊！没错，机长是一机之长，他是飞机的灵魂。难怪这部电影的名字叫《中国机长》。现在，让我们再来回看几个关于机长的镜头，再来感受一下机长的风采。

（播放机长处理险情的几个精彩片段）

师：同学们，你们觉得在这次成功迫降中，英雄只有机长一个吗？

（学生略有所思）

生：我觉得还有乘务员们！飞机遇险后，当时客舱里的乘客是非常惊慌不安的，有的还埋怨机长。可是，在危急关头，乘务长说，"请相信我们，我们受过专业的训练。有信心，有能力，保证您的安全。"从这句话中，我感受到了乘务员非常冷静，很有责任感，在绝望时刻仍怀有信念。

师：是啊！电影里人物说的话，就叫作台词。从人物的台词中，我们可以感受到人物的品质。

生：我觉得副机长和第二机长也是英雄。虽然不是他们操控方向盘的，但是他们一直支持着机长，给机长按摩取暖，帮机长提供决策建议。

师：是啊！所有的机组人员都是英雄，都令我们感动。让我们再来重温袁泉饰演的乘务长那句经典的台词。

（播放乘务长临危劝阻乘客冷静的镜头）

师：在刚才的交流中，我们提到最多的就是机组人员的沉着冷静、临危不惧。那你们觉得，这次成功迫降背后还有什么深层原因吗？

（学生展开小组讨论）

生：我觉得这些机组人员对待工作非常一丝不苟。我记得在准备飞行之前，机长们认真查看了飞行地图，分析了气候情况。乘务员们专门开会，进行了飞行前的细节讨论。

师：说得好！正是对工作的严谨态度，使他们在危险面前能够静下心来，

沉着应对。

生:我觉得机长是很有爱心的人。我记得他在离开家的时候,吻了一下女儿,还答应回家陪女儿过生日。我觉得他是一个有责任心、有爱心的父亲。这样的人才能在危急关头,坚信自己能活着回去。我觉得是爱的信念在支撑着机长。

师:你的感受是多么独特! 你读懂了电影中的细节。

生:我觉得是机长的自律让他在危险面前,表现出了超强的控制力。我记得机长在睡觉醒来时,给自己设定了洗漱的时间,说明他是一个很有自律性的人。自律的人往往具有自控力。

师:是啊! 自律需要坚韧的品质,正是这种坚韧的品质才使他能在生死关头不放弃信念。同学们,现在你们应该知道了吧! 机组人员危险时的表现源自一直以来的严谨、自律、责任、自信,缺少了这些怎么可能创造奇迹呢? 看来,你们真的是把这部电影读透了。

(学生重温这些细节镜头)

师:同学们,电影是用镜头表现人物,表达主题的。这些看似反映平常生活的镜头,实际上蕴含着深刻的内涵。我们只有善于"阅读"电影,才能真正理解电影所传递的精神力量!

……

(四)课例分析

电影阅读课阅读的是电影,与文字文本不同的是,电影是通过镜头来表达人文内涵和情感的。在电影阅读课中,教师要引导学生关注电影的镜头,让学生透过镜头看到电影深层次的东西。

电影也像文章一样,只有紧抓镜头细节,才能感悟理趣意味。在《中国机长》的教学片段中,教师通过几个大问题,引导学生回忆影片中内涵深刻,让人感动的细节。学生的讨论、交流都紧紧围绕细节进行,在对话中深入理解细节所传递的信息和内涵。教师在学生回忆之后,再次回放剪辑过的镜头细节,进一步加深了画面印象。

"理趣"阅读的核心是在思辨中感悟,从而获得审美体验,感受到思维带来的乐趣。思辨的发生需要教师提供一个充满"理趣"的设问,这个设问直接指

向阅读材料的核心意义,也就是最能提升学生思想认识和精神境界的部分。在《中国机长》的阅读课中,学生的理解基本停留在机长临危不惧、沉着冷静的人物品质上。虽然这是机组人员非常重要的品质,也是影片想要传递的人文内涵之一。但是,对电影的认识只是停留在这个层面,就显得有些狭窄和片面了。

　　在学生对机长进行赞赏之后,教师以两个问题来推进教学。第一个问题是"飞机上的英雄只有机长一个人吗?"这个问题是将学生对英雄的理解进行认识上的拓展。在学生心中,英雄永远是那个力挽狂澜的主角,机长就是最闪耀的明星。可是,在飞机遇险时,如果没有机组其他人员的合作,飞机也不可能成功迫降。比如,如果没有乘务长的沉着冷静,维护乘客秩序,乘客就有可能冲进驾驶舱影响机长飞行,造成无法挽回的惨剧。教师提出的这个问题,让学生更深层次理解了英雄的含义,明白了团结的意义,以最生动的方式提升了思想道德认识。

　　然而,"理趣"阅读还要走得更深一点,因为越深处越能寻觅到乐趣。教师提出的第二个问题是"这次成功迫降背后还有什么深层原因吗?"这个问题充分激发了学生的高阶思维,将学生的思维引向对现象背后本质的思考。在这个"理趣"设问的驱动下,学生的视野开始从飞机遇险的镜头转移开,转向对电影刚开始几个镜头的观察和思考。机长早晨起床,机长离开家之前亲吻熟睡的女儿,机组成员认真讨论飞行方案,这些细节比较平常,与飞机遇险时惊心动魄的场面相比很容易被学生忽略。可是,在"理趣"设问的引导下,学生在这些看似平淡的细节中读出了深层次的内涵。通过思考,学生明白了沉着冷静、临危不惧的现象背后是由高度的责任心、自律性和爱的力量来支撑的。

　　"理趣"阅读教学的真正意义就是让学生运用理性思维发现阅读材料蕴含的人文意蕴,在思考的过程中感受接近真理的乐趣。《中国机长》电影阅读课的教学很好地体现了"理趣"阅读的价值取向。

　　在电影阅读课后,学生的感动还在不断延续。学生纷纷撰写观后感,表达自己内心的感受。笔者摘录其中几则,来说明电影阅读课对学生的影响。

　　《中国机长》的开头是由飞机内部切入,人物介绍别具匠心,用的是飞机仪表数字转换的方式,仿佛让人身临其境。电影的第一个画面拍摄的是机长起

床,他严格控制自己的时间,表现了机长对自己的严格,为后面的成功脱险埋下了伏笔。

——吕国玮

在《中国机长》这部电影中,我明白了:遇到危险,要沉着冷静下来,然后按照正确的方法将问题化解。就像刘长健机长,将自己的生死置之度外,只为了让乘客安全回家。他自己靠着晚上一定要回去见女儿的信念,使出浑身解数,将飞机冲过云层,成功飞回重庆。这次成功也有乘务员的功劳。在乘客因为飞机遇险而显得焦躁之时,是她们冒着缺氧的危险安慰大家,才让乘客们心情稳定。整个乘务组舍己救人的精神值得我们敬佩。

——林正宸

这个机长太让人佩服了,当我看到飞机风挡玻璃突然爆裂时,我浑身紧张,眼睛盯着屏幕一动不动。如果换成是我,可能直接吓傻了,都不知道怎么操作了。所以,做什么事情都要先打好基本功,这样你才能在紧急时刻临危不乱,像机长一样不慌张,沉着战胜一切。

——盛一轩

从学生的观后感来看,《中国机长》的电影阅读课对学生的影响是很大的。学生不仅对人物的精神品质有了深刻的感悟,还对电影情节拍摄的手法有了体会。而且,学生还能将自己置换到飞机遇险的情境下,所得到的感悟非常真实。"理趣"阅读要让阅读材料对学生产生精神世界的影响,只有让学生产生思想境界上的提升,才会获得深层次的趣味。可以说,"理趣"阅读是促进学生人格朝真、善、美发展的过程。

第 三 节

音乐阅读:"理趣"课堂中的艺术审美

音乐,是跨越国界的艺术。音乐,给人以美的享受。与文字、电影一样,音乐也是一种表达方式。作者通过文字表达思想、情感与精神世界;导演、演员通过镜头、台词表达思想、情感与精神世界。词曲作者、演唱者等从事音乐创作的人则通过旋律、节奏、音阶等音乐语言来表现思想情感、人格境界。

"理趣"课堂非常注重学生审美能力的培养,尤其关注人文与艺术的审美力培养。音乐在人文意蕴的表达上内涵深刻,一切真善美的主题都能用音乐语言来表现。乐曲的创作和写作很相似,也经常采用总分总的形式进行谱写。歌词更是一种文学化表达,具有诗歌的意境。因此,在"理趣"课堂中对音乐进行阅读,对学生艺术审美力的提升有着很重要的意义。

一个善于阅读音乐的人,在生活中就能懂得欣赏音乐,能够从音乐中获得更多情感体验,获得审美的乐趣。

一、借助音乐阅读,发展学生思维

"理趣"阅读注重学生思维发展。学生要获得阅读材料深层次的人文意蕴,就需要具备一定的审美思维能力。同时,阅读的过程也是不断提升学生思维能力的过程。学生的审美思维正是在一次次充满思考乐趣的阅读审美活动中螺旋式发展的。

音乐最能发展学生的想象能力。在所有思维能力中,想象力的发展能提升学生创造力,从而让学生更好地获得审美体验。没有歌词的纯音乐,因为存在相当广阔的想象空间,对培养学生的想象力有极其重要的作用。

比如，在教学课文《月光曲》时，教师可以让学生现场聆听《月光曲》的片段，引导学生充分想象，获得审美的愉悦。教师可以引导学生根据乐曲旋律的起伏，写下自己的感受，无形中关联文字与音乐，以音乐欣赏的方式发展学生的言语生命，以写作的方式深化对音乐的认知。以下几个片段就是学生在欣赏《月光曲》后当堂写下的想象文字。

我仿佛置身于山间的幽径中，月光透过树梢照在我的脸上。这时，整个世界都安静了，没有丝毫杂音。旁边的竹子在月光下显得十分幽绿。一群白鸽飞过，更是增加了夜晚的神秘感。月亮就像一面纯洁的镜子，让我看到了真实的自己。我在茫茫天地之间，十分渺小，好像一叶孤舟，在湖面随波逐流。

——尹皓煜

我来到了海边的悬崖，凝望着波澜起伏的大海。头顶的月光柔和地照在我身上，时而被薄薄的云层遮住，若隐若现。周围死一般的寂静，不时有清风拂过，树叶"沙沙"摇曳着，过了一会儿又回归安宁。海面微泛起涟漪，是那样的清爽，抹去我内心所有的忧愁。忽然，浪花打在崖壁上，打破了沉静……

——卢子恒

我坐着小船在一望无际的大海上漂荡。忽然，一轮圆月缓缓升起，给静静的大海披上了一层银纱。小船慢慢地飘起，载着我在漫漫天际中飞翔，飘到了银河上空，飘到了云彩国。在那遥远的地方，有一颗金星，闪着光芒，为我指路。四处是多么幽静，地球上的城市闪着耀眼的光，还有谁能记得你……

——党厚文

贝多芬的《月光曲》给人带来的总体感觉是宁静的，学生的想象能非常好地贴合乐曲的意境。从以上三个片段中，我们可以发现，三位小作者都将自己融入了音乐想象的画面。有人感受到了自己的渺小，有人感受到月光抹去内心忧愁，有人更是浪漫地幻想飘向遥远的宇宙，将自己的情感融入乐曲的欣赏，就是"理趣"课堂所提倡的情感共鸣，也就是学生在音乐阅读中找到了自己存在的意义，精神世界得到了丰盈。

二、借助音乐阅读，深化人文感悟

在"理趣"阅读视角下，人文与艺术是高度相融的，你中有我，我中有你。

在我们的阅读教学中,教师往往忽视这种融合,把阅读教学限定在狭小的范围内。音乐作为一种艺术形式和文学是相通的,两者都追求真善美的人文思想表达,都有匠心独具的结构形式创造,都有生动的细节表现。

很多时候,文学作品都可以用音乐的方式来表达。最为典型的就是中国的古代诗词,可以通过吟唱的方式来表现。音乐作为艺术的表达方式,其形式更能引起欣赏者的情感共鸣。我们都有这样的经历,你只是听一个人演讲,很难真的入情入境。但是,如果在演讲时配上动情的音乐,观众就能立刻被感染。我们都有看电影的经历,在情感高潮处,导演都会配上震撼人心的音乐。此时,观众的内心立刻会涌上感动。

音乐作用于人的感情有许多生理学因素,这里不做赘述。但是,我们可以肯定的是,音乐在唤醒情绪、激发情感上具有显著的作用。

"理趣"阅读的根本是要让学生充分感悟蕴藏在阅读材料深处的人文意蕴,以此来提升自己的人格修养,精神世界。但是,感悟人文意蕴的前提是学生能产生情感认同与共鸣。如果连情感的窗口都没有打开,怎么可能在内心深处获得对人文意蕴的妙悟呢?所以,打开学生情感窗口是很关键的教学目标。音乐,则是激发学生情感,深化人文感悟的重要手段。

《送元二使安西》是王维创作的一首著名的送别诗。诗歌以"朝雨""客舍""柳色""杯酒"为意象,充分表达了作者王维与元二的惜别之情。古琴曲《阳关三叠》正是由该诗谱写而成。

清和节当春,渭城朝雨浥轻尘,客舍青青柳色新。劝君更尽一杯酒,西出阳关无故人! 霜夜与霜晨。遄行,遄行,长途越渡关津,惆怅役此身。历苦辛,历苦辛,历历苦辛,宜自珍,宜自珍。

渭城朝雨浥轻尘,客舍青青柳色新。劝君更尽一杯酒,西出阳关无故人! 依依顾恋不忍离,泪滴沾巾,无复相辅仁。感怀,感怀,思君十二时辰。商参各一垠,谁相因,谁相因,谁可相因,日驰神,日驰神。

渭城朝雨浥轻尘,客舍青青柳色新。劝君更尽一杯酒,西出阳关无故人! 芳草遍如茵。旨酒,旨酒,未饮心已先醇。载驰骃,载驰骃,何日言旋轩辚,能酌几多巡!,

千巡有尽,寸衷难泯,无穷伤感。楚天湘水隔远滨,期早托鸿鳞。尺素申,

尺素中,尺素频中,如相亲,如相亲。噫! 从今一别,两地相思入梦频,闻雁来宾。

整首曲词以《送元二使安西》一诗为主旋律,诗句共反复出现三次,情感逐渐升温,意蕴悠长。乐曲还对诗歌表达的情感做了进一步丰富和延伸,让欣赏者有更深的感受。此外,古琴的声音旷远幽静,能让人瞬间沉浸在惜别之情中。在执教《送元二使安西》时,教师可以在学生初步感受送别之情后,引导学生聆听乐曲,让学生静心沉入古琴所营造的意境中,从而对王维和元二深厚的友情有更深的理解。

将音乐阅读引入阅读教学,教师要注意目标不能定得太高。小学生欣赏音乐不能以专业欣赏的角度来要求,否则,就会让学生感到认知困难,从而失去学习兴趣。教师只是通过音乐深化学生的人文感悟,并且培养学生初步欣赏音乐、阅读音乐的意识与能力。只要学生对音乐形成整体的感知,获得审美享受,就达到了音乐阅读的目的。同时,借助音乐的形式促进学生对文本的理解与感悟,其过程本身就充满趣味,符合儿童的学习心理,体现了"理趣"阅读的深刻内涵。

三、音乐阅读课,深化人文感悟

音乐阅读课是将音乐作为独立的阅读材料,教师引导学生聆听旋律,解读歌词,感悟音乐作品所蕴藏的人文意蕴,体会音乐独有的表达方式,从而获得精神的愉悦与审美体验。

音乐世界浩瀚无边,教师不是随意拿一些乐曲或歌曲就可以对学生进行教学的。音乐阅读课内容的确定应该充分观照语文教材各单元学习目标和语文要素。换句话说,语文老师虽然要具有大人文教学观,努力将人文与艺术进行融合,但是还是要体现语文的特点。否则,音乐阅读课就容易产生目标不明,过程随意的无规划状态。

比如,统编小学语文教材五年级上册第一单元的单元主题是"一花一鸟总关情",所选择的四篇散文均抓住身边事物抒情或明理。其中《桂花雨》一课的意境尤为优美,深受学生喜爱。琦君在《桂花雨》中,以"桂花"为线索,回忆了在家乡摇桂花、做桂花糕、送桂花糕的情景,表达了作者对家乡的无比热爱与

思念。整篇散文没有一处"思乡"字眼,却处处以桂花为意象表达思乡之情,这种寄情于物、借物抒情的写法是最富言语趣味的地方。

教师可以以此为生发点,拓展到音乐的阅读中。歌曲也是表达情感的艺术形式,很多歌曲也都是抓住典型的事物来寄托思乡的情感。这其中,"明月"的意象被大家所熟知,是歌曲创作者常用的手法。教师可以以"思乡的月"为主题组合一些表达思乡之情的歌曲,引导学生聆听,反复揣摩歌词中"月"的意象,透过意象感悟"月是故乡明"的人文意蕴,领悟"以月抒情"的音乐言语方式,获得人文与艺术的审美体验。

四、音乐阅读课举隅

(一)歌曲简析

"借月抒情"是歌曲创作的一种典型手法。词作者会紧扣"月亮"这一意象,以生活的普通画面,渲染出浓浓的思乡之情。曲作者往往会以优美的旋律来表现思乡意境的柔美。刘欢演唱的《弯弯的月亮》,李健演唱的《月光》,王菲演唱的《但愿人长久》都是大家耳熟能详的"借月思乡"的歌曲。《弯弯的月亮》以夜空中的弯弯月亮营造思乡之情,透露出对童年的怀念;《月光》则借月光表露旅居他乡的思乡之愁;《但愿人长久》改编自苏轼的《水调歌头》,用优美旋律演绎经典词作。将这三首歌曲作为一个组合展开音乐阅读教学,能让学生对"月亮"这个意象产生强烈的情感共鸣,通过月亮感悟故乡对人的重要意义。

(二)教学目标

1.能认真聆听《弯弯的月亮》《月光》《但愿人长久》,感受旋律的优美、柔情。

2.能认真品味三首歌曲的歌词,结合生活经验,感悟月亮所寄托的思乡之情。

3.从月亮这个意象中感受意境美,获得审美体验。

(三)课堂重现

音乐阅读课《思乡的月亮》教学片段

师:同学们,学习了琦君的《桂花雨》后,我们知道了"桂花"在琦君的文章里已经不是简单的一朵朵花,而是承载着作者思乡之情的寄托。思乡,是中国人最擅长表达的一种情感。除了文字,许多歌曲也表现了思乡的主题。接下来,我们就来听三首关于思乡的歌曲。听完之后,大家可以说说感受。

(教师播放歌曲,学生用心聆听)

师:好听吗?

生:(齐声回到)好听!

师:是啊!从大家聆听歌曲时那沉浸的模样,就能感受到歌曲非常能打动大家。现在,我们来交流一下,你们听完歌曲之后的感觉。

生:我喜欢听《但愿人长久》,因为这首词我之前读过,是苏轼写的《水调歌头》。今天听到王菲用歌声来表现这首词,觉得特别新奇。整首歌非常动听,感觉真的有人在"起舞弄清影"。

生:我有补充!这首词是苏轼写给他的弟弟苏辙的。动听的歌声让我对苏轼思念故乡、思念亲人的情感有了更深刻的感受。

生:我喜欢《弯弯的月亮》。这首歌曲好像让我的眼前浮现出了水乡月亮高挂的情景,我仿佛看到了弯弯的月亮、弯弯的小桥、弯弯的小船。

生:我喜欢李健的《月光》,感觉这首歌曲所营造的意境很美,我深刻感受到游子的思乡之情。

师:同学们,你们说得都很不错!看来,这些歌曲给你们留下了深刻的印象。那么,琦君在写《桂花雨》的时候,是把思乡之情寄托在桂花上,这几首歌曲中,又是用什么来表现思乡之情的呢?

生:我觉得是抓住了月亮。

师:同意吗?

生:同意!

师:现在,就让我们仔细读读这三首歌曲的歌词,看看月亮都在哪儿?你们能找到吗?

（学生阅读三首歌曲的歌词,画找含有月亮的句子）

师:刚才同学们都很认真地画找了关于月亮的句子,我们来谈谈自己的感受。

生:我找到的是《弯弯的月亮》中的"遥远的夜空,有一个弯弯的月亮,弯弯的月亮下面,是那弯弯的小桥"。我好像看到了弯弯的月亮挂在天空上,弯弯的小桥立在水面上。这些应该都是故乡所特有的,作者的故乡可能就是这样的样子。

师:一切景语皆情语。对故乡的思念之情往往会通过特定的事物来表现。比如月亮、小桥。

生:我发现《弯弯的月亮》这首歌曲在结尾处就把思乡之情给表现出来了:"啊!我故乡的月亮,你那弯弯的忧伤,穿透了我的胸膛。"我感觉作者一定是非常思念故乡的,每次想到故乡都产生了忧伤,而这忧伤就像弯弯的月亮,成为永恒的记忆。

师:你的体会真的是很深刻! 其他两首歌曲,大家有没有发现呢?

生:我特别喜欢《月光》中的这一句歌词:"哦,月光洒在每个人心上,让回家的路有方向。"月亮是思念家乡的象征,一个人心中有对故乡的思念,就不会迷失回家的方向。哪怕身在别处,心也在故乡。

生:我关注的歌词是这一句:"哦,迎着月色散落的光芒,把古老的歌谣轻轻唱;哦,无论走到任何的地方都别忘了故乡!"这句歌词让我感受到月亮能引发人们的思乡之情,人们与故乡的关系就像天上的月亮一样永恒!

师:你们对李健《月光》的理解真的是很深刻。李健唱出的就是漂泊在外的游子之心。故乡就像人的根,人有根才能在漂泊中拥有力量和信念!

生:我找到的句子是《但愿人长久》中的"人有悲欢离合,月有阴晴圆缺,此事古难全"。月亮会不断变化,有时圆满,有时残缺,人的悲欢离合也像月亮的圆缺,无法避开。我感到苏轼对故乡的思念、对亲人的思念。

师:是啊! 苏轼一生漂泊他乡,他的人生也遇到了很多困苦。但是,苏轼是豁达的,没有抱怨生活和命运,而是看透了一切。这明亮的月亮是他忧伤惆怅时最好的慰藉。

师:同学们,通过刚才的交流,你们发现这些表达思乡之情的歌曲都有什

么共同点吗?

生:我觉得歌曲都描绘了月亮,借月亮来抒发思乡之情。

生:我觉得在文人眼中,月亮已经成了一种意象,成了思乡之情的代表。

师:说得好! 月亮是大家的月亮,那你们在生活中有没有对月亮有过特别的感受?

生:暑假里的时候,我去英国游学。晚上,我望着圆圆的月亮,心里特别想念爸爸妈妈。我会想,爸爸妈妈这个时候在干什么呢?

师:月亮是晚上出来的,夜深人静的时候,也正是容易思念家乡的时候。

生:记得有一年中秋节晚上,我和爸爸妈妈,还有好伙伴一家去西湖赏月。当时,我们坐在船上,天上有一个月亮,水中也有一个月亮,觉得特别美。爸爸告诉我,中秋节是团圆的节。我望着天空中圆圆的月亮,感到特别温暖和幸福,因为有爸爸妈妈陪着我。

师:是啊! 月亮已经不是简单的事物,而是一种情感,一种寄托。从古到今,月亮的意象已经深深印刻在我们中国人的心中。现在,我们再来聆听这三首歌曲,同学们可以跟着轻轻吟唱,体会寄托于月亮的思乡之情。

(四)课例分析

"理趣"课堂很注重学生能透过阅读材料中的意象去感悟深层次的人文意蕴,音乐阅读课也不例外。在教学片段中,我们可以清楚地看到,教师非常注重引导学生抓住歌词来进行深刻感悟。

学生平时听的歌不少,但是对歌词往往不太会关注。甚至在学生中间还出现了喜欢听英文歌曲,不喜欢中文歌曲的现象,觉得听英文歌曲很酷,很时尚。这样的现象值得我们深思,也需要我们加以引导。在教学片段所呈现的教学过程来看,教师先引导学生聆听三首歌曲,给学生形成整体的审美感受;然后,引导学生去寻找带有"月亮"的歌词,想象画面,体会情感;最后,再聆听三首歌曲,获得更深层次的审美感受。整个教学过程始终围绕"月亮"这一意象入手,结合三首歌曲的具体情境,提升学生对思乡之情的感悟,具有"理趣"课堂的特征。

"理趣"课堂始终记得教师的教学对象是小学生,充分调动学生的情感,让学生与阅读材料产生强烈的情感共鸣是深刻感悟人文意蕴的关键,同时也是

让阅读学习变得生动盎然的关键。在教学片段中,教师在引导学生感悟"月亮"的情感内涵时,引导学生回想自己在生活中看月亮时的情景,以生活经验的打通来建立学生与歌曲的情感联结。学生的回答是非常精彩的,一位是身处异国他乡,在夜深人静之时思念起了自己的故乡和亲人;一位是在中秋夜,湖上泛舟时欣赏到了唯美的月色图,感受到了一家人和睦相处、团团圆圆的幸福与美满。这两种生活经验与从古到今,借月抒情的文人们是何等相似。

　　无论是文学作品,还是歌曲作品,高明之处就在于能够写普世之情感,能够反映出人皆有之的情怀!"理趣"阅读中"理趣"的产生是一个生动的过程,这个过程必定是读者与作者在精神层面产生强烈共振的过程。只有当学生打开自己的生命历程,激活自己的生活经验,将情感与阅读材料进行全面联结,才能在阅读中发现自我。可以说,"理趣"阅读是一种以"发现自我"为终极目标的阅读。

第 四 节

读图时代的"理趣"阅读

信息时代,人们的生活节奏加快,信息处理的数量也越来越多。这就要求我们在以信息获取为主要目的的阅读中,不能用逐字逐句、求甚解的阅读方法去读,而是要以快速概览、一目十行的方式去阅读。

信息化时代,为了使人们能够迅速捕捉到关键信息,很多提供阅读材料的主体都会以图片的形式来传递信息,以便读者能快速把握关键信息,做出相应决策。电梯间、公交车上、街头屏幕里,无时无刻不在呈现丰富的图像或影像。图像阅读已经深入生活的各个角落,一张图往往胜过一段文字,能起到更加直观、形象的感受。

面对读图时代的到来,"理趣"阅读应该打破阅读的边界,需要把图像阅读也纳入阅读教学中来,教会学生学会阅读图像,并在生活中加以运用。

一、识图知意

图像是将复杂的文字做简化的过程,非常符合信息化时代的特征。在生活中,有很多时候需要学生通过读图来明白意思,获取重要信息。

比如,学校开运动会,对各班级的看台座位进行了编排。如果用文字进行描述,难度就非常大,不能很简洁、生动地表达关键信息。于是,学校体育组的老师们就会在运动会秩序册上呈现看台座位图,用不同颜色标注不同年级所在的区域,用不同数字在同一色块中标注出班级位置。一张图就把运动会的座位安排给说明清楚了,这就是图像传递信息的优势。新时代的教师有必要对学生进行图像阅读的教学,以便学生能够学会从座位示意图中获得座位的

相关信息。这种"识图知意"的教学对于学生生活有着重要的意义,今后在生活中看演唱会、看体育赛事,或是在互联网上购买座位票,都需要学生能够从座位分布图中提取关键信息。

"理趣"阅读教学中,教师可以创设一定的生活情境,选取适合学生阅读的图像,对学生进行读图指导。比如,笔者曾经尝试过一堂"电话手表我会用"的说明书图像阅读课。笔者是这样设计的:①教师引导学生讨论交流电话手表的用途,引起学生的学习兴趣。②抛出问题情境:小明买了一只最新款的电话手表,看了说明书上的图片后却不会激活使用。想请同学们帮帮他,从说明书的图片中提取信息,成功激活并进行手表的基础功能设置。③呈现电话手表说明书,明确任务:需要激活电话手表;设置日期、时间;设置常用电话;设置电话号码分类。④学生以小组为单位讨论,结合说明书尝试完成任务,教师巡视,适时引导。⑤各小组进行汇报交流,每个小组侧重一个任务,演示通过图片进行操作的过程。⑥教师总结:生活中经常会碰到使用新产品的时候,能从说明书的图片阅读中提取产品使用的重要信息是非常重要的能力。

从以上呈现的教学过程框架来看,整个教学过程是紧紧围绕"识图知意"而进行的。在生活中,确实会遇到很多使用新产品的情况,商家为了用户的使用方便,往往会通过图画的方式将产品使用的关键信息进行说明。这就需要用户具有比较强的读图能力。从小对学生进行读图能力的培养,有助于提高学生的生活能力。在"识图知意"的教学中,教师应该选择离学生生活较近的图像进行阅读。使用"电话手表"是学生经常会遇到的问题,以"电话手表"的使用为教学内容贴近学生生活,能激发学生现实需要,深层次地激发了学生的阅读学习动机。同时,教师将图像阅读与动手操作结合在一起,符合儿童心理特征,让整个学习过程呈现一种生活的真实感。这正是"理趣"阅读最为强调的,让学生在快乐的氛围中学习阅读,发现真理!

二、识图得趣

图像不仅能传递信息,还能表现一定的趣味。我们都有使用洗手间的经历。公众场所大部分洗手间都是直接写明"男"或"女",或是"Men""Women"。这样的表达方式虽简要明了,却少了一些趣味。在一些个性化的餐厅里,会画

一只戴着绅士帽的青蛙和一只穿着公主裙的青蛙。这种图像表达不仅表达了意思,而且充满着趣味,给人留下深刻印象。

举这个例子无非是想说明,图像和文字一样,也有独特的表达方式。"理趣"阅读本身就特别注重对独特表达方式的审美,因此,引导学生在读图中感受图像富有个性、魅力的表达方式是图像阅读教学的重要目标。

"识图得趣"的阅读教学,首先要选择充满趣味的图像。选择的思路主要有两个:一是选择生活中特别有趣的图像表达形式,如,前面提到的洗手间标识;二是选择经典的漫画集,引导学生从图像阅读中感受深刻的人文意蕴,获得深度的审美体验,如,阅读《三毛流浪记》《父与子》等。两种方式,前者更接近于非连续性文本的阅读,后者接近于绘本阅读。

笔者曾经尝试过《父与子》的阅读教学,过程是这样设计的:①介绍《父与子》的基本概况,让学生感受到《父与子》享誉全球的知名度,产生强烈的阅读兴趣。②选择《父与子》中的精彩篇目,引导学生阅读,并交流阅读感受。③在讨论交流中,引导学生回忆自己和爸爸在一起的有趣画面,与图像产生共鸣。④选择《父与子》中的一组图像,写一写故事,感受父与子之间和谐美好的关系,体会图像所传递的趣味。

我们日常的阅读教学都是以文字文本为例,却很少有图像阅读。《父与子》作为一本家喻户晓、享誉全球的漫画作品,有着深刻的思想内涵。引导学生阅读《父与子》就好像给学生打开了一扇全新的阅读窗户,让学生在图像阅读中感受别样的人文意蕴。这极大丰富了"理趣"阅读的内涵。

三、以图传情

作家多用语言文字来表达情感,所谓"情动而辞发"。其实,图像的创作者,也是作家。只不过他们使用图像这种有别于文字的表达形式在进行创作。同是作家,同是创作,一定也会表达自己的情感。因此,图像中也蕴含着深深的情感。

比如,志愿者的图像标识是在一颗红色的心形图案中,有一只像和平鸽一样的白色手掌。这个图像表达的意思非常明确,就是志愿者需要用自己的手去奉献爱心,当我们每个人都奉献爱的时候,世界也将会变得非常和平、美

好。这个图像中蕴藏着非常深刻的情感,就是世界需要我们付出行动与爱。

"以图传情"既能让学生感悟图像中的情感,也能帮助学生抒发自己的情感。笔者在进行习作教学时,特别倾向于让学生用图画的方式进行习作准备,这样既减轻了学生负担,又让学生用自己喜欢的方式储备了习作情感。比如,在执教统编小学语文教材五年级上第七单元习作《我想对您说》时,教师让学生在习作预习单上画一个体现父母爱自己的细节。学生们有的画自己生病时,父母悉心照顾的场景;有的画父母鼓励自己的场景;有的画父母陪伴自己的场景。学生的画无不表现出父母对自己浓浓的爱。在习作指导课上,教师让学生凭借这些画展开充分交流,逐渐感受到父母之爱的无私、温暖与伟大。最为重要的是,在交流环节中,学生都是围绕图像展开阅读,获得情感体验。图像成了学生表达情感的方式,同时,阅读图像也成了学生交流情感的方式。

信息化时代是读图时代,学会读图也是信息化时代对现代公民提出的要求。教师可以适当突破以文字阅读为主的阅读教学方式,引导学生学会阅读图像,在图像阅读中理解意思、得到趣味、获得情感体验。

第 五 节

着眼"理趣"的新闻阅读

在现有的阅读教学中,文学文本阅读和说明文文本阅读占据绝对比例,而新闻类文本的阅读几乎没有。这充分表现出,我们的阅读教学比较忽视生活性阅读,把阅读教学停留在教会学生阅读的目标上,而没有意识引导学生通过阅读去观察社会、观察生活。

任何人都是社会中的一分子,社会上发现的一切对于每一个个体来说都存在着直接、间接的影响。新闻阅读是一种实用文体的阅读,是以获取信息为重要目的的阅读。成年人的阅读应该说很多时候都是以新闻阅读为主,比如,对手机新闻网页的浏览、阅读报纸等,都属于新闻阅读。从小对学生进行新闻阅读的指导,不仅有利于学生拓宽观察社会的视野,也有利于培养学生阅读新闻的能力,从而为成年后的阅读打下坚实基础。

基于以上考虑,笔者曾创办了班级阅读文化周刊《周末阅读吧》,其中有一个栏目叫作《报刊文摘》。这份班级阅读文化周刊一共办了100期,深受学生、家长喜爱。《报刊文摘》这一栏目给学生提供了广阔的阅读视野,在很大程度上提升了学生观察社会、思考现象的能力。下面,笔者将具体说明以《报刊文摘》为支点,对学生进行新闻阅读指导的实施过程。

一、着眼理趣,选择新闻内容

世界很大,每天发生的新闻数以千万计。如何在众多新闻内容中选择适合学生阅读的内容是一件难事。新闻内容的选择,需要教师重新审视"理趣"阅读教学的出发点。"理趣"阅读教学的根本是要学生感悟到阅读文本中蕴含

的人文意蕴,并且在人文意蕴的感召下,学生要产生向上、向善、向美的精神追求。"理趣"阅读教学要让学生充分思辨,在高阶思维的参与下发现"理趣"设问的答案。同时,"理趣"阅读教学还注重学生从言语表达形式中获得审美体验,在充满挑战、情感四溢的课堂氛围下开展阅读活动。基于"理趣"阅读教学的这些价值取向,新闻内容的选择要具有深刻的人文内涵,能提升学生道德认知,提升学生精神境界。新闻内容要具有一定的思辨性,能引发学生对社会问题的思考,从而提升学生的思维能力。当然,新闻内容也要具有充分的可读性,能激发学生的阅读兴趣。比如,下面这则关于南京一位语文特级教师呼唤真正阅读课的新闻就具备了深刻的人文内涵、可思辨性,同时贴近学生生活实际,能让学生产生阅读和言说的愿望。

南京一位语文特级教师从美国回来疾呼
我们欠学生真正的阅读课

这几天,《中国教育报》一篇题为《我们欠学生真正的阅读课 一位中国教师在美国中学语文课堂的观察和思考》的文章,在网上特别是老师的朋友圈里传得很火,赞同的、批评的都有。

今年上半年,曹老师到美国佛罗里达大学教育学院做半年访问学者,为了认识美国中学语文课堂的真实面貌,曹老师与美国一所中学的三位老师组成了一个研究小组,听了两个月四十多节课,并与美国同行做了很多交流,对美国中学的语文课有了一些认识,回国后写文章发表在中国教育报上。

他们的语文课不用教材

吸引我目光的是(美国学生)教室中央的小桌,上面满是书,一摞一摞的,一共十种,熟悉的如胡赛尼的《灿烂千阳》、戈尔丁的《蝇王》、苏萨克的《偷书贼》等,不熟悉的有戴维斯的《梅尔的战争》、麦考密克的《永不坠落》等。(学生)不一定本本精读,但至少要选读其中若干章节。这都是为学生准备的!都是学生语文课要读的书!这就是他们的课本。我深受刺激和震撼!

在研究小组会议上,我曾问过美国老师:"是不是美国老师都不用课本,而是自选作品当作教材?"三位老师认真地商量了一会儿,慎重地告诉我:也并非都如此。很多学校和老师还是用教材的,但是有追求的学校和优秀的老师一

般都不用课本,而是自己选作品来教,带学生读书。

他们读真实的书、完整的书

我曾与几位美国老师讨论过:为什么不用课本而选用小说来进行语文教学? 他们认为读小说是读真正的书、完整的书,对师生更具有挑战性,可以更好地培养阅读能力、分辨能力和批判能力,况且社会、历史等学科上已经让学生读了不少非虚构作品(nonfiction),这样语文课上就应该多读虚构作品(fiction),而小说是典型的虚构作品。小说是一种原生态的信息文本,不像语文课本,是经过加工和解释过的,而且课本规定了教学内容和方法,比较死板,束缚也大,缺少真正阅读的目的性……(阅读小说)让他们(美国学生)对社会上的事情有分辨力和批判性,有同情心和多元价值观。

每学年读5~7本书

美国中小学一个学年分为四个学季,每个学季大约9周时间,他们一般一个学季至少要读一本书。珍(美国语文老师)给我看过她的学年教学计划,她每个学季根据教学主题安排学生集中精力研读一本书,常常会根据课时适当增加。

他们阅读中重视细读、批判和探索

他们(美国的语文老师和学生)重视文本细读,常用做注释、填表格等方法梳理情节,把握细节,深耕文本。他们的小说阅读很重视批判性思维的培养。他们倡导探索性写作,充分利用写作,让学生展示自己的阅读思考,表达自己的阅读理解,促进自我的成长。

美国同行阅读教学并非如我们想象的那样轻松简单。并不是所有的家长都支持他们的教学探索,即使是同行也不是个个都理解,加上州统考的压力等等,都让他们苦恼。他们也有压力,也有阻力,也在挣扎。

——杨书涵,《都市快报》,2016年10月31日

这则新闻是一位学生从《都市快报》中摘录下来的。中国和美国在阅读教学上的差异是一个能充分引发学生思辨的问题。两国的国情不同、历史发展不同、文化背景不同,因此,所呈现的阅读教学方式也不同。这两种阅读教学方式,到底孰优孰劣,是值得深入探讨的问题,没有标准答案。通过这则新闻的阅读,学生能够感受到中美两国不同的教学价值观,能触摸到深层次的文化

肌理,是具有"理趣"意味的。

二、着眼能力,实施阅读过程

新闻阅读的主体是学生,新闻阅读着力培养的是学生的社会观察力、思辨力、阅读力。因此,新闻阅读指导的过程均以学生为主体展开,教师只是进行适时指导、点拨,做一些组织、督促的工作。

新闻阅读指导的过程主要由以下几步组成:第一,确定《报刊文摘》主摘录人,教师对其进行选题指导。每一期《报刊文摘》的主编都由一位学生担任,这位学生提前一周接受任务,需要在一周时间内阅读各类报纸,在老师的指导下完成最终选题。第二,教师指导学生展开新闻评论。这是非常核心的一步,让学生与新闻文本进行深度对话,对新闻所呈现的事实进行充分思辨。学生需要将评论写成文字,留下思考的印记。第三,教师编辑《报刊文摘》栏目,呈现新闻内容和主编评论文字。比如,摘录南京特级教师这则新闻的学生就对新闻做了评论:"虽然在平时,我们大部分都拥有相对充足的阅读时间,只要努力一些就可以看书。但我觉得对我们来说还是需要一堂阅读课,因为虽然我们有理解能力,但还是要老师的引导才能更深入。不然在平时我们都是只看内容、剧情,很难去深入,有时看了书也体会不到书本的真正含义。这样的话即使给我们推荐再多的书,也很难学习到书中的东西。"从评论来看,这位学生具有很强的思辨能力,没有一味推崇新闻的观点,而是结合自己的学习感受提出了较为客观的看法,既肯定了大量阅读课外书的好处,又肯定了中国式阅读教学的优势。再比如,有一位学生在阅读关于中国丝绸博物馆重现开馆的新闻后,做了以下评论:"丝绸是世界的,在丝绸之路上,我们用丝绸与西方进行文化、贸易的交流;丝绸是中国的,丝绸起源于中国,相传,人类史上第一位养蚕的是嫘祖;丝绸是杭州的,自古以来,江南一带盛产蚕丝制品,温暖湿润的气候,使得杭州变成丝绸之乡。丝绸博物馆会让更多人了解丝绸,体验丝绸。这次丝绸博物馆的'升级',将会吸引更多的游客,使丝绸走向世界,让世界认识杭州!"这位学生的评论具有广阔的历史视野和全球视野,看到了丝绸对于世界、中国和家乡的价值,认识到了丝绸是文化的纽带,联结了中西方地域和文化。第四,教师打印《周末阅读吧》发给每位学生,并引导学生阅读《报刊文摘》

栏目,让学生围绕新闻内容和主编观点展开讨论,交流观点。

整个新闻阅读指导过程都是让学生唱主角,学生选新闻、评新闻,以新闻为中心展开思想的碰撞。这让新闻阅读焕发出思想的活力,极大地拓展了学生观察社会的视野,提升了学生思考社会的能力。

新闻文本阅读一直以来受PISA、PIRL等国际阅读素养测试项目的重视,是信息时代对现代公民的阅读素养诉求。着眼"理趣"的新闻阅读注重新闻内容对学生思想道德素养的培育与发展,注重学生高阶思维能力的培养,注重学生融入社会能力的提升。新闻阅读让学生品尝到了有别于文学阅读的不同滋味,《报刊文摘》栏目的创办与实施,也突破了以课堂为中心的阅读指导模式,将阅读指导引向更广阔的生活天地。学生阅读素养的提升归根到底还要扎根在生活的土壤上,新闻阅读给学生阅读素养的提升打开了一扇窗。

主要参考文献

1. 李泽厚.华夏美学·美学四讲[M].北京:生活·读书·新知三联书店,2008.

2. 陈英和.认知发展心理学[M].杭州:浙江人民出版社,1996.

3. 张心科.接受美学与中学文学教育[M].上海:华东师范大学出版社,2018.

4. 潘新和.语文:表现与存在[M].福州:福建人民出版社,2004.

5. 李泽厚.美学三书[M].合肥:安徽文艺出版社,1999.

6. 王敬艳.审美教育"以美育德"的机理研究[M].北京:中国社会科学出版社,2015.

7. 钱冠连.美学语言学[M].上海:华东师范大学出版社,2018.

8. 倪文锦,欧阳汝颖.语文教育展望[M].上海:华东师范大学出版社,2002.

9. E.M.福斯特.小说面面观[M].冯涛,译.北京:人民文学出版社,2009.

10. 王荣生.语文教学内容重构[M].上海:上海教育出版社,2007.

11. 吴忠豪.外国小学语文教学研究[M].上海:上海教育出版社,2009.

12. M.P.德里斯科尔.学习心理学[M].王小明,译.上海:华东师范大学出版社,2007.

13. 朱光潜.朱光潜谈美[M].昆明:云南人民出版社,2017.

结　语

　　一切从学生出发,是一线教师思考的原点。我每天要给学生上阅读课,学生们在一篇篇课文的学习中学习阅读。为了让学生喜欢阅读课,我更是会想方设法变着花样丰富阅读教学的内容和形式,就像一位厨师想着法子创新菜式,以满足食客对美食的兴趣。

　　给学生上了这么多年的阅读课,我总是在思考一个问题:到底什么样的阅读课才是学生喜欢的呢? 老师们其实都会有一种经验感受,有时上完一堂阅读课,自己和学生都会感觉到酣畅痛快,有意犹未尽之感。我也有这样的感觉,只是这种感觉十之遇二三,似乎可遇不可求。于是,我们需要对这些自己比较"得意"的课例进行解剖,充分回看,分析、梳理出成功的秘密。

　　"理趣"阅读教学观就是分析、梳理的结果。

　　"理趣"阅读教学注重培养学生的"志趣"。何谓"志趣"? 我认为"志趣"就是一个人的志向、趣味,体现出一个人的价值观、道德素养、人格境界、审美趣味。阅读解码文本意义的过程,文本背后藏着作者这个人。有些作者无病呻吟、矫揉造作,有些则混淆视听、片面激进,这些作者的作品还是不读为妙! 我们要让学生读体现崇高道德、人格境界,高雅审美趣味的阅读文本。这些阅读文本包含着深邃的人文意蕴,也就是"理趣"阅读教学关注的"理"。这个"理"包含了自然之理、社会之理、人生哲理、人格境界,揭示了天、地、人的运行规律。我们经常说"知书达理",读书的目的就是要让学生明白更多"事理","理"懂得多了,为人处世便会呈现"君子之风"。

　　教育的根本目的是"立德树人"。"立德"不能靠生硬的灌输,而要用母语去"立"。母语学习和外语学习有本质区别,外语学习比较注重语言的工具性,更多指向语言的交际运用;而母语学习除了交际功能之外,还承担了道德培育的

功能。对于小学生来说,"德"是抽象的,老师们需要通过生动的阅读教学让学生明白"理",深刻感受阅读文本的人文意蕴。《桃花心木》让学生明白"人需要学会面对人生中的不确定性,培养自己坚定的内心";《"打扫"森林》让学生明白"自然有一套属于自己的运行规律,人类不可以破坏生态平衡";《万年牢》让学生明白"做人要实在可靠,做事要认真扎实";《为中华之崛起而读书》让学生明白"人要志存高远,为民族振兴而读书"。"理趣"阅读教学就是要揭示这些"理",让学生深刻感悟到这些"理",在阅读学习中不断提升自己的道德认识,丰盈自己的精神世界、提升自己的人格境界、培育自己的审美趣味。

"理趣"阅读教学注重引导学生发现"文趣"。语言文字有其自身的运用规律,语文教材中的阅读文本文质兼美,是感受语言美的好范本。儿童是天生的语言大师,具有难以揭秘的语言审美能力。比如,儿童喜欢在名词之前加上"小"字,如"小老鼠""小乌龟""小松鼠",立刻使表述对象变得活泼可爱;再比如,大人们在叫婴幼儿吃饭时,往往会说"吃饭饭""吃菜菜",语词的重叠使婴幼儿更有亲切感。

人类对美的语言似乎具有天生的向美性,这从儿童喜欢朗读儿歌、童谣、唐诗上可见一斑。"理趣"阅读教学非常注重引导学生发现"文趣",在语言表达方式的探秘中感受语言的魅力,从语言表达中更深层次地触摸人文意蕴。记得有一次给平湖艺术小学六年级的学生上《老人与海鸥》一课。课文中有这样一句话"他背已经驼了,穿一身褪色的过时布衣,背一个褪色的蓝布包,连装鸟食的大塑料袋也用得褪了色"。针对这句话,我提出了一个问题"我们经常说写文章不要重复用词,可这里作者为什么连续用了三个'褪色'呢?"这个问题一下子激发了学生们的思维。经过热烈讨论,学生明白了三个"褪色"表现出老人的生活很拮据,连塑料袋都要节省。可是在如此拮据的情况下,还花钱给海鸥买自己舍不得吃的饼干,更能体现出老人和海鸥之间亲人般的感情。同时,学生们还感受到三个"褪色"层层递进,朗读起来具有节奏的美感。

语文课是研究语言文字的课,只有努力让学生感受汉语的美感,才能让学生爱上语文,爱上汉字,才能从内心深处培养学生的爱国情怀。

"理趣"阅读教学注重引导学生体会"思趣"。在"理趣"阅读教学中,"理性"和"感性"并不是二元对立的。从审美活动的过程来看,审美主体先是对审

美对象展开感知层面的审美,然后在理性思考的参与下,审美主体才会对审美对象产生深层的审美体验。

当学生读完一篇文章,看完一张图像,或是看完一部电影、听完一首歌曲后,自然而然会感知到审美对象的美感。我曾经在家里不经意间播放了一首《明天会更好》,5岁的儿子居然眼眶里噙满了泪水。经过询问,他说这首歌让他很感动。5岁的孩子自然不会知道歌曲里唱了什么,更不会知道歌曲的主题有多么深刻。但是,他却会被旋律所感染,获得一种审美初体验。

课堂上阅读的文本都包含着深刻的人文意蕴,同时,这些阅读文本的语言表达又充满美感。学生初读文本后,必然对文本产生审美初体验。可是,只是让学生将审美体验停留在感知层面,显然是浅薄了。老师们需要设计充满"理趣"意味的设问,引导学生进行充分的理性思考,从而能深入文本肌理,获得更深层次的审美体验。

记得有一次给学生上《景阳冈》,引导学生学习了武松打虎的片段后,我提出了一个颇有"理趣"意味的问题:"课文明明是写武松在景阳冈上打虎,为什么还要花如此多的笔墨写武松喝酒呢?"此问题一出,学生议论纷纷。有的说:"武松喝了酒才能激发潜力,打死老虎。"有的说:"武松不喝酒,可能就不会上山了。"有的说:"喝酒体现出武松的豪爽性格。"学生的回答都非常精彩,于是我又追问了一个问题:"有人说武松过于要面子,不听善意劝告,你们怎么看?"这个追问意图是要将学生引向对《水浒传》的深层审美。《水浒传》是英雄的故事和史诗,英雄就是"明知山有虎,偏向虎山行",如果反复权衡利弊,就失去了英雄的审美性。

"理趣"阅读教学中,学生都需要经历深度思考的过程,通过对阅读文本的分析、综合、评价、创造,深刻感受阅读文本的人文意蕴美和语言形式美。

"理趣"阅读教学注重激发学生学习"情趣"。"理趣"阅读教学观中,"理趣"与"情趣"并不对立。阅读文本中所蕴含的人文之"理",不是简单抽象的"理",而是被作者高度情感化、人格化的"理"。因此,要让学生深刻感悟人文意蕴,就必须撬起学生的情感支点。

儿童的理性思考应该在充满情趣的气氛下展开。学生的理性思考是一个自我发现的过程,而不是老师告诉的过程。要让学生充满发现的动力,就要激

发学生的学习"情趣",让他们在有趣的学习过程中发现真理。

阅读《桂花雨》，让学生回忆桂花树下的故事；阅读《肥皂泡》，让学生现场吹泡泡；阅读《跑进家来的松鼠》，让学生模仿松鼠进行表演。"理趣"阅读就是要用儿童喜欢的方式与阅读文本产生情感共鸣，从而更好地感悟文本的人文意蕴，体会文本的语言美感。

志趣、文趣、思趣、情趣，"理趣"阅读教学是对语文学科人文性与工具性高度统一的充分体现，让学生在阅读中学会感受美、认识美、创造美！

后　记

　　本以为写完人生中的第一本书，我会有许多话想说。可是，当我看着即将付梓的书稿时，感觉无从说起，只想说"感谢"二字。

　　2003年大学毕业，我就踏上了上城教育这片沃土，一晃就过去了17年。我庆幸自己能在上城从事教育事业。上城教育群星璀璨、根深叶茂，有一股力量推动着我前进。2017年3月，我有幸成为上城区首届"未来名师"培养对象，开始了为期三年的全面提升。"未来名师不仅要会上课，更要会思考！"这是项海刚局长的希望。"大家都是上课的高手，但是理论研究任重道远！"这是叶哲铭院长的客观诊断。于是，在三年的培训中，我一只眼睛"看课"，一只眼睛"看理论"，看着看着，想着想着，就有了写书的想法。可以说，没有"未来名师"的平台，我的心中就不太可能燃起创作的火种。

　　俞国娣校长和任为新教授是我专著创作路上的两位导师。俞国娣校长非常重视我写书的这件事情。记得第一次专家论证会前，俞校长在外出差。她打来电话，鼓励我好好准备汇报材料，争取把想法说清楚。当时我和俞校长"讨价还价"，想延迟半年写好初稿。俞校长不答应，说："写书就是要一鼓作气，不要拖泥带水！逼一逼自己就写出来了！"在俞校长的鼓励下，我每天一有空就写作，写了整整三个月，终于写完了初稿。回想写作过程，每一次我快坚持不下去时，俞校长总是一两句话就鼓起了我的勇气。俞校长是爱书的人，爱学习的校长。只要事关写书、读书深造，俞校长总是倾力相助。没有俞校长的鞭策，恐怕至今也难以成书！感谢俞校长！

　　任为新教授是我的偶像。最初认识任教授,是在崇文讲坛上。任教授给老师们讲了电影里的教育哲学。那天下午,任老师娓娓道来,分享了许多部经典电影。之后,我开始关注任教授的研究动态,就像追星一样。有缘的是,任教授成了我"未来名师"培训的理论导师。每次和任教授交流,我的视野就会无限拓展。"接受美学""解释学""原型阅读理论""言语美学",这些理论一下子把我搞蒙了,我知道了自己的"无知"。任教授在我写书之前对我说:"小汪,你先写起来,一边写一边想,就像农村的人打草鞋,是不画鞋样的。"这句话一下子让我有了信心。于是,我一边翻阅文献,一边写。写完初稿已是2019年年末,任教授赶在春节前审阅完了书稿,目的只有一个,让我寒假好好修改。任老师的眉批很认真、很学院派,一个出处,一个概念,都要问我有没有依据。在任教授的"逼问"下,我完成了书稿的修改。感谢任教授!

　　张化万老师是我的导师,我的教学研究之路就是从参加张化万特级教师工作室开始的。《刷子李》《伯牙绝弦》《跨越百年的美丽》《老人与海鸥》《穷人》《一个特点鲜明的人》,每一堂课的诞生,都凝聚了张老师的智慧与心血。听说我要写书,张老师很重视,第一次专家论证会上,张老师就提出许多宝贵而有操作性的建议。张老师鼓励我说:"汪玥,大胆写,写出自己的个性,把话说圆满,说出自己的道理就行!"写书的过程中,每次写到教学实录,我的眼前总是浮现出当年张老师带我去外地上课磨炼的情景。一草一木,一字一句,一颦一笑,都涌上心头。对于初稿的修改,张老师出了很多力气。看完初稿的第一时间,张老师就打来电话,话语激动地说了自己的修改想法,言语中有鼓励、有希望,令人动容。感谢张老师!

　　写成一本书,绝非一人之功!是领导、专家、伙伴们合力铸就的!感谢杭州市新世纪外国语学校虞大明校长,他是我"未来名师"培训的实践导师。大明校长的悉心指导,让我的课堂有了生发"理趣"的可能。感谢何慧玲副校长,与我分享写书的经历,给予我鼓励与关心,给予我深入学习理论的机会。感谢邵建辉主任,不仅给予学术上的指导,还为书稿出版牵线搭桥,让我安心写作。

　　要感谢的人很多,感谢我的家人,感谢我的同事,感谢我的学生!因为有

了大家的关心与支持,我才能将写书的火种燃烧起来!

感谢,为过去;感恩,为未来! 我只有不断努力,为上城教育贡献更多力量,才能证明我的感谢是发自内心的!

汪 玥

2020 年 11 月 1 日

图书在版编目（ＣＩＰ）数据

理趣：阅读教学的审美境界与实践路径 / 汪玥著
. -- 北京：九州出版社, 2020.10
ISBN 978-7-5108-9657-6

Ⅰ. ①理… Ⅱ. ①汪… Ⅲ. ①阅读课 - 教学研究 - 小
学 Ⅳ. ①G623.232

中国版本图书馆CIP数据核字(2020)第202412号

理趣：阅读教学的审美境界与实践路径

作　　者	汪玥　著
出版发行	九州出版社
地　　址	北京市西城区阜外大街甲35号（100037）
发行电话	(010)68992190/3/5/6
网　　址	www.jiuzhoupress.com
电子信箱	jiuzhou@jiuzhoupress.com
印　　刷	杭州万星印务有限公司
开　　本	710毫米×1000毫米　　16开
印　　张	23.25
字　　数	366千字
版　　次	2020年11月第1版
印　　次	2020年11月第1次印刷
书　　号	ISBN 978-7-5108-9657-6
定　　价	68.00元